Schwerpunkte Birk/Desens/Tappe • Klausurenkurs im Steuerrecht

Klausurenkurs im Steuerrecht

Ein Fall- und Repetitionsbuch

begründet von
Dr. Dieter Birk
em. Professor an der Westfälischen Wilhelms-Universität Münster
Rechtsanwalt und Steuerberater

fortgeführt von
Dr. Marc Desens
Professor an der Universität Leipzig

Dr. Henning Tappe
Professor an der Universität Trier

5., neu bearbeitete Auflage

C.F. Müller

Bibliografische Information der Deutschen Nationalbibliothek

Die Deutsche Nationalbibliothek verzeichnet diese Publikation in der Deutschen Nationalbibliografie; detaillierte bibliografische Daten sind im Internet über <http://dnb.d-nb.de> abrufbar.

ISBN 978-3-8114-5622-8

E-Mail: kundenservice@cfmueller.de
Telefon: +49 89 2183 7923
Telefax: +49 89 2183 7620

www.cfmueller.de
www.cfmueller-campus.de

© 2018 C.F. Müller GmbH, Waldhofer Straße 100, 69123 Heidelberg

Dieses Werk, einschließlich aller seiner Teile, ist urheberrechtlich geschützt. Jede Verwertung außerhalb der engen Grenzen des Urheberrechtsgesetzes ist ohne Zustimmung des Verlages unzulässig und strafbar. Dies gilt insbesondere für Vervielfältigungen, Übersetzungen, Mikroverfilmungen und die Einspeicherung und Verarbeitung in elektronischen Systemen.

Satz: TypoScript, München
Druck: CPI Clausen & Bosse, Leck

Vorwort

Dieses Buch bereitet Studierende der Rechtswissenschaft und der Wirtschaftswissenschaften auf die im Schwerpunktfach bzw Wahlpflichtbereich Steuerrecht geforderten Studienleistungen vor. Soweit Steuerrecht in der universitären Juristenausbildung ein eigenes Schwerpunktfach bildet oder Teil eines Schwerpunktfachs ist, müssen zum Stoff der einzelnen Vorlesungen Klausuren geschrieben werden. Die häusliche Arbeit besteht in der Regel in einer Seminararbeit.

Das Buch enthält wichtige Hinweise für die Prüfungsvorbereitung, vierzehn Musterklausuren und eine Musterseminararbeit. Fast alle Arbeiten sind Studierenden bereits als Prüfungsarbeiten gestellt und damit „erprobt" worden. Die Falllösungen enthalten auch Hinweise auf typische Fehler, die in den Klausurlösungen der Studierenden auftraten. Die Klausuren wurden den prüfungsrelevanten Themengebieten im Steuerrecht zugeordnet und eignen sich deshalb auch gut zur Prüfungsvorbereitung. Im Anschluss an die Musterfälle dienen Übersichten dazu, diesen Stoff schnell und effizient zu wiederholen.

Studierende der Wirtschaftswissenschaften sind mit der juristischen Arbeitsweise naturgemäß wenig vertraut. Studierende der Rechtswissenschaft üben zwar die Bearbeitung von Klausuren vom ersten Semester an, haben aber in der Regel kaum Erfahrung im Schreiben von Seminararbeiten. Allein durch die richtige Arbeitstechnik können bereits viele Fehler vermieden werden. Auch die Anforderungen an die inhaltliche Gestaltung sind vielen Studierenden nicht hinreichend klar. Hier leistet dieses Buch Hilfestellung, indem es neben den Regeln zur äußeren Gestaltung auch Tipps und Hinweise zur inhaltlichen Aufarbeitung des Themas und zur überzeugenden juristischen Argumentation gibt. Wer die dargestellten Hinweise zur Prüfungsvorbereitung befolgt und die Fälle durchgearbeitet hat, sollte für die Prüfungen im Schwerpunktfach Steuerrecht bestens gerüstet sein.

Antonia Frenkel (Universität Leipzig) sowie *Stefanie Theisges* (Universität Trier) haben uns bei der Erstellung bzw Aktualisierung der einzelnen Fälle unterstützt. Frau *Anne Maria Weiske* (ehemals Universität Leipzig) hat uns ihre originale Seminararbeit als Muster überlassen. Der Überblick über die Studienmöglichkeiten im Steuerrecht und die unterschiedlichen Anforderungen in den Schwerpunktfachstudienordnungen wurden von *Antonia Frenkel* aktualisiert. Allen sei herzlich gedankt.

Hinweise und Anregungen aus dem Leserkreis sind sehr willkommen
(E-Mail: steuerrecht@uni-leipzig.de oder steuerrecht@uni-trier.de).

Leipzig und Trier, im Juli 2018 *Marc Desens*
Henning Tappe

Inhaltsverzeichnis

	Rn	Seite
Vorwort		V
Verzeichnis der Übersichten		XIII
Abkürzungsverzeichnis		XV
Verzeichnis häufig zitierter Literatur		XXIII
Fallsammlungen zum Steuerrecht		XXV
Fundstellen zum Steuerrecht im Internet		

1. Teil

Allgemeiner Teil 1   1

	Rn	Seite
A. Hinweise zur Arbeit mit diesem Buch	1	1
B. Steuerrecht als Schwerpunktbereich oder Teil eines Schwerpunktbereiches	11	3
I. Warum Steuerrecht?	11	3
II. Schwerpunktstudium	14	4
III. Studienmöglichkeiten im Steuerrecht	17	5
IV. Das Studium im Schwerpunktbereich	19	7
V. Prüfungsleistungen im Schwerpunktbereich	22	7
C. Die steuerrechtliche Falllösung	24	10
I. Besonderheiten steuerrechtlicher Fälle	26	11
II. Die steuerrechtliche Klausur	30	12
1. Behandlung des Sachverhalts	31	12
2. Bedeutung der Fallfrage	38	15
3. Entwurf eines Lösungskonzepts	43	16
4. Niederschrift der Lösung	46	17
a) Gutachtentechnik	47	17
aa) Einzelschritte	48	17
bb) Gesamtaufbau	52	19
b) Darstellungsweise	56	20
aa) Gutachtenstil	57	21
bb) Richtiger Gebrauch der juristischen Fachsprache	59	21
c) Die Behandlung von Meinungsstreitigkeiten	60	22
aa) Darstellungsmöglichkeit 1 (meinungsorientierter Aufbau)	63	23
bb) Darstellungsmöglichkeit 2 (argumentorientierter Aufbau)	64	23
5. Aufbauschema eines einkommensteuerrechtlichen Falls	67	24

VII

	Rn	Seite
6. Exkurs: Methodische Hinweise zur Arbeit mit dem Gesetz ...	69	27
a) Gesetzesauslegung	70	27
b) Ausfüllen von Gesetzeslücken	73	28
c) Konkurrenz von Rechtsnormen	76	29
III. Die steuerrechtliche Hausarbeit	77	30
IV. Die steuerrechtliche Seminararbeit	83	32
1. Allgemeines	83	32
2. Aufbau und Form – Äußere Gestaltung	84	32
a) Deckblatt	85	33
b) Gliederung	86	33
c) Literaturverzeichnis	87	33
3. Inhaltliche Darstellung	92	34
a) Beherrschung der deutschen Sprache	92	34
b) Klare und gewandte Ausdrucksweise	93	35
c) Logische Abfolge der Gedanken und Argumente	95	35
d) Zitiertechnik	98	36
e) Inhaltliche Qualität	102	37
V. Referate im Studium	104	38
1. Anspannung und Nervosität in den Griff bekommen	105	38
a) Aufgeregte Stimmung positiv sehen	105	38
b) Entspannte Grundposition	107	38
c) Anfang des Textes ausformulieren, danach vom Text lösen	108	39
2. Subjektives Wohlbefinden trainieren	109	39
a) Wissen, wovon man redet	110	40
b) Kontakt zu den Zuhörern	111	40
3. Auf Verständlichkeit achten	113	40
a) Den Zuhörer führen	114	41
b) Sprechgeschwindigkeit	116	41
c) Laut sprechen	117	41
d) Gestik und Stand	119	41
e) Folien, PowerPoint, Thesenpapier	120	42
f) Aber: Wissenschaftlicher Vortrag ist keine Unterhaltung ...	123	43
4. Die inhaltliche Botschaft muss beim Publikum ankommen	124	43
5. Lernen aus den Reden anderer	127	44

	Rn	Seite

2. Teil

Musterklausuren 129 45

Fall 1
Der pensionierte Finanzbeamte 129 45
Schwerpunkte: **Abgabenordnung:** Korrekturnormen (LB § 4 Rn 395–459);
Einkommensteuerrecht: Liebhaberei (LB § 5 Rn 697–700); Spendenrecht
(LB § 5 Rn 1070, § 3 Rn 350 ff); außergewöhnliche Belastungen (LB § 5
Rn 1072–1102)
Schwierigkeitsgrad: eher hoch, Bearbeitungszeit: 2 Stunden

Fall 2
Das luxuriöse Gefährt 180 67
Schwerpunkte: **Abgabenordnung:** Haftung (LB § 3 Rn 291–306);
Einspruch (LB § 4 Rn 550–566); **Einkommensteuerrecht:** Arbeitslohn
(LB § 5 Rn 753–769)
Schwierigkeitsgrad: leicht bis mittel, Bearbeitungszeit: 2 Stunden

Fall 3
„Mr. Sachsen" 225 84
Schwerpunkt: **Einkommensteuerrecht:** vorweggenommene und vergebliche Betriebsausgaben (LB § 5 Rn 981–984), gemischte Aufwendungen
(LB § 5 Rn 985–991, 1047), Abgrenzung der Einkunftsarten – Einkünfte
aus Gewerbebetrieb (LB § 5 Rn 690–703) und Einkünfte aus selbstständiger Arbeit (LB § 5 Rn 735–745)
Schwierigkeitsgrad: leicht, Bearbeitungszeit: 4 Stunden

Fall 4
Schweig still 256 105
Schwerpunkte: **Einkommensteuerrecht:** (atypische) stille Gesellschaft
(LB § 6 Rn 1141, 1129, 1158); **Abgabenordnung:** Bindungswirkung
Grundlagenbescheid (LB § 4 Rn 525 ff), Einspruch (§ 4 Rn 550 ff)
Schwierigkeitsgrad: eher leicht, Bearbeitungszeit: 2 Stunden

Fall 5
Der unterrichtende Fahrlehrer 304 120
Schwerpunkte: **Einkommensteuerrecht:** Abgrenzung der freiberuflichen
zur gewerblichen Tätigkeit (LB § 5 Rn 738–745); Gewinnermittlung:
Betriebsvermögensvergleich (LB § 5 Rn 841–848, 878–890); Entnahmen
und Einlagen (§ 5 Rn 952–959); AfA (LB § 5 Rn 927–934);
Abgabenordnung: sog. wirtschaftliches Eigentum (LB § 3 Rn 314–319);
Drittaufwand (LB § 5 Rn 1041); Korrektur von Steuerbescheiden
(LB § 4 Rn 409–437)
Schwierigkeitsgrad: hoch, Bearbeitungszeit: 5 Stunden

Inhaltsverzeichnis

	Rn	Seite

Fall 6
Allein und in Gesellschaft 375   141
Schwerpunkt: **Einkommensteuerrecht:** Besteuerung von Personengesellschaftern (LB § 6 Rn 1121–1200); Gewinnermittlung (LB § 5 Rn 839–1013)
Schwierigkeitsgrad: mittel, Bearbeitungszeit: 2 Stunden

Fall 7
Gewerbetreibender werden ist nicht schwer 430   164
Schwerpunkte: **Einkommensteuerrecht:** Mitunternehmerschaft (LB § 6 Rn 1126–1185), Betriebsaufspaltung (LB § 5 Rn 705–713); **Gewerbesteuerrecht:** Verhältnis zur Einkommensteuer (LB § 5 Rn 650–653), gewerbesteuerlicher Gewerbebetrieb (LB § 6 Rn 1326–1345); Ermittlung des Gewerbeertrages (LB § 6 Rn 1349–1384); Ermittlung des Gewerbesteuermessbetrages (LB § 6 Rn 1392–1398)
Schwierigkeitsgrad: eher hoch, Bearbeitungszeit: 2 Stunden

Fall 8
Jeder trägt seinen Anteil 498   188
Schwerpunkte: **Unternehmen-/Einkommensteuerrecht:** Besteuerung der Anteilseigner von Kapitalgesellschaften, Teileinkünfteverfahren (LB § 6 Rn 1294–1313) Besteuerung von Kapitalgesellschaften (LB § 6 Rn 1208–1249); **Einkommensteuerrecht:** Gewinnermittlung (LB § 5 Rn 961–1013); **Gewerbesteuerrecht:** Hinzurechnungen und Kürzungen (LB § 6 Rn 1355–1384)
Schwierigkeitsgrad: mittel, Bearbeitungszeit: 2 Stunden

Fall 9
Bäckermeister unter sich 552   203
Schwerpunkte: **Einkommen- und Körperschaftsteuerrecht:** Verdeckte Gewinnausschüttungen (LB § 6 Rn 1257–1272)
Schwierigkeitsgrad: eher hoch, Bearbeitungszeit: 2 Stunden

Fall 10
Grenzgänger 585   218
Schwerpunkte: **Einkommensteuerrecht:** Beschränkte und unbeschränkte Steuerpflicht (LB § 5 Rn 671–688); Verlustausgleich und Zusammenveranlagung (LB § 5 Rn 624–632); **Internationales Steuerrecht:** Vermeidung der Doppelbesteuerung (LB § 7 Rn 1435–1455)
Schwierigkeitsgrad: hoch, Bearbeitungszeit: 2 Stunden

Inhaltsverzeichnis

	Rn	Seite

Fall 11
Standort Deutschland 615   233
Schwerpunkte: **Einkommensteuerrecht:** Beschränkte Steuerpflicht
(LB § 5 Rn 680–683), Betriebsaufspaltung (LB § 5 Rn 705–713); **Internationales Steuerrecht:** Betriebsstätte (LB § 7 Rn 1460); isolierende
Betrachtungsweise; grenzüberschreitende wirtschaftliche Tätigkeit
(LB § 7 Rn 1456–1470)
Schwierigkeitsgrad: hoch, Bearbeitungszeit: 3 Stunden

Fall 12
Der wackere Bäckermeister 660   248
Schwerpunkt: **Umsatzsteuerrecht:** Entgelt von dritter Seite (LB § 10
Rn 1653); Leistungsbegriff (LB § 10 Rn 1648–1652); Abgrenzung zu
nichtsteuerbarem Schadensersatz (LB § 10 Rn 1656); Verzicht auf Vertragsdurchführung als Leistung.
Schwierigkeitsgrad: eher hoch, Bearbeitungszeit: 3 Stunden

Fall 13
Stereoanlagen und Umsatzsteuer 701   261
Schwerpunkt: **Umsatzsteuerrecht:** Umsatzsteuerberichtigung (LB § 10
Rn 1710–1712); Bemessungsgrundlage (LB § 10 Rn 1681–1685);
Abgrenzung Lieferung/sonstige Leistung (LB § 10 Rn 1651–1652);
Entschädigung und Umsatzsteuer (LB § 10 Rn 1656)
Schwierigkeitsgrad: leicht, Bearbeitungszeit: 2 Stunden

Fall 14
Schenkerlaune 727   268
Schwerpunkte: **Erbschaft- und Schenkungsteuerrecht:** Schenkung unter
Lebenden (LB § 8 Rn 1522–1528); mittelbare Schenkung (LB § 8
Rn 1527–1528); Schenkung unter Auflage (LB § 8 Rn 1548);
Kettenschenkung
Schwierigkeitsgrad: eher leicht, Bearbeitungszeit: 2 Stunden

3. Teil
Musterseminararbeit 769   283

Sachverzeichnis   318

Verzeichnis der Übersichten

		Rn	Seite
Steuerrecht an deutschen Universitäten		18	5
Prüfungsleistungen im Schwerpunktbereich an ausgewählten Universitäten		23	8
1.1:	Steuerverwaltungsakte	176	62
1.2:	Korrektur von Steuerverwaltungsakten	177	63
1.3:	Voraussetzungen der Korrektur von Steuerbescheiden	178	64
1.4:	Außergewöhnliche Belastungen (§ 33 ff EStG)	179	66
2:	Einkünfte aus nichtselbstständiger Arbeit (§ 19 EStG)	224	83
3.1:	Betriebsausgaben	253	99
3.2:	Werbungskosten	254	101
3.3:	Abgrenzung der Einkünfte aus Gewerbebetrieb (§ 15 EStG) von Einkünften aus selbstständiger Arbeit (§ 18 EStG)	255	103
4:	Rechtsschutzverfahren	303	118
5.1:	Kurzübersicht: Gewinnermittlung durch Betriebsvermögensvergleich	372	139
5.2:	Kurzübersicht: Korrektur von Verwaltungsakten im Steuerrecht	373	140
6:	Gewinnermittlung	429	155
7.1:	Gewerbliche Einkünfte	493	183
7.2:	Sonderfall Betriebsaufspaltung	494	184
7.3:	Besteuerung von Personengesellschaften	495	185
7.4:	Ermittlung des Gewerbesteuermessbetrages	496	186
7.5:	Berücksichtigung der Gewerbesteuer bei der Einkommensteuer	497	187
8.1:	Behandlung von Ausschüttungen bei der ausschüttenden Körperschaft und beim Anteilseigner und von Anteilsveräußerungen der Anteilseigner	550	201
8.2:	Berechnungsschema für die tarifliche Körperschaftsteuer	551	202
9:	Verdeckte Gewinnausschüttungen (§ 8 III 2 KStG)	584	216
10.1:	Persönliche Einkommensteuerpflicht (beschränkte und unbeschränkte Steuerpflicht) sowie Vermeidung von Doppelbesteuerung	613	228
10.2:	Verlustverrechnungsbeschränkungen	614	231
11:	Betriebsstätte nach § 12 AO	659	247
12:	Prüfungsschema Umsatzsteuer	700	260
14:	Überblick über das ErbStG	768	279

Abkürzungsverzeichnis

aA	andere(r) Ansicht
aaO	am angegebenen Ort
AB	Anfangsbestand
ABl	Amtsblatt
AblEG	Amtsblatt der Europäischen Gemeinschaften
Abs.	Absatz
Absch	Abschnitt
abzgl.	abzüglich
AcP	Archiv für die civilistische Praxis (Zeitschrift)
AdV	Aussetzung der Vollziehung
aE	am Ende
AEUV	Vertrag über die Arbeitsweise der Europäischen Union
aF	alte(r) Fassung
AfA	Absetzung für Abnutzung
AfaA	Absetzung für außergewöhnliche technische oder wirtschaftliche Abnutzung
AG	Aktiengesellschaft
agB	außergewöhnliche Belastungen
AK	Anschaffungskosten
AktG	Aktiengesetz
Alt.	Alternative
Anm.	Anmerkung(en)
AO	Abgabenordnung
AöR	Archiv für öffentliches Recht (Zeitschrift)
arg. e	argumentum ex
Art.	Artikel
AStG	Außensteuergesetz
Aufl	Auflage
Az	Aktenzeichen
BA	Betriebsausgaben
BB	Der Betriebs-Berater (Zeitschrift)
BBEV	BeraterBrief Erben und Vermögen
BE	Betriebseinnahmen
BerlinFG	Berlin-Förderungsgesetz
BewG	Bewertungsgesetz
BFH	Bundesfinanzhof
BFH/NV	Sammlung amtlich nicht veröffentlichter Entscheidungen des Bundesfinanzhofs
BFH/PR	Bundesfinanzhof/Praxisreport (Zeitschrift)

Abkürzungsverzeichnis

BFHE	Sammlung der Entscheidungen des Bundesfinanzhofs
BGB	Bürgerliches Gesetzbuch
BGBl	Bundesgesetzblatt
BGH	Bundesgerichtshof
BGHSt	Entscheidungen des Bundesgerichtshofs in Strafsachen
BGHZ	Entscheidungen des Bundesgerichtshofs in Zivilsachen
BierStG	Biersteuergesetz
BMF	Bundesministerium für Finanzen
BR-Drs	Drucksachen des Deutschen Bundesrates
BranntwMonG	Branntweinmonopolgesetz
bspw	beispielsweise
BStBl	Bundessteuerblatt
BT-Drs	Drucksachen des Deutschen Bundestages
BV	Betriebsvermögen
BVerfG	Bundesverfassungsgericht
BVerfGE	Amtliche Sammlung der Entscheidungen des Bundesverfassungsgerichts
BVerfGG	Bundesverfassungsgerichtsgesetz
BVerwG	Bundesverwaltungsgericht
BVerwGE	Entscheidungen des Bundesverwaltungsgerichts
bzgl	bezüglich
bzw	beziehungsweise
ca	(lat. circa) ungefähr
DB	Der Betrieb (Zeitschrift)
DBA	Doppelbesteuerungsabkommen
ders.	derselbe
dh	das heißt
Dok	Dokument
DÖV	Die Öffentliche Verwaltung (Zeitschrift)
DRV	Deutsche Rentenversicherung (Zeitschrift)
DStJG	Deutsche Steuerjuristische Gesellschaft (Jahrbuch)
DStR	Deutsches Steuerrecht (Zeitschrift)
DStZ	Deutsche Steuerzeitung (Zeitschrift)
DVBl	Deutsches Verwaltungsblatt (Zeitschrift)
EB	Endbestand
ebda	ebenda
EBK	Eröffnungsbilanzkonto
EFG	Entscheidungen der Finanzgerichte (Zeitschrift)
EG	Vertrag zur Gründung der Europäischen Gemeinschaft (s.a. AEUV); Europäische Gemeinschaften (s.a. EU)
EigZulG	Eigenheimzulagengesetz
Einf	Einführung

EK	Eigenkapital
EnergieStG	Energiesteuergesetz
ErbStG	Erbschaftsteuer- und Schenkungsteuergesetz
ESt	Einkommensteuer
EStB	Der Ertrag-Steuerberater (Zeitschrift)
EStDV	Einkommensteuer-Durchführungsverordnung
EStG	Einkommensteuergesetz
EStR	Einkommensteuer-Richtlinien
etc	et cetera
EU	Europäische Union; Vertrag über die Europäische Union (s.a. EUV, AEUV)
EuGH	Europäischer Gerichtshof
EuGHE	Amtliche Sammlung der Entscheidungen des Europäischen Gerichtshofs
EUV	Vertrag über die Europäische Union (Vertrag von Lissabon)
EuZW	Europäische Zeitschrift für Wirtschaftsrecht (Zeitschrift)
eV	eingetragener Verein
evtl	eventuell
EWG	Europäische Wirtschaftsgemeinschaft
EWS	Europäisches Wirtschafts- und Steuerrecht (Zeitschrift)
FA	Finanzamt
FAG	Finanzausgleichsgesetz
f, ff	folgende
FG	Finanzgericht
FGO	Finanzgerichtsordnung
FinArch	Finanzarchiv (Zeitschrift)
Fn	Fußnote
FördG	Fördergebietsgesetz
FR	Finanz-Rundschau (Zeitschrift)
FS	Festschrift
FVG	Finanzverwaltungsgesetz
G	Gesetz
GbR	Gesellschaft bürgerlichen Rechts
GdE	Gesamtbetrag der Einkünfte
gem.	gemäß
GewStDV	Gewerbesteuer-Durchführungsverordnung
GewStG	Gewerbesteuergesetz
GG	Grundgesetz
ggf	gegebenenfalls
GmbH	Gesellschaft mit beschränkter Haftung
GmbH & Co. KG	Kommanditgesellschaft mit GmbH als Komplementär
GmbHG	Gesetz betreffend die GmbH
GmbHR	GmbH-Rundschau (Zeitschrift)

GoB	Grundsätze ordnungsmäßiger Buchführung
GrESt	Grunderwerbsteuer
GrEStG	Grunderwerbsteuergesetz
GrS	Großer Senat
GrStG	Grundsteuergesetz
GS	Gedächtnisschrift
GuV-Konto	Gewinn- und Verlustkonto
GV	Gemeindeverbände
GVBl	Gesetz- und Verordnungsblatt
GVG	Gerichtsverfassungsgesetz
hA	herrschende Ansicht
HFR	Höchstrichterliche Finanzrechtsprechung (Entscheidungssammlung)
HGB	Handelsgesetzbuch
hM	herrschende Meinung
Hrsg	Herausgeber
HS	Halbsatz
HStR	Handbuch des Staatsrechts
IAS	International Accounting Standards
idF	in der Fassung
idR	in der Regel
iE	im Einzelnen
iErg	im Ergebnis
ieS	im engeren Sinne
iHv	in Höhe von
INF	Die Information (Zeitschrift)
insb	insbesondere
InvZulG	Investitionszulagengesetz
iRd	im Rahmen des/der
iS	im Sinne
iSd	im Sinne des/der
IStR	Internationales Steuerrecht (Zeitschrift)
iSv	im Sinne von
iÜ	im Übrigen
iVm	in Verbindung mit
iwS	im weiteren Sinne
JStG	Jahressteuergesetz
Jura	Juristische Ausbildung (Zeitschrift)
JuS	Juristische Schulung (Zeitschrift)
JZ	Juristenzeitung (Zeitschrift)
KaffeeStG	Kaffeesteuergesetz

KAG	Kommunalabgabengesetz
KG	Kommanditgesellschaft
KGaA	Kommanditgesellschaft auf Aktien
KÖSDI	Kölner Steuerdialog (Zeitschrift)
krit	kritisch(en)
KSt	Körperschaftsteuer
KStG	Körperschaftsteuergesetz
KStR	Körperschaftsteuer-Richtlinien
lit.	(lat. littera) Buchstabe
LStDV	Lohnsteuer-Durchführungsverordnung
LStR	Lohnsteuer-Richtlinien
maW	mit anderen Worten
mE	meines Erachtens
mind	mindestens
Mio	Million(en)
Mrd	Milliarde(n)
mwN	mit weiteren Nachweisen
MwStSystRL	Mehrwertsteuersystemrichtlinie
mWz	mit Wirkung zum
Nds	Niedersachsen/niedersächsisches
nF	neue Fassung
NJW	Neue Juristische Wochenschrift (Zeitschrift)
Nr	Nummer
NRWLT-Ds	Drucksachen des Landtags Nordrhein-Westfalen
NVwZ	Neue Zeitschrift für Verwaltungsrecht (Zeitschrift)
OECD	Organization for Economic Cooperation and Development
OECD-MA	OECD-Musterabkommen
OFD	Oberfinanzdirektion
og	oben genannt(en)
OHG	offene Handelsgesellschaft
ÖStZ	Österreichische Steuerzeitung
öUStG	österreichisches Umsatzsteuergesetz
OWiG	Gesetz über Ordnungswidrigkeiten
RA	Rechtsanwalt
RAO	Reichsabgabenordnung
RAP	Rechnungsabgrenzungsposten
RBStV	Rundfunkbeitragsstaatsvertrag (15. ÄndStV)
rd	rund
REStG	Reichseinkommensteuergesetz
RFH	Reichsfinanzhof

Abkürzungsverzeichnis

RFHE	Entscheidungen des Reichsfinanzhofs
RGBl	Reichsgesetzblatt
RIW	Recht der Internationalen Wirtschaft (Zeitschrift)
Rn	Randnummer
Rspr	Rechtsprechung
Rz	Randziffer
S.	Seite; in Fußnoten zu Satzbeginn auch: Siehe
s.	siehe
Sa	Sonderausgaben
SBK	Schlussbilanzkonto
SchaumwZwStG	Gesetz zur Besteuerung von Schaumwein und Zwischenerzeugnissen
SDAP	Sozialdemokratische Arbeiterpartei
S.d.E.	Summe der Einkünfte
SE	Societas Europaea (Europäische Gesellschaft)
s.o.	siehe oben
sog.	sogenannte/r
SolZG	Solidaritätszuschlagsgesetz
StAnpG	Steueranpassungsgesetz
StB	Der Steuerberater (Zeitschrift)
Stbg	Die Steuerberatung (Zeitschrift)
SteuerStud	Steuer und Studium (Zeitschrift)
StGB	Strafgesetzbuch
StPfl	Steuerpflichtige/er
StPO	Strafprozessordnung
str	strittig
stRspr	ständige Rechtsprechung
StuB	Steuern und Bilanzen (Zeitschrift)
StuW	Steuer und Wirtschaft (Zeitschrift)
StW	Die Steuer-Warte (Zeitschrift)
TabStG	Tabaksteuergesetz
Tz	Textziffer
ua	unter anderem, und andere
Ubg	Die Unternehmensbesteuerung (Zeitschrift)
UG	Unternehmergesellschaft
UmwG	Umwandlungsgesetz
UmwStG	Umwandlungssteuergesetz
UR	Umsatzsteuer-Rundschau (Zeitschrift)
Urt.	Urteil
US-GAAP	Generally Accepted Accounting Principles
UStDV	Umsatzsteuer-Durchführungsverordnung
UStG	Umsatzsteuergesetz
usw	und so weiter

uU	unter Umständen
UVR	Umsatz- und Verkehrsteuer-Recht
v.	vom
Var.	Variante
VersStG	Versicherungssteuergesetz
verst	versteuerndes
vGA	verdeckte Gewinnausschüttung
VGH	Verwaltungsgerichtshof
vgl	vergleiche
vs.	(lat. versus) gegen
VuV	Vermietung und Verpachtung
VVDStRL	Veröffentlichungen der Vereinigung der Deutschen Staatsrechtslehrer
VwGO	Verwaltungsgerichtsordnung
VwVfG	Verwaltungsverfahrensgesetz
VwZG	Verwaltungszustellungsgesetz
VZ	Veranlagungszeitraum
WG	Wirtschaftsgut
wg	wegen
WRV	Weimarer Reichsverfassung
zB	zum Beispiel
ZErb	Zeitschrift für die Steuer- und Erbrechtspraxis
ZEV	Zeitschrift für Erbrecht und Vermögensnachfolge
ZgS	Zeitschrift für die gesamte Staatswissenschaft
ZIV	Zinsinformationsverordnung
ZPO	Zivilprozessordnung
ZRP	Zeitschrift für Rechtspolitik
zT	zum Teil
zust	zustimmend
zutr	zutreffend
zzgl.	zuzüglich

Im Übrigen werden die allgemein gebräuchlichen Abkürzungen verwendet. Ferner wird verwiesen auf *Kirchner*, Abkürzungsverzeichnis der Rechtssprache, 9. Aufl 2018.

Verzeichnis häufig zitierter Literatur

Birk, Dieter/Desens, Marc/ Tappe, Henning	Steuerrecht, 21. Auflage Heidelberg 2018 (zit.: *Birk/Desens/Tappe*, Steuerrecht, Rn)
Blümich, Walter	Einkommensteuergesetz Körperschaftsteuergesetz Gewerbesteuergesetz Kommentar, 136. Auflage München 2017 (Loseblatt, Stand: 141. EL, März 2018) (zit.: *Bearbeiter*, in: Blümich, § Rn)
Frotscher, Gerrit/Drüen, Klaus-Dieter	Kommentar zum Körperschafts-, Gewerbe- und Umwandlungssteuergesetz (Loseblatt, Stand: 143. EL, April 2018) (zit.: *Bearbeiter*, in: Frotscher/Drüen, § Rn)
Frotscher, Gerrit/Geurts, Matthias	Kommentar zum Einkommensteuergesetz (Loseblatt, Stand: 203. EL, Februar 2018) (zit.: *Bearbeiter*, in: Frotscher/Geurts, EStG, § Rn)
Herrmann, Carl/Heuer, Gerhard/Raupach, Arndt	Einkommensteuer- und Körperschaftsteuergesetz, 21. Auflage Köln 1998 (Loseblatt, Stand: 285. EL, Juni 2018) (zit.: *Bearbeiter*, in: Herrmann/Heuer/Raupach, § Rn)
Hübschmann, Walter/Hepp, Ernst/Spitaler, Armin	Kommentar zur Abgabenordnung und Finanzgerichtsordnung, 9. Auflage Köln 1993 (Loseblatt, Stand: 247. EL, Juni 2018) (zit.: *Bearbeiter*, in: Hübschmann/Hepp/Spitaler, § Rn)
Kirchhof, Paul	Einkommensteuergesetz, Kommentar, 17. Auflage Köln 2018 (zit.: *Bearbeiter*, in: Kirchhof, EStG, § Rn)
Kirchhof, Paul/Söhn, Hartmut/ Mellinghoff, Rudolf	Einkommensteuergesetz, Kommentar (Loseblatt, Stand: 288. EL, Juni 2018) (zit.: *Bearbeiter*, in: Kirchhof/Söhn/Mellinghoff, EStG, § Rn)
Rau, Günter/Dürrwächter, Erich	Umsatzsteuergesetz, Kommentar (Loseblatt, Stand: 176. EL, Mai 2018) (zit.: *Bearbeiter*, in: Rau/Dürrwächter, UStG, § Rn)
Schmidt, Ludwig	Einkommensteuergesetz, 37. Auflage München 2018 (zit.: *Bearbeiter*, in: Schmidt, EStG, § Rn)
Schulte, Wilfried/Birnbaum, Mathias	Erbschaftsteuerrecht, 2. Auflage Heidelberg 2017 (zit.: *Schulte/ Birnbaum*, Erbschaftsteuerrecht, Rn)
Schwarz, Bernhard/Pahlke, Armin	AO/FGO Kommentar (Loseblatt, Stand: 182. EL, Mai 2018) (zit.: *Bearbeiter*, in: Schwarz/Pahlke, § Rn)
Stadie, Holger	Umsatzsteuergesetz, Kommentar, 3. Auflage Köln 2015 (zit.: *Stadie*, UStG, § Rn)
Tipke, Klaus/Kruse, Heinrich Wilhelm	Abgabenordnung und Finanzgerichtsordnung, 16. Auflage Köln 1996 (Loseblatt, Stand: 151. EL, März 2018) (zit.: *Bearbeiter*, in: Tipke/Kruse, § Tz)
Tipke, Klaus/Lang, Joachim	Steuerrecht, 23. Auflage Köln 2018 (zit.: *Bearbeiter*, in: Tipke/Lang, § Rn)

Fallsammlungen zum Steuerrecht

Fehrenbacher, Oliver/ Klausurtraining Steuerrecht, Baden-Baden 2017
Stahmann, Franziska/
Traut, Nicolas
Haase, Florian/Hofacker, Klausurenkurs im Internationalen und Europäischen Steuer-
Matthias recht, 2. Auflage Heidelberg 2015
Martini, Ruben/Valta, Matthias Fallsammlung zum Steuerrecht, 2. Auflage, Heidelberg 2015
Ramb, Jörg/Schneider, Josef/ Steuerrecht in Übungsfällen / Klausurentraining, 13. Auflage
Durm, Martin/Jauch, David Stuttgart 2017

Zahlreiche Fallbücher zum Steuerrecht finden Sie auch bei folgenden Fachverlagen:
NWB-Verlag
(http://www.nwb.de; Shop → Bücher → Steuerrecht-Ausbildung)
Erich Fleischer Verlag
(http://www.efv-online.de; unter Produkte/Shop → Bücher → Praxisfälle des Steuerrechts)

1. Teil
Allgemeiner Teil

A. Hinweise zur Arbeit mit diesem Buch

Drei Eigenschaften braucht der gute Jurist[1]: Er muss klar und analytisch denken, er muss verständlich und gefällig schreiben, und er muss überzeugend sprechen können. Denn zentrales Element der juristischen Arbeit ist das Argumentieren. Juristisches Wissen erwirbt man durch Lernen, die genannten Eigenschaften (das „Können") erwirbt man durch Üben. Das Argumentieren kann man bei vielen Gelegenheiten trainieren, im persönlichen Gespräch in familiärer Runde, im Streit über die richtige Politik, in der Deutung eines Films oder eines literarischen Textes usw. Die *juristische* Argumentation unterliegt aber bestimmten Regeln: In der Fallbearbeitung darf nur das erörtert werden, worauf es bei der Lösung ankommt. Bei der Anwendung der einschlägigen Normen ist die Subsumtionstechnik zu beachten. In der Seminararbeit, einer wissenschaftlichen Erörterung, kommt es hingegen darauf an, das Thema in seiner Komplexität abstrakt zu erfassen und die richtigen Schwerpunkte zu setzen.

Juristisches Wissen muss sich am Fall bewähren. Die Fallbearbeitung und -lösung ist der „Test", ob man die gelernten Kenntnisse anwenden kann, ob man Zusammenhänge verstanden hat, aus Strukturen und Rechtsfiguren eigenständig Argumentationslinien entwickeln kann und die gedanklichen Schritte bis zum Ergebnis folgerichtig aufbauen kann. In der Fallbearbeitung erweist sich, ob der Wissenstransfer gelingt. Gute und im Examen erfolgreiche Fallbearbeitung setzt nicht nur fundiertes Wissen, sondern auch handwerkliches Können voraus, angefangen von der richtigen Zeiteinteilung bis hin zur methodisch korrekten Problembearbeitung. Dieses Buch soll den Studierenden eine Hilfestellung geben, den handwerklichen Teil der steuerjuristischen Ausbildung zu üben. Es ergänzt damit das Lehrbuch *(Birk/Desens/Tappe, Steuerrecht, 21. Auflage 2018)* und setzt das dort im systematischen Zusammenhang dargestellte Wissen voraus. Auf das Lehrbuch wird durchgehend Bezug genommen.

Das Fallbuch ist folgendermaßen aufgebaut: Zunächst **(1. Teil, Abschnitt A)** wird ein Überblick über die unterschiedlichen Zuschnitte der Schwerpunktfächer gegeben, in denen Steuerrecht eine Rolle spielt. Steuerrecht ist nur an wenigen Universitäten ein eigenständiges Schwerpunktfach, in der Regel wird es im *„Kombipack"* mit anderen Lehrinhalten angeboten. Wer plant, sich später auf das Steuerrecht zu spezialisieren, sollte schon jetzt eine der Universitäten wählen, die eine solche Spezialisierung im Schwerpunktfach ermöglichen.

Prüfungsleistungen im Schwerpunktfach sind in der Regel Klausuren und häufig eine Seminararbeit, die mit einer mündlichen Präsentation verbunden ist (Seminarreferat).

---
1 Gleichermaßen gilt dies natürlich auch für die gute Juristin. Im Folgenden wird aus Gründen der besseren Lesbarkeit nur die männliche Personenbezeichnung verwendet. Diese soll beide Geschlechter einschließen.

Die Prüfungsvorbereitung konzentriert sich deshalb normalerweise auf das Üben von Klausuren (Falltechnik), auf das Erstellen der Seminararbeit und eine gelungene Präsentation. Einige Prüfungsordnungen sehen auch Hausarbeiten vor.

5 Im **Abschnitt B des 1. Teils** finden die Leser ausführliche Hinweise und Ratschläge zur Prüfungsvorbereitung, also Aufbauhinweise und typische Fragestellungen in Klausuren, Hinweise zur Gestaltung von Seminararbeiten und Ratschläge und Tipps für eine gelungene mündliche Präsentation. Außerdem werden die Besonderheiten der Fallbearbeitung im Rahmen einer Hausarbeit gegenüber der klausurmäßigen Falllösung erläutert.

6 Der **2. Teil** besteht aus Musterprüfungsleistungen, die zum Durcharbeiten für die Studierenden gedacht sind. Zunächst werden **vierzehn Musterklausuren** mit Lösungen zu verschiedenen zentralen und durchweg examensrelevanten Problemen des Steuerrechts vorgestellt, die durchgearbeitet werden sollten. Es handelt sich um Original-Klausuren, die in der Übung im Steuerrecht oder im Schwerpunktbereich als Abschlussklausuren gestellt worden sind.

7 Dann folgt eine **Originalseminararbeit** zu einem zentralen Thema des Europäischen Steuerrechts, die eine Studentin im 11. Semester erstellt hat und die mit einem Prädikat bewertet wurde. Sie soll den Studierenden des Schwerpunktfachs als „Muster" für eine gelungene und überzeugende Seminarleistung dienen. Das Gutachten des Korrektors ist angefügt.

8 Der Lerneffekt ist am größten, wenn in **drei Schritten** vorgegangen wird: Am Kopf des Klausurtextes ist der Stoff benannt, dessen Kenntnis für die Lösung der Klausur erforderlich ist, mit Hinweisen zu den entsprechenden Kapiteln im Lehrbuch. Fühlt sich der Bearbeiter in den genannten Gebieten noch unkundig oder unsicher, so kann er sich zunächst die angeführten Kapitel durchlesen *(Schritt 1)*. Im Anschluss daran sollte die Klausur möglichst in einem Stück in der vorgegebenen Bearbeitungszeit gelöst werden *(Schritt 2)*. Dabei empfiehlt es sich, so vorzugehen, wie es im Abschnitt Prüfungsvorbereitung **(1. Teil, Abschnitt C, II.)** beschrieben ist. Die Klausurlösung sollte vollständig ausformuliert werden. Zum einen werden Argumentationsmängel und gedankliche Sprünge häufig erst erkennbar, wenn die Überlegungen zu Papier gebracht werden. Zum anderen ist gerade auch Formulierungsstärke ein wesentlicher Teil der gelungenen juristischen Argumentation und damit auch ein beträchtlicher Teil der Prüfungsleistung. Diese lässt sich aber nur durch Üben erreichen.

9 Auch wenn der Bearbeiter glaubt, die Probleme zu kennen, sollte er sich zwingen, diese am Fall zu erproben und die Lösung auszuformulieren. Erst wenn der Fall vollständig gelöst ist, kann überprüft werden, ob alle Probleme erkannt und behandelt, die Schwerpunkte richtig gesetzt wurden und der Gedankengang folgerichtig ist. Erst danach sollte die Musterlösung gelesen werden *(Schritt 3)*. Weicht – wie regelmäßig – die eigene Lösung von der Musterlösung ab, sollte sich der Bearbeiter überlegen, warum das so ist und ob die eigene Lösung ebenfalls vertretbar ist. Für den Prüfungserfolg ist *nicht* entscheidend, die Musterlösung „zu treffen", sondern eine eigene vertretbare und mög-

lichst auch überzeugende Lösung zu präsentieren, die unter Beweis stellt, dass der Bearbeiter über das erforderliche Wissen verfügt und die Regeln der Fallbearbeitung (das „Können") beherrscht. Wer sich den materiellen Wissensstoff durch das Lehrbuch angeeignet und mit Hilfe dieses Fallbuches erprobt hat, müsste für steuerrechtliche Prüfungen bestens gerüstet sein.

Außerdem finden sich im Anschluss an die Lösung aller Fälle **Übersichten**, mit denen versucht wird, zentrale Bereiche steuerrechtlichen Basiswissens zu vermitteln. Die Übersichten eignen sich besonders zur Wiederholung des in steuerrechtlichen Vorlesungen und/oder mit dem Lehrbuch erarbeiteten Wissens. Ziel ist, sich schnell – teils auch mittels graphischer Darstellungen – das Wesentliche in Erinnerung zu rufen. Gerade kurz vor den einzelnen Examensleistungen (Klausuren, mündlicher Vortrag) kann dies oft nützlich sein, wenngleich die Übersichten nur dazu dienen, sich die Strukturen nochmals klar zu machen. Dieser Teil richtet sich an die Studierenden, die sich den Wissensstoff zuvor bereits erschlossen haben. Empfohlen wird denjenigen, die sich im Stoff noch unsicher fühlen, zunächst die Übersichten zur Hand zu nehmen und sich der Strukturen des Stoffs anhand der Übersichten zu vergewissern. Wer sich dagegen schon sicher genug fühlt, kann zunächst die Klausur unter Klausurbedingungen lösen und die Übersichten danach zur Wiederholung nutzen. 10

B. Steuerrecht als Schwerpunktbereich oder Teil eines Schwerpunktbereiches

I. Warum Steuerrecht?

Die weit verbreitete Meinung über die Kompliziertheit des Steuerrechts, die Ankündigung immer neuer Reformen und die Größe des Rechtsgebiets verunsichern viele Studierende. Sie haben Angst, in der Stoffmasse zu versinken, die Orientierung zu verlieren und sich damit einem höheren Examensrisiko als in anderen Schwerpunktfächern auszusetzen. 11

Doch diese Angst ist unbegründet. Zwar ist das Steuerrecht ein anspruchsvolles Rechtsgebiet, aber diejenigen, die sich dafür entscheiden, werden behutsam und Schritt für Schritt in die Grundstrukturen eingeführt. Steuerliche Vorkenntnisse werden bei der Wahl des Schwerpunktfachs nicht vorausgesetzt. Das Schwerpunktfach ist stofflich regelmäßig begrenzt auf das Besteuerungsverfahren sowie zentrale Gebiete des Einkommensteuerrechts und des Unternehmenssteuerrechts. 12

Wer sich für das Steuerrecht entscheidet, wird reich belohnt. Für die Juristen eröffnen sich ganz neue und vielversprechende Berufsfelder und Berufschancen. Schnell werden die Studierenden erkennen, dass es sich um ein abwechslungsreiches und spannendes Rechtsgebiet handelt: nahe an der Politik, der Wirtschaft und immer wieder im Zen- 13 trum der Wertediskussion der Gesellschaft[2]. Steuerfragen sind Gerechtigkeitsfragen, mehr als in anderen Rechtsgebieten stellt sich die Frage nach der Gleichheit und Belastungsgerechtigkeit. So ist das Steuerrecht – entgegen manchem Vorurteil – nicht trocken und technisch, sondern erschließt sich gerade dem wissenschaftlich Interessierten erst in größeren Zusammenhängen. Und ist es nicht schön, im ständigen Reformprozess, den die Besteuerungsordnung auszeichnet, mitdiskutieren, den Wirtschaftsteil einer Zeitung besser verstehen und schließlich auch eigene Steuerangelegenheiten besser gestalten und ordnen zu können?

II. Schwerpunktstudium

14 Die Grundsätze des rechtswissenschaftlichen Studiums sind in den § 5, § 5a, § 5d des Deutschen Richtergesetzes (DRiG) geregelt. Hiernach besteht die „erste Prüfung" aus einer universitären Schwerpunktbereichsprüfung und einer staatlichen Pflichtfachprüfung. Die universitäre Prüfung fließt zu 30 %, die staatliche Prüfung zu 70 % in die Gesamtnote der ersten Prüfung ein. Nach bundesrechtlichen Vorgaben stehen beide Prüfungen – abgesehen von der anteiligen Bildung der Gesamtnote – in keinem rechtlichen, zeitlichen oder organisatorischen Zusammenhang. Die Länder können jedoch genauere Regelungen treffen.

15 In der universitären Schwerpunktbereichsprüfung ist nach § 5d Abs. 2 Satz 2 DRiG mindestens eine schriftliche Leistung zu erbringen. Weitere Anforderungen regelt das Gesetz nicht. Mit den Schwerpunktbereichen werden eine stärkere Spezialisierung und eine frühere Berufsorientierung im Studium angestrebt, als dies mit den bisherigen Wahlfächern der Fall war. Die rechtswissenschaftlichen Fakultäten erhalten durch die minimalen inhaltlichen Vorgaben des DRiG die Möglichkeit, sich mit Schwerpunktsetzungen gegenüber anderen Fakultäten zu profilieren. Hierdurch soll auch ein sinnvoller Wettbewerb zwischen den Universitäten gefördert werden.

16 Die Länder haben hierzu unterschiedliche Ausbildungsgesetze und -verordnungen erlassen. Die Universitäten regeln weitere Einzelheiten durch Studienpläne, Studienordnungen (oft in Zwischenprüfungsordnung und Schwerpunkbereichsordnung unterteilt) sowie Prüfungsordnungen.

Damit gestaltet sich die Situation im Schwerpunktbereich an den Universitäten äußerst vielfältig. Die nachfolgenden Ausführungen sollen einen Überblick über ein Schwerpunktstudium im Steuerrecht geben. Für Einzelheiten ist ein Selbststudium der jeweiligen Rechtsgrundlagen unbedingt erforderlich.

---

2 Vgl zur „Omnipräsenz des Steuerrechts", *Jochum*, JuS Sonderheft Steuerrecht/2018, 193 ff.

III. Studienmöglichkeiten im Steuerrecht

Steuerrecht ist nach den Juristenausbildungsgesetzen der Länder nicht Gegenstand der ersten staatlichen Prüfung (kein Pflichtfach). 17

An den meisten juristischen Fakultäten werden Veranstaltungen im Steuerrecht aber im Schwerpunktstudium angeboten. Hierbei ist zu unterscheiden, ob Steuerrecht als eigener Schwerpunktbereich oder Teil eines Schwerpunktbereiches gewählt werden kann. Bei Letzterem bestehen weitere Varianten:

- Steuerrecht steht als Schwerpunktfach selbstständig neben einem anderen Schwerpunktfach (sog. Kombinationsmodell)
- Steuerrecht ist Bestandteil im Pflichtbereich **und** Wahl(pflicht)bereich eines Schwerpunktbereiches (meist Wirtschafts- und Unternehmensrecht)
- Steuerrecht wird als Wahl(pflicht)fach eines Schwerpunktbereiches angeboten

Übersicht: Steuerrecht an deutschen Universitäten

Universität	Eigener Schwerpunkt	Teil eines Schwerpunktes	Kein Schwerpunkt
Augsburg		Steuer- und Gesellschaftsrecht	
Bayreuth		Unternehmen und Steuern; Internationales und Europäisches Steuerrecht als Teil des Schwerpunktes Internationales Recht	
Berlin (FU)		Unternehmens,- Wirtschafts-, und Steuerrecht (Unterschwerpunkt: Allgemeines Steuerrecht, Bilanz- und Unternehmensteuerrecht)	
Berlin (HU)		Europäisierung und Internationalisierung des Privat- und Wirtschaftsrechts (Unterschwerpunkt: Unternehmens- und Gesellschaftsrecht)	
Bielefeld		Wirtschaftsrechtsberatung	
Bochum	X		
Bonn		Unternehmen, Kapitalmarkt und Steuern (mit Teilschwerpunkt: Steuern und Bilanzen)	
Bremen		Internationales und Europäisches Wirtschaftsrecht (Grundzüge)	
Düsseldorf	X		
Erlangen-Nürnberg		Wirtschaftsrecht (Unterschwerpunkt: Steuerrecht)	
Frankfurt/Main		Unternehmen und Finanzen (Law and Finance)	
Frankfurt/Oder		Gesellschafts- und Wirtschaftsrecht	
Freiburg		Handel und Wirtschaft	
Gießen		Wirtschaftsrecht; Öffentliches Wirtschaftsrecht	
Göttingen			X

18

Universität	Eigener Schwerpunkt	Teil eines Schwerpunktes	Kein Schwerpunkt
Greifswald	X		
Halle-Wittenberg		Unternehmensrecht	
Hamburg (Uni)	X		
Hamburg (Bucerius Law School)	X		
Hannover		Handel, Wirtschaft und Unternehmen	
Heidelberg	X		
Jena		Deutsches und Europäisches Öffentliches Recht	
Kiel	X		
Köln	X		
Konstanz	X		
Leipzig	X		
Mainz		Kombinationsmodell – Teilschwerpunkt Steuerrecht	
Mannheim		Wahlbereich im Besonderen Teil des Schwerpunktstudiums	
Marburg		Recht des Unternehmens; Staat und Wirtschaft	
München	X		
Münster	X		
Osnabrück	X		
Passau		Gesellschafts- und Steuerrecht; Internationales Wirtschafts- und Steuerrecht; Öffentliches Wirtschafts- und Steuerrecht; Steuer- und Strafrecht	
Potsdam		Gesellschaftsrecht und Steuerrecht	
Regensburg	X		
Saarland	X		
Trier	X		
Tübingen	X		
Wiesbaden (EBS Law School)		Steuerrecht ist relevant für den Bachelor of Laws (LL.B.) und für die wirtschaftswissenschaftliche Zusatzqualifikation Master in Business for Legal Professionals (M.A.).	
Würzburg		Gesellschaftsrecht und Steuerrecht	

Stand: Juni 2018

IV. Das Studium im Schwerpunktbereich

Um zum Studium im Schwerpunktbereich **zugelassen** zu werden, ist regelmäßig das Bestehen der Zwischenprüfung erforderlich. Teilweise wird auch ein Teilnahme- oder Leistungsnachweis in einem Seminar oder an Übungen für Fortgeschrittene verlangt.

Das Schwerpunktstudium beginnt regelmäßig im 4. oder 5. Semester und dauert zwei bis vier Semester. An den meisten Universitäten müssen Vorlesungen im Umfang von 16 Semesterwochenstunden (SWS) besucht werden. Diese finden meist in Einzelvorlesungen à 2 SWS statt.

Oft wird innerhalb des Schwerpunktbereiches zwischen einem Pflichtbereich (Grundlagenbereich/Kernbereich) und einem Wahlpflichtbereich (Unterschwerpunkt/Aufbaubereich/Wahlmodul) unterschieden.

Zum Pflichtbereich zählen regelmäßig Veranstaltungen zur/zum
- Einführung in das Steuerrecht
- Verfassungsrechtliche Grundlagen des Steuerrechts
- Steuerschuld- und Steuerverfahrensrecht (Abgabenordnung/Finanzgerichtsordnung)
- Einkommensteuerrecht
- Einführung ins Unternehmensteuerrecht
- Buchführung und Bilanzierung (Bilanzsteuerrecht)

Im Wahlpflichtbereich werden – je nach Fakultät – angeboten:
- Vertiefungen im Handels- und Gesellschaftsrecht
- Vertiefungen im Unternehmenssteuerrecht (Besteuerung der Gesellschaften, Gewerbesteuer)
- Umsatzsteuerrecht und Verbrauchsteuerrecht
- Europäisches und Internationales Steuerrecht
- Steuerstrafrecht
- Europäisches Zollrecht
- Erbschaft- und Schenkungsteuerrecht (einschließlich Unternehmensnachfolge)
- Umwandlungsrecht und Umwandlungsteuerrecht

Im Einzelnen gibt es eine erhebliche Variationsbreite, die sich den Studierenden erst aus der Lektüre der einzelnen universitären Schwerpunktbereichsordnungen erschließt. Zumeist schließen die Veranstaltungen mit einer Semesterabschlussklausur ab.

V. Prüfungsleistungen im Schwerpunktbereich

Innerhalb der Schwerpunktbereichsprüfung kommen drei Arten von Prüfungsleistungen in Betracht: Aufsichtsarbeiten, häusliche Arbeiten sowie mündliche Prüfungen.

Die meisten Universitäten enthalten eine Mischung dieser Prüfungsleistungen. Auch die Gewichtung ist unterschiedlich.

Die Prüfungsleistungen werden entweder im Rahmen des Schwerpunktstudiums erbracht (studienbegleitende Semesterabschlussklausuren als Aufsichtsarbeiten, Seminar im Steuerrecht etc) oder in einer gesonderten „Schwerpunktprüfung" zum Ende des Schwerpunktstudiums.

Die Aufsichtsarbeiten umfassen regelmäßig den Stoff mehrerer Vorlesungen (siehe Übersicht Rn 23) und dauern bis zu fünf Stunden. An fast jeder Fakultät ist eine häusliche Arbeit obligatorisch. Diese wird zumeist in den Semesterferien mit einer Bearbeitungszeit von 4-8 Wochen durchgeführt. Die Form der häuslichen Arbeit ist unterschiedlich: Zumeist werden Seminararbeiten angeboten (wissenschaftliche Arbeit zu einem bestimmten Thema mit anschließendem mündlichen Vortrag und Diskussion[3]). Seltener werden Übungen (gutachterliche Lösung eines Falles) oder sonstige wissenschaftliche Arbeiten angeboten.

An vielen Fakultäten werden auch mündliche Prüfungen[4] durchgeführt.

Die Regeln zur Wiederholung von Prüfungsleistungen oder Notenverbesserungen unterscheiden sich je nach Bundesland und Fakultät.

Übersicht: Prüfungsleistungen im Schwerpunktbereich an ausgewählten Universitäten

23

Universität	Klausuren Anzahl (Bearbeitungszeit in Stunden)	Häusliche Arbeit (Bearbeitungszeit in Wochen)	Mündliche Prüfung (Dauer in Minuten)	Gewichtung in %
Augsburg	1 (4)	Seminararbeit (4)	ja (15)	20:40:40
Bayreuth	1 (5)	Seminararbeit (6)	ja (20)	40:40:20
Berlin (FU)	1 (5)	Studienarbeit (8)	ja (30)	40:40:20
Berlin (HU)	1 (5)	Studienarbeit (6)	ja (20)	je 1/3
Bielefeld	1 (5)	Hausarbeit (4)	ja (25)	45:45:10
Bochum	2 (1,5-2)	Seminararbeit[1] (4)	nein	50:50
Bonn	6 (2)[2]	Seminararbeit (6)	ja	60:40[3]
Bremen	keine	Themenarbeit (4)	ja (20–30)	60:40
Düsseldorf	1 (5)	Seminararbeit oder Übung (4)	ja (15)	40:30:30
Erlangen-Nürnberg	keine	Seminararbeit (4)	ja (20)	50:50
Frankfurt/Main	4 (2-3)[2]	wissenschaftliche Hausarbeit (8)	nein	60:40

---

3 Vgl. zu möglichen steuerrechtlichen Themen, *Fritsche*, JuS Sonderheft Steuerrecht/2018, 214 ff.
4 Ein Protokoll einer mündlichen Prüfung mit möglichen Fragen und Antworten ist zu finden bei *Mönninghoff*, JuS Sonderheft Steuerrecht/2018, 210 ff.

Prüfungsleistungen im Schwerpunktbereich

Universität	Klausuren Anzahl (Bearbeitungszeit in Stunden)	Häusliche Arbeit (Bearbeitungszeit in Wochen)	Mündliche Prüfung (Dauer in Minuten)	Gewichtung in %
Frankfurt/Oder	keine	Hausarbeit (6)	ja (30)	60:40
Freiburg	1 bis 3[4] (2-4)	Studienarbeit (4)	grds. ja (20-25)	50:50
Gießen	keine	Hausarbeit (4)	ja (20)	2/3:1/3
Göttingen	/	/	/	/
Greifswald	1 (5)	Studienarbeit (4)	ja (max. 60)[5]	40:40:20
Halle-Wittenberg	keine	wiss. Prüfungsarbeit (6)	ja (Teil 1:20[5], Teil 2:30)	60:10 (Teil 1):30 (Teil 2)
Hamburg (Uni)	1 (5)	Studienbegleitende Hausarbeit (4)	ja (15)	30:40:30
Hamburg (Bucerius Law School)	2 (3)	Themenarbeit (4)	ja (20)	40:40:20
Hannover	keine	Studienarbeit (6) inkl. Referat (20 min)	ja (15)	40 (Studienarbeit):10 (Referat):50
Heidelberg		Studienarbeit (4)	ja (15)	50:50
Jena	mind. 2 (2)	wissenschaftliche Arbeit (4)	in Form der Verteidigung der wiss. Arbeit	50:40:10
Kiel	keine	wissenschaftliche Arbeit (4)	ja (Teil 1: Verteidigung und Teil 2: Prüfung, je 30)	50:20 (Teil 1):30 (Teil 2)
Köln	3 (2-3)	Seminararbeit (6) mit Vortrag (10-30 min)	nein	45:55
Konstanz		Studienarbeit (6) mit Vortrag (10 min)	ja (20)	50:50
Leipzig	1 (4)	Seminararbeit (8) mit Verteidigung	nein	1/3:2/3
Mainz	2 (3)	keine	ja (20)	je 1/3
Mannheim	1 (4)	Seminararbeit (4)	ja (15)	40:40:20
Marburg	4 (2)	Seminararbeit (6)	nein	60:40
München	1 (5)	Seminararbeit (6) mit Vortrag (20-30 min)	nein	50:50
Münster	7 (2)	Seminararbeit (mind. 4) mit Vortrag	nein	70:30

Universität	Klausuren Anzahl (Bearbeitungszeit in Stunden)	Häusliche Arbeit (Bearbeitungszeit in Wochen)	Mündliche Prüfung (Dauer in Minuten)	Gewichtung in %
Osnabrück	Keine	Seminararbeit (4) mit Vortrag	ja (24)	50 (40 schriftliche Seminararbeit, 10 Vortrag):50
Passau	1 (5)	Seminararbeit (6)	ja (25)	30:30:40
Potsdam	1 (5)	Seminararbeit (6) mit Vortrag	nein	40:60
Regensburg	keine	Studienarbeit (4)	ja (20-30)	2/3:1/3
Saarland	2 (5)	keine	ja (20)	siehe Fn 6
Trier	2 (5)[7]	keine	ja (10)	je 1/3
Tübingen	1 (5)	keine	ja (15)	60:40
Würzburg	1 (5)	Studienarbeit (6) mit Vortrag	nein	50:50

[1] Bei Erschöpfung der Seminarkapazität erhalten die Studierenden ohne Seminarzuweisung eine fallbezogene Übungshausarbeit.
[2] Mindestens eine Leistung kann (ggf) auch mündlich erbracht werden.
[3] Nur die besten vier Klausuren gehen in die Wertung ein.
[4] Alternativ können eine oder zwei Klausuren mit einer Gesamtbearbeitungszeit von höchstens vier Stunden durch mündliche Prüfungen ersetzt werden (12-16 Minuten, wenn Bearbeitungszeit der zu ersetzenden Klausur zwei Stunden und 18-24 Minuten, wenn Bearbeitungszeit der zu ersetzenden Klausur drei Stunden beträgt).
[5] Die mündliche Leistung erfolgt in Form des Seminarvortrags und geht als gesonderter Prüfungsteil in die Bewertung ein.
[6] Die Punktzahl jeder Klausur ist mit 1,5 und die Note der mündlichen Prüfung ist mit 1,25 zu vervielfältigen. Die Summe wird durch 4,25 geteilt.
[7] Eine Aufsichtsarbeit kann durch eine Studienarbeit im Rahmen eines Prüfungsseminars (schriftliche Ausarbeitung [4 Wochen] samt Vortrag) ersetzt werden.

Stand: Juni 2018

C. Die steuerrechtliche Falllösung

24 Schlüssel zu einer gelungenen Fallbearbeitung sind nicht nur Verständnis und Einzelwissen im Bereich des materiellen Rechts, sondern auch die Beherrschung der juristischen Arbeitsmethode[5]. Die Grundsätze der juristischen Arbeitsweise sind Studierenden der Betriebswirtschaftslehre, die sich im Rahmen des Wahlpflichtbereichs auf das Steu-

---

5 Zur Unterscheidung von der juristischen Methodenlehre *Schoch*, Übungen im Öffentlichen Recht II, 1992, S. 17: Methodenlehre ist wesentlich umfassender und hat ua die Struktur und Funktion von Rechtsnormen, Fragen der Rechtserzeugung, die Auslegung von Rechtsnormen usw zum Gegenstand.

errecht spezialisieren, naturgemäß fremd. Gleichwohl wird von Ihnen erwartet, dass sie diese in der Klausur anwenden können und eine „handwerklich" saubere Lösung präsentieren.

Aber auch Studierende der Rechtswissenschaft sollten sich mit den Besonderheiten vertraut machen, die die Fallbearbeitung im Steuerrecht aufweist. Diese hängen mit dem Charakter des Rechtsgebiets zusammen. Erst die richtige Arbeitstechnik versetzt den Rechtsanwender in den Stand, sein materielles Wissen in der Fallbearbeitung richtig umzusetzen. Das sichere Beherrschen der Arbeitsmethode bietet auch immer die Chance, die eigene Klausur unabhängig vom materiell-rechtlichen Ergebnis positiv von anderen abzuheben. 25

I. Besonderheiten steuerrechtlicher Fälle

Erfahrungsgemäß haben die Studierenden auf dem Gebiet des Steuerrechts Schwierigkeiten mit dem Umfang des Rechtsstoffs. Es herrscht Unsicherheit über das, was man für die Klausur wissen muss. Das Steuerrecht ist ein Rechtsgebiet, das schnellen Veränderungen unterliegt und sich ständig in Bewegung befindet. Dies gilt nicht nur für den Bereich der Gesetzgebung, sondern liegt auch an der weitreichenden Bedeutung untergesetzlicher Normen (zB der EStDV). Studierende sind gezwungen, sich auf die grundlegenden **Strukturen** (insbesondere das Zusammenspiel der einzelnen Gesetze) und **Prinzipien** des Steuerrechts zu konzentrieren. Gute Kenntnisse der Systematik des Rechtsgebiets und der juristischen Methodik sind die Mittel, mit denen unbekannte Rechtsfragen aus dem Gesetz heraus gelöst werden können. Dies ist in anderen Rechtsgebieten nicht anders, gilt aber für das Steuerrecht in besonderem Maße. Dazu kommt, dass der Rechtsanwender im Steuerrecht häufig den hinter den Normen stehenden wirtschaftlichen Sachverhalt kennen muss, um die Norm und ihren Regelungsinhalt verstehen zu können. Erst dann wird der Studierende herausfinden können, wo er im Gesetz den Schlüssel zur Lösung des Falles findet. 26

Detaillierte Kenntnisse der Rechtsprechung auf dem Gebiet des Steuerrechts werden in Klausuren und in der mündlichen Prüfung nicht erwartet. Dies schließt nicht aus, dass die Kenntnis **zentraler Entscheidungen**, die die Auslegung und Anwendung einzelner Rechtsnormen betreffen, hilfreich ist. Auch Detailfragen, die die Steuergesetze regeln, werden – vor allem, wenn sie komplex sind (zB § 4h EStG) – nicht als bekannt vorausgesetzt. 27

Das Steuerrecht ist ein Grenzgebiet im Schnittpunkt mehrerer Fachdisziplinen. Mit dem Steuerrecht befasst sich nicht nur die Rechtswissenschaft, sondern – aus volkswirtschaftlicher Sicht – auch die Finanzwissenschaft sowie – aus betriebswirtschaftlicher Sicht – die betriebliche Steuerlehre. Der Jurist muss daher im Steuerrecht in wirtschaftlichen Kategorien denken. Die Antwort auf eine bestimmte Rechtsfrage kann anders als in anderen Rechtsgebieten häufig erst gegeben werden, wenn bestimmte **wirtschaftliche Denkschritte** vollzogen sind (etwa bei der Bilanzierung). Dies schlägt sich in der 28

Fallbearbeitung nieder. Häufiger als in anderen Rechtsgebieten sind Berechnungen durchzuführen. Berührungspunkte hat das Steuerrecht auch mit dem Zivilrecht, insbesondere dem Handels- und Gesellschaftsrecht.

29 **Beispiel aus Fall 6:** Um festzustellen, ob den A eine Buchführungspflicht trifft, muss geprüft werden, ob er Kaufmann iSv § 238 HGB ist.

Anders als in anderen Bereichen des öffentlichen Rechts fehlt der Klausur im Steuerrecht häufig die **prozessuale Einkleidung** des Falles. Das Prozessrecht spielt daher im Gegensatz zum sonstigen öffentlichen Recht in der Fallbearbeitung eine eher untergeordnete Rolle. Häufigste prozessrechtliche Konstellation ist die Entscheidung über die Zulässigkeit eines Einspruchs nach §§ 347–354 AO. Nur in Ausnahmefällen ist nach der Zulässigkeit und Begründetheit einer finanzgerichtlichen Klage nach §§ 33 ff FGO gefragt. Eine prozessuale Einkleidung wird sich meist nur dort finden, wo steuerrechtliche Besonderheiten zu beachten sind (zB die Bindungswirkung eines Grundlagenbescheides, § 351 Abs. 2 AO; s. Fall 4). Die untergeordnete Bedeutung des Prozessrechts bringt für die Studierenden den Nachteil mit sich, dass ihnen – anders als im Verwaltungsrechtsfall, in dem die richtige Klageart auch schon den Aufbau der Begründetheitsprüfung vorgibt[6] – oftmals ein bekanntes Prüfungsschema fehlt, das den Einstieg in die Falllösung erleichtert und als Raster Orientierung beim Lösungsweg bieten kann. Andererseits besteht dadurch aber nicht so sehr die Gefahr, dass die Studierenden durch stures „Durchkonjugieren" des Schemas auch Unproblematisches breit ausführen. Die Palette der Aufgabenstellungen und Fallfragen in der steuerrechtlichen Fallbearbeitung ist breit, so dass ein Prüfungsprogramm häufig „aus dem Stehgreif" entwickelt werden muss. Dies wird dem gelingen, dem sich die Verzahnung der einzelnen Rechtsnormen erschließt. Allerdings werden in steuerrechtlichen Fallbearbeitungen ohnehin häufig die steuerlichen Auswirkungen mehrerer einzelner Geschäftsvorfälle oä zu begutachten sein, so dass der Aufbau in diesen Fällen schon unmittelbar aus den einzelnen Elementen der Aufgabenstellung folgt.

II. Die steuerrechtliche Klausur

30 Jede Falllösung vollzieht sich in vier Einzelschritten: dem vollständigen Erfassen des Sachverhalts (1), dem richtigen Verstehen der Fallfrage (2), der Entwicklung eines tragfähigen Lösungskonzepts (3) und schließlich der schriftlichen Ausarbeitung der gutachterlichen Lösung (4).

1. Behandlung des Sachverhalts

31 Ausgangspunkt der Fallbearbeitung ist der zu bearbeitende Sachverhalt. Fehler beim Erfassen des Sachverhalts sind ebenso vermeidbar wie folgenschwer. Wer von einem unzutreffenden Sachverhalt ausgeht, erzielt eine unzutreffende Lösung. Die (an sich

---
6 *Schoch*, Übungen im Öffentlichen Recht II, 1992, S. 14.

selbstverständliche) Forderung, beim Lesen des Sachverhalts sorgfältig vorzugehen, kann daher nicht oft genug wiederholt werden. Zum besseren Verständnis des Sachverhalts empfiehlt sich unter Umständen auch das Anfertigen einer übersichtlichen **Skizze**, die das Verhältnis der Beteiligten oder auch die Beteiligungsverhältnisse an Gesellschaften verdeutlicht[7]. Diese kann im weiteren Verlauf der Bearbeitung immer wieder zu Rate gezogen werden, wenn Unklarheiten über den Sachverhalt aufkommen.

Schon beim Lesen des Sachverhalts sollte sich der Bearbeiter fragen, wo die **tatsächlichen Probleme** liegen und warum der Sachverhalt wohl bestimmte Informationen (zB Daten, die regelmäßig darauf hinweisen, dass Fristen eine Rolle spielen) enthält. Dies erleichtert die Schwerpunktsetzung innerhalb der rechtlichen Würdigung. Bearbeiter sollten demgegenüber nicht versuchen, die *rechtlichen* Probleme des Klausurfalles intuitiv zu erkennen. Ein häufiger Fehler liegt darin, vorschnell anzunehmen, es handele sich um die Nachbildung eines bekannten Urteils oder Lehrbuchfalls. Zwar sind viele Klausuren durch aktuelle Rechtsprechung inspiriert, nur selten werden die Probleme aber eins zu eins übernommen. Wird versucht, dem zu bearbeitenden Fall die Lösung eines aus der Übung, Vorlesung oder Literatur bekannten Falles überzustülpen, läuft der Bearbeiter Gefahr, den Sachverhalt umzudeuten (sog. „Sachverhaltsquetsche"). Er löst dann einen „falschen Fall" und beantwortet Fragen, die so nicht gestellt waren.

32

Der Sachverhalt ist unbedingt als **feststehend** hinzunehmen und vom Klausurbearbeiter nicht (beispielsweise als lebensfremd) in Zweifel zu ziehen oder gar zu korrigieren[8]. Sachverhaltslücken finden sich in aller Regel nicht. Vermutet der Bearbeiter eine solche Lücke, also das Fehlen bestimmter tatsächlicher Angaben, die zur Behandlung eines im Sachverhalt angelegten Rechtsproblems notwendig sind, so sollte ihm dies zunächst Anlass dazu geben, den gewählten Lösungsansatz oder die Relevanz der vermeintlich fehlenden Information noch einmal zu überdenken. Schweigt der Sachverhalt zu einem relevanten Punkt, ist er lebensnah auszulegen (Sachverhaltsauslegung)[9].

33

Auf sog. „innere Tatsachen" (also Willens- und Wollensvorgänge der Beteiligten) muss häufig aus den gegebenen Sachverhaltsinformationen geschlossen werden. So ist in **Fall 1** die Frage der Gewinnerzielungsabsicht nach den im Sachverhalt geschilderten äußeren Umständen zu beurteilen.

Der Sachverhalt muss **umfassend ausgewertet** werden. Er enthält in der Regel keine überflüssigen Informationen, also Angaben, die für die Falllösung entbehrlich wären. Ausschmückendes Beiwerk lässt sich regelmäßig auf den ersten Blick erkennen. **Paragraphenangaben** können wertvolle Hinweise auf anzuwendende, unbekanntere Gesetze (oder Erlasse) liefern. Diese Verweise sind daher unbedingt nachzulesen. Wertvolle Hilfestellung für die Falllösung bieten vor allem auch die im Sachverhalt zitierten **Rechtsansichten** der Beteiligten. Aus ihnen kann in aller Regel auf ein im Sachverhalt

34

---

7 Vgl Fall 7, eine Skizze könnte auch in Fall 4 und 6 hilfreich sein.
8 *Schwerdtfeger/Schwerdtfeger*, Öffentliches Recht in der Fallbearbeitung, 15. Aufl 2018, Rn 777.
9 *Schwerdtfeger/Schwerdtfeger*, Öffentliches Recht in der Fallbearbeitung, 15. Aufl 2018, Rn 813. Zur Frage, ob von der Einhaltung von Verfahrensvoraussetzungen auszugehen ist, wenn der Sachverhalt zu diesem Punkt schweigt, vgl *Schoch*, Übungen im Öffentlichen Recht II, 1992, S. 20 (Fn 60).

Allgemeiner Teil

angelegtes Rechtsproblem geschlossen werden, dessen Lösung der Klausurersteller vom Bearbeiter erwartet. Die zitierten Rechtsansichten sollen den Bearbeiter auf eine rechtliche Problematik stoßen, mit der er sich auseinandersetzen soll. Dies gilt vor allem, wenn die tatsächlichen Angaben im Sachverhalt unzureichende Hinweise geben oder Zweifel bestehen, ob ein Problem überhaupt angesprochen werden soll; bisweilen soll – bei schwierigen Fällen – den Studierenden auch lediglich ein „Tipp" gegeben werden.

Beispiel: Die Verfassungsmäßigkeit oder Europarechtskonformität einer Norm ist in Klausuren und Hausarbeiten regelmäßig nur dann zu thematisieren, wenn sich aus der Aufgabenstellung entsprechende Hinweise ergeben[10]. Ein solcher Hinweis wird häufig darin bestehen, dass ein Akteur des Falles mit der Ansicht zitiert ist, die Norm sei verfassungs- oder gemeinschaftsrechtswidrig.

35 Die Falllösung muss sich der Sache nach mit allen geäußerten Rechtsansichten auseinandersetzen. Die im Zusammenhang mit einer Rechtsansicht geäußerten Tatsachen (nicht die *rechtliche* Bedeutung, die ihnen von den Beteiligten beigemessen wird) sind, auch wenn sie an anderer Stelle nicht noch einmal ausdrücklich Erwähnung finden, wie die übrigen Sachverhaltsinformationen als feststehend hinzunehmen.

Beispiel (Fall 1): Im Sachverhalt heißt es: „Die steuerliche Berücksichtigung der Spenden lässt das Finanzamt ebenfalls nicht zu. Ein Nachweis der Geldspende durch den Kontoauszug und den Beleg des DRK eV reiche als Zuwendungsbestätigung nicht aus." Durch den Konjunktiv wird deutlich, dass es sich um eine Rechtsansicht der Behörde handelt. Die Falllösung muss auf das Problem eingehen. Auch wenn der Kontoauszug im Sachverhalt zuvor nicht erwähnt wäre, muss davon ausgegangen werden, dass (nur) ein solcher vorgelegt worden ist.

36 Beim Lesen des Sachverhaltes sollten sich Studierende schließlich nicht dadurch verunsichern lassen, dass dieser scheinbar eine entlegene und dem Bearbeiter **unbekannte Materie** berührt. Diese Bezüge dienen – bei fairer Aufgabenstellung – lediglich als **Aufhänger** für Probleme des bekannten Lernstoffs. In der Regel führt der Lösungsweg schnell wieder ins „gewohnte Fahrwasser". Dennoch erwarten Ihre Prüfer, dass Sie auch entlegenere Normen auffinden und unter deren Tatbestandsvoraussetzungen subsumieren können. Saubere Arbeitsweise und Methodik, nicht aber inhaltliche Kenntnisse, sind dann gefragt. Die Arbeit des Steuerjuristen und des BWL-Studierenden ist – jedenfalls in der universitären Ausbildung – in erster Linie **Arbeit am Gesetz**.

37 Besonderheiten gelten für das Fachhochschulstudium mit dem Ziel der Erlangung eines Abschlusses als Diplom-Finanzwirt. Die Finanzbeamten sind auch an von übergeordneten Behörden (insbesondere den Ministerien) erlassene Richtlinien – sog. Innenrecht – gebunden. Für die Gerichte, aber auch für die Fallbearbeitung, enthalten die Richtlinien jedoch nur eine Rechtsansicht unter mehreren[11].

---

10 Typisches Beispiel: Verträge zwischen nahen Angehörigen wegen Art. 6 GG, s. dazu *Birk/Desens/Tappe*, Steuerrecht, Rn 382.
11 Dazu *Birk/Desens/Tappe*, Steuerrecht, Rn 55.

2. Bedeutung der Fallfrage

Angesichts der Vielfalt möglicher Fallkonstellationen in der steuerrechtlichen Klausur kommt es besonders auf das genaue Erfassen und das richtige Verständnis der Fallfrage an. Fallfragen bedürfen häufig der **Konkretisierung** durch den Bearbeiter.

38

Beispiel: Anders als die eindeutige Fallfrage in den **Fällen 10 und 6** („Wie hoch ist das zu versteuernde Einkommen?") ist die Fallfrage in **Fall 3** („Welche Einkünfte erzielt M?") konkretisierungsbedürftig. Sie muss im Lichte der gegebenen Sachverhaltsinformationen ausgelegt werden. Der Sachverhalt zu Fall 7 enthält Angaben, die eine konkrete Berechnung auch der Höhe der Einkünfte erlauben. In **Fall 3 und 4** fehlen solche Sachverhaltsinformationen. Hier ist nur nach der Art der Einkünfte gefragt. In **Fall 9** sind allgemein die „steuerlichen Auswirkungen" bestimmter Vorgänge zu beurteilen. Hier ist die Frage also weniger konkret formuliert, so dass sich der Bearbeiter selbst darüber klar werden muss, unter welchem rechtlichen Gesichtspunkt die Sachverhaltsinformationen bedeutsam werden können. Im Zivilrecht entspricht dem die Fallfrage: „Wie ist die Rechtslage?".

Die Fallfrage – aber auch nur diese – muss so umfassend wie möglich beantwortet werden. Dabei ist der Fall im Gutachten unter jedem rechtlichen Gesichtspunkt zu behandeln. Ausführungen, die nicht zur Beantwortung der Fallfrage beitragen, sind überflüssig und damit als falsch zu werten, weil eine praxisnahe (und daher effiziente) Lösung erwartet wird[12].

39

Die Bearbeitung mehrerer Fallfragen (vgl **Fall 3**) sollte grundsätzlich in der **Reihenfolge** erfolgen, wie sie der Klaursteller vorgegeben hat. Oft bauen weitere Fragen auf den Ergebnissen zur ersten Frage auf. Sind die Fallfragen inhaltlich voneinander unabhängig, ist es dem Bearbeiter selbst überlassen, in welcher Abfolge er sie bearbeitet. In der Niederschrift muss aber deutlich werden, auf welche Aufgabenstellung sich die Ausführungen jeweils beziehen. Ist nach den Erfolgsaussichten eines Einspruchs oder einer Klage gefragt, muss die Zulässigkeit des Rechtsbehelfs vor dessen Begründetheit geprüft werden. Dies folgt daraus, dass das Gericht (oder die Behörde) nur dann in die Sachprüfung eintritt, wenn die Zulässigkeitsvoraussetzungen vorliegen. Kommt der Bearbeiter zum Ergebnis der Unzulässigkeit des Rechtsbehelfs, muss er die Begründetheitsprüfung im Wege eines **Hilfsgutachtens** vornehmen.

40

Vereinzelt wird nur eine Zulässigkeitsprüfung oder nur eine Begründetheitsprüfung verlangt.

Abwandlungen führen in der Regel zu einer anderen rechtlichen Lösung (Klausurtaktik: Der Aufgabensteller möchte ein neues/zusätzliches Problem behandelt wissen); soweit sich frühere Ausführungen wiederholen, kann auf den bereits bearbeiteten Grundfall verwiesen werden. Oberstes Gebot bleibt aber auch hier die Verständlichkeit und Nachvollziehbarkeit des eingeschlagenen Lösungsweges. Vereinzelt werden dem Bearbeiter auch reine **Wissensfragen** gestellt, um diejenigen Bereiche des Lernstoffs abzudecken, die nur schwer in eine Falllösung integriert werden können.

41

---

12 In die Lösungsvorschläge der Fälle in diesem Buch wurden zum besseren Verständnis teilweise ergänzende Hinweise aufgenommen (und als solche gekennzeichnet); diese sind aber nicht Bestandteil der Falllösung, sondern nur als weiterführende Erläuterungen zu verstehen.

Allgemeiner Teil

In **Fall 10** wird vom Bearbeiter – losgelöst vom Sachverhalt – verlangt, kurz die Wirkungsweise von Freistellungs- und Anrechnungsmethode zu beschreiben.

42 Im Steuerrecht kann nur in Teilbereichen auf „klassische" Prüfungsschemata zurückgegriffen werden. Ausgehend von der Fallfrage im Einzelfall wird den Studierenden abverlangt, einen Obersatz zu bilden, der das „Prüfungsprogramm" vorgibt. Die Fallfrage gibt damit den **„Einstieg" in die Fallbearbeitung** vor. Aus ihr sind die (Ober-)Sätze zu gewinnen, die an der Spitze des Rechtsgutachtens stehen. Hier wird dem Bearbeiter besondere Sorgfalt abverlangt. Die notwendigen Einzelschritte zur Beantwortung der Fallfrage müssen präzise und verständlich herausgearbeitet werden, um der Gefahr eines „Besinnungsaufsatzes"[13] zu entgehen.

3. Entwurf eines Lösungskonzepts

43 Der Entwurf eines Lösungskonzepts beginnt mit dem Identifizieren der durch den Fall aufgeworfenen Rechtsfragen und dem **Auffinden der fallrelevanten Normen**. Hier kommt es zunächst weniger auf fachliches Detailwissen als vielmehr auf den im Rechtsgebiet gewonnenen Überblick an. Alle Bestimmungen, die als Ausgangspunkt der Falllösung ernsthaft in Betracht kommen oder auf dem weiteren Lösungsweg eine Rolle spielen könnten, sollten notiert werden.

44 Anschließend sollte **stichwortartig** eine Lösungsskizze erstellt werden, die als Grundlage für die spätere Niederschrift der Falllösung dient. Sie sollte so ausführlich sein, dass der gesamte **Lösungsweg** vollständig durchdacht ist. Erfahrungsgemäß fällt es schwer, bei „unliebsamen Überraschungen" während des Schreibens (etwa wenn der Bearbeiter feststellt, eine zentrale Norm übersehen zu haben) den eingeschlagenen Weg noch einmal zu korrigieren. Es bietet sich an, die Stichpunkte auch optisch – etwa durch Einrücken untergeordneter Punkte – zu untergliedern, damit die Struktur der Lösung besser zutage tritt. Wie viel Zeit auf das Erstellen der Lösungsskizze entfallen sollte, wird unterschiedlich beurteilt und ist je nach Bearbeiter individuell verschieden. Als *Faustregel* kann gelten, dass etwa ein Drittel der Bearbeitungszeit auf die Vorüberlegungen, zwei Drittel für die Niederschrift der Lösung verwendet werden sollten. Bearbeiter sollten der Versuchung widerstehen, vorschnell mit der Niederschrift zu beginnen, nur um „etwas stehen zu haben". Es entlastet und beschleunigt das Arbeiten deutlich, wenn der Fall bei der Niederschrift der Lösung weitgehend durchdacht ist.

45 Schon beim Entwurf des Lösungskonzeptes, also vor Beginn der eigentlichen Niederschrift, muss sich der Bearbeiter Gedanken über die richtige **Schwerpunktsetzung** machen. Es empfiehlt sich, schon in der Lösungsskizze deutlich zu machen, welche Punkte kurz abzuhandeln sind und welche Punkte ausführlicher Erörterung und Argumentation bedürfen. Dies kann auf dem Konzeptpapier durch farbliche Hervorhebung oder Randbemerkungen (zB ein „(P)" für Problem) geschehen.

---

13 *Schoch*, Übungen im Öffentlichen Recht II, 1992, S. 10; *Möllers*, Juristische Arbeitstechnik und wissenschaftliches Arbeiten, 9. Aufl. 2018, S. 51.

4. Niederschrift der Lösung

Die zentrale Bedeutung der Reinschrift liegt auf der Hand; sie ist die einzige Grundlage für die Bewertung der Klausur. Durch sie muss der Bearbeiter den Nachweis erbringen, dass er in der Lage ist, den Fall nur unter Zuhilfenahme der Gesetzestexte umfassend rechtsgutachtlich zu würdigen und überzeugend, zumindest jedoch vertretbar, zu lösen.

a) Gutachtentechnik[14]

Gegenstand der Falllösung ist die Erstellung eines Rechtsgutachtens. Der Aufbau eines Rechtsgutachtens wird im Wesentlichen durch die Gutachtentechnik vorgegeben. Ausdrückliche, den Aufbau betreffende Erklärungen an den Leser sind überflüssig und damit verfehlt. Der Aufbau muss sich vielmehr automatisch von selbst ergeben und sich damit von selbst erklären („Der Einspruch hat Erfolg, wenn er zulässig und begründet ist. Er ist zulässig, wenn … [§§ …]. Er ist gemäß § … begründet, wenn …").

aa) Einzelschritte

Die Gutachtentechnik umfasst **vier Teilschritte**. Diese Schritte wiederholen sich bei jeder anzuwendenden Norm und bilden damit die „Bausteine" des gesamten Gutachtens. Der erste Schritt besteht in der Bildung eines Obersatzes, der das mögliche Ergebnis eines jeden Denkschrittes als Hypothese formuliert. In einem zweiten Schritt, der Normbenennung, ist die gesetzliche Vorschrift zu ermitteln und zu nennen, die dieses hypothetische (Teil-)Ergebnis tragen könnte. Kernstück der Überlegungen ist der dritte Schritt, die **Subsumtion** des vorgegebenen Sachverhalts unter die gesetzlichen Voraussetzungen. Hier ist festzustellen, ob zwischen dem Tatbestand der Rechtsnorm und dem Sachverhalt ein Entsprechungsverhältnis besteht (juristischer Syllogismus). Zu untersuchen ist, ob die durch die Norm abstrakt vorgegebenen Voraussetzungen auch im zu bearbeitenden Sachverhalt erfüllt sind. Eine notwendige Auslegung des Sachverhalts oder der anzuwendenden Vorschrift wird an dieser Stelle vorgenommen[15]. Schließlich und viertens ist ein eindeutiges Ergebnis zu formulieren, das die Hypothese bestätigt oder verwirft und so die Antwort auf die einleitende Frage gibt. Die vier Schritte verdeutlicht folgendes **Beispiel**:

Fallfrage: Kann der selbstständige Rechtsanwalt das Gehalt für seine Sekretärin steuermindernd als Betriebsausgaben geltend machen?

Obersatz: Die Aufwendungen für das Gehalt der Sekretärin könnten Betriebsausgaben sein.

Normbenennung: Betriebsausgaben sind nach § 4 Abs. 4 EStG Aufwendungen, die durch den Betrieb veranlasst sind.

---

14 Umfassend zum Gutachtenstil mit zahlreichen Übungen und Beispielen vgl. *Hildebrand*, Juristischer Gutachtenstil, 3. Aufl 2017.
15 Zu einer Alternativlösung bei echten Sachverhaltslücken vgl *Schoch*, Übungen im Öffentlichen Recht II, 1992, S. 21. Dieser Fall dürfte aber kaum jemals praktisch werden.

Subsumtion:	Der Einsatz der Sekretärin dient der Erledigung der im Betrieb anfallenden Schreib- und Verwaltungsaufgaben.
Ergebnis:	Die Aufwendungen stellen mithin Betriebsausgaben dar.

49 Abzuarbeiten sind im Laufe der Bearbeitung alle ernsthaft in Betracht kommenden Normen, also alle Rechtsnormen, die möglicherweise die Antwort auf die eingangs gestellte Rechtsfrage geben oder zu ihrer Lösung beitragen. Da die Rechtslage im juristischen Gutachten *umfassend* zu erörtern ist, genügt es nicht, nur *eine* Norm zu identifizieren, die das Ergebnis am Ende trägt. Dies entspricht der Vorgehensweise in anderen Rechtsgebieten: Im Zivilrecht sind weitere Anspruchsgrundlagen auch dann zu prüfen, wenn die erste den Anspruch bereits trägt. Im Strafrecht müssen alle in Betracht kommenden Straftatbestände erörtert werden, auch wenn einzelne auf der Konkurrenzebene zurücktreten. Im Öffentlichen Recht sind formelle und materielle Rechtmäßigkeit eines Bescheides auch dann zu prüfen, wenn der Bescheid bereits aus dem ersten Grund rechtswidrig ist. Nicht heranzuziehen sind jedoch Normen, die ganz offensichtlich nichts zur Lösung beitragen.

50 Die herangezogenen Normen enthalten zudem in aller Regel nicht nur ein, sondern **mehrere Tatbestandsmerkmale**. Da wiederum jedes für sich der Prüfung bedarf, wiederholen sich die genannten Schritte der Gutachtentechnik innerhalb eines Tatbestandes mehrfach. Innerhalb der Normprüfung sind dann weitere Normen (sog. **Hilfsnormen**) heranzuziehen und anzuwenden, die die einzelnen Tatbestandsmerkmale ausfüllen. Erst wenn die Prüfung aller Tatbestandsmerkmale abgeschlossen ist, kann die Frage nach dem Eingreifen der in der Norm angeordneten Rechtsfolge beantwortet werden. Dies führt zu einem geschachtelten Aufbau.

Beispiel:

Obersatz 1:	Die Spende von Wolldecken an das Deutsche Rote Kreuz e.V. könnte als Sonderausgabe abziehbar sein.
Normbenennung 1:	Nach § 10b Abs. 1 Satz 1 EStG gilt dies (bis zu einer bestimmten Höhe) für (1) Ausgaben (2) zur Förderung besonders anerkannter gemeinnütziger Zwecke.
Obersatz 2:	Bei der Spende müsste es sich daher zunächst um eine Ausgabe handeln.
Normbenennung 2:	Als Ausgabe gilt nach § 10b Abs. 3 Satz 1 EStG auch die Zuwendung von Wirtschaftsgütern.
Subsumtion 2:	Die dem Deutschen Roten Kreuz überlassenen Wolldecken sind Wirtschaftsgüter.
Ergebnis 2:	Die Spende ist eine Ausgabe im Sinne von § 10b Abs. 1 Satz 1 EStG.
Obersatz 3:	Auch müsste sie der Förderung eines besonders anerkannten gemeinnützigen Zwecks gedient haben.
Normbenennung 3:	Gem. § 10b Abs. 1 EStG, § 52 Abs. 2 Nr 9 AO iVm § 23 UStDV sind Zwecke der Verbände der freien Wohlfahrtspflege als gemeinnützig anerkannt.
Subsumtion 3:	Das Deutsche Rote Kreuz ist nach § 23 Nr 4 UStDV ein solcher Verein.

Ergebnis 3: Die Spende dient somit auch der Förderung eines Zwecks im Sinne von § 10b Abs. 1 Satz 1 EStG.

Ergebnis 1: Die Spende ist mithin als Sonderausgabe abziehbar.

Sollte ausnahmsweise von mehreren Tatbestandsmerkmalen einer Vorschrift nur eines problematisch sein, so genügt es, sich damit auseinanderzusetzen. Sprachlich muss dabei aber zum Ausdruck gebracht werden, dass die anderen Tatbestandsmerkmale nicht vergessen wurden. 51

Beispiel: „Problematisch ist *allein*, ob …"

bb) Gesamtaufbau

Ausgangspunkt für die gutachtliche Lösung sind ein oder mehrere Obersätze, die an der Spitze des Gutachtens stehen und die sich aus der **Fallfrage** ableiten. Werden alle in Frage kommenden Rechtsnormen erkannt und in ihre Tatbestandsmerkmale zerlegt, wird die Lösung des Falles im Idealfall fast mechanisch erreicht. Der Gesamtaufbau des Gutachtens ergibt sich dann von selbst. Die Falltechnik darf aber nicht darüber hinwegtäuschen, dass sich in der Regel auch Subsumtionsprobleme stellen, die nur mit hohem Argumentationsaufwand zu lösen sind. So würde eine bloße Subsumtionstechnik – wie in Rn 48 beschrieben – für die Falllösung nicht genügen, wenn die Frage lautete, ob der Student, der mit dem Ziel, Rechtsanwalt zu werden, Jura studiert, die Kosten für das Studium als Betriebsausgaben geltend machen kann. Vielmehr kommt es auf eine gelungene Argumentation und Verarbeitung des Meinungsstands an (dazu Rn 60 ff). 52

Um die Fallfrage in – hypothetisch formulierte – Obersätze zu übersetzen, ist es häufig notwendig, die Fallbearbeitung mit einer allgemein gültigen Aussage beginnen zu lassen, die die zur Beantwortung der Frage notwendigen Prüfungsschritte verdeutlicht. 53

Diese (abstrakte) Aussage darf nicht konjunktivisch formuliert werden, wenn sie als solche feststeht. Die Probleme der Fallfrage werden durch diesen „Vorspann" in Unterprobleme aufgespalten, für deren Lösung das Gesetz jeweils eine Rechtsnorm bereithält. Die Lösung jedes Prüfungsschritts kann dann mit einem eigenen **Obersatz** eingeleitet werden.

Beispiel: In **Fall 1** ist danach gefragt, ob das Finanzamt einen Steuerbescheid ändern kann. Daraus ergibt sich folgende Einleitung: „Das Finanzamt kann den Steuerbescheid ändern, wenn eine der Korrekturvorschriften eingreift (= allgemein gültige Aussage). In Betracht kommt eine Änderung gemäß § 172 Abs. 1 S. 1 Nr 2 lit. d iVm § 173 Abs. 1 Nr 1 AO wegen Verlusten aus der Tätigkeit als Steuerberater (= Obersatz)."

Durch die Formulierung kann auch deutlich gemacht werden, dass der Bearbeiter sein Prüfungsprogramm (zunächst) auf einzelne Prüfungspunkte beschränkt, auf die es im konkreten Fall einzig ankommt. Auf richtige logische Verknüpfung der einzelnen Tatbestandsmerkmale ist zu achten: Varianten und Alternativen werden mit „oder", kumu- 54

Allgemeiner Teil

lativ erforderliche Merkmale mit „und" verbunden. In der Zulässigkeitsprüfung ist ein alle Zulässigkeitsvoraussetzungen zusammenfassender Obersatz entbehrlich.

In **Fall 2** sind die Erfolgsaussichten eines Einspruchs (gegen einen Ermessensakt) zu prüfen. „Der Einspruch hat Erfolg, wenn er zulässig und begründet ist." Da die Begründetheitsprüfung eines Einspruchs nicht nur dessen Rechtmäßigkeit und die Rechtsverletzung auf Seiten des Einspruchsführers, sondern auch die Zweckmäßigkeit des Bescheides umfasst, muss in der Lösung, die nur die beiden ersten Punkte erörtert, formuliert werden: „Der Einspruch ist *zumindest* dann begründet ...". Nur so wird deutlich, dass Sinn und Zweck des Einspruchsverfahrens (nämlich auch die behördliche Überprüfung der Zweckmäßigkeit) verstanden ist.

55 Sind die Tatbestandvoraussetzungen einer Norm, aus der sich die gewünschte Rechtsfolge ergibt, nicht erfüllt, sind weitere in Frage kommende Normen zu prüfen. Im Übrigen ist zu fragen, ob **Ausnahmevorschriften** eingreifen. Während sich der Aufbau im Idealfall nahezu von selbst ergibt, ist auch bei der Niederschrift der Lösung auf die **richtige Gewichtung** zu achten. Verständlich ist die Neigung der meisten Studierenden, Bekanntes und eher Unproblematisches breit abzuhandeln, um dort „Wissen abzuladen" und vorhandene Kenntnisse des materiellen Rechts unter Beweis zu stellen. Die schriftliche Darstellung sollte sich an der bereits im Lösungsentwurf vorgenommenen Schwerpunktsetzung orientieren.

Probleme bereitet oftmals die Einbindung von **Berechnungen** in das Gutachten. In aller Regel sind in der Klausur komplizierte Berechnungen nicht durchzuführen. Beträge werden fast immer gerundet, um dem Bearbeiter das Rechnen zu erleichtern (vgl **Fall 1**, Rn 156). Die erforderlichen Berechnungen betreffen zudem in aller Regel nur überschaubare Rechenoperationen. Oft reicht es aus, die Höhe des Geldbetrages einfach in den Obersatz aufzunehmen. Sind zur Beantwortung der Fallfrage mehrere Rechenoperationen notwendig (etwa wenn die Höhe des zu versteuernden Einkommens berechnet werden soll), können die einzelnen Rechenschritte (die gleichzeitig die Prüfungsschritte sind) einleitend vorangestellt werden (vgl **Fälle 6 und 10**). Sind längere Berechnungen notwendig, sollte darauf an geeigneter Stelle ein eigener Absatz (zur „Höhe der ...") verwendet werden. In jedem Fall sollte die Rechnung als Text ausformuliert werden.

b) Darstellungsweise

56 Die gelungene Klausur zeichnet sich auch durch sprachliche Gewandtheit aus; Verständlichkeit und Klarheit sind das oberste Gebot. Die Verwendung klarer und kurzer Sätze erleichtert es, den Leser zu führen. Die Hoffnung, dass der Leser sich aus einem ungeordneten Sammelsurium von Gedanken schon die richtigen „Codewörter" heraussuchen werde, trügt. Die Verwendung von Zwischenüberschriften – wie sie sich im vorliegenden Fallbuch der Übersichtlichkeit halber finden – und von Gliederungszeichen ist aber in der Klausur entbehrlich[16]. Allerdings sollte der Bearbeiter seinen Lösungsweg durch **Absätze** untergliedern und seinen Gedankengang auf diese Weise verdeutlichen. Auf saubere Form, Lesbarkeit und vor allem Rechtschreibung ist zu achten. Diese sind das „Aushängeschild" einer jeden Arbeit.

---

16 Ebenso wenig ist der Klausurlösung eine Gliederung voranzustellen.

aa) Gutachtenstil

Die Gutachtentechnik kommt sprachlich im Gutachtenstil zum Ausdruck. Während im gerichtlichen Urteil ausgehend vom Ergebnis der Überlegungen nur die Gründe dargestellt werden, die das Ergebnis tragen, muss ein Gutachten den Leser von der Hypothese ausgehend (über einzelne Zwischenergebnisse) zum Endergebnis hinführen. Aspekte, die das Ergebnis nicht tragen, bleiben im Urteil idR unerörtert. Wird ein Fall „begutachtet", muss auch auf diese Fragen näher eingegangen werden. Sprachliche Kennzeichen des Gutachtenstils sind **Signalwörter** wie *also, folglich* oder *somit*, in denen die Schlussrichtung *auf das Ergebnis hin* zum Ausdruck kommt. Der Urteilsstil, der vom Ergebnis aus argumentiert, zeigt sich vor allem an Signalwörtern wie *da* oder *weil*. Für den Studenten empfiehlt es sich dringend, auf Signalwörter des Urteilsstils zu verzichten. Die Verwendung dieser Konjunktionen wird von den Korrektoren oftmals mit dem Nichtbeherrschen der Gutachtentechnik gleichgesetzt.

57

In der Ausbildungsliteratur findet sich zuweilen der Hinweis, zur Darstellung eher unproblematischer Punkte könne auch im Rechtsgutachten auf den Urteilsstil zurückgegriffen werden. Der erfahrene Bearbeiter wird sich mit der Zeit ein Gefühl für die richtige Mischung aus Gutachten- und Urteilsstil angewöhnen, oft auch einen **„verkürzten Gutachtenstil"**. Für eher unerfahrene Bearbeiter sei aber die Konzentration auf den Gutachtenstil empfohlen. Bei den dargestellten Stufen handelt es sich allerdings um reine **Denkschritte**, die ein erfahrener Bearbeiter „verinnerlicht" hat. Auch in der ausformulierten Lösung muss nicht jeder Schritt der Gutachtentechnik (Satz für Satz) nachvollzogen werden.

58

So bietet es sich häufig an, die in Frage kommende Rechtsnorm bereits in den Obersatz aufzunehmen, vgl **Fall 1**: „Das Finanzamt könnte *gem. § 172 Abs. 1 Satz 1 Nr 2 lit. d iVm § 173 Abs. 1 Nr 1 AO* zu einer Änderung des Einkommensteuerbescheids verpflichtet sein."

bb) Richtiger Gebrauch der juristischen Fachsprache

Bei der Ausarbeitung des Gutachtens ist auf den richtigen Gebrauch der juristischen Fachsprache zu achten. Das Steuerrecht besitzt eine eigene **Terminologie**; die Bedeutung einzelner Begriffe unterscheidet sich dabei häufig von der Umgangssprache.

59

Beispiel: § 2 Abs. 4 EStG definiert den Begriff des Einkommens als den Gesamtbetrag der Einkünfte, vermindert um die Sonderausgaben und die außergewöhnlichen Belastungen. § 2 Abs. 3 EStG bezeichnet als Gesamtbetrag der Einkünfte die Summe der Einkünfte, vermindert um den Altersentlastungsbetrag, den Entlastungsbetrag für Alleinerziehende und den Abzug gemäß § 13 Abs. 3 EStG. Was Einkünfte sind, sagen § 2 Abs. 1, Abs. 2 EStG. Obwohl die Begriffe Einkommen und Einkünfte in der Umgangssprache regelmäßig synonym verwendet werden, misst das Gesetz ihnen eine unterschiedliche Bedeutung bei. In der steuerrechtlichen Fallbearbeitung sind die Begriffe daher streng zu trennen. Gleiches gilt im genannten Beispiel für die Begriffe Gesamtbetrag und Summe. Auch die Begriffe steuerbares und steuerpflichtiges Einkommen werden im Gegensatz zur Umgangssprache im Steuerrecht unterschiedlich verstanden[17].

---

17 *Birk/Desens/Tappe*, Steuerrecht, Rn 584 f.

c) Die Behandlung von Meinungsstreitigkeiten

60 Besondere Schwierigkeiten wirft die Darstellung und Behandlung rechtlicher Streitfragen auf. Streitfragen können die Anwendbarkeit von Normen, vor allem aber ihre Auslegung und damit die Frage betreffen, ob bestimmte Sachverhalte von der Vorschrift erfasst werden. Kommen die verschiedenen Ansichten im konkret zu entscheidenden Fall zu unterschiedlichen Ergebnissen, so ist der Meinungsstreit unter eigener Gewichtung der Argumente zu entscheiden. Nicht ausreichend ist es dann, sich einer der Ansichten ohne nähere Begründung anzuschließen. Ist der Streit nicht erheblich, weil beide Ansichten trotz verschiedener rechtlicher Begründung im konkreten Fall zum gleichen Ergebnis kommen, sollte der Meinungsstreit nicht vertieft werden und muss auch unentschieden bleiben, weil eine nähere Auseinandersetzung im Rahmen der Falllösung überflüssig wäre. Zwei Arten der Darstellung sind zu unterscheiden:

61 Haben sich in Literatur und Rechtsprechung zwei oder mehr eindeutig voneinander zu unterscheidende Auffassungen herausgebildet, bietet es sich häufig an, nach kurzer Feststellung der umstrittenen Frage beide Ansichten jeweils kurz darzustellen und zu subsumieren **(meinungsorientierte Darstellung)**. Auf diese Weise kann die Erheblichkeit des Meinungsstreits schnell beurteilt werden. Kommt es auf die Entscheidung der Streitfrage an, schließen sich die eigene Stellungnahme des Bearbeiters sowie die Antwort auf die einleitende Frage an. Kommen beide Ansichten zum gleichen Ergebnis, ist dies kurz festzustellen und das (übereinstimmende) Ergebnis zu formulieren.

62 Eleganter (aber auch anspruchsvoller) ist es häufig, sich bei der Darstellung der Streitfrage von vornherein an den **Sachargumenten** zu orientieren **(argumentorientierte Darstellung)**. Auf diese Weise wird deutlich, dass der Bearbeiter den Kern des Streits verstanden hat. Diese Darstellungsweise hat zudem den Vorteil, dass sich der Student nicht mit der Frage belasten muss, wie die „Lager" verteilt sind. Oft lassen sich eindeutige Lager auch nicht ausmachen. Ansetzend beim Rechtsproblem ist mit eigenen Worten die Grundlage der abzulehnenden Auffassung darzustellen, dann sind Gegenargumente zu formulieren. Letztlich sind die (für den Bearbeiter entscheidenden) Argumente der Rechtsauffassung darzulegen, denen er folgt. Nachteilig kann sein, dass nicht zuvor geprüft wird, ob die Auffassungen zu unterschiedlichen Ergebnissen führen; kommt es auf den Streit nicht an, sollten die vorgebrachten Argumente straff vorgetragen werden, weil keine „Spannung" beim Leser aufkommt, da das Ergebnis nach allen Auffassungen das gleiche ist.

Beispiel: Das Fahrzeug eines Polizeibeamten P wird infolge eines Racheaktes eines von ihm überführten Straftäters irreparabel beschädigt. P macht den Schaden am Fahrzeug als Werbungskosten geltend[18]. Zu Recht?

---

18 Fall nach BFH, VI R 25/80, BStBl II 1982, 442; vgl dazu auch *Birk/Desens/Tappe*, Steuerrecht, Rn 1048 f.

aa) Darstellungsmöglichkeit 1 (meinungsorientierter Aufbau)

Nach einer streng am Wortlaut des § 9 Abs. 1 Satz 1 EStG orientierten Mindermeinung sind Werbungskosten Aufwendungen zur Erwerbung, Sicherung und Erhaltung der Einnahmen (sog. finaler Werbungskostenbegriff)[19]. Aufwendungen sind freiwillige Vermögensopfer. Der Schaden am Kfz des P ist ohne Wissen und Wollen des P, also unfreiwillig entstanden. Zudem hat er keine Aufwendungen „zur" Erwerbung, Sicherung und Erhaltung von Einnahmen getätigt. Nach dieser Auffassung liegen damit keine Werbungskosten vor.

63

Nach hM[20] ist der Begriff der Werbungskosten (§ 9 Abs. 1 Satz 1 EStG) ebenso zu bestimmen wie der Betriebsausgabenbegriff des § 4 Abs. 4 EStG. Werbungskosten sind danach solche Aufwendungen, die durch die berufliche Tätigkeit veranlasst sind (sog. kausaler Werbungskostenbegriff). Der Schaden am Kfz des P geht auf seine Tätigkeit als Polizeibeamter zurück. Nach dieser Auffassung liegen damit Werbungskosten vor.

(Da die Auffassungen zu unterschiedlichen Ergebnissen kommen, ist der Streit zu entscheiden.) Für die erstgenannte Auffassung spricht der Wortlaut des § 9 Abs. 1 Satz 1 EStG, der final formuliert ist. Dagegen spricht indes in systematischer Hinsicht der Vergleich mit dem Betriebsausgabenbegriff des § 4 Abs. 4 EStG. Es ist nicht ersichtlich, wieso bezüglich der Abzugstatbestände hinsichtlich des erwerbsbezogenen Aufwands ohne erkennbare innere Rechtfertigung unterschiedliche Voraussetzungen zugrunde gelegt werden sollen. Nach Sinn und Zweck sind beide Abzugstatbestände gleich auszulegen. Für die Beurteilung der steuerlich entscheidenden Leistungsfähigkeit ist es ohne Bedeutung, ob die Vermögenseinbußen freiwillig oder unfreiwillig erfolgt sind. Daher ist der hM zu folgen. Es handelt sich bei dem Schaden am Kfz des P mithin um Werbungskosten.

bb) Darstellungsmöglichkeit 2 (argumentorientierter Aufbau)

Fraglich ist, ob es sich bei dem Schaden an dem Kfz des P um Werbungskosten handelt. Nach § 9 Abs. 1 Satz 1 EStG sind Werbungskosten Aufwendungen zur Erwerbung, Sicherung und Erhaltung der Einnahmen. Fraglich ist, ob auch unfreiwillige Aufwendungen dem Werbungskostenbegriff unterfallen. Der Wortlaut der Norm („zur Erwerbung ...") deutet auf die Notwendigkeit einer subjektiven Förderungsabsicht des Steuerpflichtigen hin. Danach wäre der Schaden am Kfz nicht als Werbungskosten zu behandeln. Gegen diese Sichtweise spricht aber, dass dem Werbungskostenabzug der Gedanke des objektiven Nettoprinzips zugrunde liegt. Sind die Kosten beruflich veranlasst, kann es keinen Unterschied machen, ob dies mit dem Willen des Steuerpflichtigen geschah. Es ist daher allein auf den objektiven Zusammenhang der Aufwendungen mit dem Beruf abzustellen. Zudem ist auch der Begriff der Betriebsausgaben kausal formuliert (§ 4 Abs. 4 EStG). Dann ist aber – auch um Wertungswidersprüche je nach Art der Einkünfteermittlung zu vermeiden – der Werbungskostenbegriff kausal, nicht

64

---

19 So *Kruse*, FR 1981, 473; *ders.*, in: FS Ritter, 1997, S. 416 ff; vgl auch die ältere Rspr des BFH, VI 79/55 U, BStBl III 1958, 103.
20 Neuere Rspr des BFH, VI R 25/80, BStBl II 1982, 442; VIII R 32/00, BStBl II 2001, 668; *Birk/Desens/Tappe*, Steuerrecht, Rn 1035 f; *Hey*, in: Tipke/Lang, § 8 Rn 230; *Thürmer*, in: Blümich, § 9 EStG Rn 114.

final zu interpretieren. Vorliegend stand der eingetretene Schaden in Zusammenhang mit der beruflichen Tätigkeit des Polizisten. Es handelt sich damit um Werbungskosten.

65 Ein häufiger Fehler ist es, vom Vorliegen eines Meinungsstreits auf einen Schwerpunkt der Arbeit zu schließen. Dies ist häufig, aber bei weitem nicht immer der Fall. Teilweise berühren die Streitfragen nur **Randprobleme** des Falls, teilweise handelt es sich um jahrelang feststehende Streitstände. Hier kann schon zweifelhaft sein, ob der Meinungsstreit überhaupt aufgegriffen werden soll[21].

66 Nur der Vollständigkeit halber sei darauf hingewiesen, dass die Bearbeitung folgerichtig und inhaltlich **widerspruchsfrei** sein muss. Wird eine Streitigkeit zunächst in einem bestimmten Sinne entschieden, kann der Bearbeiter später nicht mehr ausdrücklich oder implizit das Gegenargument erörtern oder gar zugrunde legen.

5. Aufbauschema eines einkommensteuerrechtlichen Falls

67 Teilweise wird in der einkommensteuerrechtlichen Klausur keine konkrete Fallfrage gestellt, sondern es werden mehrere tatsächliche Geschehnisse eines Steuerpflichtigen geschildert, die rechtlich zu würdigen sind. Die einzelnen Geschäftsvorfälle (zB Geschenk des Arbeitgebers, Kosten für die Renovierung einer Mietwohnung) sind dann im Rahmen eines allgemeinen einkommensteuerrechtlichen Aufbauschemas zu behandeln. Die Fallfrage kann dabei zB lauten: „S fragt seinen Steuerberater um Rat, wie die Geschäftsvorfälle steuerlich zu behandeln sind." oder „Welche Einkünfte erzielt S im VZ 01?". Diese „offenen" Formulierungen verlangen dann eine umfassende steuerrechtliche Würdigung des gesamten Sachverhalts – ähnlich wie bei der Frage in einem zivilrechtlichen Fall: „Wie ist die Rechtslage?"

Im Folgenden wird als Orientierungshilfe ein Aufbauschema für einen einkommensteuerrechtlichen Fall gegeben:

68 **A. Persönliche Steuerpflicht**

IdR unbeschränkte Steuerpflicht, § 1 Abs. 1 EStG iVm § 8, § 9 AO

B. Veranlagungsform

Die Veranlagungsform (§ 26 EStG)[22] ist nur bei Ehegatten und Lebenspartnern zu erwähnen.

C. Sachliche Steuerpflicht

Möglicherweise ist nach *mehreren Personen*, insb bei Ehegatten/Lebenspartnern gefragt. Die Prüfung der sachlichen Steuerpflicht hat nach Personen getrennt zu erfolgen:
- **Sachliche Steuerpflicht des Ehemanns**
- **Sachliche Steuerpflicht der Ehefrau**

---

21 Näher *Schoch*, Übungen im Öffentlichen Recht II, 1992, S. 60.
22 *Birk/Desens/Tappe*, Steuerrecht, Rn 624.

Bei mehreren Personen, die zusammengeschlossen als Gesellschaft eine Tätigkeit gemeinsam ausüben, ist nicht nach Personen zu trennen. In der Gliederung sind vielmehr die *Ebene der Gesellschaft* und die *Ebene der Gesellschafter* zu unterscheiden. Auf der Ebene der Gesellschafter ist dann nach Personen zu trennen, um zB das Sonderbetriebsvermögen der jeweiligen Gesellschafter zu berücksichtigen. Ist dagegen nur nach einer Person, welche innerhalb einer Gesellschaft tätig wird, gefragt, so kann innerhalb der jeweiligen Prüfungspunkte untersucht werden, ob sich dies auswirkt. ZB kann eine Umqualifikation der Tätigkeit nach § 15 Abs. 3 EStG bei der Festlegung der Einkunftsart des Steuerpflichtigen in die Prüfung *integriert* werden (vgl Fall 7).

I. Erste steuerbare Tätigkeit

1. Bestimmung der Einkunftsart

In seltenen Fällen ist zu prüfen, ob überhaupt eine steuerbare Tätigkeit vorliegt. Steuerbar ist ein wirtschaftlicher Erfolg nur dann, wenn er sich unter eine der Einkunftsarten des § 2 Abs. 1 EStG subsumieren lässt[23].

Kommen mehrere Einkunftsarten in Betracht, so empfiehlt sich eine Untergliederung, bei der zunächst die Einkunftsarten abgehandelt werden, die im Ergebnis verneint werden, sofern diese nicht völlig fernliegend sind. Zuletzt wird dann die „richtige" Einkunftsart angesprochen und bejaht. Dabei sind die Subsidiaritätsklauseln (zB § 21 Abs. 3 EStG) zu beachten.

2. Bestimmung der Höhe der Einkünfte, Einkünfteermittlung

Obersatz: Für *Gewinnermittler*: Die Einkünfte werden gem. § 2 Abs. 1 Nr 1 EStG als Gewinn durch Betriebsvermögensvergleich (§ 4 Abs. 1, § 5 EStG) ermittelt.

Für *§ 4 Abs. 3 EStG-Rechner*: Die Einkünfte werden gem. § 2 Abs. 1 Nr 1 EStG als Gewinn durch den Überschuss der Betriebseinnahmen über die Betriebsausgaben (§ 4 Abs. 3 EStG) ermittelt. Ggf ist anzusprechen, dass das Wahlrecht ausgeübt wurde.

Für *Überschussermittler*: Die Einkünfte werden gem. § 2 Abs. 1 Nr 2 EStG als Überschuss der Einnahmen (§ 8 EStG) über die Werbungskosten (§ 9 EStG) ermittelt.

a) Vorfall 1 (zB „Die Reisekosten")

b) Vorfall 2

...

Oder:

a) Einnahmen (bzw Betriebseinnahmen)

aa) dem Grunde nach

bb) der Höhe nach

---

23 *Birk/Desens/Tappe*, Steuerrecht, Rn 585.

b) **Werbungskosten (bzw Betriebsausgaben)**

aa) **dem Grunde nach**

bb) **der Höhe nach**

Wie sonst auch ist immer mit einem Obersatz im Gutachtenstil zu beginnen, der benennt, was geprüft wird, und der zugleich die einschlägige steuerrechtliche Norm zitiert. ZB „Die Reisekosten des A nach X könnten Werbungskosten nach § 9 Abs. 1 Satz 1 EStG darstellen" oder „Das Geschenk des Arbeitgebers könnte als Einnahme gem. § 8 Abs. 1 EStG zu erfassen sein".

II. Zweite steuerbare Tätigkeit

III. Dritte steuerbare Tätigkeit

Darüber hinaus kann weitergehend nach dem „zu versteuernden Einkommen" oder der „tariflichen Einkommensteuer" gefragt sein. Dann dient § 2 EStG mit seinen Absätzen als Gliederungshilfe. Bis jetzt wurden nach § 2 Abs. 2 EStG die „Einkünfte" des Steuerpflichtigen bestimmt. Diese sind in einem Ergebnis zusammenzufassen. Dabei ist an dieser Stelle der sog. horizontale (interne) Verlustausgleich vorzunehmen, wonach innerhalb einer jeden Einkunftsart positive mit negativen Einkünften zu verrechnen sind, so dass nur der Saldo erfasst wird. Die weiteren Gliederungsschritte ergeben sich aus den folgenden Absätzen des § 2 EStG, je nachdem wie weit die Fragestellung der Klausur reicht.

D. Summe der Einkünfte

Als sog. vertikaler (externer) Verlustausgleich sind nun positive und negative Einkünfte der verschiedenen Einkunftsarten untereinander zu verrechnen, um die „Summe der Einkünfte" (§ 2 Abs. 2 EStG; zum Begriff vgl § 2 Abs. 3 EStG) zu ermitteln. Ggf Verlustverrechnungsbeschränkungen beachten, zB § 23 Abs. 3 Satz 7-10 EStG. Bei Ehegatten/Lebenspartnern findet eine wechselseitige Verrechnung statt, § 26b EStG.

E. Gesamtbetrag der Einkünfte, § 2 Abs. 3 EStG

Dieser ist anhand der Vorgaben des § 2 Abs. 3 EStG zu bestimmen (insb Altersentlastungsbetrag, § 24a EStG). Auf dieser Stufe sind Ehegatten/Lebenspartner bereits wie ein Steuerpflichtiger zu behandeln, vgl § 26b EStG aE (Zusammenveranlagung).

F. Einkommen, § 2 Abs. 4 EStG

Bei der Ermittlung des Einkommens werden Sonderausgaben (§ 10 EStG) und außergewöhnliche Belastungen (§§ 33 ff EStG) abgezogen.

G. Zu versteuerndes Einkommen, § 2 Abs. 5 EStG

An dieser Stelle ist der Kinderfreibetrag nach § 32 Abs. 6 EStG zu berücksichtigen. Anzusprechen ist in diesem Fall dessen Verhältnis zum Kindergeld (§§ 62 f EStG) nach § 31 EStG.

H. Festzusetzende Einkommensteuer, § 2 Abs. 6 EStG

Die Berechnungsformel zur Einkommensteuerschuld ergibt sich aus § 32a Abs. 1 EStG. Aus den Einkommensteuertabellen ist der konkrete Wert zu entnehmen.

> *Beachte:* Während die Fragestellung nach der festzusetzenden Einkommensteuerschuld in Klausuren eher „exotisch" und unüblich ist, finden sich Angaben zu Sonderausgaben, außergewöhnlichen Belastungen oder auch zum Kinderfreibetrag häufiger. Diese Angaben – tauchen sie losgelöst von einer konkreten Fragestellung nach einer bestimmten Etappe aus § 2 EStG auf – können auch unter einem Prüfungspunkt abgehandelt werden. Dieser lautet dann:
> - **Persönliche Abzüge**

6. Exkurs: Methodische Hinweise zur Arbeit mit dem Gesetz

Wie ist dem Gesetz die richtige *rechtliche* Lösung zu entnehmen, dh wie ist zu ermitteln, welche Rechtsfolge das Gesetz für einen Sachverhalt wie den zu begutachtenden vorsieht? Bei der Anwendung der Gutachtentechnik in Reinform wird der Bearbeiter auf Schwierigkeiten stoßen, die mit Hilfe des Instrumentariums der Methodenlehre überwunden werden können. Die Schwierigkeiten können zum einen die Subsumtion, also die Frage betreffen, ob eine Norm den zu bearbeitenden Sachverhalt erfasst. Da dies nicht immer eindeutig ist, muss die Norm mit Blick auf den Fall **ausgelegt** werden. Zum anderen kann sich die Frage stellen, ob eine bestimmte Rechtsnorm überhaupt zur Lösung des Falles herangezogen werden darf. Diese Frage stellt sich im Fall von **Gesetzeslücken** (es lässt sich keine direkt anwendbare Norm finden) und im Fall von **Normkonkurrenzen** (mehrere zunächst einschlägige Normen sehen unterschiedliche Rechtsfolgen vor).

69

a) Gesetzesauslegung

Ist nicht eindeutig, ob sich eine bestimmte Rechtsnorm auf einen bestimmten Sachverhalt anwenden lässt, muss sie ausgelegt werden. Nach der klassisch-hermeneutischen Methode werden Gesetze nach **vier Auslegungsmethoden** interpretiert: (1) Ausgangspunkt ist der **Wortlaut** der Norm. Der noch mögliche Wortsinn markiert dabei gleichzeitig die Grenze der übrigen Auslegungskriterien. Was vom Wortsinn nicht mehr gedeckt ist, kann also auch unter Zuhilfenahme der anderen Auslegungskriterien dem Gesetz nicht mehr im Wege der Auslegung entnommen werden; es geht dann um Lückenfüllung, insbesondere durch Analogie[24]. (2) Die **systematische Auslegung** fragt nach dem gesetzlichen Zusammenhang, in dem die zu interpretierende Norm steht (zB hinsichtlich der amtlichen Überschrift einer Norm oder des Abschnitts, des Regelungszusammenhangs innerhalb des Gesetzes, der Verwendung des jeweiligen Begriffs in anderem Zusammenhang usw). (3) Nach der **teleologischen Auslegung** ist die Rechtsnorm so auszulegen, dass der Zweck des Gesetzes erreicht werden kann. Entgegen einer in der Literatur vertretenen Ansicht können auch Fiskalzwecknormen im Hinblick auf die vom Gesetzgeber getroffenen Steuerwürdigkeitsentscheidungen (Soll ein bestimmter Sachverhalt besteuert werden oder nicht?) teleologisch ausgelegt werden[25]. (4) Lediglich eine Hilfsfunktion kommt schließlich der **historischen Auslegung** zu, nach der eine Rechtsnorm so zu interpretieren ist, dass die Regelungsabsicht des

70

---
24 Dazu sogleich b).
25 Näher *Wernsmann*, Verhaltenslenkung in einem rationalen Steuersystem, 2005, S. 72 ff; aA *Vogel*, DStZ/A 1977, 5 (9); *ders.*, StuW 1977, 97 (99).

Gesetzgebers erreicht werden kann. Nach der Rechtsprechung des Bundesverfassungsgerichts kommt der Entstehungsgeschichte einer Vorschrift nur insoweit Bedeutung zu, als sie die Richtigkeit einer nach den angegebenen Grundsätzen ermittelten Auslegung bestätigt oder Zweifel behebt[26]. In der Klausur werden dem Bearbeiter die Gesetzesmaterialien ohnehin nicht zur Verfügung stehen. Die verschiedenen Auslegungsmethoden können teilweise ambivalent oder unergiebig sein oder zu widerstreitenden Ergebnissen führen. Dann sind die Ergebnisse vom Bearbeiter zu gewichten.

71 Sonderfälle stellen die **verfassungskonforme** und die **unionsrechtskonforme Auslegung** dar. Wegen des Stufenbaus der Rechtsordnung (die Verfassung geht den einfachen Gesetzen, einfache Gesetze gehen den untergesetzlichen Rechtsnormen vor; Unionsrecht genießt Anwendungsvorrang vor dem nationalen Recht) müssen Vorschriften – soweit dies anhand der oben genannten Auslegungskriterien möglich ist – so ausgelegt werden, dass sie nicht gegen höherrangiges Recht verstoßen. Ist eine verfassungs- oder unionsrechtskonforme Auslegung der Norm danach nicht möglich, so ist die Norm verfassungswidrig und damit grundsätzlich nichtig bzw unionsrechtswidrig und damit insoweit unanwendbar.

72 Das Steuerrecht unterliegt als Subsystem der allgemeinen Rechtsordnung eigenen Rechtsprinzipien[27]. In der Fallbearbeitung ersetzt die Anwendung dieser Prinzipien nicht ein methodisch präzises Vorgehen. Die Lösung rechtlicher Probleme kann nicht unter Vernachlässigung des positiven Rechts und methodischer Fertigkeiten aus vermeintlich allgemein gültigen Prinzipien abgeleitet werden[28]. Ausgangspunkt muss das geschriebene Recht bleiben, auf dessen (insbesondere systematische und teleologische) Auslegung die Prinzipien aber einwirken.

b) Ausfüllen von Gesetzeslücken

73 Wird festgestellt, dass keine Rechtsnorm existiert, die die Antwort auf eine gestellte Rechtsfrage enthält, ist an eine **Analogie** zu denken[29]. Diese setzt eine Regelungslücke im Gesetz, deren Planwidrigkeit sowie eine gleiche Interessenlage zwischen dem geregelten und dem ungeregelten Fall voraus. Sind die Voraussetzungen erfüllt, ist diejenige Norm, die den vergleichbaren Fall regelt auf den zu bearbeitenden Sachverhalt „analog" anzuwenden. Der Analogie eng verwandt ist der **Erst-recht-Schluss** *(argumentum a majore ad minus)*. Dabei wird die Rechtsfolge auf einen nicht geregelten Fall übertragen, auf den der Sinn des Gesetzes in noch höherem Maße zutrifft[30].

---

26 BVerfG, 2 BvH 2/52, BVerfGE 1, 299 (312); stRspr, vgl etwa BVerfG, 2 BvE 1/83 ua, BVerfGE 62, 1 (45) mwN.
27 *Birk/Desens/Tappe*, Steuerrecht, Rn 28 ff.
28 Für den Bereich des Verwaltungsrechts *Schoch*, Übungen im Öffentlichen Recht II, 1992, S. 17.
29 Zur Zulässigkeit der Analogie im Steuerrecht siehe *Birk/Desens/Tappe*, Steuerrecht, Rn 159 mwN.
30 *Schoch*, Übungen im Öffentlichen Recht II, 1992, S. 43; dort auch zum (nicht ungefährlichen) *argumentum a minore ad maius*.

Beispiel[31]: Einkünfte aus Gewerbebetrieb erzielen gemäß § 15 Abs. 3 Nr 2 Satz 1 EStG auch Personengesellschaften, die zwar nicht gewerblich tätig, wohl aber gewerblich geprägt sind. Gewerbliche Prägung setzt regelmäßig voraus, dass es sich bei den persönlich haftenden Gesellschaftern um Kapitalgesellschaften handelt, allerdings steht nach § 15 Abs. 3 Nr 2 Satz 2 EStG einer Kapitalgesellschaft als persönlich haftende Gesellschafterin wiederum eine gewerblich geprägte Personengesellschaft gleich. Unter dem Gesichtspunkt des Erst-recht-Schlusses umfasst diese Gleichstellung auch eine tatsächlich gewerblich *tätige* Personengesellschaft. Die Formulierung der Verweisung in § 15 Abs. 3 Nr 2 Satz 2 EStG auf Satz 1 der Vorschrift beruht erkennbar auf einem Redaktionsversehen[32].

Liegen die Voraussetzungen für eine Analogie nicht vor, weil der Gesetzgeber die Regelungslücke bewusst gelassen hat oder die Interessenlage nicht vergleichbar ist, ist Raum für einen **Umkehrschluss** *(argumentum e contrario)*. Aus der Lücke wird dann geschlossen, dass die angeordnete Rechtsfolge im konkreten Fall *gerade nicht* gelten soll. **74**

Beispiel[33]: § 32 Abs. 4 Nr 3 EStG knüpft den Anspruch auf Kindergeld für ein behindertes Kind unter anderem an die Voraussetzung, dass die Behinderung vor Vollendung des 25. Lebensjahres eingetreten ist. Tritt die Behinderung erst später ein und hat das Kind zuvor Grundwehr- oder Zivildienst geleistet, stellt sich die Frage, ob die Höchstaltersgrenze um dessen Dauer zu verlängern ist. Da der Gesetzgeber die Berücksichtigung von Wehr- und Zivildienstzeiten für den Bezug von Kindergeld in § 32 Abs. 5 EStG geregelt hat und sie dort auf die Fälle des § 32 Abs. 4 Nr 1, Nr 2 EStG beschränkt, ergibt sich im Umkehrschluss, dass die Dienstzeiten bei der Altersgrenze für den Eintritt einer Behinderung außer acht bleiben müssen.

Das Gegenteil der Analogie ist die **teleologische Reduktion** einer Norm. Bei der analogen Anwendung einer Norm liegen die Tatbestandsvoraussetzungen der Norm dem Wortlaut nach nicht vor; gleichwohl soll die Rechtsfolge, die die Norm vorsieht, auch in dem nicht geregelten Fall eintreten. Bei der teleologischen Reduktion müsste nach dem Wortlaut der Norm die Rechtsfolge eintreten, weil die Tatbestandsvoraussetzungen der Norm vorliegen; gleichwohl ergibt sich hier aus dem Sinn und Zweck der Vorschrift, dass der Wortlaut – gemessen am Regelungszweck der Norm – zu weit geht und auch Fälle erfasst, für die nach dem Zweck der Norm nicht die vorgesehene Rechtsfolge eintreten soll. Obwohl der konkrete Fall vom Gesetzeswortlaut erfasst zu sein scheint, wird die vorgesehene Rechtsfolge aufgrund der teleologischen Reduktion der Norm nicht angewendet. **75**

c) Konkurrenz von Rechtsnormen

Grundsätzlich sind die in Frage kommenden Rechtsnormen nebeneinander anzuwenden (Idealkonkurrenz). Lässt sich der Sachverhalt (auch nach deren Auslegung) unter verschiedene Normen subsumieren, die aber einander widersprechende Rechtsfolgen enthalten, muss die Kollision aufgelöst werden. Dabei geht das **ranghöhere** Gesetz dem rangniedrigeren *(lex superior derogat legi inferiori)*, die **speziellere** Norm der allgemeineren *(lex specialis derogat legi generali)* sowie die **später** erlassene Norm der früher erlassenen *(lex posterior derogat legi priori)* vor[34]. **76**

---

31 BFH, IV R 37/99, BStBl II 2001, 162.
32 *Birk/Desens/Tappe*, Steuerrecht, Rn 1121 ff.
33 Nach BFH, III R 86/03, BStBl II 2005, 756.
34 Vgl dazu *Wernsmann*, in: Hübschmann/Hepp/Spitaler, § 4 AO Rn 240 ff mwN.

Allgemeiner Teil

Darstellungshinweis im Rahmen der Fallbearbeitung: Erklärt etwa eine Norm der LStDV einen bestimmten Vorteil V für Arbeitslohn, erfüllt dieser aber nicht die begrifflichen Voraussetzungen des Gesetzes für Arbeitslohn, so könnte wie folgt formuliert werden: „Nach § x LStDV handelt es sich um Arbeitslohn. Fraglich ist indes, ob diese Norm im Einklang mit der gesetzlichen Definition des § 19 Abs. 1 Satz 1 Nr 1 EStG steht. Der Verordnungsgeber ist gem. Art. 20 Abs. 3 GG an das Gesetz gebunden, so dass § x LStDV den Anforderungen des § 19 Abs. 1 Satz 1 Nr 1 EStG genügen muss. Fraglich ist, ob es sich bei V um ‚Lohn' iSd § 19 Abs. 1 Satz 1 Nr 1 EStG handelt. Lohn iSd § 19 Abs. 1 Satz 1 Nr 1 EStG ist [...]. V erfüllt nicht das Merkmal y des Lohnbegriffs. Damit handelt es sich bei V nicht um Arbeitslohn."

III. Die steuerrechtliche Hausarbeit

77 In den Prüfungsordnungen ist in verschiedenem Umfang auch die Erstellung von Haus- oder Seminararbeiten im Fach Steuerrecht vorgesehen. Im Gegensatz zur Klausur steht dem Prüfling hier Fachliteratur zur Verfügung. Die **sorgfältige Auseinandersetzung mit der Rechtsprechung und der Fachliteratur sowie ggf auch der Entstehungsgeschichte einer Norm** (zu ermitteln anhand der Gesetzesmaterialien, zB der amtlichen Begründung, zu zitieren zB nach Bundestagsdrucksachen) stellt einen wesentlichen Teil der Prüfungsleistung dar.

78 In einer Hausarbeit ist – wie in der Klausur – ein vorgegebener Sachverhalt zu begutachten. Die Ausführungen zur Klausurtechnik gelten daher auch für die Hausarbeit. Aufgrund der längeren Bearbeitungszeit kann und muss der Bearbeiter den Fall in der Hausarbeit gedanklich erheblich tiefer durchdringen[35]. Wegen des Umfangs der Bearbeitung lässt es sich (anders als in der Klausur) häufig nicht vermeiden, dass Entwicklung des Lösungsweges und Niederschrift der Lösung teilweise parallel erfolgen. Wenn sich die Aufgabenstellung nicht in mehrere, von einander unabhängige Teile zerlegen lässt, sollte bei Beginn der Niederschrift jedenfalls der grobe Lösungsweg in Gedanken feststehen.

79 In der **äußeren Form** sind Haus- und Seminararbeit nahezu identisch. Hier wird verwiesen auf die Ausführungen zu den Seminararbeiten (unten IV.). In einer Hausarbeit ist nach dem Deckblatt eine Abschrift des zu bearbeitenden Sachverhalts einzufügen.

80 Eine weitere Besonderheit besteht darin, dass in Hausarbeiten das vorhandene Material (Rechtsprechung, Monographien, Kommentare, Lehrbücher, Aufsätze in Zeitschriften und Festschriften usw) verarbeitet werden und sich der Bearbeiter mit den Argumenten auseinandersetzen muss, die in der Diskussion vorgebracht werden.

81 Mit Fußnoten sind aber nur die zitierten *Rechtsansichten* zu belegen. Fehlerhaft ist es hingegen, ein Rechtsprechungs- oder Literaturzitat auf ein (Teil-)*Ergebnis* des konkret zu bearbeitenden Falles zu beziehen (sog. **Fallzitat**), weil der Sachverhalt, der dem Hausarbeitsfall zugrunde liegt, nicht Gegenstand der angeführten Gerichtsentscheidung oder Abhandlung war. Dass Rechtsprechung oder Literatur nicht das Ergebnis des Fal-

---

35 *Schwerdtfeger/Schwerdtfeger*, Öffentliches Recht in der Fallbearbeitung, 15. Aufl 2018, Rn 773.

les, sondern eine Rechtsauffassung vertreten, mit deren Hilfe der Bearbeiter dieses Ergebnis erreicht, muss durch die Position der Fußnote deutlich werden.

Beispiel (vgl Fall 7): Weil sich der BFH nicht mit den Einkünften *des R* auseinandergesetzt hat, wäre folgende Darstellung **falsch**:

„Die Vergütung des R könnte zu den Einkünften aus Gewerbebetrieb gehören. Die Bezüge sind R für seine Tätigkeit als Geschäftsführer gezahlt worden und folglich als Einkünfte aus Gewerbebetrieb einzuordnen[1].

[1] BFH, I R 9/79, BStBl II 1983, 570."

Richtigerweise darf allein die Rechtsansicht des BFH belegt werden:

„Die Vergütung des R könnte zu den Einkünften aus Gewerbebetrieb gehören. Geschäftsführungstätigkeiten sind Leistungen, die wirtschaftlich zur Verwirklichung des Gesellschaftszwecks beitragen[1]. ... Die Bezüge des R stellen daher Einkünfte aus Gewerbebetrieb dar.

[1] BFH, I R 9/79, BStBl II 1983, 570."

Das Zitat einer Entscheidung oder einer Literaturstelle ist auch unangebracht, wenn sich die zu belegende Aussage direkt aus dem Gesetz ergibt. In diesem Fall sollte die Rechtsnorm direkt im Text angegeben werden. **82**

Von erheblicher Bedeutung sind auch die Nachweise im **Internet**. Hier sind vor allem die juristischen Datenbanken wie juris und beck-online hervorzuheben, die Studierende üblicherweise in der Universitätsbibliothek und im Campusnetz kostenfrei abrufen können. Gleichwohl sollten die Entscheidungen – auch wenn sie über das Internet recherchiert wurden – mit der Fundstelle aus der amtlichen Sammlung oder einer juristischen Zeitschrift zitiert werden. Soweit keine anderen Hinweise von dem die Haus- oder Seminararbeit betreuenden Lehrstuhl ausgegeben werden, können für Zitate aus der Rechtsprechung folgende Quellen zitiert werden:

Entscheidungen des	Sammlung/Zeitschrift
Bundesverfassungsgerichts	BVerfGE
Bundesfinanzhofs	Vorrangig aus dem BStBl II[36]; falls dort (noch) nicht veröffentlicht, aus BFHE oder BFH/NV. Bei aktuellen Entscheidungen aus den bekannten Fachzeitschriften wie DStR, FR o.ä.
Europäischen Gerichtshofs	Die amtliche Sammlung (Slg.) wurde 2012 eingestellt. Zitation neuerer Entscheidungen erfolgt nach einer Fachzeitschrift (etwa IStR, ISR) oder mit dem europäischen Rechtsprechungsidentifikator (ECLI)
Finanzgerichts	EFG

---

36 Durch die Veröffentlichung von Urteilen und Beschlüssen des BFH im Bundessteuerblatt II weist der Bundesfinanzminister in Kooperation mit den Landesfinanzministern die Finanzämter an, diese Entscheidungen in vergleichbaren Fällen anzuwenden.

Zitate aus bisher nicht in gedruckter Form veröffentlichten Entscheidungen, die aus dem Internet entnommen sind, werden mit Datum und Aktenzeichen sowie dem Zusatz juris und der entsprechenden Randnummer angeführt.

Beispiel: BVerfG, Urt. v. 10.4.2018, 1 BvL 11/14, juris, Rn

Literatur: *Möllers, Thomas M. J.*, Juristische Arbeitstechnik und wissenschaftliches Arbeiten, 9. Auflage 2018; *ders.*, Juristische Methodenlehre, 1. Auflage 2017; *Reimer, Franz*, Juristische Methodenlehre, 1. Auflage 2016; *Schoch, Friedrich*, Übungen im Öffentlichen Recht II, Verwaltungsrecht und Verwaltungsprozessrecht, 1992; *Mann, Thomas*, Einführung in die juristische Arbeitstechnik, 5. Auflage 2015; *Schwerdtfeger, Gunther/Schwerdtfeger, Angela*, Öffentliches Recht in der Fallbearbeitung, 15. Auflage 2018.

IV. Die steuerrechtliche Seminararbeit

1. Allgemeines

83 Vielen Menschen fällt das Schreiben längerer zusammenhängender Texte schwer. Schreiben erfordert nicht nur gute Kenntnisse der sprachlichen Regeln, sondern auch die Fähigkeit, sich verständlich und gewandt auszudrücken. Dies gilt erst recht für das Verfassen wissenschaftlicher Texte, deren erster Versuch für die Studierenden regelmäßig die Seminararbeit darstellt. In der Regel ist eine Fülle von Stoff auf einer begrenzten Zahl von Seiten so aufzubereiten, dass nicht nur das Problem verständlich herausgearbeitet, sondern auch korrekt – dh unter Einbeziehung der verschiedenen Meinungen in Rechtsprechung und Schrifttum – dargestellt wird. Eine überdurchschnittliche Leistung erfordert zudem eine eigenständige Problemlösung, also nicht nur das bloße Referieren und Aneinanderreihen von Meinungen, sondern auch eine Gegenüberstellung und eigenständige Gewichtung der verschiedenen für und gegen eine bestimmte Lösung sprechenden Argumente. Kritische Verarbeitung des Meinungsstands und selbstständige Lösungsansätze steigern die Qualität der Arbeit und sind regelmäßig Voraussetzung für eine (erheblich) über dem Durchschnitt liegende Leistung.

2. Aufbau und Form – Äußere Gestaltung

84 Die Seminararbeit setzt sich wie folgt zusammen:
1. Deckblatt
2. Gliederung
3. Literaturverzeichnis
4. Text

a) Deckblatt

Das Deckblatt enthält folgende Angaben:

85

Name	Datum der Abgabe
Adresse	
(einschl. E-Mail-Adresse)	
Fachsemester	
Matrikelnummer	
Titel des Seminars	
Semester	
Dozent	
Thema der Seminararbeit	

b) Gliederung

Nach dem Deckblatt folgt die Gliederung der Arbeit. Sie enthält als ersten Punkt (ohne eigenen Gliederungspunkt) das Literaturverzeichnis, dessen Seiten am besten mit römischen Ziffern nummeriert werden sollten. Daran schließt sich der erste Oberpunkt der inhaltlichen Ausarbeitung an. Es ist auf **sinnvolle und übersichtliche Strukturierung** zu achten. Nicht zu viele Oberpunkte (ideal sind drei, höchstens fünf). Üblich ist die Verwendung der gemischten Klassifikation beginnend mit A. und spätestens endend mit aa) also A I 1 a aa. Reichen diese Gliederungsstufen nicht aus, zieht man besser noch eine höhere Gliederungsstufe ein, also Teil 1 usw.

86

c) Literaturverzeichnis

In das Literaturverzeichnis sind alle herangezogenen Lehrbücher, Kommentare, Monographien, Dissertationen, Habilitationen, Aufsätze und Urteilsanmerkungen aufzunehmen, allerdings nur soweit, als sie auch in den Fußnoten der Arbeit zitiert werden. Das Verzeichnis wird **alphabetisch nach Verfassernamen** geordnet, wobei die Nachnamen der Verfasser den Vornamen vorangestellt werden. Titel und Berufsbezeichnungen (also Prof. Dr., Richterin am BVerfG, Richter am BFH usw) werden nicht genannt. Bei zwei oder mehreren Autoren werden alle genannt, die (alphabetische) Einordnung folgt dem zuerst genannten Autor. Der Titel des Werkes ist vollständig anzugeben. Bei Büchern ist die Angabe der Auflage, des Erscheinungsorts und des Erscheinungsjahrs erforderlich.

87

Tipke, Klaus	Die Steuerrechtsordnung, Band III, 2. Auflage, Köln 2012

88 Umfasst ein Werk **mehrere Bände**, so dürfen nur die in der Arbeit benutzten und zitierten Bände im Literaturverzeichnis angegeben werden. Abweichungen in Titel, Auflage, Erscheinungsjahr müssen kenntlich gemacht werden.

Tipke, Klaus	Die Steuerrechtsordnung, Band I, 2. Auflage, Köln 2000
Tipke, Klaus	Die Steuerrechtsordnung, Band III, 2. Auflage, Köln 2012

89 Bei **Sammelwerken** und **Festschriften**, die Beiträge mehrerer Autoren enthalten, ist der Beitrag des Autors in diesem Werk in das Literaturverzeichnis aufzunehmen. Der Titel des Beitrags ist dabei ebenso zu zitieren wie der Titel des Sammelwerks. Bei **Kommentaren** mit mehreren Autoren und einem oder mehreren Herausgebern sind nur die Herausgeber zu nennen. Loseblattwerke sind kenntlich zu machen; hier ist der Stand des Kommentars zu nennen.

Locher, Peter	Neuordnung der Familienbesteuerung in der Schweiz, in: Kirchhof, Paul/Lehner, Moris/Raupach, Arndt/Rodi, Michael, Staaten und Steuern, Festschrift für Klaus Vogel zum 70. Geburtstag, München 2000, S. 741 ff
Schmidt, Ludwig (Hrsg.)	EStG, 37. Auflage, München 2018
Herrmann/Heuer/ Raupach (Hrsg.)	EStG/KStG, Köln (Loseblatt, Stand: 285. Lieferung, Juni 2018)

90 Alle Bücher sind in der jeweils **aktuellen Auflage** zu verwenden. Ältere Auflagen sind nur dann heranzuziehen, wenn sich der Verfasser darauf beziehen muss, etwa weil die entsprechende Passage in der Neuauflage nicht mehr vorhanden ist oder weil der Autor seine Meinung geändert hat. Bloße, nicht im Buchhandel erhältliche Skripten oder gar Vorlesungsunterlagen sind nicht zitierfähig, gleichgültig, ob sie von einem Repetitor oder von einem Universitätsdozenten stammen.

91 **Gerichtsentscheidungen** und gesetzliche Regelungen gehören (jedenfalls in rechtswissenschaftlichen Arbeiten) nicht ins Literaturverzeichnis. Quellen aus dem Internet werden regelmäßig nur in den Fußnoten zitiert. Etwas anderes gilt nur, wenn wissenschaftliche Texte (zB Dissertationen) nur elektronisch verfügbar (und damit auch nur so zitierbar) sind.

3. Inhaltliche Darstellung

a) Beherrschung der deutschen Sprache

92 Allererste Voraussetzung einer gelungenen Arbeit ist die Beherrschung der deutschen Sprache. Schreibfehler, Satzzeichenfehler und die Verletzung grammatischer Regeln mindern den Wert der Arbeit erheblich. Die Sprache ist das **Handwerkszeug des Juristen**. Wer hier nicht sicher ist, sollte zunächst daran arbeiten, die sprachlichen Regeln bei der Abfassung von Texten zu kennen und zu beherrschen. Die Erfahrung zeigt lei-

der, dass nicht alle Abiturienten die notwendigen Kenntnisse mitbringen, die jedoch Bedingung für ein erfolgreiches juristisches Studium sind.

b) Klare und gewandte Ausdrucksweise

Ziel jeder schriftlichen Arbeit ist es, den Leser (und Korrektor) zu überzeugen. Dies kann nur gelingen, wenn der Text verständlich ist. Auch wenn es sich bei Seminararbeiten um fachspezifische Texte handelt, sollte sich der Verfasser um eine klare und gewandte Ausdrucksweise bemühen. **Kurze Sätze** (dh Vermeidung von Schachtelsätzen), **Vermeidung zu vieler Substantive**, sparsamer Gebrauch von Fremdwörtern machen den Text gefälliger[37]. Je gelungener, je besser der Schreibstil, desto leichter fällt dem Leser das Verständnis. Abstrakte Aussagen, deren Verständnis schwer fällt, sollten möglichst durch **Beispiele** verdeutlicht werden („exempla docent"). Solche Beispiele dienen auch der Kontrolle, wie weit sich eine theoretische Überlegung in der Praxis umsetzen lässt. Sie erleichtern das Verständnis und verleihen – wenn sie gelungen sind – dem Text mehr Überzeugungskraft. **93**

In jedem Fall sollte man die Seminararbeit vor Abgabe sorgfältig daraufhin durchgehen, ob **sprachliche Verbesserungen** möglich sind. Es empfiehlt sich, sie einer dritten (evtl fachfremden) Person zu lesen zu geben, um die Verständlichkeit und gelungene Ausdrucksweise zu testen. **94**

Hilfreiche Hinweise zur Verbesserung des Schreibstils liefern etwa folgende Bücher: *Reiners, Ludwig*, Stilfibel; *Schneider, Wolf*, Deutsch für Profis (dieses Werk gibt Empfehlungen aus journalistischer Sicht, die sprachlichen Hinweise gelten aber weitgehend auch für fachwissenschaftliche Texte); *Schmuck, Michael*, Deutsch für Juristen, Vom Schwulst zur klaren Formulierung, 2002; *Möllers, Thomas M.J.*, Juristische Arbeitstechnik und wissenschaftliches Arbeiten, 9. Auflage 2018.

c) Logische Abfolge der Gedanken und Argumente

Ein gelungener Text muss den Leser führen! Dem Leser muss insbesondere bei der Behandlung fachspezifischer Probleme immer klar sein, warum dieser argumentative Aufwand um einer bestimmten Lösung willen betrieben wird und betrieben werden muss. Die Gedanken sind also logisch aufeinander aufzubauen, die Argumente sind zu ordnen, in der richtigen Reihenfolge abzuwägen und in der Gewichtung so anzuordnen, dass das **stärkste Argument** regelmäßig **am Ende** platziert wird, so dass sich daraus mühelos die Lösung ableiten lässt. **95**

Üblicherweise beginnt die Arbeit mit einer Einleitung, in der **das Problem** genannt (umschrieben) wird und die Wichtigkeit (der Stellenwert) dieses Problems im weiteren Umfeld hervorgehoben wird. Auf diese Weise sollte dem Leser deutlich werden, wie wichtig das Bemühen um eine Lösung ist und wie interessant es ist, sich damit zu befassen. Nach der Einleitung folgt der Hauptteil. Am Schluss sollte eine kurze **Zusammenfassung** stehen, die die wesentlichen Ergebnisse und möglicherweise eigenen Lösungsansätze enthält. **96**

---

37 Vgl. auch zum „Juristendeutsch als Problem", *Möllers*, Juristische Arbeitstechnik und wissenschaftliches Arbeiten, 9. Aufl 2018, S. 73 ff. und zu den „Kriterien eines guten juristischen Stils", S. 81 ff.

97 Wie vermeidet man Gedankensprünge und wie überprüft man die richtige Reihenfolge der Gedanken und Argumente? Zuallererst muss die Gliederung systematisch aufgebaut sein. Die Gliederung kann auf verschiedene Weise entwickelt werden, entweder nach den verschiedenen Auslegungsmethoden oder der Auseinandersetzung mit einer Gerichtsentscheidung oä. Aber dann müssen auch die Gedanken innerhalb eines Gliederungspunkts folgerichtig geordnet werden. Um dies sicherzustellen, gibt es ein einfaches Hilfsmittel: Man zieht für jeden neuen Gedanken eine kurze **Zwischenüberschrift** ein und überprüft dann, ob die Zwischenüberschriften eine logische Abfolge bilden. Falls dies nicht der Fall ist, ändert man den Text entsprechend und solange, bis der Gedankengang überzeugt. Danach entfernt man die Zwischenüberschriften wieder aus dem Text.

d) Zitiertechnik

98 Alle fremden Ansichten müssen als solche gekennzeichnet werden. Dies geschieht durch **Fußnoten**. Die im Text verwendete Literatur und Rechtsprechung – aber auch nur diese – müssen zitiert werden. Nicht verwendete Quellen dürfen nicht zitiert werden. Wörtliche Zitate im Text sollten nur aufgenommen werden, wenn es auf den Wortlaut ankommt; ansonsten sind die Meinungen mit eigenen Worten wiederzugeben und zu verarbeiten. Längere wörtliche Zitate wirken häufig ermüdend.

99 Die Fußnoten sind **übersichtlich** zu gestalten. Es empfiehlt sich, eine kleinere Schriftgröße als die im Text verwendete zu wählen. Der Zeilenabstand sollte einzeilig sein. Die Fußnoten werden fortlaufend nummeriert und sollten nicht am Ende des Textes, sondern auf der jeweiligen Seite stehen. Aus Gründen der Übersichtlichkeit empfiehlt es sich, den Namen des Autors in der Fußnote kursiv zu setzen und den Fußnotentext einzurücken, so dass die Fußnotenziffer alleine steht.

100 **Rechtsprechungszitate** sind mit Datum und Aktenzeichen der Entscheidung zu versehen, dies erleichtert dem Leser das Auffinden der Quellen in einschlägigen Datenbanken. In Klammern sollte dann noch die genaue Seite oder die Randnummer (ohne Klammer und mit Komma abgetrennt) angegeben werden, auf die sich das Zitat bezieht.

> [1] BFH v. 20.6.2017, X R 26/15, BStBl II 2018, 58 (59)

Sog. Sekundärzitate, also das Zitieren nach einem Zitat, sind nach Möglichkeit zu vermeiden. Der Verfasser sollte sich die Mühe machen, die **Originalfundstelle** nachzulesen und nachzuweisen.

> Also nicht:
> *Adolph Wagner* zit. nach Tipke, Steuerrechtsordnung...
> Sondern:
> *Adolph Wagner*, Finanzwissenschaft, 2. Auflage, Leipzig 1890

Nur wenn die Originalfundstelle nicht greifbar sein sollte, ist ein sog. **Sekundärzitat** 101
zulässig. In jedem Fall weist es auf mangelnde Sorgfalt bei der Recherchearbeit hin, wenn ein Standpunkt als Auffassung der Rechtsprechung im Text erwähnt wird und dieser in der zugehörigen Fußnote mit einem Sekundärzitat aus dem Schrifttum belegt wird.

Da die Arbeit über ein Literaturverzeichnis verfügt, kann der Bearbeiter in der Fußnote eine Kurzzitierweise verwenden, die neben dem Namen nur den **Kurztitel** benennt. Bei Beiträgen in Zeitschriften und Sammelwerken genügt die Angabe der Zeitschrift bzw des Sammelwerks. Bei Kommentaren ist neben dem Herausgeber auch der Autor zu nennen. Der Titel des Beitrags ist also nicht in jeder Fußnote zu wiederholen.

> [1] *Tipke*, Steuerrechtsordnung I, S. 244; *Locher*, in: FS für Klaus Vogel, S. 741; *Offerhaus*, BB 1979, S. 621; *Loschelder*, in: Schmidt, EStG, § 9 Rn 28.

e) Inhaltliche Qualität

Über die Qualität der Arbeit entscheidet in erster Linie der Inhalt. Inhaltlich ist eine 102
Arbeit gelungen, wenn sie insbesondere folgende Kriterien erfüllt:
- Korrekte Erfassung und Darstellung der Probleme
- Richtige Schwerpunktsetzung
- Logische und folgerichtige Gedankenführung
- Verständliche Sprache
- Umfassende Würdigung aller Gesichtspunkte mit eigener Argumentation und abschließender Stellungnahme.

Die Durchschnittsarbeit erschöpft sich in der **richtigen Problemdarstellung**. Sie lehnt 103
sich an vorhandene Darstellungen an und begnügt sich mit der Auswertung der gängigen Quellen (höchstrichterliche Rechtsprechung, Standardkommentare und -lehrbücher). Ihr fehlt regelmäßig das Bemühen um eine eigene gedankliche Durchdringung des Stoffes und die Auswertung auch eher entlegener Quellen (Zeitschriftenbeiträge, Rechtsprechung der Instanzgerichte, Beiträge in Sammelwerken usw). Eine überdurchschnittliche Arbeit weist in der Regel mehr auf als eine korrekte Erfassung und Darstellung der Probleme, wenn dies auch – insbesondere bei schwierigen Themen – schon eine anspruchsvolle eigenständige Leistung sein kann. Stellt der Verfasser die Zusammenhänge zutreffend dar und lässt er zugleich erkennen, dass er sich um neue Argumente bemüht, die schließlich zu einem **eigenen Standpunkt** führen oder das zu behandelnde Problem möglicherweise in einem neuen Licht erscheinen lassen, so liegt je nach erreichtem Argumentationsstand eine (erheblich) über den durchschnittlichen Anforderungen liegende Leistung oder sogar eine hervorragende Leistung vor.

Literatur: *Brandt, Edmund*, Rationeller Schreiben Lernen – Hilfestellung zur Anfertigung wissenschaftlicher (Abschluss-)Arbeiten, 5. Auflage 2016; *Schimmel, Roland/Basak, Dennis/Reiß, Marc*, Juristische Themenarbeiten, 3. Auflage 2017; *Esselborn-Krumbiegel, Helga*, Von der Idee zum Text – Eine Anleitung zum wissenschaftlichen Schreiben, 5. Auflage 2017.

V. Referate im Studium

104 Häufig besteht die Prüfungsleistung im Schwerpunktstudium in einer sog. häuslichen Arbeit, die im Rahmen eines Seminars anzufertigen ist (Seminararbeit). Seminararbeiten erschöpfen sich aber nicht in der schriftlichen Leistung; vielmehr muss die schriftliche Ausarbeitung auch mündlich präsentiert werden (Vortrag). Dabei handelt es sich – dies ist wichtig – um zwei unterschiedliche Arbeitsgänge: Der Vortrag sollte keinesfalls darin bestehen, die schriftliche Seminararbeit abzulesen. Wer dies tut, wird es schwer haben, die Zuhörer zu erreichen. Ein guter Vortrag folgt anderen Regeln als eine gute Seminararbeit oder auch ein guter Aufsatz. Der Vortragende sollte möglichst nicht schriftlich ausformulierte Sätze wiedergeben, sondern vielmehr den (gut vorbereiteten) Inhalt seines Referats möglichst in der Sprechsituation frei formulieren und so auf die Bedürfnisse und Stimmungen der Zuhörer eingehen. Dieser „einseitige Dialog" stellt eine große Herausforderung dar und schafft – vor allem, weil man einer andauernden Erwartungshaltung ausgesetzt ist – Stress. Die folgenden Ausführungen befassen sich mit **fünf Grundregeln**, die der Vortragende beachten sollte.

1. Anspannung und Nervosität in den Griff bekommen

a) Aufgeregte Stimmung positiv sehen

105 Nervosität und Anspannung sind notwendig, um exzellente Leistungen zu produzieren. In Maßen vorhanden können sie genutzt werden, um dem Vortrag Engagement, Lebhaftigkeit und Überzeugungskraft zu verleihen. Wer zur Nervosität neigt, sollte das also zunächst positiv sehen, nämlich als „Motor", der zu besseren Leistungen befähigt.

106 Allerdings ist zu viel an Nervosität und Anspannung einer Leistungssteigerung abträglich. Übermäßige Anspannung führt zur Befangenheit, zum Verlust der Natürlichkeit und kann schöpferische Entfaltung blockieren. Es gilt also, die Fähigkeit zu entwickeln, Nervosität zu „dosieren". Wie lässt sich das erreichen?

b) Entspannte Grundposition

107 Das Wichtigste ist eine möglichst entspannte **Grundposition**. Es gilt, ein Gefühl der Lockerheit zu erreichen. Bei erfahrenen Rednern kann man beobachten, wie locker gewöhnlich ihre Haltung ist. Dies kann man üben! Wie man bei einer entspannten Plauderei ja auch nicht steif dasteht, so kann man sich vornehmen, auch während eines Vortrags die Beine nicht durchzudrücken und eine flache Atmung zu vermeiden. Bevor man mit dem Reden beginnt, sollte man eine solche (möglichst) entspannte Position einnehmen. Auch das kann man vorher trainieren. Wer befürchtet, dies zu vergessen, kann sich das zur Erinnerung als **Randbemerkung** in sein Manuskript schreiben (Atmung! Lockerer Stand!). Auch ein Bild vor Augen zu haben, wie es in einer entspannten Diskussion oder einem solchen Gespräch zuginge, kann helfen.

c) Anfang des Textes ausformulieren, danach vom Text lösen

Anfänger haben nicht selten Angst vor einem „Black out". Diese Angst legt sich, wenn man seinen ersten Vortrag erfolgreich überstanden hat. Was kann man gegen diese Angst tun? Am schwierigsten sind die ersten Minuten in der ungewohnten Situation, in der der Referent plötzlich die Augen und Ohren der Zuhörer auf sich gerichtet sieht. Um in dieser Situation nicht die Fassung zu verlieren, kann man den Anfang seines Vortrags, also **die ersten Sätze, ausformulieren**, so dass jedenfalls ein sicherer und gelungener Start garantiert ist. Spätestens nach einer Seite, besser noch nach einer halben, sollte man sich allerdings **vom vollständig ausformulierten Text lösen**. Dies gelingt idR nicht, wenn der komplette Text vor einem liegt. Man sollte also dann auf ein **Stichwortmanuskript** (evtl Karteikarten; diese haben zudem den Vorteil, dass die Hände während des Vortrags „beschäftigt" und damit „ruhiggestellt" sind) übergehen. Das Stichwortmanuskript zwingt den Referenten, die Sätze beim Sprechen auch zu formulieren. Nur die beim Vortrag selbst formulierten Sätze – mögen sie auch manchmal unbeholfen sein – schaffen unproblematisch den Weg in die Köpfe der Zuhörer, da sie einer natürlichen Sprechsituation entstammen. Das spontane Formulieren setzt im Gegensatz zum Ablesen einen Denkprozess in das gesprochene Wort um und erleichtert deshalb das Mitdenken. Zudem können die Zuhörer einem freien Vortrag besser folgen, da der Referent in freier Rede auch schwer verständliche Schachtelsätze „ganz natürlich" vermeiden wird. **Kernsätze**, die besonders wichtig erscheinen und deren überlegte Formulierung man nicht „verfehlen" will, kann man aber durchaus auch im Stichwortmanuskript ausformulieren.

Wer glaubt, aus lauter Aufregung keinesfalls auf einen ausformulierten Text verzichten zu können, sollte seine Seminararbeit so umformulieren, dass sie dem gesprochenen Wort möglichst nahe kommt: Kurze Sätze, Beispiele, Argumentationsstränge vereinfachen und zuspitzen, auf Zeitvorgabe achten und danach die Schwerpunkte setzen. Hat man einen solchen „Redetext" vor sich, fällt es einem leichter, sich im Vortrag dann stellenweise davon zu lösen.

2. Subjektives Wohlbefinden trainieren

Ziel jedes Vortrags ist es, mit den Ausführungen die Zuhörer zu erreichen. Die entscheidende Frage ist also immer, wie die Gedanken, die im Kopf des Vortragenden entwickelt werden, sich den Weg in die Köpfe der Zuhörer bahnen. Dies gelingt umso besser, je wohler und unverkrampfter sich der Vortragende fühlt. Sein Wohlbefinden entscheidet darüber, inwieweit er mit den Zuhörern in Kontakt treten kann. Nur wer mit den **Zuhörern Kontakt** pflegt, also sie als sein **Gegenüber ansieht, anspricht, auf Reaktionen reagiert**, wird einen guten Vortrag halten. Eine gute subjektive Befindlichkeit ist also Voraussetzung für einen guten Vortrag oder eine gute Rede. Nur wer sich subjektiv wohl fühlt, wird einen guten Kontakt zu seinen Zuhörern aufbauen können.

a) Wissen, wovon man redet

110 Erste Voraussetzung für eine „Wohlfühlsituation" ist die **Beherrschung des Stoffs**, über den man redet. Wer stofflich unsicher ist, wird schon deswegen angespannt und verkrampft wirken, da er ja als Referent vorgeben muss, über den Inhalt seines Referats gut Bescheid zu wissen, obwohl er tatsächlich das Gefühl hat, nicht sattelfest zu sein. Ein gutes Gefühl hat also nur der, der auch weiß, worüber er redet. Es führt also kein Weg daran vorbei, sich tief in das Thema einzuarbeiten, das Schrifttum und die Rechtsprechung dazu zu studieren und Streitfragen am besten mit einem Fachkollegen zu diskutieren. Nur passive Aufnahme des Stoffs genügt in der Regel nicht. Das Wissen muss auch präsent sein! („Tene rem!") Spätestens in der Diskussion zeigt sich, wie weit der Referent den vorgetragenen Stoff auch beherrscht. Also: Ohne Fleiß bei der inhaltlichen Erarbeitung des Themas nützen alle rhetorischen Fähigkeiten nichts. Es stellt sich schnell heraus, dass geschickt Vorgetragenes an der „Oberfläche" bleibt. Beides muss zusammenkommen: fachliche Kompetenz und rhetorisches Geschick, wenn die Leistung herausragend sein soll.

b) Kontakt zu den Zuhörern

111 Zweite Voraussetzung ist der Kontakt zu den Zuhörern. Auch ein Vortrag sollte ein Dialog sein, mit dem Unterschied, dass der Vortragende den Kontakt suchen muss, im Idealfall seine Zuhörer in den Bann ziehen oder zumindest ihre Aufmerksamkeit erwecken soll. Vortrag ist auch eine Form des Dialogs (und kann Reaktionen der Zuhörer geradezu provozieren, zB Lachen, Zwischenrufe, Raunen, Gespräche). Man sollte also lernen, **zuhörerorientiert** zu sprechen. Wie macht man das? *Erste Regel:* Zuhörer anschauen, Blickkontakt suchen. *Zweite Regel:* Zuhörer direkt ansprechen. Dies kann über Beispiele erfolgen, in der die (vermutete) Situation eines Zuhörers eingebaut wird. Auch **Fragen** an einen oder alle Zuhörer sind ein gutes Mittel der Kontaktaufnahme, selbst wenn keine Antwort erwartet wird, sondern – nach einer kleinen Denkpause – die Antwort durch den Referenten selbst erfolgt. *Dritte Regel:* Zuhörer nicht überfordern. Kein Zuhörer hat eine unbegrenzte Aufnahmefähigkeit. Schwierige gedankliche Zusammenhänge wiederzugeben kann nur gelingen, wenn der Zuhörer dazwischen auch „verschnaufen" kann. Diese Gelegenheit gibt man ihm durch einfache Beispiele, durch eingestreute Anekdoten, durch kleinere wohldosierte Abschweifungen. Vor allem: Kurze **Zusammenfassungen** zwischendurch helfen, den Zuhörer, der den Faden verloren hat, wieder „einzufangen".

112 Hilfreich ist es, den Vortrag vorher **zur Probe auf Video** aufzunehmen. Dies bietet die Möglichkeit, sich selbst zu kontrollieren, ob die genannten Regeln beachtet wurden.

3. Auf Verständlichkeit achten

113 Verständlichkeit ist das oberste Gebot beim Sprechen. Noch so gut formulierte und gut überlegte Sätze verfehlen ihre Wirkung, wenn der Zuhörer Schwierigkeiten hat zu folgen.

a) Den Zuhörer führen

Ein Vortrag ist darauf gerichtet, dass das gesprochene Wort den Zuhörer erreichen muss. Während der Leser den Prozess des Verstehens selbst bestimmt, indem er zB langsam oder schwierige Passagen mehrfach liest, Denkpausen einlegt, den Text weglegt und in einem anderen Buch dazu nachliest, kann der Zuhörer auf den Verstehensprozess wenig Einfluss nehmen. Er muss sich vom Vortragenden führen lassen. **114**

Die wichtigste Erkenntnis für den Vortragenden ist also: Er spricht nicht für sich, sondern **ausschließlich für den Zuhörer**. Es kommt nicht darauf an, wie ausgefeilt und geschliffen der Text ist, wenn er den Zuhörer nicht erreicht. Umgekehrt können holprige Sätze für den Fluss des Verstehens manchmal sogar nützlich sein, da sie dem Referenten „Atempausen" und den Zuhörern „Denkpausen" verschaffen. Der Vortragende soll immer das Gefühl haben, dass er den Zuhörer „an der Hand nimmt" und ihn in seine Gedankenwelt „entführt". Dies kann nur gelingen, wenn der Vortrag eine – auch dem Zuhörer klare – **Struktur** hat und dieser weiß, an welcher Stelle dieser Struktur (Gliederung) sich der Referent befindet. Kleinere **Wiederholungen** helfen, den Kontext deutlich zu machen. Je einfacher die Grundstruktur der Darstellung ist, desto leichter fällt es, diese geistige „Führungsrolle" zu übernehmen. **115**

b) Sprechgeschwindigkeit

Wichtig ist auch die richtige Sprechgeschwindigkeit. Der Referent eines Fachvortrags sollte **langsam sprechen**, Sprechpausen einplanen und komplizierte Gedankengänge wiederholen. Schwierige Gedankengänge brauchen Zeit zur Vermittlung. Ein Fachvortrag ist keine (bloße) Unterhaltung, sondern muss dem Zuhörer auch einiges abfordern. Aber der Zuhörer muss auch die Zeit haben, es aufnehmen zu können. **116**

c) Laut sprechen

Auch die richtige Lautstärke ist wichtig. Es gilt die Regel: **Besser zu laut als zu leise**. Wer den Zuhörer für sich einnehmen will, muss auch verbal auf ihn zugehen und darf ihm jedenfalls akustisch keine Chance geben abzuschalten. **117**

Wer von Natur aus zurückhaltend ist und zum leisen Sprechen neigt oder wer als „Draufgängertyp" gerne zu schnell spricht, sollte den Vortrag unbedingt vorher vor der Familie, Freunden oder Mitbewohnern üben. Von dem Probepublikum sollte sich eine ehrliche Rückmeldung eingeholt werden, damit weiter an den Schwachstellen gearbeitet werden kann. „Regieanweisungen" im Manuskript oder auf den Karteikarten (zB „Laut sprechen", „langsam", „Sprechpause" usw.) helfen dabei, diese Punkte dann nicht wieder im „Eifer des Gefechts" zu vergessen. **118**

d) Gestik und Stand

Sparsame Gestik kann die Verständlichkeit des Vortrags erhöhen. Gezielt eingesetzt kann sie den Vortrag plastischer machen und dem Vortrag eine gewisse Lockerheit ver- **119**

Allgemeiner Teil

leihen. Aber man sollte sich – wie bei allem – vor Zuviel hüten. Gesten sollen das Gesagte unterstreichen und Wichtiges hervorheben, aber sie sollen **nicht ablenken**. Wichtig ist hierbei vor allem, dass man authentisch bleibt. Außerdem sollte man auf einen festen Stand achten und während des Vortrags nicht herumlaufen wie die Eisbären im Zoo.

e) Folien, PowerPoint, Thesenpapier

120 Die früher häufig verwendeten Folien, die stückweise auf den Tageslichtschreiber gelegt worden sind, waren in der Regel aufwändig vorzubereiten. Umso sparsamer wurden sie eingesetzt. Manchmal musste eine Folie für einen ganzen Vortrag herhalten. Dies hatte für den Zuhörer den Vorteil, dass er sich gut auf das gesprochene Wort konzentrieren konnte. Heute hat PowerPoint die „handgemachten" Folien abgelöst, damit einher ging eine Inflationierung des Foliengebrauchs. Wer PowerPoint nutzt, neigt häufig dazu, die PowerPoint Präsentation zugleich als seine Vortragsunterlagen zu benutzen. Folien sollten aber nicht Gedächtnisstützen für den Vortragenden sein (dazu dient das Stichwortmanuskript, das auch in Karteikarten bestehen kann), sondern sie sollen die Zuhörer führen. Dies gelingt nur, wenn sie nicht zu zahlreich und inhaltlich **nicht überfrachtet** sind und den Zuhörer visuell nicht überfordern. Wer über Folien Lesestoff präsentiert bekommt, kann dem Vortrag nicht mehr konzentriert folgen. Wer Power Point verwendet, sollte sich an der alten, durch Klarsichtfolien erprobten Übung orientieren: Sie sollten in erster Linie die Struktur des Vortrags deutlich machen und dem Zuhörer zeigen, an welcher Stelle sich der Referent befindet. Deshalb werden Folien auch **sukzessive aufgebaut** („animiert"), was wiederum den Verstehensprozess erleichtert. Schwierige Zusammenhänge werden durch Beispiele oder Grafiken verdeutlicht. Merksätze werden hervorgehoben. Ganze Sätze oder Textpassagen werden nur in Ausnahmefällen (zB wenn es auf ein wörtliches Zitat ankommt) verwendet. Hilfreich ist auch den Gesetzeswortlaut einer Norm auf eine Folie aufzunehmen, wenn es auf deren Anwendung oder Auslegung ankommt. Auf diese Weise kann sicher gestellt werden, dass alle Zuhörer den Normwortlaut vor Augen haben; zudem kann sich der Referent voll auf den Vortrag konzentrieren, da er nicht mit dem Blättern und Suchen in dem Gesetz beschäftigt ist.

121 Alle Regeln, die sich bei der Herstellung von Klarsichtfolien schon aus der Natur der Sache ergaben, gelten auch für die **PowerPoint-Präsentation**. Nichts ist frustrierender als – häufig noch in viel zu schneller Abfolge – ein Bild nach dem anderen vorgeführt zu bekommen, das mit Informationen überfrachtet ist, so dass im Ergebnis weder der Stoff visuell erfasst noch dem Vortragenden konzentriert zugehört werden kann. Beim Vortrag ist es zu vermeiden, sich ständig zur Präsentation umzudrehen. Hier hilft der Computer als „Monitor" oder ein Ausdruck der Präsentation, um den Blickkontakt zu den Zuhörern nicht zu verlieren.

122 Das **Thesenpapier** hat im Gegensatz zu den Folien nicht den Zweck, die Zuhörer zu führen, sondern soll den wesentlichen Inhalt des Vortrags in höchst verdichteter Form wiedergeben. Es erfüllt also mehr die Funktion einer **Zusammenfassung** und hebt die

Informationen hervor, die aus Sicht des Referenten besonders wichtig sind. Auch dieses Thesenpapier sollte knapp gehalten sein und nur die wichtigsten Aussagen des Vortrags enthalten, die die Grundlage der anschließenden Diskussion bilden können.

f) Aber: Wissenschaftlicher Vortrag ist keine Unterhaltung

Bei allem Bemühen um gelungene Präsentation und Rhetorik ist aber stets zu bedenken, dass ein wissenschaftlicher Vortrag keine bloße Unterhaltung sein kann. Wer vor lauter unterhaltsamen „Einlagen" stofflich wenig vermittelt, hat das Vortragsziel verfehlt. Der wissenschaftliche Seminarvortrag sollte also einen klaren Aufbau und eine überzeugende Struktur haben, er sollte aber inhaltlich vom Zuhörer auch **Konzentration und Aufmerksamkeit abfordern**, etwa wenn Argumentationen aufgebaut, gegenübergestellt und gegeneinander abgewogen werden. Schwierige Fragen können durchaus auch schwierig zu vermitteln sein, und es wäre verfehlt, wenn dem Zuhörer dies nicht deutlich gemacht und ihm damit die Komplexität des Problems gar nicht bewusst wird.

4. Die inhaltliche Botschaft muss beim Publikum ankommen

Natürlich nützt es dem Zuhörer wenig, wenn ihm nur klar wird, wie schwierig das vom Vortragenden behandelte Thema ist. Der Vortragende darf die Zuhörer also nicht überfordern. Die Komplexität der Probleme ist zu verringern und die Dichte der Informationen zu lockern, wenn ansonsten die Verständlichkeit gefährdet ist. Der **rote Faden** darf in den Ausführungen nie verloren gehen. Hierzu dient insbesondere eine überschaubare Gliederung, die schon vor dem Vortrag ausgeteilt wird So haben die Zuhörer während des Vortrags stets einen Überblick über die Gliederung und können sich Anmerkungen und ggf auch Fragen gleich bei dem entsprechenden Gliederungspunkt notieren.

Der Vortragende sollte sich fragen: Was ist die Botschaft, die ich den Zuhörern vermitteln will? Was sollte sich von meinen Ausführungen besonders einprägen? Was sollte in Erinnerung bleiben? Der gewählte **Informationsgehalt** muss sich an diesen Fragen messen lassen. Wer zu viele und zu heterogene Informationen zu dicht in den Vortrag packt, braucht sich nicht zu wundern, wenn am Ende nichts hängen bleibt. Wer sich zu wenig an Problemen orientiert, also zu abstrakt auf der reinen Sachinformationsebene bleibt, der wird damit rechnen müssen, dass die Aufmerksamkeit der Zuhörer abflacht. Wer die Zuhörer motivieren kann, etwa weil er ihnen deutlich vor Augen führt, wie drängend die geschilderten Probleme sind, welche Konsequenzen eine bestimmte Sichtweise hat usw, der wird auf wachsames Interesse stoßen, wenn in überschaubarer Weise Lösungsvorschläge diskutiert werden. Es gilt, beim Zuhörer eine **Anfangsmotivation** herzustellen, die über Anschaulichkeit, gelungene Schwerpunktsetzung und interessante Beispiele in eine **andauernde Motivation** mündet.

Am **Schluss des Vortrags** sollte eine Zusammenfassung der wesentlichen Aussagen stehen, wenn sich diese in wenigen Sätzen formulieren lassen (keinesfalls mehr als fünf Sätze). Ist dies (etwa wegen der Bandbreite des behandelten Stoffs) nicht möglich, so sollte man sich um einen gelungen Schluss bemühen, der in einem nachdenkenswerten Satz, in einem Zitat oder in einer Antwort auf eine eingangs gestellte Frage bestehen soll. Die Schlusssätze sollten einen „abgerundeten" Eindruck hinterlassen, also den Zuhörern vermitteln, dass der Vortrag nun zu einem **„guten Ende"** gekommen ist. Es gibt verschiedene Möglichkeiten, bei den Zuhörern am Ende der Phase passiven Aufnehmens fachspezifischer Informationen ein Gefühl der Zufriedenheit hervorzurufen. Jeder Vortragende sollte überlegen, welche Methode am besten zu ihm passt.

5. Lernen aus den Reden anderer

127 Man kann aus guten und aus schlechten Reden/Vorträgen anderer lernen. Ein guter Vortrag wird einen regelmäßig in den Bann ziehen und man wird sich wahrscheinlich gar nicht fragen, warum der Vortrag so gut war. Bei einem schlechten Vortrag wird man sich langweilen oder sogar abschalten und sich über die vergeudete Zeit ärgern. **Gute Vorträge** wird man interessiert „konsumieren" und sich über das Gefühl der geistigen Bereicherung freuen, schlechte Vorträge wird man „abhaken" und ungeduldig das Ende abwarten. Aus beiden Erlebnissen kann man aber für eigene Vortragszwecke wertvollen Nutzen ziehen. Gute Vorträge sollte man im Hinblick auf die genannten Punkte analysieren und sich die Frage stellen, was besonders gelungen war und welche Mittel der Vortragende mit welchem Erfolg genutzt hat. Meist ist es die gute Mischung äußerer (Gestik, Sprechweise, Mittel der Präsentation usw) und inhaltlicher Mittel (klare Gliederung, Beispiele, auflockernde Anekdoten, Wiederholungen usw), die den guten Vortrag ausmacht. Das „Mischungsverhältnis" sollte man genau studieren, um daraus für den eigenen nächsten Vortrag zu lernen.

128 Aber auch der **schlechte Vortrag** bietet Chancen des Lernens. Woran liegt es, dass die Botschaft nicht gut vermittelt wurde? Lagen die Mängel in der äußeren Präsentation oder in der inhaltlichen Darstellung? In welchen Defiziten erkennt man sich als Zuhörer wieder („... ach diesen Fehler mache ich ja auch")? Was könnte der Vortragende spontan besser machen, an welchen Punkten müsste er länger „feilen"? Welchen Rat würde man als Zuhörer dem Vortragenden geben? Welche Mängel sind leicht zu beheben, welche erfordern viel Aufwand und Übung? Sich nach einem Vortrag als Zuhörer die Frage zu stellen, ob man in vertauschten Rollen als Vortragender genauso aufgetreten wäre, kann sehr nützlich sein.

Literatur: *Gast, Wolfgang*, Juristische Rhetorik, 5. Auflage 2015; *Walter, Tonio*, Kleine Rhetorikschule für Juristen, 2. Auflage 2017; *Bartsch, Tim-Christian/Hoppmann, Michael/Rex, Bernd*, Trainingsbuch Rhetorik, 3. Auflage 2012.

2. Teil
Musterklausuren

Fall 1
Der pensionierte Finanzbeamte

Schwerpunkte: **Abgabenordnung:** Korrekturnormen (LB § 4 Rn 395–459); **Einkommensteuerrecht:** Liebhaberei (LB § 5 Rn 697–700); Spendenrecht (LB § 5 Rn 1070, § 3 Rn 350 ff); außergewöhnliche Belastungen (LB § 5 Rn 1072–1102)

Schwierigkeitsgrad: eher hoch, Bearbeitungszeit: 2 Stunden

P ist nach langjähriger Tätigkeit als Vorsteher des Finanzamts von S im November 01 pensioniert worden. Da er nicht so recht weiß, was er mit seiner Zeit anfangen soll, lässt er sich Anfang 02 in angemieteten Büroräumen als Steuerberater nieder. Mit dieser Tätigkeit erzielte P nur Verluste. Er führte seine Praxis jedoch aus Prestigegründen weiter. Zudem will er seinem 29 Jahre alten Sohn nach Abschluss der Ausbildung die Praxisübernahme im Jahr 13 ermöglichen.

In seiner Einkommensteuererklärung für 08 macht P – neben Einkünften aus nichtselbstständiger Arbeit iHv 50 000 € und den Verlusten aus seiner Tätigkeit als Steuerberater iHv 3000 € – Aufwendungen iHv 700 € für die Anschaffung von Schlafzimmermöbeln geltend. Die bisherige, bereits 13 Jahre alte, Schlafzimmereinrichtung sei wegen seiner chronischen Nasennebenhöhlenerkrankung teilweise ausgetauscht worden. Hierzu reicht P ein amtsärztliches Attest ein, nach dem er an einer „chronisch rezidivierenden Nasennebenhöhlenentzündung aufgrund einer nachgewiesenen Formaldehydbelastung" leidet und sich in ständiger Behandlung der Universitätsklinik S befindet. Auf den ärztlichen Rat, die Wohnung zu sanieren, habe er neue, von jeglichen Schadstoffen freie, Schlafzimmermöbel angeschafft. Dies sei – was zutrifft – erforderlich gewesen, um seine Gesundheit zu erhalten.

Weiter bringt P für 08 zehn Kleiderspenden iHv 500 € und eine Geldspende iHv 100 € an das Deutsche Rote Kreuz eV (DRK) als Sonderausgaben in Abzug. Bei den Kleiderspenden handelt es sich um gebrauchte Kleider seiner bereits seit längerem verstorbenen Frau, die P bei dem Umräumen des Schlafzimmers noch in einem Schrank gefunden hatte. Zum Nachweis der Spende legt P eine Zuwendungsbestätigung des DRK über 500 € vor. Danach sind die gespendeten Kleidungsstücke mit folgenden Werten angesetzt worden: „Mäntel (70 €); Jacken (50 €); Kleider (50 €); Röcke (60 €); Blusen und T-Shirts (25 €); Pullover (50 €); Hosen (60 €); Schuhe (135 €)" und wurden „unmittelbar im Rahmen der Wohnungslosenhilfe verwendet". Weitere Unterlagen über den Wert der einzelnen Kleidungsstücke existieren nicht. Die Geldspende (100 €)

Fall 1 *Der pensionierte Finanzbeamte*

belegt P durch einen entsprechenden Kontoauszug. Außerdem legt er dem FA ein Schreiben des DRK vor, in dem angegeben ist: „Spende Wohnungslosenhilfe, DRK eV, steuerbefreit gem. § 5 Abs. 1 Nr 9 KStG".

Im Rahmen der Veranlagung für 08 erkennt das FA einen Verlust aus selbstständiger Tätigkeit in Höhe von 3000 € an, versagt jedoch den Abzug der Kosten für die Schlafzimmereinrichtung, da es sich um Kosten für die private Lebensführung handele und schadstofffreie Möbel auch von Gesunden angeschafft würden. Die steuerliche Berücksichtigung der Spenden lässt das FA ebenfalls nicht zu. Ein Nachweis der Geldspende durch den Kontoauszug und den Beleg des DRK reiche als Zuwendungsbestätigung nicht aus. Die Spende in Form der gebrauchten Kleider habe das Einkommen des P nicht belastet, die gebrauchte Bekleidung habe keinerlei Marktwert. Jedenfalls sei der in den Bescheinigungen genannte Wert völlig überhöht und unrealistisch. P legt gegen den Einkommensteuerbescheid für 08 keinen Einspruch ein, da er seinen „alten Kollegen wohl noch vertrauen" könne.

Bei einer Außenprüfung im Oktober 09 stellt das FA fest, dass P seit Gründung der Steuerberaterpraxis nur vereinzelt Mandanten betreut hat. Er hat auch keine Akquise betrieben, um seine Einnahmen zu steigern. P bestätigt zudem, dass er die Praxis nur aus Sozialprestige weiter führt und die Praxis ansonsten für den Sohn „vorgehalten" werde.

Das FA will daher die Verluste aus der Tätigkeit als Steuerberater nicht mehr anerkennen.

Kann das FA den Einkommensteuerbescheid für 08 ändern? Welche Änderungen ergeben sich dabei ggf für das zu versteuernde Einkommen (zvE) des P?

Vorüberlegungen

Der Fall behandelt drei Probleme aus dem Einkommensteuerrecht, die im Rahmen der Korrekturvorschriften (§§ 172 ff AO) inzident zu prüfen sind, und verknüpft damit materielle und verfahrensrechtliche Aspekte. Für eine gute Bearbeitung entscheidend ist vor allem ein Aufbau, der die Einzelfragen in ihrer Verflechtung zutreffend einordnet und gleichzeitig den Sachverhalt möglichst umfassend auswertet. Obwohl zunächst nur die Verluste als Steuerberater Anlass der vom FA beabsichtigten Änderung sind, muss sich der Bearbeiter überlegen, in welchem Zusammenhang die beiden anderen Probleme (Spenden, Schlafzimmer) in die Prüfung eingebaut werden können.

Da die beabsichtigte Nichtanerkennung der Verluste zu einer *Erhöhung* der Einkünfte und damit letztlich zu einer Erhöhung der festzusetzenden Steuer führt, während eine abweichende steuerliche Beurteilung bei Spenden und Anschaffung der Schlafzimmermöbel zu einer *Verminderung* der Steuerlast führen kann, ist hier an eine *Saldierung* (§ 177 Abs. 1 AO) zu denken.

Die Berichtigung von materiellen Fehlern im Rahmen des § 177 Abs. 1 AO ist ein durchaus beliebtes Prüfungsthema, da zwischen Ausgangs- und Änderungsbescheid einerseits sowie zwischen *Tenor* und *Feststellung der Besteuerungsgrundlagen* andererseits unterschieden werden muss und die Saldierung materielles Recht und Verfahrensrecht verklammert.

Ausgangspunkt der Bearbeitung ist die Prüfung der Voraussetzungen für die Änderung des Steuerbescheids für 08 zu*un*gunsten des Steuerpflichtigen (vgl § 177 Abs. 1 AO) wegen der Verluste aus der Tätigkeit als Steuerberater.

Der Bearbeiter muss hier die im Sachverhalt gegebenen Informationen (ständige Verluste, reibungsloser Einstieg des Sohnes) umfassend würdigen und anhand dieser die Frage der Gewinnerzielungsabsicht des P erörtern.

Das „Spendenrecht" ist in steuerrechtlichen Klausuren eher selten ein Thema; spezielles Fachwissen wird nicht erwartet. Für eine gute Bearbeitung notwendig, aber auch ausreichend ist hier ein Arbeiten nah am Gesetz und eine ordentliche Argumentation. Mit einer entsprechenden Begründung wird bei der Frage der „Kleiderspende" auch ein von dem Lösungsvorschlag abweichendes Ergebnis vertretbar sein.

Fall 1 *Der pensionierte Finanzbeamte*

Gliederung

132 **I. Änderung wegen der Verluste als Steuerberater, § 172, § 173 AO**
1. „Tatsachen oder Beweismittel ..."
   a) Gewinnerzielungsabsicht als innere Tatsache
   b) Feststellung der Gewinnerzielungsabsicht
      aa) Totalgewinnprognose
      bb) Bereich der persönlichen Lebensführung
2. „... nachträglich bekannt werden ..."
3. „... zu einer höheren Steuer führen"

II. Änderung wegen der Kleiderspende, Saldierung (§ 177 AO)
1. Sachspende als Sonderausgabe iSd § 10b EStG
   a) Zuwendungen, § 10b Abs. 1, 3 Satz 1 EStG
   b) Steuerbegünstigter Zweck, § 10b Abs. 1 Satz 1 EStG iVm §§ 52–54 AO
   c) Wert der Kleiderspende
2. Nachweis der Spende, § 50 Abs. 1, 4 Satz 2 EStDV
   a) Zuwendungsbestätigung
   b) Unzulässige Pauschalbewertung
   c) Kein Vertrauensschutz gem. § 10b Abs. 4 EStG

III. Änderung wegen der Geldspende, § 177 AO
1. Geldspende als Sonderausgabe iSd § 10b EStG
2. Wirkung der Saldierung

IV. Änderung wegen des Schlafzimmers, § 177 AO
1. Anschaffung als außergewöhnliche Belastung, § 33 EStG
   a) Keine anderweitige Abzugsmöglichkeit
   b) Aufwendung
   c) Zwangsläufigkeit
   d) Außergewöhnlichkeit
   e) Belastung trotz Gegenwert
2. Rechtsfolge
   a) Höhe des anzusetzenden Betrages
   b) Zumutbare Belastung

V. Ergebnis

Musterlösung

Das FA kann den Einkommensteuerbescheid für 08 ändern, wenn eine der Korrekturvorschriften (§§ 172 ff AO) eingreift.

I. Änderung wegen der Verluste als Steuerberater, § 172, § 173 AO

Das FA könnte wegen der Verluste gem. § 172 Abs. 1 Satz 1 Nr 2 lit. d iVm § 173 Abs. 1 Nr 1 AO zu einer Änderung des Einkommensteuerbescheids für 08 verpflichtet sein. **133**

§ 172 Abs. 1 Satz 1 AO müsste anwendbar sein. Für die Korrektur der besonderen Steuerverwaltungsakte, also vor allem der Steuerbescheide, gelten nicht die § 130, § 131 AO (s. § 172 Abs. 1 Satz 1 Nr 2 lit. d AO), sondern besondere Vorschriften[1]. Der Einkommensteuerbescheid 08 stand weder unter dem Vorbehalt der Nachprüfung (§ 164 AO) noch war die Einkommensteuer in dem Bescheid vorläufig festgesetzt (§ 165 AO)[2]. § 172 Abs. 1 Satz 1 AO ist somit einschlägig. P hatte zudem keinen Einspruch (§ 347 AO) eingelegt, so dass der Einkommensteuerbescheid bestandskräftig geworden ist, § 172 Abs. 1 Satz 1 Nr 2 lit. a, § 355 AO. Die Änderungssperre des § 173 Abs. 2 AO greift vorliegend nicht ein, da der ursprüngliche Steuerbescheid nicht „auf Grund einer Außenprüfung ergangen" ist, sondern hier ein (ohne vorhergehende Außenprüfung) ergangener Steuerbescheid in Folge einer Außenprüfung geändert werden soll[3]. Schließlich ist auch die Festsetzungsfrist, die eine Änderung ausschließt, § 169 Abs. 1, 2 Satz 1 Nr 2 AO (vier Jahre), noch nicht abgelaufen.

1. „Tatsachen oder Beweismittel ..."

Es müssten neue Tatsachen oder Beweismittel nachträglich bekannt geworden sein, die zu einer höheren Steuer führen würden, § 173 Abs. 1 Nr 1 AO. **134**

a) Gewinnerzielungsabsicht als innere Tatsache

Tatsachen sind alle dem Beweis zugänglichen Umstände, die Merkmal oder Teilstück eines gesetzlichen Steuertatbestandes sein können; dazu zählen Rechtsverhältnisse sowie Zustände, Vorgänge, Beziehungen und Eigenschaften materieller und immaterieller Art[4]. Keine Tatsachen sind Schlussfolgerungen und juristische Subsumtionen, etwa Schätzungen[5]. *Beweismittel* sind alle Erkenntnismittel, die geeignet sind, das Vorliegen **135**

---

1 *Birk/Desens/Tappe*, Steuerrecht, Rn 409.
2 In diesem Fall könnte der Steuerbescheid bis zum Ablauf der Festsetzungsfrist (§ 164 Abs. 2 bzw § 171 Abs. 8 AO) jederzeit korrigiert werden (§ 164 Abs. 2 bzw § 165 Abs. 2 AO), vgl *Birk/Desens/Tappe*, Steuerrecht, Rn 411.
3 Zweck der Vorschrift ist das schutzwürdige Vertrauen nach Durchführung einer Außenprüfung; vgl *Birk/Desens/Tappe*, Steuerrecht, Rn 426.
4 BFH, IV R 159/82, BStBl II 1986, 120 (121); VIII R 41/89, BStBl II 1993, 569 (571); XI R 36/96, BStBl II 1997, 264 (265); *Birk/Desens/Tappe*, Steuerrecht, Rn 422.
5 *Birk/Desens/Tappe*, Steuerrecht, Rn 422.

oder Nichtvorliegen von Tatsachen zu beweisen und die einer Wertung zugänglich sind[6] (vgl etwa § 92 Satz 2 AO). Zu den Tatsachen gehören auch Willens- und Wollensvorgänge (sog. *innere Tatsachen*)[7]. Die fehlende Gewinnerzielungsabsicht des P ist eine innere Tatsache, die ungeschriebene Voraussetzung für sämtliche steuerbaren Einkünfte ist[8] (vgl § 15 Abs. 2 Satz 3 EStG für die Einkünfte aus Gewerbebetrieb).

b) Feststellung der Gewinnerzielungsabsicht

136 Als *innere* Tatsache lässt sich die Gewinnerzielungsabsicht indes nur an Hand *äußerer* Umstände feststellen (Hilfstatsachen)[9]. Einzelne äußere Umstände können dabei einen Anscheinsbeweis liefern[10].

aa) Totalgewinnprognose

137 In *objektiver* Hinsicht ist eine Prognose darüber anzustellen, ob ein Betrieb nach seiner Wesensart und der Art seiner Bewirtschaftung auf Dauer geeignet ist, einen Gewinn zu erwirtschaften. Längere Verlustperioden in der Vergangenheit können dafür etwa einen Anhaltspunkt bieten[11].

Angesichts der geringen Zahl der Mandate sowie unter Berücksichtigung der anfallenden Kosten für die gemieteten Räume konnte ein Gewinn nicht erzielt werden. P hat auch keine Anstrengungen unternommen, die Zahl seiner Mandate zu steigern, um so wenigstens die Fixkosten auszugleichen. Eine fehlende Reaktion auf bereits eingetretene Verluste und das unveränderte Beibehalten eines verlustbringenden Geschäftskonzepts sind ein gewichtiges Anzeichen für eine fehlende Gewinnerzielungsabsicht[12]. Zudem kann P die Verluste durch seine zum Lebensunterhalt ausreichenden Einkünfte aus nichtselbstständiger Arbeit ausgleichen, was ebenfalls für eine fehlende Gewinnerzielungsabsicht spricht[13]. Für die Tätigkeit des P als Steuerberater ergibt sich somit insgesamt eine negative Gewinnprognose.

bb) Bereich der persönlichen Lebensführung

138 P müsste auch *subjektiv* die Erzielung eines Totalgewinns nicht beabsichtigt haben. Dies kann aus der objektiv negativen Gewinnprognose aber nicht ohne weiteres gefolgert werden. Ein solcher – vom Steuerpflichtigen widerlegbarer – Schluss ist nur dann

---

6 BFH, VIII R 121/83, BStBl II 1989, 585 (587); *Birk/Desens/Tappe*, Steuerrecht, Rn 422.
7 *Seer*, in: Tipke/Lang, § 21 Rn 410.
8 Vgl *Birk/Desens/Tappe*, Steuerrecht, Rn 698.
9 Richtigerweise wird man die fehlende Gewinnerzielungsabsicht als innere Tatsache, die aus den Umständen geschlossen werden muss, bereits bei der Prüfung der „Tatsache" feststellen müssen. Vertretbar ist es aber auch, die Prüfung an das Tatbestandsmerkmal „bekannt werden" oder an das Merkmal „zu einer höheren Steuer führen" anzuknüpfen. Die Zuordnung ist hier, anders als bei äußeren Tatsachen, nicht ganz trennscharf.
10 BFH, GrS 4/82, BStBl II 1984, 751 (767); IV R 81/99, BStBl II 2002, 276 (277).
11 BFH, IV R 81/99, BStBl II 2002, 276 (277).
12 BFH, X R 62/01, BStBl II 2005, 336 (339); XI R 6/02, BStBl II 2005, 392 (394).
13 BFH, XI R 6/02, BStBl II 2005, 392 (395).

gerechtfertigt, wenn die Verlust bringende Tätigkeit typischerweise dazu bestimmt und geeignet ist, der Befriedigung persönlicher Neigungen oder der Erlangung wirtschaftlicher Vorteile außerhalb der Einkunftssphäre zu dienen[14]. Bei anderen Tätigkeiten müssen zusätzliche Anhaltspunkte dafür vorliegen, dass die Verluste aus *persönlichen* Gründen oder Neigungen hingenommen werden[15]. Zwar ist der Betrieb einer Steuerberaterkanzlei ebenso wie der Betrieb einer Rechtsanwaltskanzlei[16] typischerweise auf die Erzielung von Gewinnen iSd § 18 Abs. 1 EStG ausgerichtet. Indes hat P die Praxis ursprünglich zum Zeitvertreib gegründet. Trotz der Erzielung von Verlusten wollte er die Praxis aus Prestigegründen weiterbetreiben und um seinem Sohn nach Abschluss der Ausbildung die Praxisübernahme zu ermöglichen. Hierin ist eine private Veranlassung für die Hinnahme der Verluste zu sehen[17], so dass besondere Umstände vorliegen, die den Anscheinsbeweis für die Gewinnerzielungsabsicht des P (keine typische Privattätigkeit) erschüttern.

Es ist somit davon auszugehen, dass P die Absicht zur Gewinnerzielung fehlte (sog. Liebhaberei)[18].

2. „... nachträglich bekannt werden ..."

Diese innere Tatsache müsste nachträglich bekannt geworden sein. Nachträglich bekannt gewordene Tatsachen sind solche, die im Zeitpunkt des Erlasses des ursprünglichen Bescheides *bereits vorhanden*, aber noch unbekannt waren[19].

139

Kenntnis von der fehlenden Gewinnerzielungsabsicht des P erhielt das FA[20] bei der Außenprüfung im Oktober 09. Hier hat das FA diejenigen Anhaltspunkte feststellen können, die neben den langjährigen Verlusten einen sicheren Schluss auf die fehlende Gewinnerzielungsabsicht zuließen. Zu diesem Zeitpunkt war der Steuerbescheid bereits erlassen (und P zugegangen). Somit handelt es sich bei der fehlenden Gewinnerzielungsabsicht um eine nachträglich bekannt gewordene Tatsache iSd § 172 Abs. 1 Satz 1 Nr 2 lit. d iVm § 173 Abs. 1 Nr 1 AO.

3. „... zu einer höheren Steuer führen"

Diese nachträglich bekannt gewordene Tatsache müsste auch zu einer höheren Steuer führen. Soweit die Verluste einkommensteuerlich unberücksichtigt bleiben, erhöht sich die Summe der Einkünfte. Berücksichtigungsfähig sind die Verluste jedoch nur dann, wenn sie einer Einkunftsart iSd § 2 Abs. 1 Satz 1 EStG zuzurechnen sind. Die Verluste

140

---

14 BFH, IV R 81/99, BStBl II 2002, 276 (277).
15 BFH, XI R 10/97, BStBl II 1998, 663 (664 f); IV R 81/99, BStBl II 2002, 276 (277).
16 Vgl die sog. „Rechtsanwalts-Entscheidung" BFH, XI R 10/97, BStBl II 1998, 663 (665).
17 Vgl BFH, IV R 81/99, BStBl II 2002, 276 (278) mwN; XI R 6/02, BStBl II 2005, 392 (395).
18 S. hierzu *Birk/Desens/Tappe*, Steuerrecht, Rn 697–700.
19 Für nachträglich *entstandene* Tatsachen oder Beweismittel gilt hingegen § 175 Abs. 1 Satz 1 Nr 2 AO; *Birk/Desens/Tappe*, Steuerrecht, Rn 423.
20 Auf den Streit, ob der zuständige Amtsträger Kenntnis haben muss, sowie auf die Frage, ab welchem Zeitpunkt (Unterzeichnung des Bescheides?) „Nachträglichkeit" vorliegt, kommt es hier nicht an. Vgl dazu etwa *Loose*, in: Tipke/Kruse, § 173 AO Rn 28 ff und 43 ff.

könnten Einkünfte aus selbstständiger (freiberuflicher) Tätigkeit (§ 18 Abs. 1 Nr 1 EStG) sein. Eine einkommensteuerlich relevante Betätigung ist jedoch nur gegeben, wenn die Absicht besteht, auf Dauer gesehen nachhaltig Überschüsse zu erzielen. Das ist dann der Fall, wenn ein betrieblicher Totalgewinn erstrebt wird[21]. Auch bei Einkünften aus „selbstständiger Arbeit" muss eine derartige Gewinnerzielungsabsicht bestehen[22]. Einkünfte aus Liebhaberei sind nicht steuerbar. Somit können sich auch *negative* Einkünfte (= Verluste) nicht steuermindernd auswirken. Das nachträglich bekannt gewordene Fehlen einer Gewinnerzielungsabsicht führt daher zu einer höheren Steuer.

Das FA muss daher gem. § 172 Abs. 1 Satz 1 Nr 2 lit. d iVm § 173 Abs. 1 Nr 1 AO den Einkommensteuerbescheid für 08 ändern und die Steuer aufgrund einer um 3000 € erhöhten Bemessungsgrundlage neu berechnen.

II. Änderung wegen der Kleiderspende, Saldierung (§ 177 AO)

141 Möglicherweise muss infolge dieser Änderung auch der von P geltend gemachte Betrag iHv 500 € für die Kleiderspenden an das DRK berücksichtigt werden. Grundsätzlich gestatten die §§ 172 ff AO nur eine punktuelle Berichtigung (keine Gesamtaufrollung)[23]. § 177 AO schränkt jedoch den in §§ 172 ff AO enthaltenen Grundsatz ein, nach dem Fehler nur jeweils einzeln aufgrund einer gesetzlichen Grundlage berichtigt werden können[24]. § 177 AO gestattet eine *Fehlersaldierung*[25]. Der Umfang der möglichen Saldierung wird von den Hauptkorrekturnormen bestimmt[26].

Bei der Nichtberücksichtigung der Kleiderspende könnte es sich um einen solchen *gegenläufigen materiellen Fehler* handeln.

1. Sachspende als Sonderausgabe iSd § 10b EStG

142 Gem. § 10b Abs. 1 Satz 1 EStG sind Zuwendungen (Spenden und Mitgliedsbeiträge) zur Förderung steuerbegünstigter Zwecke iSd §§ 52–54 AO bis zu einer bestimmten Höhe als *Sonderausgaben* abziehbar.

a) Zuwendungen, § 10b Abs. 1, 3 Satz 1 EStG

143 Bei der Kleiderspende müsste es sich um eine Zuwendung zur Förderung eines solchen Zwecks handeln. Als Zuwendung gilt nach § 10b Abs. 3 Satz 1 EStG auch die Zuwendung

---

21 BFH, GrS 4/82, BStBl II 1984, 751 (766).
22 BFH, XI R 10/97, BStBl II 1998, 663 (664).
23 Anders noch der frühere § 222 Abs. 1 Nr 1 RAO.
24 Zu den Gründen vgl näher *Birk/Desens/Tappe*, Steuerrecht, Rn 451 f.
25 Zweck dieser Saldierung ist es, bereits im Rahmen der Korrektur durch das FA solche (gegenläufigen) Fehler zu berücksichtigen, die nicht Anlass der *punktuellen* Änderung sind, aber von dem Steuerpflichtigen im Rechtsbehelfsverfahren gegen den Änderungsbescheid nach § 351 Abs. 1 AO, § 42 FGO geltend gemacht werden könnten (Verfahrensökonomie). Vgl zur Darstellung in der Fallbearbeitung auch *Tappe*, JuS 2004, 134 (136).
26 *Seer*, in: Tipke/Lang, § 21 Rn 448.

von Wirtschaftsgütern mit Ausnahme von Nutzungen und Leistungen²⁷. Handelt es sich – wie hier – um Wirtschaftsgüter, die nicht aus einem Betriebsvermögen, sondern aus dem Privatvermögen entnommen sind, bestimmt sich die Höhe der Zuwendung nach dem *gemeinen Wert* des zugewendeten Wirtschaftsguts (§ 10b Abs. 3 Satz 3 EStG)²⁸.

Entgegen der Auffassung des FA ist es im Rahmen des § 10b EStG nicht erforderlich, dass die Zuwendungen das *Einkommen* belasten. Die Herkunft der verwendeten Mittel ist grundsätzlich ohne Bedeutung²⁹. Dies lässt sich in systematischer Hinsicht bereits daraus ableiten, dass nach § 10b Abs. 3 Satz 1 EStG auch die Hingabe von Wirtschaftsgütern als Zuwendung anzusehen ist und demnach auch die Hingabe von Wirtschaftsgütern aus dem *Vermögen* des Steuerpflichtigen als Sonderausgabe berücksichtigt werden kann. **144**

b) Steuerbegünstigter Zweck, § 10b Abs. 1 Satz 1 EStG iVm §§ 52–54 AO

Die Kleiderspende muss einen steuerbegünstigten Zweck iSd § 10b Abs. 1 Satz 1 EStG iVm §§ 52–54 AO fördern. Steuerbegünstigt ist nach § 52 Abs. 2 Nr 9 AO die Förderung der Zwecke amtlich anerkannter Verbände der freien Wohlfahrtspflege, die in § 23 UStDV aufgezählt werden. Zu diesen Verbänden gehört gem. § 23 Nr 4 UStDV das DRK. Daher dient die Spende des P an das DRK einem steuerbegünstigten Zweck. Auch ist das DRK als Empfänger der Spende gem. § 5 Abs. 1 Nr 9 KStG steuerbefreit³⁰. **145**

c) Wert der Kleiderspende

Fraglich ist, mit welchem *Wert* die Kleiderspende angesetzt werden kann. Der in § 10b Abs. 3 Satz 3 EStG genannte „gemeine Wert" ist im EStG nicht definiert. Maßgeblich ist deshalb nach § 1 BewG die Begriffsbestimmung des § 9 Abs. 2 BewG³¹. Danach wird der gemeine Wert durch den Preis bestimmt, der im gewöhnlichen Geschäftsverkehr nach der Beschaffenheit des Wirtschaftsgutes bei einer Veräußerung zu erzielen wäre; es sind alle Umstände, die den Preis beeinflussen, zu berücksichtigen (§ 9 Abs. 2 Satz 2 BewG), jedoch nicht ungewöhnliche oder persönliche Verhältnisse (§ 9 Abs. 2 Satz 3 BewG). **146**

---

27 Das Problem der „Kleiderspende" ist an BFH, X R 17/85, BStBl II 1989, 879, angelehnt, wobei sich die Rechtslage jedoch seitdem teilweise geändert hat. Eine Spende, hier in Form einer sog. *Sach*spende, kann unter den Voraussetzungen des § 10b EStG als Sonderausgabe zur Förderung steuerbegünstigter Zwecke abziehbar sein. Zu prüfen ist, ob bzw unter welchen Voraussetzungen die Zuwendung von Wirtschaftsgütern berücksichtigungsfähig ist, wie deren Wert zu ermitteln ist und welche Bedeutung im konkreten Fall der durch das DRK erteilten Zuwendungsbestätigung (s. § 50 EStDV, § 10b Abs. 4 EStG) zukommt.
28 Eine Begrenzung auf die Anschaffungs- oder Herstellungskosten nach § 10b Abs. 3 Satz 4 EStG findet hier keine Anwendung, da die Spende dem Privatvermögen entstammt und auch im Veräußerungsfall keinen Besteuerungstatbestand erfüllen würde. Insb fällt die Veräußerung von Wirtschaftsgütern des täglichen Lebens nicht unter § 22 Nr 2, § 23 Abs. 1 Nr 2 EStG; hierzu *Weber-Grellet*, in: Schmidt, EStG, § 23 Rn 12, 27. Zur Sicherung der stillen Reserven dürfen in den übrigen Fällen die Anschaffungs- oder Herstellungskosten nur überschritten werden, soweit eine Gewinnrealisierung stattgefunden hat.
29 BFH, X R 17/85, BStBl II 1989, 879 (880) mwN.
30 Dies kann – soweit es nicht als allgemein bekannt vorauszusetzen ist – aus dem Schreiben des DRK bezüglich der Geldspende abgeleitet werden.
31 BFH, X R 17/85, BStBl II 1989, 879 (880); *Hofmeister*, in: Blümich, § 10b EStG Rn 121.

Fall 1 *Der pensionierte Finanzbeamte*

147 § 9 Abs. 2 BewG setzt dabei aber einen funktionierenden Markt, dh eine Nachfrage nach Wirtschaftsgütern von der Art des jeweils zu bewertenden Wirtschaftsguts, voraus. Dies ist bei gebrauchten Kleidungsstücken zumindest zweifelhaft. Entgegen der Auffassung des FA besteht aber auch für *gebrauchte* Kleidung grundsätzlich ein Markt, wie sich etwa an dem Vorhandensein von „Secondhand-Shops" zeigt[32].

148 IdR lässt sich der gemeine Wert des zu bewertenden Wirtschaftsguts am zuverlässigsten anhand von Verkaufspreisen gleicher oder vergleichbarer Wirtschaftsgüter ermitteln. Voraussetzung hierfür ist jedoch, dass Verkaufsfälle in ausreichender Zahl stattgefunden haben und die maßgebenden Wertfaktoren der zu vergleichenden Wirtschaftsgüter im Wesentlichen übereinstimmen[33]. Ist das nicht möglich, so muss der gemeine Wert geschätzt werden[34]. Die wertbildenden Faktoren der gespendeten Kleidungsstücke (Anschaffungspreis, Zustand und Qualität) können hier jedoch nicht mehr ermittelt werden, so dass eine tragfähige Grundlage für die Schätzung fehlt.

2. Nachweis der Spende, § 50 Abs. 1, 4 Satz 2 EStDV

149 Möglicherweise kann der gemeine Wert der Spende ohne eine weitere Prüfung bereits aufgrund der für P ausgestellten Zuwendungsbestätigung mit 500 € angesetzt werden.

a) Zuwendungsbestätigung

150 Der Zuwendungsbestätigung könnte, auch wenn man eine Bindung des FA nicht annimmt[35], eine Beweiswirkung für den Wert der Spende zukommen. Aus § 10b Abs. 4 EStG ergibt sich ein Gutglaubensschutz, der sich ua auf Art, Höhe und Zeitpunkt der Zuwendung erstreckt[36]. An den Nachweis des Wertes einer *Sach*spende sind jedoch, insb bei gebrauchter Kleidung, strenge Anforderungen zu stellen[37]. Zwar kann eine Bewertung von gutachterlicher Qualität nicht verlangt werden, da sie die Spendentätigkeit behindern und somit dem Förderungszweck des § 10b EStG zuwiderlaufen würde. Aus der Zuwendungsbestätigung muss aber zumindest der Wert und die genaue Bezeichnung der gespendeten Sache ersichtlich sein (§ 50 Abs. 4 Satz 2 EStDV)[38].

b) Unzulässige Pauschalbewertung

151 Werden *mehrere* Gegenstände gespendet, muss der Aussteller der Zuwendungsbestätigung den Einzelveräußerungspreis jedes einzelnen Wirtschaftsguts ermitteln und in der Zuwendungsbestätigung gesondert ausweisen. Dies ergibt sich aus dem Wortlaut des § 10b Abs. 3 Satz 3 EStG („des zugewendeten Wirtschaftsguts") und aus der Definition

---

32 Vgl BFH, VI R 310/69, BStBl II 1972, 55 (56) einerseits sowie BFH, X R 17/85, BStBl II 1989, 879 (880) andererseits.
33 BFH, X R 2/80, BStBl II 1987, 769 (771) mwN.
34 BFH, III R 4/73, BStBl II 1975, 374 (376).
35 Vgl BFH, VI R 72/73, BStBl II 1976, 338 (340); X R 17/85, BStBl II 1989, 879 (880).
36 *Kirchhof*, in: Kirchhof, EStG, § 10b Rn 67.
37 BFH, X R 17/85, BStBl II 1989, 879 (880); *Kirchhof*, in: Kirchhof, EStG, § 10b Rn 58.
38 BFH, VI R 310/69, BStBl II 1972, 55 (56); *Kulosa*, in: Herrmann/Heuer/Raupach, § 10b EStG Rn 82; *Kirchhof*, in: Kirchhof, EStG, § 10b Rn 58.

des „gemeinen Werts". Hier ist der Gesamtbetrag iHv 500 € nur teilweise – nach Gruppen jeweils gleichartiger Kleidungsstücke – aufgeschlüsselt. Jedoch bleiben die preisbildenden Faktoren wie Material, Verarbeitung, Design, Marke etc der *einzelnen* Kleidungsstücke auch dann wertbestimmend, wenn die Gegenstände gebraucht weiterveräußert werden. Die Annahme, gebrauchte Kleidung einer bestimmten Warengattung (Mantel, Anorak, Blusen, Schuhe etc) habe ohne Rücksicht auf deren Neuwert einen gleichen Gebrauchtwarenmarktwert, ist somit nicht nachvollziehbar. Es ist nicht zulässig, alle Kleidungsstücke eines bestimmten Warentyps mit *einem* bestimmten Wert anzusetzen. Die Angaben auf der von P vorgelegten Zuwendungsbestätigung sind daher nicht geeignet, den wahren Wert der Kleidungsstücke nachvollziehen zu können. Zudem spricht die „runde Summe" iHv 500 € für eine unzulässige Pauschalbewertung[39]. § 50 Abs. 4 Satz 2 EStDV verlangt, dass sich aus den Aufzeichnungen auch die „Grundlagen für den vom Empfänger bestätigten Wert der Zuwendung ergeben" müssen.

c) Kein Vertrauensschutz gem. § 10b Abs. 4 EStG

Möglicherweise kann sich P jedoch gegenüber dem FA darauf berufen, er habe gem. § 10b Abs. 4 EStG auf die Richtigkeit der vom DRK ausgestellten Zuwendungsbestätigung vertraut. **152**

Fraglich ist bereits, ob der bestätigte Wert einer Sachspende von dem Schutz des § 10b Abs. 4 Satz 1 EStG umfasst ist. Schutzzweck des § 10b Abs. 4 EStG ist es, in erster Linie solche Faktoren, die nicht dem Einfluss des Spenders, sondern dem des Spenden*empfängers* unterliegen (zB fehlende Körperschaftsteuerbefreiung, zweckwidrige Verwendung), nicht zu Lasten des gutgläubigen Spenders zu berücksichtigen. Im Fall einer (bewusst) zu hoch angegebenen Geldspende wird die Bestätigung regelmäßig „durch falsche Angaben erwirkt" sein, so dass bereits aus diesem Grunde ein schutzwürdiges Vertrauen ausscheidet. Ebenso dürfte eine „Vereinbarung" über den Wert einer gespendeten Sache als Missbrauch anzusehen sein. Für den Wert einer Spende kann schutzwürdiges Vertrauen daher nur eingeschränkt begründet werden.

Die Zuwendungsbestätigung ist zudem nicht nur Nachweis für die Spende, sondern zugleich eine unverzichtbare *sachliche* Voraussetzung für den Spendenabzug[40]. Dies ergibt sich aus § 50 Abs. 1 EStDV, wonach ein Abzug nur zulässig ist, wenn der Nachweis zumindest formal ordnungsgemäß ist. Dies ist aber bei einer *Sammel*zuwendungsbestätigung, die die einzelnen zugewendeten Gegenstände nicht detailliert auflistet, gerade nicht der Fall. **153**

Ein schutzwürdiges Vertrauen scheidet zudem aus, wenn P die Unrichtigkeit der Bestätigung kannte oder ihm die Unrichtigkeit infolge grober Fahrlässigkeit nicht bekannt war, § 10b Abs. 4 Satz 1 EStG. Hierbei ist ein individueller Maßstab anzulegen. Grob **154**

---

39 Dieses – sehr praxisnahe – Argument ist in der Klausur freilich nur sehr vorsichtig zu verwenden. In Klausuren werden die „Zahlen" fast immer gerundet, um dem Bearbeiter das Rechnen zu erleichtern. Daher können aus runden Zahlen idR *keine* Rückschlüsse auf eine bestimmte Lösung gezogen werden.
40 BFH, X R 17/85, BStBl II 1989, 879 (880).

fahrlässig handelt, wer die nach seinen persönlichen Kenntnissen und Fähigkeiten gebotene und zuzumutende Sorgfalt in besonders hohem Maße verletzt. Als ehemaliger Finanzbeamter und Steuerberater musste P aber die erhöhten Voraussetzungen für den Abzug von Sachspenden, insb im Fall gebrauchter Kleidung, kennen.

155 Der Wert der Kleiderspende kann somit auch nicht aufgrund der Zuwendungsbestätigung mit 500 € angesetzt werden. Der Spender ist im Fall einer Sachspende verpflichtet, die für eine Schätzung maßgeblichen Faktoren (Neupreis, Zeitraum zwischen Anschaffung und Weggabe, tatsächlicher Erhaltungszustand) nachzuweisen[41]. Unterlagen, mit denen ein solcher Nachweis erbracht werden kann oder aufgrund derer eine Schätzung möglich ist, existieren aber nicht, so dass der fehlende Nachweis vorliegend zu Lasten des P geht.

Eine Berücksichtigung der Kleiderspende als Sonderausgabe gem. § 10b Abs. 3 EStG kommt daher nicht in Betracht. Eine Saldierung gem. § 177 Abs. 1 AO scheidet insofern aus.

III. Änderung wegen der Geldspende, § 177 AO

156 Die Nichtberücksichtigung der Geldspende könnte ein gegenläufiger materieller Fehler iSd § 177 Abs. 1, 3 AO sein.

1. Geldspende als Sonderausgabe iSd § 10b EStG

157 Problematisch bei der Frage des Abzugs der Geldspende iHv 100 € als Sonderausgabe iSd § 10b Abs. 1 Satz 1 EStG ist allein, ob der Nachweis in Form des Kontoauszuges und des Belegs des DRK ausreichend ist.

158 Grundsätzlich muss die Zuwendung an eine in § 5 Abs. 1 Nr 9 KStG bezeichnete Körperschaft gem. § 50 Abs. 1 EStDV durch eine Zuwendungsbestätigung nachgewiesen werden, die der Empfänger nach amtlich vorgeschriebenem Vordruck ausgestellt hat. Diese Anforderungen erfüllen die von P vorgelegten Unterlagen nicht. Indes trifft § 50 Abs. 2 Satz 1 Nr 2 lit. b EStDV hier eine Ausnahmeregelung. Nach dieser Vorschrift genügt eine Buchungsbestätigung eines Kreditinstituts, wenn „die Zuwendung 200 € nicht übersteigt und der Empfänger eine Körperschaft iSd § 5 Abs. 1 Nr 9 KStG ist, wenn der steuerbegünstigte Zweck, für den die Zuwendung verwendet wird, und die Angaben über die Freistellung des Empfängers von der Körperschaftsteuer auf einem von ihm hergestellten Beleg aufgedruckt sind und darauf angegeben ist, ob es sich um eine Spende oder einen Mitgliedsbeitrag handelt". Nach § 50 Abs. 2 Satz 3 EStDV hat der Steuerpflichtige die Buchungsbestätigung und den Empfangsbeleg vorzulegen. P hat neben dem entsprechenden Kontoauszug auch einen Beleg des DRK eingereicht. Dieser Beleg enthält Angaben zur Verwendung der Spende und zur Freistellung des DRK von der Körperschaftsteuer und genügt somit den Anforderungen des § 50 Abs. 2

---

41 Vgl auch H 10 b.1 EStH 2012; *Kirchhof*, in: Kirchhof, EStG, § 10b Rn 58.

Satz 1 Nr 2 lit. b EStDV. Damit hat P einen ausreichenden Nachweis erbracht, so dass das FA die Spende anerkennen muss.

Die Spende iHv 100 € übersteigt auch nicht den maximal abzugsfähigen Betrag iHv 20% **159** des Gesamtbetrags der Einkünfte (§ 10b Abs. 1 Satz 1 Nr 1 EStG), da schon alleine bei Berücksichtigung der Einkünfte aus nichtselbstständiger Arbeit (50 000 €) die 20% (10 000 €) unterschritten sind. Die Spende ist damit als Sonderausgabe (im Rahmen der Höchstgrenze des § 10b Abs. 1 Satz 1 EStG) bei der Ermittlung des Einkommens von dem Gesamtbetrag der Einkünfte des P abziehbar. Die Nichtberücksichtigung stellt einen materiellen Fehler dar, dessen Berichtigung sich zugunsten des P auswirkt.

2. Wirkung der Saldierung

Allerdings ist eine Berichtigung nach § 177 Abs. 1 AO nur zulässig, *soweit die Ände-* **160** *rung reicht.* Die nachträgliche Nichtanerkennung der Verluste des P iHv 3000 € führt zu einer Erhöhung der Bemessungsgrundlage in dieser Höhe. Die nachträgliche Anerkennung der Spende führt hingegen zu einer Verminderung des Einkommens um 100 €. Im Rahmen der Saldierung (§ 177 Abs. 1 AO) sind bei der Bemessungsgrundlage[42] also 100 € von den 3000 € abzuziehen. Das zu versteuernde Einkommen des P erhöht sich somit um 2900 €[43].

IV. Änderung wegen des Schlafzimmers, § 177 AO

Ein im Rahmen des § 177 Abs. 1 AO zu berücksichtigender gegenläufiger materieller **161** Fehler könnte darin liegen, dass das FA die Kosten für die neue Schlafzimmereinrichtung iHv 700 € nicht bei der Ermittlung des Einkommens als Bemessungsgrundlage für die Einkommensteuer abgezogen hat.

1. Anschaffung als außergewöhnliche Belastung, § 33 EStG

Nach § 33 Abs. 1 EStG wird die Einkommensteuer auf Antrag ermäßigt, wenn einem **162** Steuerpflichtigen zwangsläufig größere Aufwendungen als der überwiegenden Mehrzahl der Steuerpflichtigen gleicher Einkommensverhältnisse, gleicher Vermögensverhältnisse und gleichen Familienstands erwachsen *(außergewöhnliche Belastungen)*.

a) Keine anderweitige Abzugsmöglichkeit

Die Aufwendungen dürften zunächst keine Betriebsausgaben, Werbungskosten oder **163** Sonderausgaben sein, § 33 Abs. 2 Satz 2 EStG. Eine betrieblich oder beruflich veran-

---

[42] Die Saldierung wird zwar grundsätzlich *nicht* auf Ebene der Bemessungsgrundlage, sondern auf Ebene der festzusetzenden *Steuer* vorgenommen. Wegen des komplizierten Tarifs (§ 32a EStG) wird die Fallfrage aber – wie auch hier – regelmäßig darauf gerichtet sein zu ermitteln, wie sich die Bemessungsgrundlage ändert. In der Klausur ist es daher nicht nötig, die Steuer zu berechnen (vgl Fallfrage).
[43] Zum Verständnis: Wären Spenden iHv 4000 € vom Einkommen des P abzuziehen, würde sich die Bemessungsgrundlage iE nicht verändern, da sich die Sonderausgaben (Spende) gem. § 177 Abs. 1 AO nur „soweit die Änderung reicht", also iHv 3000 € auswirken. Auch die festzusetzende Steuer änderte sich dann im Ergebnis nicht.

lasste Ausgabe liegt in dem Kauf einer Schlafzimmereinrichtung jedoch nicht vor; der Kauf ist *privat* veranlasst. Eine Einordnung als Sonderausgabe (§§ 10 ff EStG) kommt ebenfalls nicht in Betracht.

b) Aufwendung

164 Es müsste sich um eine *Aufwendung* iSd § 33 Abs. 1 EStG handeln. Aufwendungen sind bewusste und gewollte Vermögensverwendungen, also insb Geldausgaben[44]. Ob die Mittel, aus denen die Aufwendungen bestritten werden, aus dem Einkommen oder aus dem Vermögen bestritten werden, ist nicht entscheidend[45]. Der Kauf der neuen Schlafzimmereinrichtung ist somit eine Aufwendung iSd § 33 Abs. 1 EStG. Aufwendungen sind in dem Veranlagungszeitraum zu berücksichtigen, in dem die Verausgabung der Mittel erfolgt (Abflussprinzip, § 11 Abs. 2 EStG), hier also im VZ 08.

c) Zwangsläufigkeit

165 Die Aufwendung müsste nach § 33 Abs. 1 EStG *zwangsläufig* gewesen sein[46]. Aufwendungen erwachsen dem Steuerpflichtigen zwangsläufig, wenn er sich ihnen aus rechtlichen, tatsächlichen oder sittlichen Gründen nicht entziehen kann, soweit die Aufwendungen den Umständen nach notwendig sind und einen angemessenen Betrag nicht übersteigen (§ 33 Abs. 2 Satz 1 EStG). Aufwendungen zur Beseitigung einer konkreten, von einem Gegenstand des existenznotwendigen Bedarfs ausgehenden Gesundheitsgefährdung können aus *tatsächlichen* Gründen zwangsläufig sein[47]. Entscheidend ist letztlich, ob das *Ereignis,* dessen Folge die Aufwendungen oder die Verpflichtung zum Bestreiten dieser Aufwendungen sind, für den Steuerpflichtigen zwangsläufig war[48]. P hat hier durch ein amtsärztliches Attest (vgl § 64 Abs. 1 Satz 1 Nr 2 EStDV) nachgewiesen, dass die ersetzten Schlafzimmermöbel eine konkrete Gefahr für seine Gesundheit darstellten. Insoweit ist der Austausch der Möbel für P mehr als eine nur vorbeugende Maßnahme. Auch sind Schlafzimmermöbel als Gegenstände des existenznotwendigen Bedarfs anzusehen, P konnte den Aufwendungen *dem Grunde nach* somit nicht ausweichen. Kostengünstigere Maßnahmen (zB Reinigung bzw Sanierung der Möbel) sind nicht ersichtlich[49], so dass die Aufwendungen auch *der Höhe nach* zwangsläufig sind.

---

44 *Birk/Desens/Tappe,* Steuerrecht, Rn 1076.
45 BFH, III R 27/92, BStBl II 1995, 104 (107); *Birk/Desens/Tappe,* Steuerrecht, Rn 1076. Anders noch die frühere Rspr, vgl BFH, VI 7/59 S, BStBl III 1959, 383 (384); III R 11/93, BStBl II 1994, 240 (241).
46 Das Problem der Neuanschaffung von formaldehydbelasteten Schlafzimmermöbeln als außergewöhnliche Belastung ist BFH, III R 52/99, BStBl II 2002, 592, nachgebildet. Außergewöhnliche Belastungen sind grundsätzlich Kosten der privaten Lebensführung, die aber ausnahmsweise abgezogen werden können, wenn sie zwangsläufig sind und das Maß des Üblichen überschreiten. Von dem Nachweis einer konkreten Gesundheitsgefährdung durch die Schlafzimmermöbel kann hier ausgegangen werden, da P ein entsprechendes amtsärztliches Attest vorgelegt hat.
47 BFH, III R 6/01, BStBl II 2002, 240 (241).
48 BFH, III R 12/92, BStBl II 1995, 774 (776); *Wernsmann,* StuW 1998, 317 (324 ff), jeweils mwN.
49 Vgl etwa die bei BFH, III R 52/99, BStBl II 2002, 592 (594) diskutierten Möglichkeiten. Solche waren hier jedoch – wegen der insoweit klaren Vorgaben im Sachverhalt – nicht zu prüfen.

d) Außergewöhnlichkeit

Ein Abzug als außergewöhnliche Belastung kommt zudem nur bei *Außergewöhnlichkeit* in Betracht. Aufwendungen sind gem. § 33 Abs. 1 EStG außergewöhnlich, wenn dem Steuerpflichtigen größere Aufwendungen als der überwiegenden Mehrzahl der Steuerpflichtigen gleicher Einkommensverhältnisse, gleicher Vermögensverhältnisse und gleichen Familienstands erwachsen. Entscheidend ist, dass nur eine kleine Minderheit von Steuerpflichtigen durch Sonderaufwendungen belastet ist[50]. *Gewöhnliche* Aufwendungen für die Lebensführung sind, soweit es hier nicht ohnehin bereits an der Zwangsläufigkeit fehlt, durch den Grundfreibetrag (§ 32a Abs. 1 Nr 1 EStG) abgedeckt und, soweit sie diesen übersteigen, nicht abzugsfähig (§ 12 Nr 1 EStG). Eine chronische behandlungsbedürftige Erkrankung aufgrund der Schadstoffbelastung in Möbeln kann jedoch nicht als „typischer Lebenssachverhalt" eingeordnet werden, die Aufwendungen des P für den Austausch der formaldehydbelasteten Schlafzimmermöbel sind somit als außergewöhnlich anzusehen.

166

e) Belastung trotz Gegenwert

Die Aufwendungen müssen P schließlich auch „erwachsen", dh sie müssen zu einer endgültigen Belastung in der Einkommens- oder Vermögenssphäre führen und seine wirtschaftliche Leistungsfähigkeit beeinträchtigen[51]. Dies ist vorliegend fraglich, da P für seine Aufwendungen möglicherweise einen *Gegenwert* in Form der Schlafzimmereinrichtung erhalten hat.

167

Die Rspr[52] nimmt an, es fehle an einer endgültigen Belastung des Steuerpflichtigen, wenn Teile des Einkommens für die Anschaffung von solchen Gegenständen verwendet werden, die von bleibendem oder doch mind länger dauerndem Wert und Nutzen sind und die eine gewisse Marktgängigkeit besitzen (sog. *Gegenwerttheorie*)[53].

168

Nach der Gegenauffassung handelt es sich bei dem Erfordernis eines „Gegenwerts" um eine Einschränkung des gesetzlichen Tatbestandes, die im Wortlaut des § 33 EStG keine Stütze finde[54]. Zudem sei die Gegenwerttheorie verzichtbar: Das die Anschaffung von Gegenständen des privaten Bedarfs *auslösende Ereignis* sei regelmäßig nicht *außergewöhnlich*. Bei konsequenter Anwendung des Tatbestandsmerkmals der Außergewöhnlichkeit sei somit ein Abstellen auf den Gegenwert entbehrlich, zumal im Rahmen der Gegenwerttheorie ohnehin keine echte Wertermittlung (etwa iS einer AfA) stattfinde[55].

169

Der Streit bedarf vorliegend jedoch keiner Entscheidung. Auch nach der die Gegenwerttheorie grundsätzlich befürwortenden Ansicht ist diese nicht anwendbar, wenn die betroffenen Aufwendungen stark unter dem Gebot der sich aus der Situation ergeben-

170

---

50 *Birk/Desens/Tappe*, Steuerrecht, Rn 1082.
51 Vgl *Birk/Desens/Tappe*, Steuerrecht, Rn 1079.
52 BFH, VI 23/65 S, BStBl III 1965, 441 (442); VI R 189/79, BStBl II 1983, 378 (379). Die Gegenwerttheorie ist nach Auffassung des BVerfG verfassungsgemäß, vgl BVerfG, 1 BvR 512/65, BVerfGE 21, 1 ff.
53 BFH, VI R 189/79, BStBl II 1983, 378 (379); vgl *Birk/Desens/Tappe*, Steuerrecht, Rn 1080 f.
54 *Kanzler*, in: Herrmann/Heuer/Raupach, § 33 EStG Rn 39.
55 *Birk/Desens/Tappe*, Steuerrecht, Rn 1080 f.

Fall 1 *Der pensionierte Finanzbeamte*

den Zwangsläufigkeit stehen[56] bzw das erworbene Gut am Markt nicht verwertbar ist (fehlende Marktgängigkeit, zB Prothese) oder wenn es sich um sog. *verlorenen Aufwand* handelt. Dies wird etwa angenommen, wenn aufgrund unabwendbarer Ereignisse (zB Brand, Diebstahl, Naturkatastrophen) Verluste an Hausrat und Kleidung eintreten und der Steuerpflichtige Aufwendungen zur Ersatzbeschaffung tätigt[57].

171 Ein solcher Fall des „verlorenen Aufwands" liegt hier vor. Anders als bei der reinen Vermögensumschichtung ist der Steuerpflichtige belastet, soweit Werte endgültig abgeflossen sind[58]. Bei einem Verlust von Gegenständen des lebensnotwendigen Bedarfs infolge eines unabwendbaren Ereignisses oder einer schwerwiegenden Beeinträchtigung des Wohnens ist § 33 EStG im Rahmen des Notwendigen und Angemessenen anwendbar, wenn weder Anhaltspunkte für ein Verschulden vorliegen noch von anderer Seite Ersatz zu erlangen ist[59]. Die (alten) Möbel des P sind infolge der von ihnen ausgehenden Gesundheitsgefährdung wertlos, so dass dies einem unverschuldeten Verlust gleichkommt. Obwohl P mit den schadstoffarmen Möbeln einen Gegenwert erhalten hat, stellen die Aufwendungen, die P durch den Austausch der schadstoffbelasteten Möbel erwachsen sind, entgegen der Auffassung des FA somit eine außergewöhnliche Belastung dar.

2. Rechtsfolge

a) Höhe des anzusetzenden Betrages

172 Fraglich ist jedoch, ob die gesamten 700 € als außergewöhnliche Belastung angesetzt werden können. Hier ist zu berücksichtigen, dass die mit dem Erwerb der schadstoffarmen Möbel zugeflossene Werterhöhung (neu für alt) grundsätzlich im Wege des Vorteilsausgleichs anzurechnen ist[60]. Die ausgetauschten Schlafzimmermöbel waren vorliegend bereits 13 Jahre alt; geeignete Anhaltspunkte im Sachverhalt, die einen Rückschluss auf den Restwert der Möbel zulassen, fehlen jedoch.

b) Zumutbare Belastung

173 Eine endgültige Ermittlung des abziehbaren Betrages kann jedoch dahinstehen, wenn die Aufwendungen bereits aus anderen Gründen nicht von dem Gesamtbetrag der Einkünfte abgezogen werden können. Dies ist der Fall, wenn die Grenze der zumutbaren Belastung iSd § 33 Abs. 3 EStG durch den Betrag iHv 700 € nicht überschritten ist. Im Rahmen des § 33 Abs. 1 EStG wird nur derjenige Teil der Aufwendungen, der die dem Steuerpflichtigen zumutbare Belastung *übersteigt*, vom Gesamtbetrag der Einkünfte abgezogen.

---

56 BFH, VI R 7/09, BStBl II 2010, 280; vgl auch BFH, VI R 16/09, BStBl II 2011, 966; VI R 16/10, BStBl II 2011, 1012; *Heger*, in: Blümich, § 33 EStG Rn 65; *Loschelder*, in: Schmidt, § 33 EStG Rn 16.
57 BFH, III R 52/99, BStBl II 2002, 592 (595).
58 BFH, III R 8/95, BStBl II 1999, 766 (768) mwN.
59 BFH, III R 8/95, BStBl II 1999, 766 (768 f).
60 Vgl BFH, III R 6/01, BStBl II 2002, 240 (244) mwN; zur Berechnung FG Düsseldorf, 10 K 3923/96 E, EFG 1999, 1075.

Die zumutbare Belastung richtet sich nach der typisierten individuellen Leistungsfähigkeit des Belasteten, also nach der Höhe der Einkünfte, dem Familienstand und der Kinderzahl (§ 33 Abs. 3 EStG)[61]. Aufgrund der (wenigen) Angaben im Sachverhalt kann der Gesamtbetrag der Einkünfte des P auf eine Größenordnung von 15 340 bis 51 130 € eingegrenzt werden, was angesichts der Einkünfte aus nichtselbstständiger Arbeit iHv 50 000 € realistisch ist. P ist zudem verwitwet (kein Splitting iSd § 33 Abs. 3 Satz 1 Nr 1 lit. b EStG) und hat, da sein Sohn bereits über 25 Jahre alt ist, keine Kinder iSv § 33 Abs. 3 Satz 2 iVm § 32 Abs. 6, Abs. 1, 3, 4 EStG. Daher ist gem. § 33 Abs. 3 Satz 1 Nr 1 lit. a EStG *mindestens* eine Zumutbarkeitsgrenze von (6 % von 15 340 € =) 920,40 € anzunehmen.

174

Mit Aufwendungen von maximal 700 € ist die Grenze der für P *zumutbaren Belastung* iSd § 33 Abs. 3 Satz 1 EStG somit noch nicht erreicht.

Ein im Rahmen des § 177 Abs. 1 AO zu berücksichtigender materieller Fehler liegt daher wegen der Kosten für die neue Schlafzimmereinrichtung nicht vor.

V. Ergebnis

Die nachträgliche Nichtanerkennung der Verluste führt zu einer Erhöhung der Summe der Einkünfte um 3000 €. Dagegen führt die Anerkennung der Geldspende als Sonderausgabe zu einer Verminderung des Einkommens um 100 € (gegenläufiger materieller Fehler).

175

Im Rahmen der Saldierung (§ 177 Abs. 1 AO) sind daher die 100 € (Geldspende) von den 3000 € abzuziehen. Die Bemessungsgrundlage erhöht sich damit (nur) um 2900 €.

Das FA muss den Einkommensteuerbescheid für 10 damit auf der Grundlage des insoweit veränderten zu versteuernden Einkommens (§ 2 Abs. 5 Satz 1 EStG) gem. §§ 173 Abs. 1 Satz 1 Nr 1, 177 Abs. 1 AO ändern.

---

61 Vgl *Birk/Desens/Tappe*, Steuerrecht, Rn 1092. Es ist dem Steuerpflichtigen auch von Verfassungs wegen zuzumuten, einen mit seiner Leistungsfähigkeit steigenden (kleinen) Teil seiner zwangsläufigen privaten Aufwendungen selbst zu tragen; *Wernsmann*, StuW 1998, 317 (328 f).

Fall 1 *Der pensionierte Finanzbeamte*

Zur Wiederholung

Übersicht 1.1: Steuerverwaltungsakte[62]

176

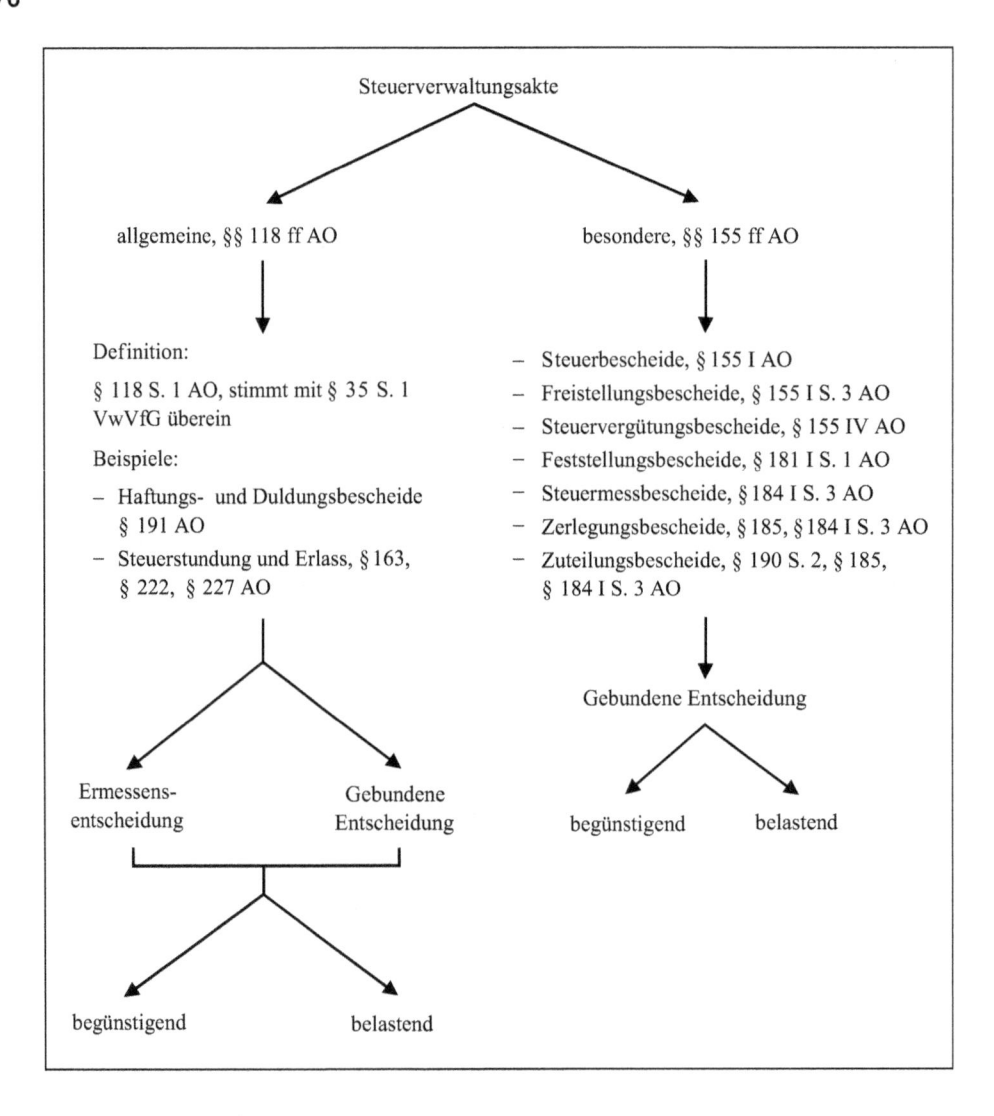

```
                          Steuerverwaltungsakte
                          /                    \
        allgemeine, §§ 118 ff AO            besondere, §§ 155 ff AO
                 |                                    |
Definition:                              – Steuerbescheide, § 155 I AO
§ 118 S. 1 AO, stimmt mit § 35 S. 1      – Freistellungsbescheide, § 155 I S. 3 AO
VwVfG überein                            – Steuervergütungsbescheide, § 155 IV AO
Beispiele:                               – Feststellungsbescheide, § 181 I S. 1 AO
– Haftungs- und Duldungsbescheide        – Steuermessbescheide, § 184 I S. 3 AO
  § 191 AO                               – Zerlegungsbescheide, § 185, § 184 I S. 3 AO
– Steuerstundung und Erlass, § 163,      – Zuteilungsbescheide, § 190 S. 2, § 185,
  § 222, § 227 AO                          § 184 I S. 3 AO
                 |                                    |
         /              \                    Gebundene Entscheidung
  Ermessens-         Gebundene                       /        \
  entscheidung       Entscheidung              begünstigend   belastend
         \              /
          \            /
       begünstigend  belastend
```

---

62 *Birk/Desens/Tappe*, Steuerrecht, Rn 360–366.

Übersicht 1.2: Korrektur von Steuerverwaltungsakten[63]

177

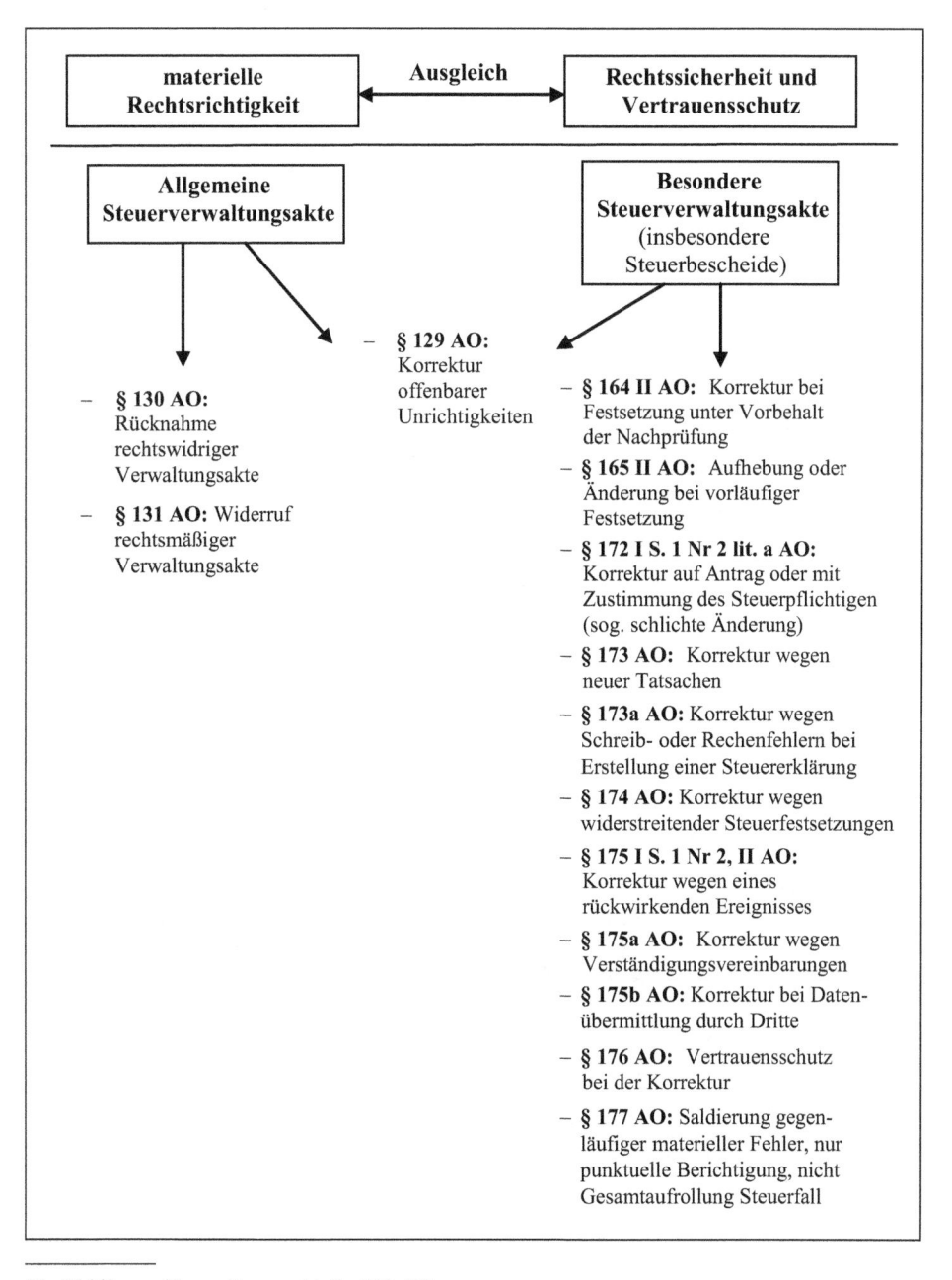

```
        materielle              Ausgleich         Rechtssicherheit und
      Rechtsrichtigkeit        ◄─────────►         Vertrauensschutz
```

- **Allgemeine Steuerverwaltungsakte**

- **Besondere Steuerverwaltungsakte** (insbesondere Steuerbescheide)

- § 129 AO: Korrektur offenbarer Unrichtigkeiten

- § 130 AO: Rücknahme rechtswidriger Verwaltungsakte
- § 131 AO: Widerruf rechtmäßiger Verwaltungsakte

- § 164 II AO: Korrektur bei Festsetzung unter Vorbehalt der Nachprüfung
- § 165 II AO: Aufhebung oder Änderung bei vorläufiger Festsetzung
- § 172 I S. 1 Nr 2 lit. a AO: Korrektur auf Antrag oder mit Zustimmung des Steuerpflichtigen (sog. schlichte Änderung)
- § 173 AO: Korrektur wegen neuer Tatsachen
- § 173a AO: Korrektur wegen Schreib- oder Rechenfehlern bei Erstellung einer Steuererklärung
- § 174 AO: Korrektur wegen widerstreitender Steuerfestsetzungen
- § 175 I S. 1 Nr 2, II AO: Korrektur wegen eines rückwirkenden Ereignisses
- § 175a AO: Korrektur wegen Verständigungsvereinbarungen
- § 175b AO: Korrektur bei Datenübermittlung durch Dritte
- § 176 AO: Vertrauensschutz bei der Korrektur
- § 177 AO: Saldierung gegenläufiger materieller Fehler, nur punktuelle Berichtigung, nicht Gesamtaufrollung Steuerfall

---

63 *Birk/Desens/Tappe*, Steuerrecht, Rn 395–458.

Übersicht 1.3: Voraussetzungen der Korrektur von Steuerbescheiden[64]

178

§ 172 I S. 1 Nr 2 lit. a AO
- Antrag des Steuerpflichtigen innerhalb der Einspruchsfrist bei Änderung zugunsten des Steuerpflichtigen oder
- Zustimmung des Steuerpflichtigen bei Änderung zu Ungunsten des Steuerpflichtigen

§ 173 I AO
1. Tatsachen oder Beweismittel
2. nachträgliches Bekanntwerden
3. keine Änderungssperre, § 173 II AO
4. kein grobes Verschulden des Steuerpflichtigen, § 173 I Nr 2 AO bei Änderung zugunsten des Steuerpflichtigen
5. Rechtserheblichkeit der neuen Tatsachen oder Beweismittel (ungeschriebenes Merkmal)

§ 173a AO
1. Schreib- oder Rechenfehler
2. bei Erstellung der Steuererklärung
3. unzutreffende Mitteilung von Tatsachen zum Zeitpunkt des Erlasses des Steuerbescheids
4. Kausalität zwischen 1. und 3.
5. Rechtserheblichkeit der Tatsachen

§ 174 AO

§ 174 I, II AO (positiver Widerstreit)
1. Bestimmter Sachverhalt
2. Mehrfachberücksichtigung
3. zuungunsten (I) oder zugunsten (II) eines oder mehrerer Steuerpflichtiger
4. nach materiellem Recht nur einmalige Berücksichtigung zulässig
5. Antrag (I) bei Berücksichtigung zuungunsten
6. Vertrauensschutz nach § 174 II S. 2 AO bei Berücksichtigung zugunsten

§ 174 III AO (negativer Widerstreit)
1. irrtümliche Nichtberücksichtigung eines Sachverhalts in einem Bescheid
2. in erkennbarer Annahme, dass er in einem anderen zu berücksichtigen sei
3. Kausalität zwischen Annahme und Nichtberücksichtigung

§ 174 IV, V AO
1. Aufhebung oder Änderung eines fehlerhaften anderen Bescheids zugunsten
2. aufgrund eines Antrags oder Rechtsbehelfs des Steuerpflichtigen

RF: Möglichkeit der richtigen steuerlichen Folgerung in einem anderen Bescheid des Steuerpflichtigen (IV) oder eines Dritten (V), wenn dieser an dem Verfahren, das zu dem fehlerhaften Bescheid geführt hat, beteiligt war

---

64 *Birk/Desens/Tappe*, Steuerrecht, Rn 409–459.

§ 175 AO

§ 175 I S. 1 Nr 1 AO
1. Erlass oder Korrektur eines Grundlagenbescheids
2. mit Bindungswirkung für den Steuerbescheid

RF: Änderung des Steuerbescheids, *soweit* der Erlass oder die Korrektur des Grundlagenbescheids reicht

§ 175 I S. 1 Nr 2 AO
1. Ereignis
2. nachträglicher Eintritt
3. steuerliche Rückwirkung

§ 175b AO

§ 175b I AO
1. Datenübermittlung durch mitteilungspflichtige Stelle
2. Daten iSd § 93c AO
3. bei der Steuerfestsetzung nicht (Alt. 1) oder nicht zutreffend (Alt. 2) berücksichtigt
4. Rechtserheblichkeit nachträglich übermittelter Daten (§ 175b IV AO)

§ 175b II AO
1. Datenübermittlung durch mitteilungspflichtige Stelle
2. Daten iSd § 93c AO
3. Steuerpflichtiger macht keine Angaben (§ 150 VII AO)
4. übermittelte Daten sind zuungunsten des Steuerpflichtigen unrichtig
5. Rechtserheblichkeit nachträglich übermittelter Daten (§ 175b IV AO)

§ 175b III AO
1. Einwilligung für die Übermittlung von Daten iSd § 93c AO erforderlich
2. Einwilligung liegt nicht vor

§ 177 AO
1. materielle Fehler im Sinne des § 177 III AO
2. Korrekturmöglichkeit des Steuerbescheids zuungunsten (I) oder zugunsten (II) des Steuerpflichtigen

RF: *Fehlersaldierung* innerhalb des durch die Korrekturnormen vorgegebenen Rahmens

Fall 1 *Der pensionierte Finanzbeamte*

Übersicht 1.4: Außergewöhnliche Belastungen (§§ 33 ff EStG)[65]

179 = zwangsläufige, existenziell notwendige private Aufwendungen, die das Maß des Üblichen überschreiten

Tatbestandsvoraussetzungen des Grundtatbestands (§ 33 EStG)

1. **keine anderweitige Abzugsmöglichkeit** (§ 33 II 2 EStG), zB Betriebsausgaben, Werbungskosten, Sonderausgaben
2. **Aufwendungen** = bewusste und gewollte Vermögensverwendungen
   (–) bloße *Schäden*, wohl aber Wiederbeschaffungs-/Reparaturkosten
   (–) *entgangene Einnahmen* (Verdienstausfall)
   Zeitpunkt: Abfluss (§ 11 EStG)
3. **(endgültige) Belastung**
   (–) wenn Versicherung später (uU auch erst im Folgejahr) *erstattet*
   (–) wenn Stpfl *Gegenwert* erhält (noch hM; str; nicht anwendbar, wenn Zwangsläufigkeit im Vordergrund, zudem Rückausnahme: bei *fehlender Marktgängigkeit*, zB Aufwendungen für Prothesen, Rollstuhl usw, sowie bei *verlorenem Aufwand* [zB Ersatzbeschaffung von Hausrat nach Hochwasser])
4. **Außergewöhnlichkeit** (§ 33 I EStG)
   = wenn dem Stpfl größere Aufwendungen als der überwiegenden Mehrzahl der Steuerpflichtigen gleicher Einkommens- und Vermögensverhältnisse und gleichen Familienstands erwachsen (hinsichtlich Grund und Höhe)
   (–) zB Fahrtkosten zur Beerdigung eines nahen Angehörigen
5. **Zwangsläufigkeit** (dem Grunde und der Höhe nach, § 33 II 1 EStG)
   a) **aus rechtlichen Gründen** (gesetzliche Unterhaltspflicht, behördliche Verfügung usw)
   b) **aus tatsächlichen Gründen** (unabwendbare Ereignisse wie Krieg, Krankheit, Asbestsanierung usw)
   c) **aus sittlichen Gründen** (wenn die Pflicht einer gesetzlichen Pflicht nahe kommt)
      (–) bei vorsätzlichem oder grob fahrlässigem Verhalten (zB Trunkenheitsfahrt)
      (+) stets: Krankheitskosten, auch wenn durch schuldhaftes Verhalten (Gefahrsportarten, Rauchen, Fehlernährung ...) verursacht
      (–) medizinisch nicht indizierte Kosten (Fahrt zum Wunderheiler)

Rechtsfolge

Aufwendungen abziehbar nur, soweit sie zumutbare Belastung übersteigen (zur Höhe s. § 33 I letzter HS, III EStG)

Verfassungsmäßigkeit der Begrenzung des Abzugs durch nicht abziehbaren Eigenanteil (subjektives Nettoprinzip)? hM: (+)[66]

---

65 *Birk/Desens/Tappe*, Steuerrecht, Rn 1072–1093.
66 S. hierzu *Birk/Desens/Tappe*, Steuerrecht, Rn 1092.

Fall 2
Das luxuriöse Gefährt

Schwerpunkte: **Abgabenordnung:** Haftung (LB § 3 Rn 291–306); Einspruch (LB § 4 Rn 550–566); **Einkommensteuerrecht:** Arbeitslohn (LB § 5 Rn 753–769)

Schwierigkeitsgrad: leicht bis mittel, Bearbeitungszeit: 2 Stunden

Die Glitzer & Bling-Bling Schmuck GmbH (G-GmbH) produziert und vertreibt Schmuck, insbesondere Goldwaren und Edelsteine, an ihrem Firmensitz in Idar-Oberstein. Von dort exportiert sie begehrte Edelsteine in alle Teile der Welt. Zuständig für den Vertrieb und Verhandlungen mit Großkunden ist vorrangig V, der sich als leidenschaftlicher Edelsteinsammler mit dem Job einen Traum verwirklicht hat. Aufgrund seiner hervorgehobenen Rolle im Betrieb erhält V zum Jahresbeginn 02 einen Dienstwagen von der G-GmbH. Das luxuriöse Gefährt (Bruttolistenpreis 120 000 €) ist mit besonderen und repräsentativen Edelsteinen verziert. Da V den Wagen auch privat nutzt, leistet er monatlich eine Zuzahlung von 500 €, die die G-GmbH direkt vom Lohn einbehält. Ein Fahrtenbuch führt V nicht. Er ist durch viele Außentermine beruflich stark eingespannt und hat daher kaum Freizeit. Um den teuren Wagen vor Witterungen und Diebstahl zu schützen, mietet die G-GmbH eine Garage (50 €/Monat) in der Nähe des Wohnhauses von V an. Dieser ist hierüber erfreut, da er sich ohnehin schon lange nach einer Garage umgesehen hatte.

180

Bei Außenprüfungen im Januar 04 stellt das zuständige FA fest, dass bei V im Jahr 02 für die private Pkw-Nutzung und die Nutzung der Garage keine Lohnsteuerabzüge vorgenommen wurden. Der Prüfer setzt daher für 02 geldwerte Vorteile (rechnerisch richtig) in Höhe von 600 € (Garage) und 8400 € (Auto) an. Hierfür ergibt sich eine zusätzliche Lohnsteuer von 3780 €, wovon 3528 € auf die Pkw-Überlassung und 252 € auf die Anmietung der Garage entfallen.

Bei der G-GmbH, deren Geschäftsführer A und B sind, ist auch S angestellt, um sich um die steuerlichen Angelegenheiten zu kümmern. Er ging (ohne entsprechende Mitteilung) davon aus, dass die private Pkw-Nutzung des V nicht versteuert werden müsse. Schließlich zahle V ja genau zu diesem Zweck monatlich 500 € aus eigener Tasche. Bei der Garage habe V zudem keine Wahl gehabt, da die G-GmbH aus Sicherheitsgründen die Nutzung eines Garagenstellplatzes verlangt habe. Auch hier könne von einem privaten Vorteil daher nicht ausgegangen werden.

B, nach der mündlichen Aufgabenverteilung auf Leitungsebene zuständig für „Finanzen und Steuern", war mit der Arbeit des S bislang immer sehr zufrieden. Daher hält er es schon seit 01 nicht mehr für angebracht, „ihm bei jedem Schritt über die Schulter zu schauen", zumal er sich in letzter Zeit intensiv seinem Hobby – der Teilnahme an internationalen Tennisturnieren – gewidmet hatte, wovon auch A wusste.

Fall 2 *Das luxuriöse Gefährt*

Das Finanzamt fordert daher den anderen Geschäftsführer A, der sich nie um die steuerlichen Angelegenheiten kümmerte, nach Anhörung mit Bescheid vom 5.4.04 auf, einen Lohnsteuerbetrag von 378 € zu entrichten. Dem zuständigen Bearbeiter fällt der Tippfehler wenig später beim Ablegen der Akten auf, woraufhin er bereits am 12.4.04 einen geänderten Bescheid mit einer Zahllast iHv 3780 € erlässt. Zur Begründung wird angeführt, dass B inzwischen so verarmt sei, dass er die Haftungsschuld auf absehbare Zeit nicht begleichen könne. Dass auch die G-GmbH nach § 42d EStG in Anspruch genommen werden könnte, spiele keine Rolle. A müsse bei einer derart schweren Pflichtverletzung vor Augen geführt werden, dass auch er Verantwortung trage und dieser gerecht werden müsse. A ist entsetzt. Er legt einen Tag, nachdem ihm der geänderte Bescheid zugegangen ist, schriftlich Einspruch ein. Diesen begründet er damit, dass seiner Meinung nach eine Garage für einen Firmenwagen nicht privat veranlasst sein könne und die private Pkw-Nutzung durch die Zuzahlung abgegolten sei. Darüber hinaus könne das Finanzamt auch nicht beliebig Bescheide erlassen. Eine Änderung des ersten Bescheids vom 5.4.04 habe nicht erfolgen dürfen. Ferner müsse das Finanzamt die interne Verteilung der Geschäftsführungsbefugnisse beachten.

Hat der Einspruch des A Erfolg?

181 Abwandlung: Das Finanzamt nimmt den A hinsichtlich der Pkw-Überlassung irrtümlich zunächst lediglich in Höhe von 2000 € in Anspruch. Erst später erkennt der zuständige Sachbearbeiter X, dass die Voraussetzungen der Inanspruchnahme des A in Höhe von insgesamt 3528 € vorlagen. Er fragt sich, ob er einen weiteren Haftungsbescheid an A über 1528 € richten kann oder ob er den alten Haftungsbescheid dahingehend „ändern" könne, dass A nun insgesamt über 3528 € haften müsse. Da er sich aber nicht sicher ist, ob das rechtlich zulässig ist, bittet er den Rechtspraktikanten R zu prüfen, ob die von ihm skizzierten Wege gangbar sind.

Vorüberlegungen

Die Klausur behandelt einen Haftungsfall, nämlich die Konstellation der Haftung eines Geschäftsführers für nicht abgeführte Lohnsteuer nach § 69 AO. Eingekleidet ist die Haftungsproblematik in die Prüfung eines Einspruchs. Dessen Prüfung dürfte den Bearbeitern keine großen Probleme bereiten, da der Prüfungsaufbau aus dem Verwaltungsprozessrecht (Widerspruch) bekannt sein dürfte.

182

Zunächst ist zu thematisieren, ob eine Änderung des ersten Haftungsbescheids vom 5.4.04 möglich war, denn der Einspruch richtet sich gegen den geänderten Bescheid. Für Haftungsbescheide greifen nicht die Korrekturvorschriften nach §§ 172 ff AO, sondern die Vorschriften über allgemeine Steuerverwaltungsakte nach §§ 130 ff AO. Im Fall muss § 129 Satz 1 AO geprüft werden, der sowohl auf allgemeine als auch auf besondere Steuerverwaltungsakte Anwendung findet. Im Ergebnis ist eine offenbare Unrichtigkeit zu bejahen, die die Änderungsmöglichkeit nach § 129 Satz 1 AO eröffnet. Der Bearbeiter sollte zudem erkennen, dass § 351 Abs. 1 AO der vollumfänglichen Überprüfung des Einspruchs nicht entgegensteht, da der ursprüngliche Bescheid im Zeitpunkt des Erlasses des Änderungsbescheids noch nicht unanfechtbar geworden ist.

Im Rahmen der materiellen Rechtmäßigkeit ist problematisch, dass kein Steueranspruch gegen die GmbH selbst vorliegt, sondern wenn überhaupt ein Haftungsanspruch nach § 42d Abs. 1 EStG gegen diese. Für diesen Haftungsanspruch könnte A wiederum haften. Ein Haftungsanspruch liegt aber nur vor, wenn die Vorteile aus der Pkw-Überlassung sowie der Anmietung der Garage steuerbare Einkünfte sind. Insoweit ergibt sich bereits ein Hinweis aus dem Sachverhalt, dass es sich nämlich um Einkünfte aus nichtselbstständiger Arbeit (§ 19 EStG) handeln könnte. Der Bearbeiter muss hinsichtlich der Garage herausarbeiten, was für und was gegen eine Qualifizierung als steuerbare Einkünfte spricht. Er sollte darauf kommen, dass die private Nutzung des Firmenwagens unzweifelhaft einen geldwerten Vorteil darstellt, dessen Höhe sich nach der Differenz des anzusetzenden Betrags, der sich aus der 1%-Methode ergibt, und den geleisteten Zuzahlungen bestimmt. Bei der Anmietung der Garage überwiegt im Ergebnis das eigenbetriebliche Interesse des Arbeitgebers, so dass es sich hierbei nicht um Arbeitslohn handelt.

Die angegebene Lohnsteuer wurde laut Sachverhalt vom Prüfer richtig berechnet. Es hat keine Überprüfung der Beträge zu erfolgen.

Bei der weiteren Prüfung des Haftungsanspruchs muss der Bearbeiter erkennen, dass die interne Aufgabenverteilung der Geschäftsführer auf zwei Ebenen von Bedeutung ist, nämlich zum einen bei der Pflichtverletzung und zum anderen beim Verschulden. Zunächst einmal ist im Rahmen der Pflichtverletzung herauszuarbeiten, dass nach § 38, § 41a EStG eine Pflicht zur Abführung der Lohnsteuer besteht. Anschließend ist zu diskutieren, ob diese Pflicht durch die Pflichtenteilung der Geschäftsführer beschränkt ist. An dieser Stelle ist wiederum die Argumentationskraft des Bearbeiters gefragt. Gleiches gilt für das Verschulden. Hier muss der Bearbeiter sorgfältig die Hinweise im

Sachverhalt aufgreifen und in seiner Argumentation verarbeiten. Wichtig ist, dass es um die Begründung eigenen Verschuldens des A gehen muss.

Im Rahmen der Begründetheit ist in einem Gutachten zu allen aufgeworfenen Fragen Stellung zu nehmen. So ergeben sich im Auswahlermessen noch zwei Probleme, zum einen die Frage des Ermessensfehlgebrauchs, weil A aus gleichsam „erzieherischen Gründen" in Anspruch genommen wird, und zum anderen die Frage des Ermessensnichtgebrauchs, weil die Finanzbehörde meinte, dass es für die Inanspruchnahme des A keine Rolle spiele, dass auch die G-GmbH als Arbeitgeber haftet.

183 Die Besonderheit der Abwandlung besteht zunächst darin, dass nicht ein feststehender Sachverhalt – aus der Perspektive des Finanzgerichts bzw der Einspruchsbehörde – darauf überprüft werden soll, ob dieser zutreffend behandelt worden ist („Urteilsklausur"), sondern dass danach gefragt wird, ob ein bestimmtes Ziel über einen bestimmten Weg erreichbar ist („Gestaltungsklausur" – hier aus der Sicht der Behörde, deren Entscheidung vorbereitet werden soll).

Inhaltlich behandelt die Abwandlung das Problem der Zulässigkeit einer verbösernden Entscheidung: Zum einen stellt sich die Frage nach der Reichweite der Bindungswirkung von Steuerverwaltungsakten, zum anderen die Frage nach der Möglichkeit einer „Anpassung" von Steuerverwaltungsakten. Für Haftungsbescheide greifen nicht die Korrekturvorschriften nach §§ 172 ff AO, sondern die Vorschriften über allgemeine Steuerverwaltungsakte nach §§ 130 ff AO. Zu erörtern ist daher, ob dem Erlass eines zweiten Bescheides der in §§ 130 ff AO verbürgte Vertrauensschutz entgegensteht.

Gliederung

Ausgangsfall   184

A. Zulässigkeit
    I. Statthaftigkeit
    II. Einspruchsbefugnis
    III. Form und Frist

B. Begründetheit
    I. Ermächtigungsgrundlage
    II. Formelle Rechtmäßigkeit
    III. Materielle Rechtmäßigkeit
      1. Vorliegen der Tatbestandsvoraussetzungen des § 129 Satz 1 AO
      2. Tatbestand des § 191 Abs. 1 Satz 1 Alt. 1 AO
        a) Anspruch aus dem Steuerschuldverhältnis
          aa) Haftung für einen Steueranspruch?
          bb) Haftung für einen Haftungsanspruch
        b) Person nach §§ 34 f AO
        c) Pflichtverletzung
        d) Verschulden
        e) Nicht rechtzeitige Erfüllung der steuerlichen Verpflichtung
      3. Festsetzungsverjährung
      4. Ermessen
        a) Entschließungsermessen
        b) Auswahlermessen
    IV. Verletzung in eigenen Rechten

Abwandlung   185

A. Erlass eines weiteren Haftungsbescheids über 1528 €

B. Aufhebung des ersten Bescheids und Neuerlass eines Haftungsbescheids über 3528 €
    I. Anwendbarkeit der §§ 130 f AO
    II. Begrenzung der Verböserung durch § 130 Abs. 2 AO?
      1. Rechtswidrigkeit des ursprünglichen Haftungsbescheids
      2. Begrenzung auf 2000 € als Begünstigung?
      3. Rücknahmevoraussetzungen nach § 130 Abs. 2 AO
    III. Ergebnis

Fall 2 *Das luxuriöse Gefährt*

Musterlösung

Der Einspruch des A hat Erfolg, soweit er zulässig und begründet ist.

Ausgangsfall

A. Zulässigkeit

I. Statthaftigkeit

186 Der Einspruch des A gegen den Haftungsbescheid betreffend die Haftung für die Überlassung des Firmenwagens und der Garage ist statthaft nach § 347 Abs. 1 Satz 1 Nr 1 AO.

II. Einspruchsbefugnis

187 A ist einspruchsbefugt, wenn er geltend machen kann, durch den Verwaltungsakt beschwert zu sein (§ 350 AO). Eine Beschwer liegt vor, wenn der Adressat eines belastenden VA entweder eine Rechtsverletzung oder die Beeinträchtigung rechtlich geschützter Interessen geltend machen kann[1]. Durch die Verpflichtung zur Zahlung von 3780 € könnte A in seinem Grundrecht aus Art. 2 Abs. 1 GG verletzt sein (allgemeine Handlungsfreiheit)[2]. § 351 AO, der die Anfechtbarkeit von Änderungsverwaltungsakten beschränkt, kommt hier nicht zur Anwendung, da der erste Haftungsbescheid vom 5.4.04 zum Zeitpunkt des Erlasses des Änderungsbescheids am 12.4.04 noch nicht bestandskräftig und somit unanfechtbar geworden ist. Folglich ist A einspruchsbefugt.

III. Form und Frist

188 Da A nur einen Tag nach Zugang des geänderten Haftungsbescheids schriftlich bei dem Finanzamt Einspruch erhob, ist der Einspruch form- (§ 357 Abs. 1 Satz 1 AO) und fristgerecht (§ 355 Abs. 1 Satz 1 AO) eingelegt worden.

Folglich ist der Einspruch des A zulässig.

B. Begründetheit

189 Der Einspruch ist gem. § 367 Abs. 2 Satz 1 AO *zumindest dann*[3] begründet, wenn der Bescheid (1) nicht auf eine Ermächtigungsgrundlage gestützt werden kann, er (2) formell und/oder (3) materiell rechtswidrig ist und (4) der Einspruchsführer hierdurch in seinen Rechten verletzt ist.

---

1 *Birk/Desens/Tappe*, Steuerrecht, Rn 553.
2 Da eine Abgabenverpflichtung nach hM die Eigentumsgarantie aus Art. 14 Abs. 1 GG nicht berührt (dazu *Birk/Desens/Tappe*, Steuerrecht, Rn 187 f), bleibt als Auffanggrundrecht nur die allgemeine Handlungsfreiheit.
3 Der Einspruch ist auch dann begründet, wenn ein im Ermessen der Behörde stehender VA zwar rechtmäßig, aber unzweckmäßig ist. Die Zweckmäßigkeit eines VA kann im Rahmen von Prüfungsarbeiten aber in aller Regel nicht sinnvoll geprüft werden.

I. Ermächtigungsgrundlage

Ermächtigungsgrundlage für die Inanspruchnahme des A als Haftungsschuldner durch einen Haftungsbescheid für die Steuerschuld des Mitarbeiters betreffend der Pkw-Überlassung und der Anmietung der Garage ist § 191 Abs. 1 Satz 1 Alt. 1 AO. Da es sich bei dem angefochtenen Bescheid um einen Änderungsbescheid handelt, müssten zudem die Voraussetzungen einer Korrekturvorschrift vorgelegen haben. In Betracht kommt als Ermächtigungsgrundlage daher § 129 Satz 1 AO iVm § 191 Abs. 1 Satz 1 Alt. 1 AO.

190

II. Formelle Rechtmäßigkeit

Da Fehler bezüglich der Zuständigkeit, des Verfahrens (insb die nach § 91 Abs. 1 Satz 1 AO nötige Anhörung wurde durchgeführt) und der Form nicht ersichtlich sind, ist der Haftungsbescheid formell rechtmäßig.

191

III. Materielle Rechtmäßigkeit

Der Änderungsbescheid vom 12.4.04 ist materiell rechtmäßig, wenn die Voraussetzungen einer Korrekturvorschrift vorlagen und A nach § 191 Abs. 1 Satz 1 Alt. 1 AO für eine Steuer haftet. In Betracht kommt hier lediglich eine Änderung nach § 129 Satz 1 AO oder nach §§ 130, 131 AO, da es sich bei einem Haftungsbescheid um einen allgemeinen, und nicht um einen besonderen Steuerverwaltungsakt (Steuerbescheide und diesen gleichgestellte Bescheide), handelt, auf den die Vorschriften der §§ 172 ff AO nicht anwendbar sind[4].

192

1. Vorliegen der Tatbestandsvoraussetzungen des § 129 Satz 1 AO

Nach § 129 Satz 1 AO kann die Finanzbehörde Schreibfehler, Rechenfehler und ähnliche offenbare Unrichtigkeiten, die beim Erlass des Verwaltungsakts unterlaufen sind, jederzeit berichtigen. Bei dem Vergessen einer Ziffer (Tippfehler) handelt es sich um eine ähnliche offenbare Unrichtigkeit.

193

Eine Unrichtigkeit ist offenbar, wenn sie für einen unvoreingenommenen Dritten bei Offenlegung des Sachverhalts klar zu erkennen ist, der Fehler auf bloße mechanische Versehen zurückzuführen und die Möglichkeit eines Rechtsirrtums ausgeschlossen ist[5]. Der Sachbearbeiter hat den Prüfungsbericht der Außenprüfung ausgewertet, der für jeden Dritten erkennbar ausweist, dass der Gesamtbetrag der festzusetzenden Lohnsteuer 3780 € betragen sollte[6]. Es wurde lediglich die letzte Ziffer (0) vergessen. Beim Eintippen in den PC ist dem Bearbeiter daher ein mechanisches Versehen unterlaufen, das sowohl für einen unvoreingenommenen Dritten als auch für A eindeutig erkennbar war. Es liegt demnach eine offenbare Unrichtigkeit vor.

---

4 Zur Korrektur allgemeiner Steuerverwaltungsakte *Birk/Desens/Tappe*, Steuerrecht, Rn 395 ff.
5 BFH, IV R 9/02, BFH/NV 2004, 1505 (1506).
6 Vgl für die Möglichkeit einer Änderung nach § 129 AO bei Auswertung eines Prüfungsberichts BFH, III R 59/89, BFH/NV 1989, 341 (342).

Der Fehler ist auch in der Sphäre der Finanzbehörde bei Erlass des Haftungsbescheides entstanden.

Es handelt sich um eine Steuerschuld aus 02, für die die Lohnsteuer in diesem Jahre nicht abgeführt worden ist. Der Haftungsbescheid wurde jedoch bereits im April 04 erlassen, sodass die vierjährige Festsetzungsfrist nach § 191 Abs. 3 Satz 1, § 169 Abs. 2 Satz 1 Nr 2 AO noch nicht verstrichen ist. Es ist also noch keine Festsetzungsverjährung nach § 169 Abs. 1 Satz 1 AO eingetreten, die nach § 169 Abs. 1 Satz 2 AO auch für die Berichtigung wegen offenbarer Unrichtigkeiten gilt. Die Berichtigung des ursprünglichen Haftungsbescheids war folglich aufgrund des Vorliegens der Tatbestandsvoraussetzungen des § 129 Satz 1 AO zulässig.

2. Tatbestand des § 191 Abs. 1 Satz 1 Alt. 1 AO

194 Damit der rechtmäßig geänderte Haftungsbescheid materiell rechtmäßig ist, müsste A nach § 191 Abs. 1 Satz 1 Alt. 1 AO zunächst kraft Gesetzes für eine Steuer haften. Da Arbeitgeber nicht A, sondern die G-GmbH ist, scheidet eine Haftung des A nach § 42d Abs. 1 EStG aus. In Betracht kommt aber eine Haftung nach § 69 Satz 1 AO, wofür Ansprüche aus dem Steuerschuldverhältnis bestehen müssten, die aufgrund einer grob fahrlässigen Pflichtverletzung des A nicht oder nicht rechtzeitig festgesetzt oder erfüllt wurden. Zudem müsste A unter den Personenkreis der § 34 oder § 35 AO fallen.

a) Anspruch aus dem Steuerschuldverhältnis

195 Voraussetzung für eine Haftung des A ist nach § 69 Satz 1 AO zunächst ein bestehender Anspruch aus dem Steuerschuldverhältnis gem. § 37 AO. In Betracht kommt ein Steueranspruch (Var. 1) oder ein Haftungsanspruch (Var. 3).

aa) Haftung für einen Steueranspruch?

196 Steueranspruch ist der Anspruch des Steuergläubigers gegen den Steuerschuldner auf Entrichtung der Steuer iSd § 3 Abs. 1 AO[7]. Einziger Steueranspruch, für den A haften könnte, wäre derjenige gegen den Mitarbeiter V aufgrund der Pkw- und Garagengestellung (wenn ein solcher bestehen sollte). Steuerschuldner der Lohnsteuer ist der Arbeitnehmer, § 38 Abs. 2 Satz 1 EStG, so dass der Steueranspruch gegen den Mitarbeiter, nicht aber gegen die G-GmbH bestünde. Im Verhältnis zum Mitarbeiter der G-GmbH selbst erfüllt A allerdings ersichtlich nicht die nach § 69 Satz 1 AO nötigen weiteren Voraussetzungen des § 34 oder § 35 AO. Er ist weder gesetzlicher Vertreter (§ 34 Abs. 1 AO), Vermögensverwalter (§ 34 Abs. 3 AO), noch Verfügungsberechtigter (§ 35 AO) des Mitarbeiters. Somit scheidet eine Haftung für einen Steueranspruch aus.

---

7 *Birk/Desens/Tappe*, Steuerrecht, Rn 237.

bb) Haftung für einen Haftungsanspruch

Allerdings könnte A für einen Haftungsanspruch gegen die G-GmbH haften. Dafür **197** müsste gegen die G-GmbH zunächst ein solcher Haftungsanspruch bestehen. Dieser könnte aus § 42d Abs. 1 Nr 1 EStG folgen, wonach ein Arbeitgeber für einzubehaltende und abzuführende Lohnsteuer haftet. Nach § 38 Abs. 1 Satz 1, Abs. 3 Satz 1 EStG hat der Arbeitgeber bei Einkünften aus nichtselbstständiger Arbeit die Steuer (Lohnsteuer) einzubehalten und gem. § 41a Abs. 1 Satz 1 Nr 2 EStG abzuführen. Die danach grundsätzlich begründete Haftung der G-GmbH für die Lohnsteueransprüche gegen den Mitarbeiter setzt allerdings weiter voraus, dass es sich bei der Überlassung von Pkw und Garage tatsächlich um zu versteuernde Einkünfte aus nichtselbstständiger Arbeit iSd § 19 Abs. 1 Nr 1 EStG handelt (vgl § 38 Abs. 1 Satz 1 EStG).

Gem. § 19 Abs. 1 Nr 1 EStG gehören zum steuerpflichtigen Arbeitslohn alle Vorteile, **198** die für eine Beschäftigung im öffentlichen oder privaten Dienst gewährt werden. Hierzu zählen alle Güter in Geld oder Geldeswert, die dem Arbeitnehmer aus dem Dienstverhältnis im weitesten Sinne als Gegenleistung für das Zurverfügungstellen seiner individuellen Arbeitskraft zufließen[8].

Die private Nutzung des Firmenwagens stellt einen geldwerten Vorteil für den Arbeit- **199** nehmer dar[9]. Dessen Höhe berechnet sich nach den Vorschriften des § 8 Abs. 2 Satz 2 EStG iVm § 6 Abs. 1 Nr 4 Satz 2 EStG. Danach muss der Steuerpflichtige für die Überlassung eines Kfz zu Privatfahrten für jeden Kalendermonat 1 % des auf volle 100 € abgerundeten inländischen Bruttolistenpreises bei Erstzulassung zzgl. USt und Sonderausstattung versteuern. Mangels vorhandener Angaben zum Umfang der beruflichen und privaten Fahrten des V und aufgrund des Fehlens eines Fahrtenbuchs ist die Bruttolistenpreismethode anzuwenden. Es ist auch davon auszugehen, dass der Pkw zu mehr als 50 % beruflich genutzt wird, da V laut Sachverhalt beruflich stark eingespannt ist und kaum mehr Freizeit hat. Die Voraussetzungen zur Anwendung der Bruttolistenpreismethode liegen daher vor.

Zuzahlungen des Arbeitnehmers mindern die Lohnzuwendung des Arbeitgebers und sind folglich vom geldwerten Vorteil abzuziehen[10]. Es fehlt insoweit an einer Bereicherung des Arbeitnehmers[11]. Der geldwerte Vorteil beträgt laut Sachverhalt vorliegend rechnerisch richtig – und damit unter vorteilsmindernder Einbeziehung der erfolgten Zuzahlungen – 8400 €. Dieser Betrag ist als zusätzlicher Arbeitslohn zu versteuern. Das Argument des A, die private Pkw-Nutzung sei durch die Zuzahlung abgegolten, greift mithin nicht ein. Die Differenz des Betrages, der sich aus der Bruttolistenpreismethode und den monatlichen Zuzahlungen des V ergibt, ist zu versteuern.

Vorteile stellen hingegen keinen Arbeitslohn dar, wenn sie sich bei objektiver Betrach- **200** tung und Würdigung der Umstände des Einzelfalls nicht als Entlohnung, sondern als

---
8 *Krüger*, in: Schmidt, EStG, § 19 Rn 40; BFH, VI R 75/79, BStBl II 1983, 39 (41).
9 *Krüger*, in: Schmidt, EStG, § 19 Rn 100.
10 Vgl BFH, VI R 59/06, BStBl II 2009, 200 (201).
11 *Krüger*, in: Schmidt, EStG, § 8 Rn 37.

notwendige Nebenfolge betrieblicher Zielsetzungen darstellen[12]. Der Arbeitslohncharakter von Vorteilen ist danach zu verneinen, soweit sie im ganz überwiegend eigenbetrieblichen Interesse des Arbeitgebers erbracht werden[13]. Die Anmietung der Garage in der Nähe des Wohnhauses des V stellt für diesen zweifelsfrei einen Vorteil da. Er hat dadurch jederzeit einen Stellplatz für seinen Pkw. Die Bereitstellung der Garage erfolgt jedoch auch im eigenbetrieblichen Interesse der G-GmbH, da der Pkw in deren Eigentum steht und durch die Garage vor Diebstahl und Witterungseinflüssen geschützt ist. Insbesondere ist hervorzuheben, dass der Firmenwagen mit teuren Edelsteinen verziert und daher besonders wertvoll ist. Das Interesse der G-GmbH an dessen Unversehrtheit wird somit, insbesondere in den nächtlichen Stunden, in denen der Pkw sonst unbewacht wäre, sehr hoch sein. In Anbetracht dieser Umstände überwiegt bei der Anmietung der Garage das Interesse der G-GmbH desjenige des V. Es liegt insoweit kein steuerbarer Arbeitslohn vor.

201 Eine Steuerschuld des Mitarbeiters besteht daher lediglich iHv 3528 €. Für diesen Steueranspruch haftet die G-GmbH als Arbeitgeber des Mitarbeiters gem. § 42d Abs. 1 Nr 1 EStG. Es besteht somit ein Anspruch aus einem Steuerschuldverhältnis in Form eines Haftungsanspruchs, für den A haftet, wenn die weiteren Voraussetzungen vorliegen[14]. Die Lohnsteuer für die Anmietung der Garage iHv 252 € ist nicht entstanden. Insoweit ist der Änderungsbescheid mangels Haftungsanspruch bereits materiell rechtswidrig.

b) Person nach §§ 34 f AO

202 Damit A für diesen Haftungsanspruch haftet, müsste er gem. § 69 Satz 1 AO eine Person iSd § 34 Abs. 1 Satz 1 AO sein. A ist Geschäftsführer der G-GmbH. Gem. § 35 Abs. 1 GmbHG ist der Geschäftsführer der gesetzliche Vertreter der GmbH. Folglich ist A eine Person iSd § 69 Satz 1, § 34 Abs. 1 Satz 1 AO.

c) Pflichtverletzung

203 A müsste gem. § 69 Satz 1 AO eine ihm auferlegte Pflicht verletzt haben. Gem. § 34 Abs. 1 Satz 1 AO muss der Vertreter die steuerlichen Pflichten der juristischen Person erfüllen. Dazu gehören alle Verpflichtungen eines Steuersubjekts, die durch die AO und die anderen Einzelsteuergesetze begründet werden. Nach § 41a EStG ist der Arbeitgeber, hier also die G-GmbH, verpflichtet, die Lohnsteuer der Arbeitnehmer anzumelden und abzuführen. Für die Erfüllung dieser Pflichten sind grundsätzlich *alle* Geschäftsführer verantwortlich. Die Tätigkeit eines Geschäftsführers betrifft nicht einen besonderen Geschäftsbereich, sondern die Führung der Geschäfte im Ganzen[15]. Daher liegt grundsätzlich auch eine Pflichtverletzung vor, die A zurechenbar ist.

---

12 BFH, VI R 95/92, BStBl II 1993, 687 (689).
13 BFH, VI R 75/79, BStBl II 1983, 39 (41).
14 Es handelt sich also um den Fall der Haftung für einen Haftungsanspruch.
15 BFH, V R 128/79, BStBl II 1984, 776 (777).

Möglicherweise ist dies aufgrund der mündlichen Einigung zwischen A und B über die 204
Aufgabenverteilung anders zu beurteilen, da B für die steuerlichen Angelegenheiten
zuständig sein soll. Möglich ist, die Pflichten der Geschäftsführer aufzuteilen und
dadurch die Verantwortlichkeit zu begrenzen. Allerdings setzt dies voraus, dass vorweg
eine eindeutige und daher schriftliche Klarstellung getroffen wird, welcher Geschäftsführer für welchen Bereich zuständig ist, damit nicht im Haftungsfall jeder Geschäftsführer auf den Aufgabenbereich des jeweils anderen verweisen kann[16]. Daher kann sich
A nicht auf die *mündliche* Aufgabenverteilung mit B berufen. Der Umfang der Pflichten kann ferner nur so lange und so weit begrenzt sein, wie für sie unter den Maßstäben
eines sorgfältigen Geschäftsmanns kein Anlass besteht anzunehmen, die steuerlichen
Pflichten der Gesellschaft würden nicht exakt erfüllt[17]. A wusste jedoch, dass B sich im
Ausland aufhält und daher die Pflichten nicht ordnungsgemäß wahrnehmen konnte.
Daher kann sich A nicht auf die mündliche Aufgabenverteilung berufen.

Eine Pflichtverletzung liegt folglich vor.

d) Verschulden

A müsste vorsätzlich oder grob fahrlässig gehandelt haben. In Betracht kommt allenfalls 205
grobe Fahrlässigkeit. Grob fahrlässig handelt, wer die Sorgfalt, zu der er nach seinen persönlichen Kenntnissen und Fähigkeiten verpflichtet und imstande ist, in ungewöhnlich großem
Maße verletzt[18]. Es muss ein *eigenes* Verschulden gegeben sein; auf den Rechtsgedanken des
§ 278 BGB kann nicht zurückgegriffen werden[19]. Das Verschulden des S bei der Erfüllung
der steuerlichen Pflichten, indem er ohne weitere Nachfrage davon ausging, es handle sich
bei der Pkw-Überlassung wegen der Zuzahlung nicht um einen geldwerten Vorteil, kann
daher A nicht als eigenes Verschulden zugerechnet werden. Den gesetzlichen Vertreter trifft
jedoch eigenes Verschulden, wenn er die zur Erledigung der Pflichten zuständigen Mitarbeiter nicht in ausreichendem Umfang überwacht und so nicht für eine pünktliche Erledigung
der Steuerangelegenheiten sorgt[20]. Zwar war B intern für die Kontrolle zuständig. Die
interne und nicht schriftlich festgehaltene Vereinbarung entfaltet jedoch keine Außenwirkung. Ferner hätte sie allenfalls so lange exkulpierende Wirkung, wie der nicht mit der Verpflichtung betraute Geschäftsführer von einer Pflichterfüllung ausgehen darf[21]. Da A jedoch
wusste, dass B sich sehr häufig im Ausland aufhält, hätte er die Kontrolle selbst durchführen
müssen. B war seit 01 nicht mehr in der Lage, den S in ausreichendem Maße zu überwachen.
Dieser konnte daher knapp drei Jahre ohne effektive Aufsicht arbeiten, was auch nicht
dadurch gerechtfertigt werden kann, dass er zuvor stets zur Zufriedenheit des B gearbeitet
hatte. Eine solch gleichgültige Auffassung den steuerlichen Verpflichtungen gegenüber
bedeutet eine schwere Verletzung der im Verkehr erforderlichen Sorgfalt. Diese Kontrolle
hat daher auch A vollständig unterlassen. A handelte mithin grob fahrlässig.

---

16 BFH, V R 128/79, BStBl II 1984, 776 (778); VII R 4/98, BStBl II 1998, 761 (763).
17 BFH, V R 128/79, BStBl II 1984, 776 (778).
18 Statt aller: *Loose*, in: Tipke/Kruse, § 69 AO Tz 26.
19 FG Nürnberg, II 104/91, EFG 1992, 241 (242).
20 BFH, VII S 15/89, BFH/NV 1989, 757; VII R 101/92, BStBl II 1995, 278 (279).
21 BFH, V R 128/79, BStBl II 1984, 776 (778); VII R 4/98, BStBl II 1998, 761 (763).

e) Nicht rechtzeitige Erfüllung der steuerlichen Verpflichtung

206 Eine nicht rechtzeitige Erfüllung der steuerlichen Verpflichtung könnte daraus folgen, dass die Lohnsteuer für die private Pkw-Nutzung für 02 bislang nicht abgeführt ist. Die steuerliche Pflicht der GmbH ist hier deren Entrichtungspflicht für die Lohnsteuer des Mitarbeiters. Diese Pflicht wird erfüllt durch Anmeldung der Lohnsteuer (§ 168 Satz 1 AO). Die nicht erfolgte Lohnsteueranmeldung begründet demnach die „Nichtfestsetzung" des Anspruchs aus dem Steuerschuldverhältnis (hier: des Haftungsanspruchs). Mangels Festsetzung ist auch keine Entrichtung der Lohnsteuer erfolgt. Daher sind die steuerlichen Pflichten nicht rechtzeitig gem. § 41a Abs. 1 Satz 1 EStG erfüllt worden.

§ 69 Satz 1 AO ist mithin erfüllt. Der in § 69 Satz 1 AO genannte „Anspruch aus dem Steuerschuldverhältnis" ist der Haftungsanspruch der GmbH, auf den sich sowohl Pflichtverletzung als auch Nichtfestsetzung beziehen müssen. Folglich ist ein Haftungstatbestand gegeben. A haftet gem. § 191 Abs. 1 Satz 1 Alt. 1 AO kraft Gesetzes für eine Steuer.

2. Festsetzungsverjährung

207 Da es sich um eine Steuerschuld aus 02 handelt und die Lohnsteuer in diesem Jahre nicht abgeführt worden ist, der Haftungsbescheid jedoch bereits im April 04 erlassen wurde, ist die vierjährige Festsetzungsverjährung nach § 191 Abs. 3 Satz 1, § 169 Abs. 2 Satz 1 Nr 2 AO noch nicht verstrichen.

3. Ermessen

208 Jedoch könnte das Ermessen seitens der Behörde fehlerhaft ausgeübt worden sein. Dem FA steht sowohl ein Entschließungs- als auch ein Auswahlermessen zu, vgl § 191 Abs. 1 Satz 1 HS 1 AO.

a) Entschließungsermessen

209 Das FA könnte bereits sein Entschließungsermessen fehlerhaft ausgeübt haben. Dieses ist nämlich durch die (eigentlich nur für das Erhebungsverfahren geltende) Vorschrift des § 219 Satz 1 AO begrenzt. Hiernach darf ein Haftungsschuldner nur dann auf Zahlung in Anspruch genommen werden, soweit die Vollstreckung in das bewegliche Vermögen des Steuerschuldners ohne Erfolg geblieben oder anzunehmen ist, dass die Vollstreckung aussichtslos sein würde. Da es sinnwidrig wäre, einen Haftungsbescheid zu erlassen, der wegen der vorrangigen Inanspruchnahme des Steuerschuldners nicht durchgesetzt werden könnte, darf ein Haftungsbescheid nur erlassen werden, wenn die Inanspruchnahme des Steuerpflichtigen keinen Erfolg verspricht[22]. Das FA hätte den V als Schuldner der Lohnsteuer in Anspruch nehmen können, § 38 Abs. 2 Satz 1 EStG.

---

22 *Birk/Desens/Tappe*, Steuerrecht, Rn 302; aA die hM in Rspr und Literatur, vgl FG Bremen, II 22/86 K, EFG 1989, 608 (609) (rk; vom BFH abgewiesen); *Kruse*, in: Tipke/Kruse, § 219 AO Tz 1; *Loose*, in: Tipke/Kruse, § 191 AO Tz 38; Differenzierend zwischen Haftungsbescheid und Leistungsbescheid: *Boeker*, in: Hübschmann/Hepp/Spitaler, § 191 AO Rn 28.

Dabei wären die Grenzen der Inanspruchnahme des Arbeitnehmers zu beachten gewesen (vgl § 42d Abs. 3 EStG). Sinn und Zweck der Inanspruchnahme von Haftungsschuldnern soll die subsidiäre Sicherung des Steueranspruchs sein. Dritte sollen erst dann herangezogen werden können, wenn die Inanspruchnahme des Steuerschuldners erfolglos bleibt. Diese Zielsetzung hat das FA bei seiner Entscheidung nicht beachtet, eine Inanspruchnahme des V wurde nicht erwogen. Insoweit liegt ein Ermessensnichtgebrauch bereits auf der Ebene des Entschließungsermessens vor.

b) Auswahlermessen

Auch das Auswahlermessen könnte fehlerhaft ausgeübt worden sein, indem das FA A **210** und nicht B in Anspruch nahm *(Ermessensfehlgebrauch)*. So ist es nach der Rspr des BFH nicht ermessensfehlerhaft, wenn das FA nur denjenigen in Anspruch nimmt, dem nach der intern getroffenen Geschäftsaufteilung die Erfüllung der steuerlichen Pflichten übertragen ist. Daraus lässt sich aber nicht schließen, dass die (gleichzeitige) Inanspruchnahme anderer potentiell Haftender als Gesamtschuldner ermessenswidrig wäre[23]. Voraussetzung ist jedoch, dass ein sachlicher Grund für die Inanspruchnahme des nicht für die Erledigung der steuerlichen Angelegenheiten zuständigen Geschäftsführers vorliegt. Das FA entschied sich vorliegend gegen eine Inanspruchnahme des B, weil dieser finanziell auf absehbare Zeit nicht in der Lage sein würde zu zahlen. Darin liegt ein sachlicher Grund, der die Inanspruchnahme gerade des A rechtfertigt. Außerdem wurden die steuerrechtlichen Pflichten aufgrund der lediglich mündlichen Absprache im Außenverhältnis nicht wirksam aufgeteilt (s. Rn 204).

Indes hat das FA den Haftungsbescheid auch mit einer repressiven Begründung versehen; ein Ermessensfehlgebrauch würde darin nur dann nicht liegen, wenn in der Sache **211** keine andere Entscheidung hätte getroffen werden können. Hier wäre jedoch eine Inanspruchnahme der G-GmbH hinsichtlich der Einbehaltung und Abführung der Lohnsteuer gem. § 42d EStG in Betracht gekommen, so dass nicht ausgeschlossen werden kann, dass der Bescheid bei zutreffend begründeter Ermessensentscheidung[24] nicht erlassen worden wäre. Es ist auch nicht ersichtlich, dass diese Begründung nicht tragend war. Es liegt somit auch aus diesem Grund ein Ermessensfehlgebrauch vor.

Zudem könnte ein *Ermessensnichtgebrauch* vorliegen, weil nichts dafür ersichtlich ist, **212** dass die Finanzbehörde in ausreichendem Maße auch die Haftung der G-GmbH in Betracht gezogen hat. Die Behörde muss das ihr zukommende Ermessen betätigen und darf nicht entsprechende Überlegungen, aus welchen Gründen auch immer, schon von vornherein unterlassen. In der Begründung findet sich nur der Hinweis, dass das FA der Auffassung war, dass es für die Auswahl des A keine Rolle spielen könne, dass auch

---
23 BFH, VII B 172/94, BFH/NV 1995, 941 (942); VII R 4/98, BStBl II 1998, 761 (765); aA FG Bremen, II 76/77, EFG 1981, 602 (rk), nach dem es „allgemein anerkannt" sei, dass als Haftender zunächst der in Anspruch genommen werden müsste, der nach der internen Geschäftsverteilung für die Bearbeitung der Steuerangelegenheiten zuständig sei.
24 Zur Bedeutung fehlerhafter Begründungen für die Identifizierung von Ermessensfehlern *Wernsmann*, in: Hübschmann/Hepp/Spitaler, § 5 AO Rn 132, 253 mwN.

die G-GmbH Haftungsschuldnerin sei. Solche Überlegungen hätte das FA jedoch anstellen müssen. Folglich liegt ein Ermessensnichtgebrauch vor.

213 Aufgrund der fehlerhaften Ausübung des Entschließungs- und Auswahlermessens ist der Haftungsbescheid materiell rechtswidrig.

Der Bescheid ist rechtswidrig.

IV. Verletzung in eigenen Rechten

214 Durch die Rechtswidrigkeit des Haftungsbescheids ist A auch in seinem Recht aus Art. 2 Abs. 1 GG verletzt.

Damit ist der Einspruch des A begründet. Der Einspruch des A hat also Erfolg.

Abwandlung

A. Erlass eines weiteren Haftungsbescheids über 1528 €

215 Dem Erlass eines weiteren Haftungsbescheids über 1528 €, der neben den schon vorhandenen Haftungsbescheid über 2000 € tritt, könnte dessen Bindungswirkung entgegenstehen. Nach § 124 Abs. 2 AO bleibt ein Verwaltungsakt wirksam, solange und soweit er nicht zurückgenommen, widerrufen, anderweitig aufgehoben oder durch Zeitablauf oder auf andere Weise erledigt ist. Beim Haftungsbescheid handelt es sich um einen VA iSd § 118 Satz 1 AO. Ob die Bindungswirkung einer Neuregelung tatsächlich entgegensteht, richtet sich danach, wieweit die Bindungswirkung des ursprünglichen Haftungsbescheids über 2000 € reicht. Vorliegend soll der etwaige weitere Haftungsbescheid über 1528 € auf denselben Sachverhalt (Haftung des A für Lohnsteuer im Jahr 02 wegen der Pkw-Überlassung) gestützt werden wie der bereits existente Bescheid. Hat der erste Bescheid über denselben Sachverhalt entschieden wie der (etwaige) zweite Bescheid und beruht die ergänzende Inanspruchnahme auf einer rechtsirrtümlichen Beurteilung des Sachverhalts oder einer fehlerhaften Ermessensentscheidung, so steht dem Erlass eines ergänzenden weiteren Bescheids, solange der Erstbescheid gem. § 124 Abs. 2 AO wirksam ist, der Grundsatz der Rechtssicherheit und der Bindungswirkung einer bestandskräftigen Entscheidung entgegen. Die Bestandskraft will gerade verhindern, dass derselbe Sachverhalt nochmals anders entschieden wird und trägt damit der Rechtssicherheit Rechnung[25]. Anders läge der Fall indes, wenn der weitere Bescheid aufgrund eines anderen, bisher nicht berücksichtigten Sachverhalts ergeht, der Gegenstand eines selbstständigen, durch den ursprünglichen Haftungsbescheid nicht erfassten Haftungsanspruchs ist. Vorliegend geht es dagegen um dieselbe Steuer (Lohnsteuer) für denselben Besteuerungszeitraum (02) beim selben Haftungsschuldner (A). Dem Erlass eines ergänzenden Haftungsbescheids über 1528 € steht daher der bereits bestehende bestandskräftige Haftungsbescheid entgegen, solange dieser nach § 124 Abs. 2 AO wirksam ist.

---

25 BFH, VII R 29/02, BStBl II 2005, 3 (5 f); *Wernsmann*, in: Hübschmann/Hepp/Spitaler, Vor §§ 130–133 AO Rn 57.

B. Aufhebung des ersten Bescheids und Neuerlass eines Haftungsbescheids über 3528 €

Fraglich ist, ob das FA den ursprünglichen Haftungsbescheid über Lohnsteuer iHv 2000 € aufheben und rechtmäßig einen neuen Bescheid über 3528 € erlassen könnte. Nach Aufhebung des ursprünglichen bestandskräftigen Haftungsbescheids stünde dessen Bindungswirkung (vgl A.) dem Neuerlass eines Haftungsbescheids nicht entgegen. Fraglich ist jedoch, ob eine Verböserung nach Korrektur zulässig ist.

216

I. Anwendbarkeit der §§ 130 f AO

Beim Haftungsbescheid (§ 191 Abs. 1 Satz 1 AO) handelt es sich nicht um einen Steuerbescheid (vgl § 218 Abs. 1 Satz 1 AO) oder um einen diesem durch gesetzlichen Verweis gleichgestellten Bescheid, so dass §§ 172 ff AO als Regelungen für besondere Steuerverwaltungsakte (Steuerbescheide und diesen gleichgestellte Bescheide) nicht anwendbar sind[26]. Die „Korrektur" eines Haftungsbescheids richtet sich folglich nach § 130, § 131 AO.

217

II. Begrenzung der Verböserung durch § 130 Abs. 2 AO?

Nach § 130 Abs. 1 AO kann ein rechtswidriger VA, auch nachdem er unanfechtbar geworden ist, ganz oder teilweise mit Wirkung für die Zukunft oder die Vergangenheit zurückgenommen werden. Ein begünstigender rechtswidriger VA darf jedoch gem. § 130 Abs. 2 AO nur unter bestimmten engen Voraussetzungen zurückgenommen werden.

218

1. Rechtswidrigkeit des ursprünglichen Haftungsbescheids

Der Begrenzung auf 2000 € lag ein Irrtum der Behörde zugrunde. Wegen der unzutreffenden Erfassung des Sachverhalts war der Bescheid damit jedenfalls auch ermessensfehlerhaft. Der ursprüngliche Bescheid war folglich rechtswidrig iSd § 130 Abs. 1, 2 AO.

219

2. Begrenzung auf 2000 € als Begünstigung?

§ 130 Abs. 2 AO könnte der Aufhebung des ursprünglichen Haftungsbescheids bei gleichzeitigem Erlass eines stärker belastenden neuen Haftungsbescheids entgegenstehen, wenn die in § 130 Abs. 2 AO normierten Einschränkungen nicht nur für die isolierte Aufhebung eines VA gelten würden, sondern möglicherweise auch für den Neuerlass eines zweiten, stärker belastenden Haftungsbescheids. Bei einer Gesamtbetrachtung der Auswirkungen soll die ursprüngliche Haftsumme von 2000 € auf 3528 € heraufgesetzt werden. Wirtschaftlich betrachtet stellt dies eine Änderung des ersten Haftungsbescheids dar[27]. Eine solche Änderung wird – in Ermangelung einer Ände-

220

---

26 *Birk/Desens/Tappe*, Steuerrecht, Rn 301, 366, 396.
27 Vgl *Seer*, in: Tipke/Lang, § 21 Rn 387, 454.

221 Die bei einer Gesamtbetrachtung aus der Aufhebung des belastenden Haftungsbescheids und Neuerlass folgende Verböserung wäre nur an § 130 Abs. 2 AO zu messen, wenn der aufzuhebende ursprüngliche Haftungsbescheid in diesem Sinne einen auch begünstigenden VA darstellt. Begünstigend könnte der Bedeutungsgehalt des Haftungsbescheids sein, dass A *nur* 2000 € zahlen müsse. Dann würde es sich um einen sog. VA mit Mischwirkung handeln. Die Aufhebung des ersten Bescheids könnte insoweit eine Aufhebung einer begünstigenden Regelung darstellen, als A durch den Haftungsbescheid über 2000 € nicht nur belastet, sondern zugleich durch die *Begrenzung* der Haftsumme auf 2000 € begünstigt ist. Richtiger Ansicht nach ist jemand, der auf einen VA vertraut hat und dem eine Begünstigung genommen werden soll, ebenso schutzwürdig wie jemand, der auf einen VA vertraut hat und der jetzt nochmals höher belastet werden soll. Auch wenn die Systematik der Vertrauensschutzgewährung nach §§ 130 f AO anders erfolgt als nach §§ 172 ff AO, so ist unter Wertungsgesichtspunkten auch im Bereich der §§ 130 f AO darauf abzustellen, ob die Änderung insgesamt zu einer Schlechterstellung (Verböserung) führt oder nicht. In beiden Fällen soll durch Erlass des Bescheids Rechtssicherheit eintreten. § 130 Abs. 2 AO ist daher auch in Fällen anzuwenden, in denen bei einer *Gesamtbetrachtung* eine Verböserung gegenüber dem ursprünglichen VA erfolgt[29].

3. Rücknahmevoraussetzungen nach § 130 Abs. 2 AO

222 Die Rücknahmevoraussetzungen nach § 130 Abs. 2 AO liegen nicht vor. Insbesondere geht aus dem Sachverhalt nicht hervor, dass A die Rechtswidrigkeit kannte oder sie ihm infolge grober Fahrlässigkeit nicht bekannt war (§ 130 Abs. 2 Nr 4 AO).

III. Ergebnis

223 Eine Rücknahme des ursprünglichen Haftungsbescheids über 2000 €, verbunden mit dem Erlass eines neuen Haftungsbescheids über 3528 €, ist ebenfalls nicht möglich, da § 130 Abs. 2 AO entgegensteht.

---

28 *Wernsmann*, in: Hübschmann/Hepp/Spitaler, Vor §§ 130–133 AO Rn 53, 57, 107.
29 Dazu *Birk/Desens/Tappe*, Steuerrecht, Rn 404; *Seer*, in Tipke/Lang, § 21 Rn 454; *Wernsmann*, in Hübschmann/Hepp/Spitaler, § 130 AO Rn 20 ff, 88. Offen lassend BFH, VII R 29/02, BStBl II 2005, 3 mwN.

Das luxuriöse Gefährt **Fall 2**

Zur Wiederholung

Übersicht 2: Einkünfte aus nichtselbstständiger Arbeit (§ 19 EStG)

(*Hinweis:* Übersicht zur Haftung *Birk/Desens/Tappe*, Steuerrecht, Rn 303) **224**

- **Begriff: § 19 I EStG**
  Nr 1: Gehälter, Löhne usw für eine Beschäftigung im öffentlichen oder privaten Dienst
  Nr 1a: Zuwendungen des Arbeitgebers an seinen Arbeitnehmer im Rahmen von Betriebsveranstaltungen
  Nr 2: Witwen- und Waisengelder uä auf früheren Dienstleistungen beruhende Zahlungen (vgl auch § 24 Nr 2 EStG)
  Nr 3: Laufende Zahlungen des Arbeitgebers an Pensionsfonds uä
- **Bedeutung der Abgrenzung:**
  - *Lohnsteuer* als Erhebungsform („Quellensteuer"), §§ 38 ff EStG; Benachteiligung ggü anderen wird ausgeglichen durch deren Pflicht zu ESt-Vorauszahlungen
  - Art der Einkünfteermittlung:
    Einnahme-/Werbungskosten-Überschuss, nicht Gewinn; zu Einkunftserzielung eingesetztes Vermögen bleibt Privatvermögen, dh wird steuerlich nicht „verstrickt"
- **Abgrenzung insb zu selbstständiger Tätigkeit (§ 18 EStG)**
  Begriff des *Arbeitnehmers* → § 1 LStDV:
  Dienstverhältnis, dh Schulden der Arbeitsleistung; Weisungsabhängigkeit; Bezug eines festen Gehalts
  Bsp: Gesellschafter-Geschäftsführer einer GmbH bei festem Gehalt
  Steuerlich aber nicht maßgeblich: Rechtsanspruch auf Entlohnung (§ 19 I 2 EStG); Ausnahme: Arbeitsverträge mit nahen Angehörigen (wegen der zusätzlichen Voraussetzungen für steuerliche Anerkennung: zivilrechtliche Wirksamkeit; Fremdvergleich; tatsächliche Durchführung)
- **Besonderheiten bei der Einkünfteermittlung**
  (Einkünfte = Einnahmen abzüglich Werbungskosten, § 2 II 1 Nr 2 EStG)
  - *Einnahmen:* (Brutto-)*Arbeitslohn*;
    aber: Arbeitgeberanteile zur Sozialversicherung beim AN steuerfrei gem. § 3 Nr 62 EStG
    1. Sachbezüge, § 8 II–III EStG, zB Werksrabatte, verbilligte Überlassung von Wirtschaftsgütern
    2. Von Dritten zugewandte Vorteile (zB Trinkgeld; s. aber § 3 Nr 51 EStG; Miles-and-More-Rabatte, s. aber § 3 Nr 38 EStG)
  - *Werbungskosten* (§ 9 EStG)
    - Insb *Entfernungspauschale* (§ 9 I 3 Nr 4, II EStG) 0,30 € pro km, höchstens 4500 €; vgl zur Abziehbarkeit ab dem 1. Entfernungskilometer BVerfG v. 9.12.2008, 2 BvL 1/07 ua
    - *Doppelte Haushaltsführung* (§ 9 I 3 Nr 5 EStG)
    - *Arbeitsmittel* (§ 9 I 3 Nr 6, ggf iVm Nr 7 und §§ 7 ff EStG)
    - *Arbeitszimmer (beschränkt abziehbar)* (§ 9 I 1, V iVm § 4 V 1 Nr 6b EStG)
    - *Werbungskostenpauschbetrag* (§ 9a S. 1 Nr 1 EStG): 1000 €;
      Wird in jedem Fall berücksichtigt, höhere Aufwendungen können geltend gemacht werden

Fall 3

„Mr. Sachsen"

Schwerpunkt: **Einkommensteuerrecht:** vorweggenommene und vergebliche Betriebsausgaben (LB § 5 Rn 981–984), gemischte Aufwendungen (LB § 5 Rn 985–991, 1047), Abgrenzung der Einkunftsarten – Einkünfte aus Gewerbebetrieb (LB § 5 Rn 690–703) und Einkünfte aus selbstständiger Arbeit (LB § 5 Rn 735–745)

Schwierigkeitsgrad: leicht, Bearbeitungszeit: 4 Stunden

225 Nachdem B zum dritten Mal die Schönheitskonkurrenz zum „Mr. Sachsen" gewonnen hat, will er sein Hobby zum Beruf machen und Modell werden. Branchenkenner und die regionale Fachpresse sagen B eine auch finanziell lukrative Karriere als Modell für Werbeaufnahmen und Modeschauen voraus. Um Casting-Einladungen zu bekommen, lässt er von einer professionellen Agentur in Paris eine Fotomappe erstellen. Hierfür fliegt er am Samstag (7.1.02) nach Paris und nach acht Tagen, nämlich am Sonntag (15.1.02), wieder zurück nach Leipzig. Die Flugkosten betrugen 400 €. Die Hotelkosten in Paris 100 € je Nacht (also insgesamt 800 €). Die Kosten für Fotoaufnahmen zur Erstellung der Fotomappe, die ausschließlich am Dienstag (9.1.02) bei der Pariser Agentur stattfanden, beliefen sich auf 7000 €. Am gleichen Tag nahm B zwei Vorstellungstermine bei Pariser Modeagenturen wahr. Den davor liegenden Montag (8.1.02) hat B in einer Pariser Edel-Wellness-Oase verbracht (Kosten für die Tageskarte einschließlich dem Schönheitspflegeprogramm für den Herren „Exquisit": 400 €). Dies hatte ihm eine Mitarbeiterin der Agentur empfohlen, damit er für die Fotoaufnahmen auch wirklich schön und entspannt aussieht. Mit dem Ergebnis der Fotomappe, die branchenüblich zwei Jahre lang bei Bewerbungen und Castings eingesetzt wird, ist B sehr zufrieden.

Ab dem 1.2.02 bewirbt sich B bei Castings für Modeschauen bekannter Designer sowie für Werbetätigkeiten für Haarshampoo und Gesichtscremes für den Mann mit der Fotomappe. Mit den Einnahmen will er sein luxuriöses Leben in einer Leipziger Dachgeschosswohnung finanzieren. Da er nur Absagen erhält, beschließt er am 31.7.02, seine Modelltätigkeit endgültig aufzugeben und sich beruflich umzuorientieren. Die Fotomappe schenkt er seiner lieben Oma zum 90. Geburtstag.

B bietet nun den „Escort-Begleitservice für Sie und Ihn – all inclusive!" an. Im Rahmen dieser Tätigkeit geht er mit wohlhabenden Kunden und Kundinnen abends aus (Essen, Theater, Kino etc.). Anschließend kommt es auf Verlangen der Kunden oder Kundinnen regelmäßig zu sexuellen Handlungen. Das Geschäft boomt: Seine Einnahmen in 02 betrugen 100 000 €. Seine Kosten betrugen 24 000 € für die Werbeanzeigen, 30 000 € für „Personal" und 4000 € für „Berufskleidung". Unter „Personal" fallen die Zahlungen an G, einen vorbestraften Bodybuilder und Kampfhundbesitzer, der sich von selbst angeboten hatte, B bei seiner Tätigkeit zu „beschützen". B hätte auf diesen Dienst zwar gerne verzichtet. G hatte aber deutlich gemacht, dass B dieses gut gemeinte Angebot besser nicht ablehnen sollte, wenn ihm an einer ungestörten Berufsausübung gelegen sei. Die „Berufskleidung", die B ausschließlich bei der Arbeit trägt, teilt sich auf in zwei Designer-Anzüge (2000 €) und Designer-Schuhe (500 €) und fünf Garnituren erotische Unterwäsche (5 × 300 €). Letztere lassen sich nur im Fachhandel erwerben und sind speziell auf die Wünsche und Vorlieben seiner Kunden und Kundinnen zugeschnitten (Plüsch, Lack & Leder etc.). Mit den schicken Anzügen und Schuhen könnte man auch bei allen privaten Festivitäten (Hochzeiten, Ordenverleihungen oder Opernbesuche etc.) eine gute Figur machen.

B selbst ist sich unsicher, unter welche Einkunftsart seine mit dem „Escort-Service" erzielten Einkünfte zu fassen sind. Einerseits betreibt er eine Art „Schattengewerbe", da seine berufliche Tätigkeit von vielen als anrüchig empfunden wird. Außerdem wird der Beruf der Prostituierten bzw des Prostituierten von der Bundesagentur für Arbeit auch nicht an Arbeitssuchende vermittelt. Andererseits kann man inzwischen durchaus vom Beruf der Prostituieren bzw des Prostituierten sprechen und seit einigen Jahren gibt es eigens für Tätige im Prostitutionsbereich das Prostitutionsgesetz (ProstG).

Frage 1: Zu welcher Einkunftsart hätten die Honorare gehört, die B als Modell erzielt hätte?

Frage 2: Sind die Kosten, die B im Zusammenhang mit der Erstellung der Fotomappe und den Vorstellungsgesprächen in Paris entstanden sind, bei dieser Einkunftsart steuerlich abziehbar? Wenn ja: In welcher Höhe?

Frage 3: Zu welcher Einkunftsart sind die Honorare zu zählen, die B durch den „Escort-Service" erzielt hat?

Frage 4: Sind die Kosten, die B im Zusammenhang mit seiner „Escort-Tätigkeit" entstanden sind, steuerlich abziehbar? Wenn ja: In welcher Höhe?

Auszug aus dem Prostitutionsgesetz (ProstG) vom 20.12.2001

§ 1 ProstG

[1]Sind sexuelle Handlungen gegen ein vorher vereinbartes Entgelt vorgenommen worden, so begründet diese Vereinbarung eine rechtswirksame Forderung. [2]Das Gleiche gilt, wenn sich eine Person, insbesondere im Rahmen eines Beschäftigungsverhältnisses, für die Erbringung derartiger Handlungen gegen ein vorher vereinbartes Entgelt für eine bestimmte Zeitdauer bereithält.

§ 3 ProstG

(1) Weisungen, die das Ob, die Art oder das Ausmaß der Erbringung sexueller Dienstleistungen vorschreiben, sind unzulässig.

(2) Bei Prostituierten steht das eingeschränkte Weisungsrecht im Rahmen einer abhängigen Tätigkeit nicht der Annahme einer Beschäftigung im Sinne des Sozialversicherungsrechts entgegen.

Zudem wird auf das Prostituiertenschutzgesetz (ProstSchG) vom 21.10.2016 hingewiesen.

Fall 3 „Mr. Sachsen"

Vorüberlegungen

226 Vier Fragen müssen unabhängig voneinander beantwortet werden. Hierbei handelt es sich je zweimal um die Qualifikation der Einkünfte und die Abziehbarkeit von Aufwendungen.

Zu Beginn muss der Bearbeiter eine Abgrenzung der Einkünfte aus selbstständiger Arbeit von solchen aus Gewerbebetrieb vornehmen. Es empfiehlt sich, mit der Prüfung des § 18 EStG zu beginnen, um eine umständliche, sonst notwendige, Inzidentprüfung innerhalb des § 15 EStG zu vermeiden.

227 Der zweite Teil widmet sich der Abziehbarkeit etwaiger Kosten als Betriebsausgaben. Zunächst ist zu problematisieren, inwieweit die Fotoaufnahme trotz Aufgabe des Betriebes und Schenkung an die Oma abgezogen werden können. Desweiteren wird mit der Behandlung gemischter Aufwendungen ein „klassisches" steuerrechtliches Problem aufgegriffen. Der hierzu ergangene richtungsweisende Beschluss des Großen Senats des BFH (GrS 1/06), in dem dieser von seiner bisherigen Rechtsprechung abwich (kein auf § 12 Satz 1 Nr 1 EStG gestütztes allgemeines Aufteilungs- und Abzugsverbot mehr), ist maßgebend.

228 Im dritten Teil der Aufgabe wird die Zuordnung der Escort/Prostituiertentätigkeit als gewerblich zu diskutieren sein. Da der Große Senat des BFH (GrS 1/12) hier erst 2013 seine zuvor knapp 50 Jahre geltende Rechtsprechung (GrS 1/64) geändert hat (Gewerbebetrieb statt sonstige Einkünfte).

Zuletzt wird wiederum eine Auseinandersetzung der Kosten als Betriebsausgaben erwartet. Die Notwendigkeit von objektivierbaren Kriterien zur Aufteilung bei gemischt veranlassten Aufwendungen sollte in diesem Rahmen bekannt sein.

„*Mr. Sachsen*" **Fall 3**

Gliederung

Frage 1 229
A. Einkunftsart
    I. Einkünfte aus selbstständiger Arbeit (§ 18 EStG)
        1. Modelltätigkeit als Katalogberuf oder ähnlicher Beruf
        2. Ausübung einer künstlerischen Tätigkeit
    II. Einkünfte aus Gewerbebetrieb (§ 15 EStG)
B. Ergebnis
Frage 2
A. Betriebsausgaben
    I. Fotoaufnahmen
    II. Aufenthalt in der Wellness-Oase
    III. Flug- und Übernachtungskosten
        1. Betriebliche Veranlassung
        2. Aufteilbarkeit der Kosten
B. Ergebnis
Frage 3
A. Einkunftsart
    I. Beteiligung am allgemeinen wirtschaftlichen Verkehr
    II. Keine selbstständige Tätigkeit iSd § 18 EStG
B. Ergebnis
Frage 4
A. Betriebsausgaben
    I. Werbeanzeigen
    II. „Personalkosten"
    III. Kosten für die Designeranzüge und Schuhe
    IV. Kosten für die Erotikunterwäsche
B. Ergebnis

Fall 3 *„Mr. Sachsen"*

Musterlösung

Frage 1

A. Einkunftsart

230 Die Honorare, die B mit der Modelltätigkeit erzielt hätte, könnten als Einkünfte aus Gewerbebetrieb (§ 2 Abs. 1 Satz 1 Nr 2 iVm § 15 EStG) oder Einkünfte aus selbstständiger Arbeit (§ 2 Abs. 1 Satz 1 Nr 3 iVm § 18 EStG) erfasst werden. Einkünfte aus Gewerbebetrieb liegen nach § 15 Abs. 2 Satz 1 EStG nur vor, wenn die Betätigung nicht als Ausübung eines freien Berufs oder als eine andere selbstständige Arbeit anzusehen ist. Daher ist vorrangig zu prüfen, ob die mit der Modelltätigkeit erzielten Honorare Einkünfte aus selbstständiger Arbeit darstellen würden.

I. Einkünfte aus selbstständiger Arbeit (§ 18 EStG)

231 Honorare aus der Tätigkeit des B als Modell gehören zu den Einkünften aus selbstständiger Arbeit (§ 18 EStG), wenn es sich um eine freiberufliche Tätigkeit iSd § 18 Abs. 1 Nr 1 Satz 1 EStG handelt und im Übrigen die positiven Begriffsmerkmale des Gewerbebetriebs (§ 15 Abs. 2 Satz 1 EStG) vorliegen.

Zu den freiberuflichen Tätigkeiten gehören alle wissenschaftlichen, künstlerischen, schriftstellerischen, unterrichtenden oder erzieherischen Tätigkeiten, die selbstständig ausgeübt werden (§ 18 Abs. 1 Nr 1 Satz 2 EStG). Das ist insbesondere der Fall, wenn ein dort genannter Katalogberuf ausgeübt wird oder es sich um einen „ähnlichen Beruf" handelt[1]. Im Gegensatz zur gewerblichen Tätigkeit tritt bei der selbstständigen Arbeit der Einsatz von Kapital gegenüber der Nutzung geistiger Fähigkeit und eigener Arbeitskraft zurück[2].

1. Modelltätigkeit als Katalogberuf oder ähnlicher Beruf

232 Da B als Modell keinen in § 18 Abs. 1 Nr 1 Satz 2 EStG aufgeführten Katalogberuf nachgeht, stellt sich die Frage, ob es sich zumindest um einen ähnlichen Beruf handelt.

Das setzt eine Vergleichbarkeit mit einem Katalogberuf in wesentlichen Punkten voraus. Hierzu müssen die für den ähnlichen Beruf erforderliche Ausbildung sowie die Ausübung der Tätigkeit mit dem betreffenden Katalogberuf vergleichbar sein[3]. Eine Modelltätigkeit ist aber weder hinsichtlich der Ausbildung noch nach der Art der Tätigkeit mit einem Katalogberuf vergleichbar und daher kein ähnlicher Beruf iSd § 18 Abs. 1 Nr 1 Satz 2 EStG.

---

1 *Huttner*, in: Blümich, § 18 EStG Rn 49.
2 *Wacker*, in: Schmidt, EStG, § 18 Rn 1; *Birk/Desens/Tappe*, Steuerrecht, Rn 741.
3 *Birk/Desens/Tappe*, Steuerrecht, Rn 740.

2. Ausübung einer künstlerischen Tätigkeit

B könnte mit seiner Modelltätigkeit jedoch eine künstlerische Tätigkeit iSd § 18 Abs. 1 Nr 1 Satz 2 EStG ausüben. Eine solche setzt eine freie schöpferische Gestaltung voraus, bei der Eindrücke, Erfahrungen und Erlebnisse mittels eines Mediums dargestellt werden[4] und die die Individualität des Schöpfers zum Ausdruck bringt[5]. Der deutliche Persönlichkeitsbezug muss daher einen gewissen Umfang erreichen, also deutlich hervortreten.

233

Zwar setzt B als Modell seinen Körper dazu ein, ein Lebensgefühl, Botschaften etc durch Präsentationen (Modeschau) und Foto- oder Videoaufnahmen zu transportieren. Insoweit prägt er diese „Werke" auch durch Mimik, Gestik, Körperhaltung und Bewegungsstil. Jedoch dienen diese „Werke" letztlich der Werbung. Insoweit wird ein enger Rahmen durch Dritte vorgegeben, in dem sich die individuelle Darstellung bewegen kann. Es fehlt daher zumindest am hinreichenden Umfang zur Möglichkeit der Entfaltung einer eigenschöpferischen Leistung von künstlerischem Rang. Modells üben daher keine selbstständige Tätigkeit iSd § 18 Abs. 1 Nr 1 Satz 1 EStG aus[6].

II. Einkünfte aus Gewerbebetrieb (§ 15 EStG)

Honorare aus der Tätigkeit des B als Modell gehören zu den Einkünften aus Gewerbebetrieb (§ 15 Abs. 1 Satz 1 Nr 1 Satz 1 EStG), wenn es sich um eine selbstständige und nachhaltige Betätigung handelt, die sich als Beteiligung am allgemeinen Wirtschaftsverkehr darstellt und mit Gewinnerzielungsabsicht unternommen wird (§ 15 Abs. 2 Satz 1 EStG). Zudem darf es sich weder um Land- und Forstwirtschaft (§ 13 EStG) noch um eine selbstständige Arbeit (§ 18 EStG) oder um eine reine private Vermögensverwaltung[7] handeln.

234

B hatte die Absicht, längerfristig seinen Lebensunterhalt mit der Modelltätigkeit für verschiedene Auftraggeber zu verdienen. Insoweit wollte er eine selbstständige und nachhaltige Betätigung ausüben und sich am allgemeinen Wirtschaftsverkehr beteiligen. Fraglich ist aber, ob das subjektive Merkmal der Gewinnerzielungsabsicht zu bejahen ist. Gewinnerzielungsabsicht ist gegeben, wenn der Steuerpflichtige innerhalb einer Totalperiode, dh vom Beginn bis zur Beendigung seiner gewerblichen Tätigkeit, danach strebt, eine Betriebsvermögensmehrung iS eines Totalgewinns zu erzielen[8]. Objektiv hat B als Modell keine Honorare erzielt. Ob zumindest die subjektive Absicht vorlag, ist anhand objektiv erkennbarer Umstände näher zu bestimmen[9]. Im Allgemeinen spricht bei der Neugründung eines Betriebs der Beweis des ersten Anscheins für das

---

4 *Wacker*, in: Schmidt, EStG, § 18 Rn 66.
5 BFH, VIII R 32/75, BStBl II 1981, 170; *Brandt*, in: Herrmann/Heuer/Raupach, § 18 EStG Rn 105.
6 BFH, IV 62/65, BStBl III 1967, 618; IV R 112/77, BStBl II 1977, 459; IV R 33/90, BStBl II 1992, 353; IV R 102/90, BStBl II 1992, 413; IV R 1/97, BFH/NV 1999, 465; zweifelnd bei einem Starmannequin FG Düsseldorf, I 75-78/63 L, EFG 1964, 555, rkr.
7 BFH, GrS 4/82, BStBl II 1984, 751 (762); IV R 65/04, BStBl II 2006, 259.
8 *Birk/Desens/Tappe*, Steuerrecht, Rn 699.
9 BFH, XI R 10/97, BStBl II 1998, 663 (664); IV R 33/99, BStBl II 2000, 227 (228); *Bode*, in: Blümich, § 15 EStG Rn 45.

Vorliegen der Gewinnerzielungsabsicht[10]. Grundsätzlich ist es möglich, als Modell Gewinne zu erzielen. B hat diesen Versuch auch mit der notwendigen Ernsthaftigkeit (ua durch die Erstellung der Fotomappe) unternommen. Er war desweiteren bereits mehrmals erfolgreich bei den Wahlen zum Mr. Sachsen angetreten. Auch Branchenkenner und die Fachpresse haben ihm eine erfolgreiche Karriere als Modell vorausgesagt. Im Übrigen ist nicht ersichtlich, dass die Modelltätigkeit allein aus Liebhaberei ausgeübt werden sollte.

B. Ergebnis

235 Die Honorare, die B als Modell erzielt hätte, hätten zu den Einkünften aus Gewerbebetrieb (§ 2 Abs. 1 Satz 1 Nr 2 iVm § 15 Abs. 1 Satz 1 Nr 1 EStG) gehört.

Frage 2

A. Betriebsausgaben

236 Die in Paris entstandenen Kosten sind steuerlich als Betriebsausgaben iSv § 5 Abs. 6 iVm § 4 Abs. 4 EStG abziehbar, wenn es sich um Aufwendungen handelt, die durch den Betrieb (hier: Modelltätigkeit) veranlasst sind. Eine solche betriebliche Veranlassung ist gegeben, wenn objektiv ein Zusammenhang mit dem Betrieb und subjektiv eine Förderung des Betriebs erstrebt wird[11].

Die Kosten sind entstanden, bevor B seine Tätigkeit aufgenommen hat, die dann selbst nicht zu Betriebseinnahmen geführt hat. In Betracht kommen mithin lediglich vergebliche Betriebsausgaben. Diese werden als Unterfall der vorweggenommenen Betriebsausgaben angesehen[12]. Der BFH verlangte dafür in seiner früheren Rechtsprechung, dass sich aus objektiven Umständen der endgültige Entschluss des StPfl feststellen lässt, Einkünfte einer bestimmten Einkunftsart erzielen zu wollen[13]. Aus der neueren Rechtsprechung des BFH lässt sich die Tendenz entnehmen, dass nur noch ein Zusammenhang zwischen Ausgaben und der Erzielung von Einnahmen erforderlich ist[14]. B hat die Aufwendungen zu einem Zeitpunkt getätigt, als er die Absicht hatte, mit seiner Modelltätigkeit einen Gewinn zu erzielen (siehe bereits Frage 1 A. II., Rn 234). Damit hat B die Aufwendungen im Zusammenhang mit der Erzielung von Einnahmen getätigt.

---

10 BFH, X B 106/12, BFH/NV 2013, 1090, auch mwN zu den Ausnahmen; *Desens/Blischke*, in: Kirchhof/Söhn/Mellinghoff, EStG, § 15 Rn B 33.
11 BFH, GrS 2/82, BStBl II 1984, 160 (163); VI R 193/77, BStBl II 1981, 368 (369).
12 BFH, IX R 24/16, BStBl II 2018, 168 (169); *Loschelder*, in: Schmidt, EStG, § 4 Rn 484.
13 BFH, IV R 90/96, BFH/NV 1999, 754 (757); VIII R 252/82, BStBl II 1988, 992 (994); III R 38/03, BFH/NV 2005, 202 (203).
14 BFH, VI R 7/10, BStBl II 2012, 557; VI R 38/10, BStBl II 2012, 561; IX R 24/16, BStBl II 2018, 168 (169); *Loschelder*, in: Schmidt, EStG, § 4 Rn 484; *Wied*, in: Blümich, § 4 EStG Rn 590.

Desweiteren müssten die Aufwendungen durch den angestrebten Gewerbebetrieb veranlasst worden sein[15]. Dies wäre nicht der Fall, wenn es sich um nicht abziehbare Kosten der privaten Lebensführung (vgl § 12 Nr 1 EStG) handelt. Insoweit ist zwischen den einzelnen Kosten (Fotoaufnahmen, Aufenthalt in der Wellness-Oase, Flug- und Übernachtungskosten) zu unterscheiden.

I. Fotoaufnahmen

Die Kosten für die Fotoaufnahmen (7000 €) sind betrieblich veranlasste Aufwendungen, wenn sie in einem tatsächlichen oder wirtschaftlichen Zusammenhang mit der konkreten Gewinnerzielungsabsicht angefallen sind. 237

B hat die Fotoaufnahmen in Auftrag gegeben, um sich auf Castings zu bewerben und die Tätigkeit als Modell auszuüben. Ein tatsächlicher und wirtschaftlicher Zusammenhang mit der angestrebten Modelltätigkeit liegt daher vor.

Fraglich ist allerdings, ob die Kosten für die Fotomappe (7000 €) im Jahr 02 vollständig abziehbar sind.

Gem. § 5 Abs. 1 iVm § 4 Abs. 1 Satz 9 iVm § 6 Abs. 1 Nr 1 Satz 1, § 7 Abs. 1 Satz 1 EStG ist bei abnutzbaren Wirtschaftsgütern des Anlagevermögens, deren Verwendung oder Nutzung durch den Steuerpflichtigen zur Erzielung von Einkünften sich erfahrungsgemäß auf einen Zeitraum von mehr als einem Jahr der Teil erstreckt, jeweils für ein Jahr der Anschaffungskosten abzusetzen, der bei der gleichmäßigen Verteilung dieser Kosten auf die Gesamtdauer der Verwendung oder Nutzung auf ein Jahr entfällt. Die Absetzung bemisst sich hierbei nach der betriebsgewöhnlichen Nutzungsdauer des Wirtschaftsguts (§ 7 Abs. 1 Satz 2 EStG). Im Jahr der Anschaffung vermindert sich zudem der Absetzungsbetrag um jeweils ein Zwölftel für jeden vollen Monat, der dem Monat der Anschaffung vorangeht (§ 7 Abs. 1 Satz 4 EStG).

Die Fotomappe als Sache, deren Erlangung B sich etwas kosten lassen hat und nach der Verkehrsauffassung einer besonderen Bewertung zugänglich ist, die einzeln oder im Zusammenhang mit dem Betrieb übertragbar ist[16], ist ein Wirtschaftsgut. Die branchenübliche Nutzungsdauer beträgt zwei Jahre. Da B die Mappe im Januar 02 angeschafft hat, sind im Jahr 02 daher grundsätzlich 3500 € (7000 € / 2) als AfA gewinnmindernd zu berücksichtigen. Der Umstand, dass er seinen Betrieb erst am 1.2.02 aufgenommen hat, ändert daran nichts. Insoweit handelt es sich um vorweggenommene, insbesondere vergebliche Betriebsausgaben.

Fraglich ist jedoch, wie es sich auswirkt, dass B seine Modelltätigkeit am 31.7.02 endgültig aufgegeben hat und die Fotomappe seiner Großmutter zum 90. Geburtstag schenkte.

---

15 *Birk/Desens/Tappe*, Steuerrecht, Rn 981 ff.
16 BFH, I R 218/82, BStBl II 1987, 14; zum Begriff des Wirtschaftsguts vgl *Birk/Desens/Tappe*, Steuerrecht, Rn 880 ff.

Unabhängig davon, ob es sich bei dieser Schenkung um eine Entnahme (§ 5 Abs. 6 iVm § 4 Abs. 1 Satz 2, § 6 Abs. 1 Nr 4 Satz 1 EStG: Teilwert) handelt, die den Gewinn nicht mindern darf oder der gemeine Wert der Fotomappe im Rahmen der Betriebsaufgabe steuerlich zu erfassen ist (vgl § 16 Abs. 3 EStG), mindern die bis zum 31.7.02 entstandenen AfA-Raten (6 Monate) den laufenden Gewinn.

Insoweit sind lediglich 1750 € als Betriebsausgaben abziehbar.

Hinweis: Falls unter A. Einkünfte aus selbstständiger Arbeit angenommen wurden, ergibt sich nichts anderes aus § 4 Abs. 3 Satz 3 iVm § 7 Abs. 1 EStG.

II. Aufenthalt in der Wellness-Oase

238 Die Kosten für den Aufenthalt in der Wellness-Oase (400 €) müssten in einem tatsächlichen oder wirtschaftlichen Zusammenhang mit der angestrebten Gewinnerzielung entstanden sein (Betriebsausgaben) und es dürfte sich nicht um nicht abziehbare Aufwendungen der privaten Lebensführung handeln (§ 12 Nr 1 Satz 1 EStG). Zu letzteren gehören nach § 12 Nr 1 Satz 2 EStG auch die Aufwendungen der privaten Lebensführung, die die wirtschaftliche und gesellschaftliche Stellung des Steuerpflichtigen mit sich bringt, auch wenn sie zur Förderung der Tätigkeit des Steuerpflichtigen erfolgen.

Zwar war es auch ein Motiv des B, entsprechend der Empfehlung durch den Besuch in der Wellness-Oase, am Folgetag ein erfrischtes Aussehen bei der Fotoaufnahme zu erzielen. Insoweit liegt ein Zusammenhang mit der Erstellung der Fotomappe und damit auch mit der angestrebten beruflichen Tätigkeit als Modell vor.

Jedoch ist eine körperliche Erholung und auch die Pflege des eigenen Aussehens zugleich auch der privaten Lebensführung zuzuordnen. Das Wellnessprogramm war auch nicht auf professionelle Modells zugeschnitten und konnte von jedem anderen ebenfalls wahrgenommen werden. Die etwaigen Vorteile der Behandlung nutzen B ebenso privat. Selbst wenn zugleich bei einem angehenden Modell von einer Förderung der angestrebten, beruflichen Tätigkeit auszugehen sein sollte, verbietet es die Wertung aus § 12 Nr 1 Satz 2 EStG, den erforderlichen Veranlassungszusammenhang mit der angestrebten Tätigkeit anzunehmen.

Auch eine etwaige Kostenaufteilung in einen betrieblich und einen privat veranlassten Teil anhand objektiver Kriterien ist insoweit nicht möglich. Daher sind die Kosten der Wellness-Behandlung nicht als Betriebsausgaben zu qualifizieren.

III. Flug- und Übernachtungskosten

239 Die Flug- und Übernachtungskosten sind durch den Betrieb veranlasste Aufwendungen, wenn sie in einem tatsächlichen oder wirtschaftlichen Zusammenhang mit der konkreten Gewinnerzielung angefallen sind.

1. Betriebliche Veranlassung

Die Reise nach Paris war für die Fotoaufnahmen erforderlich[17]. Da diese den ganzen Dienstag andauerten, war auch mindestens eine Übernachtung in Paris notwendig. Jedoch hat die Reise insgesamt acht Tage gedauert. Sieben Tage in Paris – einschließlich montags in der Wellness-Oase (dazu A. II.) – hat B der privaten Lebensführung gewidmet. Sieben Tage waren also privat veranlasst (Erholungsurlaub).

2. Aufteilbarkeit der Kosten

Vor diesem Hintergrund ist fraglich, ob B die Kosten für die gesamte Reise nicht als Betriebsausgaben abziehen kann oder ob zumindest eine Aufteilung der Reise- und Übernachtungskosten in einen beruflich und privat veranlassten Teil möglich ist.

Nach der älteren Rechtsprechung des BFH wurde aus § 12 Nr 1 EStG neben einem Abzugs- auch ein Aufteilungsverbot für Aufwendungen entnommen, die teilweise betrieblich und teilweise privat veranlasst sind[18]. Dagegen spricht aber, dass sich ein solches Aufteilungsverbot nicht explizit aus dem Wortlaut des § 12 Nr 1 EStG entnehmen lässt und auch das allgemeine Kriterium „Veranlassungszusammenhang" zumindest dann kein Aufteilungsverbot fordert, wenn objektive Aufteilungskriterien vorhanden sind und die betriebliche Veranlassung nicht nur einen unerheblichen Teil umfasst. Dementsprechend soll nach neuerer Rechtsprechung des BFH eine Aufteilung von Aufwendungen möglich sein, die teilweise privat und teilweise betrieblich veranlasst wurden[19].

Bei Flug- und Übernachtungskosten kommt als Aufteilungsmaßstab eine Aufteilung nach Tagen in Betracht[20]. B hat an einem ganzen Tag die Fotomappe erstellen lassen und infolgedessen die darauffolgende Nacht in Paris verbracht. Dieser Tag der Reise steht in einem wirtschaftlichen Zusammenhang mit der von B angestrebten Modelltätigkeit. Die restlichen sieben Tage wurden hingegen privat veranlasst. Ein betrieblicher Anteil von 1/8 (12,5 %) kann bei Gesamtkosten von 1200 € auch nicht als unerheblich angesehen werden.

Folglich sind 1/8 der Aufwendungen – also 150 € (50 € Flugkosten und 100 € Übernachtungskosten) – als Betriebsausgaben zu qualifizieren.

---

17 Ob eine gleichwertige Fotomappe auch in Deutschland hätte erstellt werden können, ist mangels Prüfung der Angemessenheit der Betriebsausgaben unerheblich.
18 BFH, GrS 2/70, BStBl II 1971, 17 (18 ff).
19 BFH, GrS 1/06, BStBl II 2010, 672 (680) – der Beschluss betrifft nur die Aufteilbarkeit von Reisekosten, soll aber allgemein für gemischt veranlasste Aufwendungen gelten, vgl *Birk/Desens/Tappe*, Steuerrecht, Rn 985; *Fissenewert*, in: Herrmann/Heuer/Raupach, § 12 EStG Rn 60.
20 *Birk/Desens/Tappe*, Steuerrecht, Rn 987 ff; beim Fehlen objektivierbarer Aufteilungskriterien sind gemischt veranlasste Aufwendungen untrennbar. Eine schätzungsweise Aufteilung wäre willkürlich und ist daher unzulässig, vgl *Söhn*, in: FS Spindler, 2011, S. 795 (800 f).

B. Ergebnis

242 Die Kosten für die Erstellung der Fotomappe stellen in Höhe 1750 € und die Reise- und Übernachtungskosten in Höhe von 150 € abziehbare Betriebsausgaben dar. Die Kosten für die Behandlung in der Wellness-Oase bleiben hingegen vollständig unberücksichtigt.

Frage 3

A. Einkunftsart

243 B könnte mit dem im Jahr 02 vereinnahmten Entgelt Einkünfte aus Gewerbebetrieb (§ 2 Abs. 1 Satz 1 Nr 2, § 15 EStG) oder sonstige Einkünfte (§ 2 Abs. 1 Satz 1 Nr 7, § 22 Nr 3 EStG) erzielt haben.

Es handelt sich um Einkünfte aus Gewerbebetrieb (§ 15 EStG), wenn seine „Escort Dienstleistung" gem. § 15 Abs. 2 EStG eine selbstständige nachhaltige Betätigung darstellt, der B mit Gewinnerzielungsabsicht nachgeht und mit der er sich am allgemeinen wirtschaftlichen Verkehr beteiligt. Zudem dürfte es sich nicht um eine selbstständige Arbeit, Land- und Forstwirtschaft oder um eine reine private Vermögensverwaltung (vgl § 14 AO) handeln.

B übt die Tätigkeit eigenverantwortlich und auf eigene Rechnung aus, entfaltet somit Unternehmerrisiko und Unternehmerinitiative, so dass von einer selbstständigen Betätigung auszugehen ist. Die Tätigkeit ist auch auf Dauer und regelmäßig auf Wiederholung angelegt, so dass auch eine nachhaltige Betätigung vorliegt. Auch die Gewinnerzielungsabsicht ist bei einem erhaltenden Entgelt von 100 000 € unstreitig zu bejahen. Offensichtlich handelt es sich weder um eine land- und forstwirtschaftliche Tätigkeit, noch um eine reine private Vermögensverwaltung.

Fraglich ist daher allein, ob es sich um eine Beteiligung am allgemeinen Wirtschaftsverkehr handelt und – falls dies zu bejahen ist – keine freiberufliche Tätigkeit iSd § 18 EStG vorliegt.

I. Beteiligung am allgemeinen wirtschaftlichen Verkehr

244 Die Beteiligung am allgemeinen wirtschaftlichen Verkehr setzt voraus, dass die Betätigung nach außen in Erscheinung tritt, dh an einen allgemeinen unbestimmten Kreis von Marktteilnehmern adressiert ist[21]. Zudem muss es sich um eine eigene Leistung des Gewerbetreibenden handeln, die gegen Entgelt erbracht wird[22].

B richtet sich mit seinem Angebot an eine unbestimmte Anzahl von Kunden, die an entsprechenden Dienstleistungen interessiert sind. Der Adressatenkreis seiner Tätigkeit

---
21 BFH, IV R 66-67/91, BStBl II 94, 463.
22 *Desens/Blischke*, in: Kirchhof/Söhn/Mellinghoff, EStG, § 15 Rn B 45; *Birk/Desens/Tappe*, Steuerrecht, Rn 696.

ist daher allgemein gefasst. Er erbringt desweiteren eigene Leistungen gegen Entgelt. Grundsätzlich liegt daher eine Beteiligung am allgemeinen wirtschaftlichen Verkehr iSv § 15 Abs. 2 Satz 1 EStG vor.

Problematisch erscheint in diesem Zusammenhang, dass B vorbringt, seine Tätigkeit als „Escort Begleitung" werde von einem Großteil der Gesellschaft abgelehnt.

Gegen eine Bewertung der betreffenden Tätigkeit als Beteiligung am allgemeinen wirtschaftlichen Verkehr iSv § 15 Abs. 2 Satz 1 EStG könnte daher sprechen, dass der gewerbsmäßigen Unzucht und den mit dieser vergleichbaren Tätigkeiten der Charakter der Unsittlichkeit anhaftet.

Man könnte anführen, dass das Anbieten sexueller Dienstleistungen eine gemeinschaftsschädliche Betätigung und das Zerrbild eines Gewerbes darstellt[23]. So wäre diese Tätigkeit nicht unter das zu fassen, was das EStG unter selbstständiger Berufstätigkeit verstanden wissen will. Wer gewerbsmäßige Unzucht betreibt, beteilige sich demnach nicht als Unternehmer am allgemeinen wirtschaftlichen Güter- und Leistungsaustausch am Markt[24].

Dem könnte man jedoch entgegenhalten, dass sich die rechtliche Einordnung der sexuellen Dienstleistungen inzwischen erheblich verändert hat. Insbesondere zeigt die Einführung des Prostitutionsgesetzes (ProstG vom 20.12.2001), dass die Rechtsstellung von Prostituierten durch die Ermöglichung eines Zugangs zum sozialen Sicherungssystem (vgl § 3 ProstG) und die Begründbarkeit rechtswirksamer Forderungen (vgl § 1 ProstG) bedeutend verbessert wurde[25]. Auch kann seit dem Inkrafttreten des ProstG nicht mehr damit argumentiert werden, dass schuldrechtliche Verträge über sexuelle Dienstleistungen sittenwidrig und daher nichtig seien (vgl § 138 Abs. 1 BGB). Der Übertragbarkeit einer zivilrechtlichen Bewertung der Sittenwidrigkeit eines Rechtsgeschäftes steht ohnehin § 40 AO entgegen, der die steuerrechtliche Bewertung ua von der zivilrechtlichen entkoppelt.

Auch die Einführung des Prostituiertenschutzgesetzes[26], das seit 1.7.2017 in Kraft ist und eine Anmeldepflicht für Prostituierte verbunden mit einem Beratungsgespräch vorsieht, spiegelt die gesellschaftliche Haltung wider, die sich gegenüber dem sexuellen Dienstleistungssektor erheblich geändert hat und diesen mehrheitlich akzeptiert. Dies zeigt sich auch darin, dass heutzutage Rundfunk und Fernsehen in vielfältiger Weise über Prostitution berichten und im sexuellen Dienstleistungsgewerbe Tätige in seriösen Diskussionsrunden sowie Reportagen des öffentlich-rechtlichen Rundfunks vermehrt auftreten. Auch der Gesetzgeber verschließt sich nicht diesem gesellschaftlichen Wandel, sondern versucht mit einer verbindlichen gesundheitlichen Beratung vor

---

23 BFH, GrS 1/64 S, BStBl III 1964, 500 (alte Rechtsprechung); aA nun BFH, GrS 1/12, BStBl II 2013, 441.
24 Sächs. FG, 8 K 1846/07, EFG 2011, 318 nrkr.; aA Revisionsentscheidung des BFH, III R 30/10, BFH/NV 2013, 1577.
25 *Ratschow*, in: Klein, AO, § 40 Rn 16.
26 Gesetz zur Regulierung des Prostitutionsgewerbes sowie zum Schutz von in der Prostitution tätigen Personen, BGBl I 2016, 2372.

Anmeldung der Prostitution (§§ 3 Abs. 1, 4 Abs. 3, 10 ProstSchG) und einer staatlicher Regulierung des Prostitutionsgewerbes (Erlaubnispflicht, § 12 Abs. 1 ProstSchG), die Situation der in Prostitution tätigen Personen zu stärken und diese vor Ausbeutung zu schützen.

Andererseits könnte angeführt werden, dass Tätigkeiten im sexuellen Dienstleistungssektor von der Agentur für Arbeit an Arbeitssuchende tatsächlich nicht vermittelt werden. Dieser Umstand liegt jedoch allein darin begründet, dass eine Entscheidung zur Tätigkeit im sexuellen Dienstleistungsgewerbe einen höchstpersönlichen Charakter aufweist und aufgrund dessen jedem selbst obliegt. Dies schließt die Zuweisung einer entsprechenden Tätigkeit durch die Agentur für Arbeit aus. Für die hier zu beantwortende Frage der Beteiligung am allgemeinen wirtschaftlichen Verkehr ist dies jedoch unerheblich.

Das Angebot sexueller Dienstleistungen schließt mithin nicht die Beteiligung am allgemeinen wirtschaftlichen Verkehr aus[27].

Es liegt eine Beteiligung am allgemeinen wirtschaftlichen Verkehr iSv § 15 Abs. 2 Satz 1 EStG vor.

Hinweis: AA mit entsprechender Begründung vertretbar. Dann müsste aber noch § 22 EStG geprüft und entsprechend bejaht werden.

II. Keine selbstständige Tätigkeit iSd § 18 EStG

245 Desweiteren dürfte es sich nicht um eine freiberufliche Tätigkeit iSd § 18 Abs. 1 Nr 1 EStG handeln. Mangels Ähnlichkeit zu einem Katalogberuf (dazu bereits Frage 1 A. I. 1., Rn 232) könnte höchstens eine künstlerische Tätigkeit in Betracht kommen. Diese setzt eine freie schöpferische Gestaltung voraus, bei der Eindrücke, Erfahrungen und Erlebnisse mittels eines Mediums dargestellt werden[28] und die Individualität des Schöpfers zum Ausdruck bringt[29].

Selbst wenn man die Tätigkeit als eine Art „Performance-Kunst" ansieht, fehlt beim Anbieten von sexuellen Dienstleistungen gegen Entgelt jedenfalls ein künstlerisches Element, das als Ausdruck einer freien schöpferischen Gestaltung angesehen werden kann. Eine künstlerische Tätigkeit ist nicht gegeben. B übt keine freiberufliche Tätigkeit aus.

B. Ergebnis

246 Die Entgelte, die B mit der „Escort Dienstleistung" erzielt, zählen zu den Einkünften aus Gewerbebetrieb iSd § 2 Abs. 1 Nr 2, § 15 Abs. 1 Satz 1 Nr 1 EStG.

---

27 BFH, GrS 1/12, BStBl II 2013, 441; so auch die hM in der Literatur, vgl *Desens/Blischke*, Kirchhof/Söhn/Mellinghoff, EStG, § 15 Rn B 48; *Bode*, in: Blümich, § 15 EStG Rn 17.
28 *Wacker*, in: Schmidt, EStG, § 18 Rn 66.
29 *Brandt*, in: Herrmann/Heuer/Raupach, § 18 EStG Rn 105.

Frage 4

A. Betriebsausgaben

Die entstandenen Kosten sind steuerlich als Betriebsausgaben iSv § 5 Abs. 6 iVm § 4 Abs. 4 EStG abziehbar, wenn es sich um Aufwendungen handelt, die durch den Betrieb (hier: Escort-Service) veranlasst sind. Dies ist für die Kosten der Werbeanzeigen, der „Personalkosten", der Designerkleidung und der Erotikunterwäsche getrennt zu betrachten.

I. Werbeanzeigen

Die Kosten für die Werbeanzeigen (24 000 €) sind betrieblich veranlasste Aufwendungen (§ 5 Abs. 6 iVm § 4 Abs. 4 EStG), wenn sie in einem tatsächlichen oder wirtschaftlichen Zusammenhang mit dem Betrieb stehen, also das auslösende Moment im betrieblichen Bereich liegt[30]. Werbeanzeigen dienen dazu, das Geschäft zu beleben, indem man Kunden auf die angebotenen Leistungen aufmerksam macht und deren Kauf- bzw Nutzungsinteresse weckt. Werbeausgaben stehen in einem tatsächlichen sowie wirtschaftlichen Zusammenhang mit dem Betrieb. Sie sind vollständig als Betriebsausgaben abziehbar.

II. „Personalkosten"

Bei den Personalkosten (30 000 €) handelt es sich um betrieblich veranlasste Aufwendungen, wenn diese in einem tatsächlichen oder wirtschaftlichen Zusammenhang mit dem „Escort-Service" des B stehen. G „schützt" B auf seinen Arbeitswegen sowie während der Arbeit vor körperlichen Übergriffen. Insoweit besteht ein tatsächlicher Zusammenhang mit dem „Escort-Service" des B.

Fraglich ist aber, ob der steuerlichen Abziehbarkeit entgegensteht, dass B den G nicht freiwillig beauftragt hat, sondern von diesem dazu genötigt wurde.

Allein der Umstand, dass die Aufwendungen nicht freiwillig entstanden sind und er sie faktisch für überflüssig hält, steht dem Betriebsausgabenbegriff nicht entgegen. Der erforderliche Veranlassungszusammenhang setzt nämlich keine finale, sondern lediglich eine kausale Beziehung zwischen der Tätigkeit und den Aufwendungen voraus („tatsächlicher Zusammenhang").

Jedoch könnte gegen eine Abziehbarkeit der Personalkosten sprechen, dass der zwischen G und B geschlossene Dienstvertrag aufgrund der verschleierten Schutzgelderpressung nach § 138 Abs. 1 BGB sittenwidrig und nichtig ist. Das Steuerrecht ist gem. § 40 AO jedoch wertungsneutral, dh eine Besteuerung erfolgt ohne Rücksicht darauf, ob ein Verstoß gegen die guten Sitten vorliegt. Die Berücksichtigung der Personalkosten als Betriebsausgaben ist somit nicht aufgrund der Sittenwidrigkeit des zugrundeliegenden „Dienstvertrages" ausgeschlossen.

---

30 *Loschelder*, in: Schmidt, EStG, § 4 Rn 28.

Fall 3 „Mr. Sachsen"

Der Abziehbarkeit der „Personalkosten" könnten die Wertungen von § 5 Abs. 6 iVm § 4 Abs. 5 Satz 1 Nr 8, Nr 10 EStG entgegenstehen. § 4 Abs. 5 Satz 1 Nr 8 EStG regelt, dass Geldbußen, Ordnungsgelder und Verwarnungsgelder nicht gewinnmindernd zu berücksichtigen sind. § 4 Abs. 5 Satz 1 Nr 10 EStG erstreckt dies auf Vorteilszuwendungen im Rahmen rechtswidriger Handlungen. Beiden Ausschlusstatbeständen ist gemeinsam, dass diese Kosten erfassen, die rechtswidrigen Handlungen des Leistenden entspringen. Vorliegend hat jedoch G eine rechtswidrige Handlung vorgenommen und nicht B als Leistender. Eine entsprechende Heranziehung von § 4 Abs. 5 Satz 1 Nr 8, Nr 10 EStG ist somit ausgeschlossen.

Die „Personalkosten" (30 000 €) stellen somit abziehbare Betriebsausgaben dar.

III. Kosten für Designeranzüge und Schuhe

250 Die Kosten für die Designeranzüge (2000 €) und Schuhe (500 €) sind betrieblich veranlasste Aufwendungen (§ 5 Abs. 6 iVm § 4 Abs. 4 EStG), wenn sie in einem tatsächlichen oder wirtschaftlichen Zusammenhang mit dem Betrieb stehen. Die Anschaffungskosten für die Designerwaren stehen in einem tatsächlichen Zusammenhang mit dem „Escort-Service", da B die Anzüge während seiner Arbeit trägt. Nach allgemeiner Lebenserfahrung erscheint es jedoch wahrscheinlich, dass B die Anzüge sowie die Schuhe zu einem nicht unerheblichen Teil auch zu privaten Anlässen trägt (§ 12 EStG). Eine klare Trennung der privaten und betrieblichen Nutzung anhand objektiver Kriterien ist vorliegend nicht möglich. Es handelt sich bei Kleidung und Schuhen vielmehr um für die private Lebensführung unverzichtbare Aufwendungen. Diese Aufwendungen werden im Grundsatz bereits durch Gewährung des Grundfreibetrages erfasst[31]. Die Kosten für die Designerware sind daher keine betrieblich veranlassten Vermögensminderungen. Sie können nicht als Betriebsausgaben geltend gemacht werden.

IV. Kosten für Erotikunterwäsche

251 Die Kosten für die Erotikunterwäsche (5 × 300 €) sind betrieblich veranlasste Aufwendungen (§ 5 Abs. 6 iVm § 4 Abs. 4 EStG), wenn sie in einem tatsächlichen oder wirtschaftlichen Zusammenhang mit dem Betrieb stehen. Die Anschaffungskosten für die Unterwäsche stehen in einem tatsächlichen Zusammenhang mit dem „Escort-Service", da B diese während seiner Arbeit trägt. Jedoch könnte eine Abziehbarkeit zu verneinen sein, da Unterwäsche von B auch privat und im Alltag getragen werden könnte. Dass B dies tatsächlich nicht macht, würde hieran nichts ändern. Es könnte ebenso wie bei den Anzügen und den Schuhen eine notwendige private Veranlassung anzunehmen sein.

Allerdings sprechen die spezielle Abstimmung der Unterwäsche auf die Kundenwünsche und der Einkauf im Fachhandel für eine klare Zuordnung zum betrieblichen Bereich. Die Kosten für die Unterwäsche stellen somit Betriebsausgaben dar.

---

31 BFH, GrS 1/06, BStBl II 2010, 672 (684).

Sie sind im Jahr der Anschaffung vollständig abziehbar, wenn es sich um abnutzbare bewegliche Wirtschaftsgüter des Anlagevermögens handelt, die einer selbstständigen Nutzung fähig sind, wenn ihr Wert nach Abzug eines darin enthaltenen Vorsteuerbetrages (§ 9b Abs. 1 EStG) 800 € nicht übersteigt (§ 6 Abs. 2 Satz 1 EStG).

B nutzt die Unterwäsche zur Ausübung seines Gewerbes. Es handelt sich daher grundsätzlich um abnutzbare bewegliche Wirtschaftsgüter des Anlagevermögens. Zumindest die einzelnen Garnituren (jeweils 300 €) sind auch zu einer selbstständigen Nutzung fähig. Insoweit sind Kosten auf die einzelnen Garnituren (5 × 300 €), also insgesamt 1500 €, sofort abziehbar.

B. Ergebnis

Die Kosten für die Werbung (24 000 €), für das „Personal" (30 000 €) und die Erotikunterwäsche (1500 €) sind in voller Höhe betrieblich veranlasste Vermögensminderungen. Sie sind als Betriebsausgaben iSv § 5 Abs. 6 iVm § 4 Abs. 4 EStG abziehbar.

252

Zur Wiederholung

Übersicht 3.1: Betriebsausgaben

Einordnung

Einkünfteermittlung durch Errechnung des Gewinns bei den in § 2 II 1 Nr 1 EStG genannten Einkunftsarten

253

Begriffsbestimmung

Betriebsausgaben sind Aufwendungen, die durch den Betrieb veranlasst sind (§ 4 IV EStG)
1. **Betriebliche Veranlassung:**
   objektiv ein Zusammenhang mit dem Beruf oder Betrieb
   subjektiv Aufwendungen zur Förderung des Berufs/Betriebs
   - objektiver Zusammenhang ist stets Voraussetzung für Betriebsausgabe
   - **subjektive Absicht**, den Beruf oder Betrieb zu fördern, kann **fehlen**
2. Grds keine Voraussetzung des BA-Abzugs: **Notwendigkeit, Üblichkeit, Angemessenheit, Zweckmäßigkeit der Aufwendungen**
   (Ausnahme: § 4 V 1 Nr 7 EStG)
3. Möglich: unfreiwillige, vorweggenommene, vergebliche, nachträgliche BA
   a) **unfreiwillige BA** (zB Schadensersatz)
      - subjektive Komponente fehlt; Zwangsausgaben
   b) **vorweggenommene BA:**
      - ausreichender (zeitlicher) Zusammenhang zur (späteren) Gewinnerzielung
      - Zusammenhang mit einer Vorbereitungshandlung für eine konkrete betriebliche Tätigkeit

Fall 3 *„Mr. Sachsen"*

- Feststellung anhand objektiver Umstände, dass der Entschluss, Einkünfte einer bestimmten Einkunftsart zu erzielen, endgültig gefasst worden ist
  c) **vergebliche BA**
  - mit Aufwendungen wird nicht nur irgendeine, noch unsichere Einkommensquelle angestrebt
  - klar erkennbare Beziehung zwischen Aufwendungen und bestimmter Einkunftsart
  d) **nachträgliche BA (zB: Schuldzinsen für betrieblich veranlasste Verbindlichkeit)**
  - betriebliche Veranlassung für Aufwendung besteht (trotz Beendigung der einkunftserzielenden Tätigkeit) fort
4. **gemischte Aufwendungen:** Aufwendungen, die sowohl der Lebensführung als auch dem Beruf dienen
BFH: Möglichkeit der **Aufteilung und anteiliger Abzug:**
  - Voraussetzung: Möglichkeit der Aufteilung nach objektiven Kriterien
  - Kein Aufteilungs- und Abzugsverbot aus § 12 Nr 1 EStG (aA alte Rspr)
  - Abzug des beruflich veranlassten Teils der Kosten
Ausnahme:
  - Abzugsverbot, wenn berufliche und private Veranlassung so ineinander greifen, dass Trennung nicht möglich ist
5. **keine** BA
  - durchlaufende Posten, Darlehensrückzahlungen
  - **Vermögensschäden und -verluste von WG** des Betriebsvermögens, wenn privat veranlasst (zB Totalschaden KfZ durch Trunkenheitsfahrt)
6. Beachte Abzugsverbote und Sondertatbestände des §§ 4 IVa, V, 4h EStG, § 8 KStG
  - Zweck: Lenkung, Berücksichtigung der Berührung der privaten Lebenssphäre, ordre public
  - Verfassungsrechtliche Rechtfertigung nötig (fiskalische Gründe reichen nicht)
  - Verbote oder Einschränkungen der Abziehbarkeit betreffen insb: Geschenke, Bewirtung, Jagd/Fischerei/Segeljachten, Verpflegungsmehraufwand, Arbeitszimmer, unangemessene Aufwendungen, die die persönliche Lebensführung berühren, Geldbußen/Ordnungs- und Verwarnungsgelder, Schmiergelder

Zu Wertänderungen im Betriebsvermögen vgl Übersicht 6

Übersicht 3.2: Werbungskosten

| Einordnung | 254 |

Einkünfteermittlung durch Bildung des Überschusses der Einnahmen über die Werbungskosten bei den in § 2 II 1 Nr 2 EStG genannten Einkunftsarten

Überschussrechnung (§ 8, § 9 EStG)
- gilt für
  1. nichtselbstständige Arbeit (§ 19 EStG)
  2. Kapitalvermögen (§ 20 EStG)
  3. VuV (§ 21 EStG)
  4. sonstige Einkünfte (§ 22 EStG)
- **Berechnung:** Überschuss der Einnahmen über die Werbungskosten
- **Maßgeblicher Zeitpunkt:** grds Zu- und Abfluss (§ 11 EStG; Ausnahme: § 9 I 3 Nr 7 EStG: Verteilung des Aufwands – AfA)
- Überschuss kann auch negativ sein → dann Verlustausgleich (§ 2 III EStG) oder Verlustabzug (-rück- bzw -vortrag, § 10d EStG → Übersicht 10.2)
- Zentrale Besonderheit gegenüber Gewinneinkünften: **Veränderungen im Bereich des eingesetzten Vermögens** bleiben grundsätzlich unberücksichtigt
  1. Aber: **Veräußerungsgewinne** steuerbar (bzw Veräußerungsverluste steuerlich berücksichtigungsfähig), wenn § 17, § 20 II oder § 23 EStG (+)
     <u>Beachte:</u> künftig generell Substanzgewinnbesteuerung bei privaten Kapitalanlagen für ab 2009 angeschaffte Wertpapiere (zB Aktien) gem. § 20 II EStG.
  2. **Abschreibungen** (zB auf Mietshaus) möglich, § 9 I 3 Nr 7 EStG
- **Was sind Werbungskosten (Wk) iSv § 9 EStG?**
  1. **Begriff: kausal oder final?**
     a) Gesetzeswortlaut der Definition in § 9 I 1 EStG (anders als § 4 IV EStG – Betriebsausgaben) final, nicht kausal formuliert
     b) Problemfälle:
        - Staatsanwalt S muss neue Autoreifen kaufen, da ihm diese aus Rache zerstochen wurden, ohne dass der Täter überführt werden konnte
        - Richter R kauft sich am Tag vor seiner Pensionierung neuen Kommentar
        - Arbeitnehmer A hat den Lkw seines Arbeitgebers grob fahrlässig beschädigt und muss Schadensersatz leisten
     c) HM: aus steuersystematischen und verfassungsrechtlichen Gründen ist **auch Wk-Begriff kausal** zu verstehen, dh **Wk = alle Aufwendungen, die durch die Erwerbstätigkeit veranlasst sind**
  2. Grds <u>keine</u> Voraussetzung des Wk-Abzugs: **Notwendigkeit, Üblichkeit, Angemessenheit, Zweckmäßigkeit der Aufwendungen** (<u>Ausnahmen:</u> § 4 V 1 Nr 7 EStG iVm § 9 V 1 EStG; § 9 I 3 Nr 5 EStG)
  3. Für **unfreiwillige, vorweggenommene, vergebliche, nachträgliche** Wk und **gemischte Aufwendungen** vgl Übersicht BA
  4. **Änderungen im Bereich des eingesetzten Vermögens**
     - <u>Keine</u> Wk: Wertminderungen privaten Vermögens (Ausnahme: Abschreibungen – § 9 I 3 Nr 7 EStG; Relevanz auch bei Berechnung des Veräußerungsgewinns bzw -verlusts im Rahmen der § 17, § 20 II, § 23 EStG)

- **Wohl aber Wk: Vermögensschäden und -verluste anlässlich** (nicht „gelegentlich") **der Erwerbstätigkeit** (Racheakt gegen Staatsanwalt/zerstochene Reifen [+]; Diebstahl einer Geldbörse auf einer Dienstreise [–])
- **Absetzung für Abnutzung (§ 9 I 3 Nr 7 iVm § 7, § 6 II EStG);**
  a) **Einordnung str:**
    (1.) BFH: § 9 I 3 Nr 7 EStG rechtsbegründende Ausnahme vom Grundsatz, dass Wertveränderungen nicht zu berücksichtigen sind
    (2.) Teile der Lit: § 9 I 3 Nr 7 EStG nur Verteilungsregel; ohne diese Norm wären die Aufwendungen in voller Höhe Wk
  b) Durchbrechung des Zu- und Abflussprinzips (§ 11 EStG)
  c) Voraussetzung: *abnutzbare* Wirtschaftsgüter (Grund und Boden [–]; Gebäude [+]; Computer [+])
  d) § 6 II 1 EStG für *geringwertige* Wirtschaftsgüter anwendbar mit Maßgabe, dass Anschaffungs- oder Herstellungskosten bis zu 800 € sofort absetzbar
5. **Sondertatbestände: § 9 I 3 Nr 1 ff EStG** (vorrangig vor § 9 I 1 EStG zu prüfen!)
  Insb: Schuldzinsen, Beiträge zu Berufsverbänden, Entfernungspauschale, doppelte Haushaltsführung, Arbeitsmittel, AfA
  a) Beachte: grds Abgeltungswirkung der Entfernungspauschale (§ 9 II 1 EStG) und übrige Begrenzungen der Höhe nach (zB § 9 I 3 Nr 5 EStG)
  b) Beachte: Erstreckung für Arbeitnehmer geltender Regelungen auf andere Einkunftsarten, § 9 III EStG
6. **Beachte Abzugsverbote des § 4 V iVm § 9 V 1 EStG**
7. **Werbungskostenpauschbeträge: § 9a EStG**
   - Beachte: Höhere Aufwendungen können geltend gemacht werden
   - Rechtfertigung: Vereinfachungszwecke, soweit Norm typischen Fall realitätsgerecht abbildet und zur Vereinfachung geeignet, erforderlich und angemessen ist
   - Pauschalen dürfen – anders als nachgewiesene Wk – nicht zu Verlust führen, § 9a S. 2 EStG

Übersicht 3.3: Abgrenzung der Einkünfte aus Gewerbebetrieb (§ 15 EStG) von Einkünften aus selbstständiger Arbeit (§ 18 EStG)

Bedeutung der Abgrenzung 255
- Für die GewSt: selbstständige Arbeit unterliegt nicht der GewSt-Pflicht
- Für die Gewinnermittlung: Freiberufler können zwischen Bilanzierung (§ 4 I EStG) und EÜR (§ 4 III EStG) wählen; Gewerbetreibende müssen idR bilanzieren (§ 140 AO iVm § 241a HGB; § 141 I 1 Nr 4 AO)

Was sind Einkünfte aus Gewerbebetrieb?

I. Einkünfte aus Gewerbebetrieb (§§ 15–17 EStG)
- Einkünfte aus **gewerblichen Unternehmen** (insb **Einzelunternehmer**), § 15 I 1 Nr 1 EStG
- **Gewinnanteile der Gesellschafter einer OHG, KG** oder einer anderen gewerblichen Gesellschaft, bei der die Gesellschafter als Mitunternehmer anzusehen sind, § 15 I 1 Nr 2 EStG (dazu Übersicht 7.3)
- Gewinne bei **Veräußerung oder Aufgabe eines Gewerbebetriebs**, Teilbetriebs oder eines Mitunternehmeranteils, § 16 I 1 Nr 1–3, III EStG
- Gewinn aus der **Veräußerung von Anteilen an einer Kapitalgesellschaft, sofern Veräußerer irgendwann in den letzten fünf Jahren mit mindestens 1 % beteiligt war**, § 17 EStG
  Besonderheit: *privater* Veräußerungsgewinn wird in gewerblichen *umqualifiziert* **(Fiktion)**
- Gewinne solcher **Körperschaftsteuersubjekte** (insb KapGes, zB AG und GmbH), die nach den Vorschriften des HGB zur Führung von Büchern verpflichtet sind, sind gem. § 8 II KStG als Einkünfte aus Gewerbebetrieb zu behandeln – Dies ist bei AG und GmbH stets der Fall: § 238 I, § 6 I HGB iVm § 3 I AktG bzw § 13 III GmbHG.

II. Einkünfte aus einem gewerblichen Unternehmen, insb Einzelunternehmer (§ 15 I 1 Nr 1 EStG)
- **Originär gewerbliche Tätigkeit** (dh keine Fiktion oder Umqualifizierung)
- *Voraussetzung daher:* **Gewerbebetrieb iSd § 15 II EStG**
- **Selbstständig** (§ 15 II EStG) Abgrenzung zu § 19 EStG (Unternehmerrisiko/Unternehmerinitiative)
- **Nachhaltig** = auf Dauer/Wiederholung angelegt
- Beteiligung am **allgemeinen wirtschaftlichen Verkehr**
- **Gewinnerzielungsabsicht** (vgl auch § 15 II 3 EStG) – Streben nach Totalgewinn (dh von Gründung bis zum Ende der Tätigkeit, dh Aufgabe bzw Veräußerung); nicht gegeben bei sog. Liebhaberei (zweistufige Prüfung: (1) Betrieb objektiv nicht geeignet, nachhaltig Gewinne abzuwerfen? (2) Wird Betrieb aus Gründen ausgeübt, die dem Bereich der persönlichen Lebensführung zuzuordnen sind?)
- **Keine LuF, keine freiberufliche Tätigkeit**
- außerdem ungeschriebenes TB-Merkmal: **keine private Vermögensverwaltung** (ergibt sich aus der Systematik des EStG)

Fall 3 *"Mr. Sachsen"*

1. **Problemfälle:** „Intensiver" Handel mit *privaten* Vermögensgegenständen
2. **Für Grundstücke:** Drei-Objekt-Grenze (vom BFH entwickelte Beweislastregel) – *gewerblicher* Grundstückshandel liegt in der Regel vor, wenn StPfl innerhalb von fünf Jahren mehrere Grundstücke erwirbt und innerhalb von ca fünf Jahren mehr als drei wieder veräußert.
3. **Für Wertpapiere:** Gewerblicher Wertpapierhandel (dh § 15 statt § 23 und § 17 EStG), aber erst bei besonderen Umständen (Beschäftigung von Mitarbeitern, erhebliche Fremdfinanzierung, Büroräume usw). Gewerblichkeit könnte hier für StPfl interessant sein wg grds unbeschränkten Verlustausgleichs (vgl sonst § 23 III 7–8 EStG).

Was sind Einkünfte aus selbstständiger Arbeit?
- Einkünfte aus **freiberuflicher Tätigkeit** (selbstständiger Steuerberater, Rechtsanwalt, Arzt), § 18 I Nr 1 EStG
    1. **Freiberufliche Tätigkeit**
    2. **Katalogberufe** (akademische Berufe);
        a) Problem: was ist „ähnlicher Beruf"?
        b) Vergleichbarkeit mit allen typischen Merkmalen eines Katalogberufs (theoretische Kenntnisse; entscheidend: *persönliche Arbeitsleistung des Berufsträgers*, nicht in erster Linie Einsatz von Kapital)
        c) Beispiel: selbstständiger EDV-Berater nur dann § 18 EStG (+), wenn Uni- oder FH-Studium absolviert oder erfolgreiche Wissensprüfung durch Sachverständigen
    3. Beachte: StPfl muss selbst selbstständig tätig sein (Ausnahme: § 18 I Nr 1 S. 3, 4 EStG); Bsp: Arztwitwe stellt Arzt ein
- Einkünfte der Einnehmer einer staatlichen Lotterie (grds), § 18 I Nr 2 EStG
- Einkünfte aus **sonstiger selbstständig Tätigkeit** (zB Testamentsvollstrecker, Vermögensverwalter, Aufsichtsratsmitglied), § 18 I Nr 3 EStG
- **Veräußerungsgewinne** (§ 18 III, § 16 EStG)

Voraussetzungen
selbstständig, nachhaltig (vgl auch § 18 II EStG), Beteiligung am allgemeinen wirtschaftlichen Verkehr und Gewinnerzielungsabsicht (vgl § 15 II EStG)

Fall 4
Schweig still

Schwerpunkte: **Einkommensteuerrecht:** (atypische) stille Gesellschaft (LB § 6 Rn 1141, 1129, 1158); **Abgabenordnung**: Bindungswirkung Grundlagenbescheid (LB § 4 Rn 525 ff), Einspruch (§ 4 Rn 550 ff)

Schwierigkeitsgrad: eher leicht, Bearbeitungszeit: 2 Stunden

X und Y haben sich zu der im Handelsregister eingetragenen X & Y OHG zu gleichen Anteilen zusammengeschlossen, sind jeweils alleinvertretungsberechtigt und betreiben in Leipzig ein Autohaus. Die Gewinne werden entsprechend der Anteile (50:50) geteilt.

Zur Eröffnung eines neuen Standorts in Münster benötigen sie Kapital in Höhe von 200 000 €, von denen X und Y jeweils 50 000 € leisten und A die weiteren 100 000 € aufbringt, der als „stiller Gesellschafter" mit ins Boot geholt wird.

Mit A vereinbaren X und Y, dass A für die Hingabe des Kapitals zehn Prozent des jährlichen Gewinns erhält. Eine Beteiligung am etwaigen laufenden Verlust wurde auf die Einlage des A beschränkt. Für den Fall eines Ausscheidens von A wurde vereinbart, dass sich der Rückzahlungsbetrag am Unternehmenswert, insbesondere unter Einbeziehung von Firmenwert und stillen Reserven zu diesem Zeitpunkt, prozentual zum überlassenen Kapital errechnen. Die Mitwirkungs- und Kontrollrechte des A ergeben sich aus den gesetzlichen Vorgaben (§§ 230 ff HGB). Er hat darüber hinaus entsprechend des Umfangs seiner Beteiligung ein Stimmrecht bei Gesellschafterbeschlüssen. A darf vor allem nicht nach außen für die Gesellschaft auftreten und auch keinen direkten Einfluss auf das operative Geschäft nehmen.

Während X seinen Anteil aus Erspartem finanziert, muss Y zur Finanzierung seines Anteils ein Darlehen in Höhe von 50 000 € zu einem Zinssatz von 8 % jährlich aufnehmen. Gegenüber X äußert er allerdings, dass er für solche „Peanuts" kein Darlehen brauche. Um nicht gegenüber X bloßgestellt zu werden, gibt Y auch bei der einheitlichen und gesonderten Gewinnfeststellung der X & Y OHG als Sonderbetriebsausgaben „0" an. Dementsprechend wurde der Zinsaufwand des Y (4000 €) nicht im Bescheid vom Freitag, den 15.6.02, über die Gewinnfeststellung berücksichtigt, der per Post an die „X & Y OHG, zHd X" geschickt wurde. X nimmt den Bescheid aus dem Briefkasten der OHG, faxt ihn an Y und legt ihn nach einer Prüfung zu seinen Unterlagen. Y findet das Fax, legt es ebenfalls zu seinen Unterlagen und vergisst es dort.

Am Dienstag, dem 28.8.02, erhält Y seinen Einkommensteuerbescheid 01, der hinsichtlich der Einkünfte aus der X & Y OHG den Gewinnfeststellungsbescheid vom 15.6.02 zugrunde legt, ohne den erst in seiner Einkommensteuererklärung angegebenen Zinsaufwand (4000 €) zu berücksichtigen.

Fall 4 *Schweig still*

Y kommt zu Ihnen und fragt, welche Möglichkeiten er habe, den Zinsaufwand des Jahres 01 doch steuermindernd zu berücksichtigen. Schließlich habe er den Feststellungsbescheid nicht direkt vom Finanzamt erhalten. Einen gemeinsamen Empfangsbevollmächtigten habe man für die OHG auch nicht bestellt. Am liebsten würde Y allein gegen seinen Einkommensteuerbescheid vorgehen. Notfalls würde er auch unmittelbar den Gewinnfeststellungsbescheid anfechten, der nach seiner Auffassung zumindest hinsichtlich seiner Zinsaufwendungen geändert oder ergänzt werden müsste.

Frage 1: Zu welcher Einkunftsart gehören die Einkünfte des A, die er aufgrund seiner Beteiligung als stiller Gesellschafter bezieht?

Frage 2: Welche Möglichkeiten hat Y, damit seine Zinsaufwendungen bei der Veranlagung für das Jahr 01 noch gewinnmindernd berücksichtigt werden?

Bearbeitervermerk: Etwaigen gesetzlichen Hinweispflichten ist das FA nachgekommen.

Vorüberlegungen

Frage 1 behandelt ein klassisches Problem der Mitunternehmereigenschaft, nämlich die Abgrenzung eines stillen vom atypisch stillen Gesellschafter. Dabei ist vor allem die Mitunternehmerstellung des stillen Gesellschafters zu prüfen. Da es sich dabei um einen Typusbegriff handelt, sind bei der Subsumtion die im Sachverhalt gegebenen Informationen vollständig im Rahmen einer eigenständigen Diskussion auszuwerten. Zu welchem Ergebnis der Bearbeiter gelangt, ist meist zweitrangig, da oft einzelfallabhängig beide Ansichten vertretbar sind.

257

Frage 2 geht auf Rechtsschutzmöglichkeiten eines Gesellschafters einer Personengesellschaft gegen die Festsetzung eines zu hohen Gewinns aus seiner Beteiligung ein.

258

Das Vorgehen gegen den Einkommensteuerbescheid (Folgebescheid) ist wegen § 351 Abs. 2 AO problematisch. Wenn es sich dabei mit der hM um eine Zulässigkeitsvoraussetzung handelt, ist ein Einspruch gegen den Folgebescheid wegen Fehlern im Grundlagenbescheid regelmäßig unzulässig. Etwas anderes kann nur gelten, wenn der Grundlagenbescheid im Einzelfall keine Wirkungen gegenüber einzelnen Gesellschaftern entfaltet.

Bei einem Vorgehen gegen den Feststellungsbescheid (Grundlagenbescheid) ist hingegen zumeist die Einspruchsfrist abgelaufen. Es bleibt höchstens eine Wiedereinsetzung in den vorigen Stand. Anhand der Fragestellung müssen die Bearbeiter auch weitere Handlungsalternativen prüfen, etwa einen Antrag auf Änderung des Grundlagenbescheids oder Erlass eines Ergänzungsbescheids.

Fall 4 *Schweig still*

Gliederung

259 **Frage 1:**
- **A. Einkünfte aus Kapitalvermögen (§ 20 Abs. 1 Nr 4 EStG)**
  - I. Beteiligung als stiller Gesellschafter an einem Handelsgewerbe (§ 230 HGB)
  - II. Mitunternehmerstellung des A (§ 15 Abs. 1 Satz 1 Nr 2 EStG)
  - III. Ergebnis
- **B. Einkünfte aus Gewerbebetrieb (§ 15 Abs. 1 Satz 1 Nr 2 EStG)**

Frage 2:
- **A. Einspruch gegen den eigenen Einkommensteuerbescheid**
  - I. Zulässigkeit
    1. Statthaftigkeit
    2. Einspruchsbefugnis
    3. Einspruchsfrist
    4. Bindungswirkung des Grundlagenbescheids
       a) § 351 Abs. 2 AO als Zulässigkeitsvoraussetzung?
       b) Grundsätzliche Bindungswirkung des Grundlagenbescheides
       c) Bindungswirkung gegenüber Y
  - II. Ergebnis
- **B. Einspruch gegen den Grundlagenbescheid**
  - I. Zulässigkeit
    1. Statthaftigkeit
    2. Einspruchsbefugnis
    3. Einspruchsfrist
    4. Antrag auf Wiedereinsetzung in den vorigen Stand
  - II. Ergebnis
- **C. Änderung des Grundlagenbescheids**
- **D. Ergänzungsbescheid**
- **E. Ergebnis**

Musterlösung

Frage 1

Bei den Einkünften des A könnte es sich um solche aus Kapitalvermögen gem. § 20 Abs. 1 Nr 4 EStG oder aus Gewerbebetrieb gem. § 15 Abs. 1 Satz 1 Nr 2 EStG handeln.

260

A. Einkünfte aus Kapitalvermögen (§ 20 Abs. 1 Nr 4 EStG)

A erzielt Einkünfte aus Kapitalvermögen gem. § 2 Abs. 1 Satz 1 Nr 5, § 20 Abs. 1 Nr 4 EStG, wenn es sich bei den Einnahmen aus der Kapitalüberlassung um Einnahmen aus der Beteiligung an einem Handelsgewerbe als stiller Gesellschafter handelt, es sei denn, dass der Gesellschafter oder Darlehensgeber als Mitunternehmer anzusehen ist.

261

I. Beteiligung als stiller Gesellschafter an einem Handelsgewerbe (§ 230 HGB)

A beteiligt sich gem. § 20 Abs. 1 Nr 4 EStG als stiller Gesellschafter (§ 230 HGB) an einem Handelsgewerbe, wenn er sich an einem von einem anderen betriebenen Handelsgewerbe mit einer Vermögenseinlage beteiligt, die in das Vermögen des Inhabers des Handelsgeschäfts übergeht. Dabei muss er zwingend am Gewinn des Geschäftsinhabers beteiligt werden (§ 231 Abs. 2 2. HS HGB). Die Beteiligung am Verlust kann hingegen ausgeschlossen sein (§ 231 Abs. 2 1. HS HGB).

262

A beteiligt sich an der X & Y OHG. Die X & Y OHG ist eine Handelsgesellschaft iSd § 6 Abs. 1 HGB, die bereits wegen ihrer Rechtsform Kaufmann ist[1]. Die Vermögenseinlage des A ging in das Vermögen der OHG über und A wurde am Gewinn der OHG beteiligt.

A beteiligte sich somit als stiller Gesellschafter an der X & Y OHG.

II. Mitunternehmerstellung des A (§ 15 Abs. 1 Satz 1 Nr 2 EStG)

A dürfte gem. § 20 Abs. 1 Nr 4 Satz 1 2. HS EStG nicht Mitunternehmer des Handelsgewerbes sein[2]. Mitunternehmer ist, wer Mitunternehmerinitiative entfaltet und Mitunternehmerrisiko trägt[3]. Dabei ist zu beachten, dass es sich bei dem Begriff des Mitunternehmers um einen sog. Typusbegriff handelt[4]. Das bedeutet, dass die genannten Merkmale des Begriffs vorliegen müssen, allerdings verschieden stark ausgeprägt sein können. So kann eine Mitunternehmerschaft vorliegen, wenn die Mitunternehmerinitia-

263

---

1 *Wedemann*, in: Oetker, Handelsgesetzbuch, 5. Aufl 2017, § 230 Rn 17.
2 Generell zu dieser Abgrenzung bei der stillen Gesellschaft: BFH, IV R 61/78, BStBl II 1982, 59; VIII R 364/83, BStBl II 1986, 311; VIII R 20/01, BFH/NV 2003, 601.
3 BFH, GrS 4/82, BStBl II 1984, 751 (769); VIII R 66/97 ua, BStBl II 2000, 183 (184).
4 BFH, IV B 28/73, BStBl II 1974, 404 (406); GrS 4/82, BStBl II 1984, 751 (769); *Hennrichs*, in: Tipke/Lang, § 10 Rn 38; *Wacker*, in: Schmidt, EStG, § 15 Rn 261; zum Typusbegriff vgl *Englisch*, in: Tipke/Lang, § 5 Rn 53 f.

tive deutlich hervortritt, das Mitunternehmerrisiko hingegen nur schwach ausgeprägt ist. Gleiches gilt für den umgekehrten Fall[5]. Es ist insoweit eine Gesamtbildbetrachtung vorzunehmen.

264 (Volles) Mitunternehmerrisiko liegt vor, wenn eine Beteiligung nicht nur am laufenden Gewinn und Verlust gegeben ist (vgl § 232 Abs. 1, 2 Satz 1 und § 235 Abs. 2 Satz 2 HGB), sondern darüber hinaus auch an den stillen Reserven und dem Firmenwert teilgenommen wird[6].

265 A ist (mittelbar) am laufenden Gewinn beteiligt und sein Abfindungsguthaben soll sich unter Berücksichtigung von stillen Reserven und Firmenwert errechnen. Insoweit steht er einem Mitunternehmer gleich. Hingegen ist A nur eingeschränkt am laufenden Verlust beteiligt. Dadurch ist sein Risiko der Beteiligung entgegen einem typischen Unternehmer reduziert, allerdings nicht ausgeschlossen. Insoweit entspricht die vertraglich vorgesehene Regelung derjenigen des Gesetzes, § 232 Abs. 2 Satz 1 HGB. Es ist deshalb nicht von einem Fehlen des Mitunternehmerrisikos auszugehen; dies ist lediglich leicht eingeschränkt[7].

266 Mitunternehmerinitiative beschreibt die Einflussnahmemöglichkeiten des stillen Gesellschafters auf das Handelsgewerbe und die unternehmerischen Entscheidungen[8]. Das Gesetz gibt dem stillen Gesellschafter nach § 233 Abs. 1 HGB lediglich ein Prüfrecht bezüglich der Jahresabschlüsse und schließt ausdrücklich die weitergehenden Kontrollrechte gem. § 716 BGB aus, § 233 Abs. 2 HGB. Dem stillen Gesellschafter können allerdings vertraglich weitergehende Rechte gewährt werden.

267 Die Kontrollrechte des A halten sich im Rahmen des § 233 Abs. 1 HGB. Weitergehende Rechte sind ihm aber nicht eingeräumt. Ihm ist insoweit lediglich eine prüfende Funktion gegeben. Er darf weder nach außen hin auftreten, noch wird ihm ein Einflussrecht auf das operative Geschäft eingeräumt. Er kann also grundsätzlich nicht lenkend bzw mitbestimmend auf die Gesellschaft und deren Geschäfte Einfluss nehmen. Allerdings kann er in besonders wichtigen Fällen, nämlich immer dann, wenn ein Gesellschafterbeschluss notwendig ist, direkt auf die Entscheidung Einfluss nehmen. Zusammengefasst hat er trotzdem relativ geringe Möglichkeiten, auf die Gesellschaft einzuwirken.

268 Im Gesamtbild ergibt sich, dass A gegenüber einem typischen Mitunternehmer ein lediglich etwas geringeres Mitunternehmerrisiko trägt, das sich allerdings im Rahmen des gesetzlich vorgegebenen Normalfalles hält. Die Mitunternehmerinitiative entspricht zum großen Teil den gesetzlichen Regelungen, geht aber leicht darüber hinaus und gibt ihm damit ein, wenn auch nur geringes, Recht, aktiv auf Entscheidungen Einfluss zu

---

5 BFH, VIII R 66/97 ua, BStBl II 2000, 183 (184); VIII R 20/01, BFH/NV 2003, 601 (602); VIII R 74/03, BStBl II 2006, 595, (597); VIII R 5/04, BFH/NV 2007, 906 (907).
6 BFH, VIII R 66–70/97, BStBl II 2000, 183 (184); VIII R 20/01, BFH/NV 2003, 601 (602); *Haep*, in: Herrmann/Heuer/Raupach, § 15 EStG Rn 394.
7 Vgl BFH, IV 294/64, BStBl II 1970, 320 (321); IV R 61/78, BStBl II 1982, 59 (60): „Unternehmerrisiko ... wesentlich vermindert", wenn gar nicht am Verlust teilgenommen wird.
8 BFH, GrS 4/82, BStBl II 1984, 751, (769); VIII R 50/92, BStBl II 1994, 282 (285); VIII R 74/03, BStBl II 2006, 595 (597).

nehmen und diese nicht nur im Nachhinein zu kontrollieren. Insgesamt spricht das Gesamtbild dafür, den A als Mitunternehmer anzusehen.

Dieses Ergebnis wird durch einen Vergleich mit dem Kommanditisten einer KG bekräftigt[9]. Da § 15 Abs. 1 Satz 1 Nr 2 EStG alle Gesellschafter umfasst, geht er davon aus, dass auch die Kommanditisten einer KG Mitunternehmer sind. Bezüglich des Mitunternehmerrisikos sieht § 167 Abs. 3 HGB eine der vorliegenden Regelung identische Regelung vor[10]. Die für die Mitunternehmerinitiative wichtigen Rechte des § 233 HGB entsprechen denjenigen des § 166 HGB für den Kommanditisten[11]. Auch diesem steht fast ausschließlich bei Gesellschafterbeschlüssen ein Mitwirkungsrecht zu, § 161 Abs. 2, § 119 HGB. Lediglich im Einzelfall gehen die gesetzlichen Rechte eines Kommanditisten weiter als diejenigen des A (§ 164 Satz 1 2. HS HGB), so dass die Stellung des A derjenigen eines Kommanditisten stark angenähert ist. Es ist dann nur konsequent, ihn ebenfalls als Mitunternehmer zu behandeln.

269

Im Ergebnis ist A deshalb Mitunternehmer[12].

III. Ergebnis

A erzielt keine Einkünfte aus Kapitalvermögen gem. § 20 Abs. 1 Nr 4 EStG.

270

B. Einkünfte aus Gewerbebetrieb (§ 15 Abs. 1 Satz 1 Nr 2 EStG)

A könnte Einkünfte aus Gewerbebetrieb gem. § 2 Abs. 1 Satz 1 Nr 2, § 15 Abs. 1 Satz 1 Nr 2 EStG erzielen. A ist Gesellschafter der X & Y OHG und dabei als Mitunternehmer anzusehen (s. Rn 263 ff). Er müsste darüber hinaus Mitunternehmer „des Betriebs" gem. § 15 Abs. 1 Satz 1 Nr 2 EStG sein. Dies ist der Fall, wenn die OHG ihrerseits gewerblich tätig ist[13].

271

Ob jemand gewerblich tätig ist, ist richtigerweise typologisch zu bestimmen[14]. Die in § 15 Abs. 2 EStG genannten Merkmalen sind solche, die dabei regelmäßig vorliegen. Die OHG betätigt sich durch den Autohandel unproblematisch mit Gewinnerzielungsabsicht selbstständig und nachhaltig am allgemeinen wirtschaftlichen Verkehr. Es handelte sich dabei weder um eine land- und forstwirtschaftliche noch um eine freiberufli-

272

---

9 Zu einem solchen Vergleich BFH, IV R 61/78, BStBl II 1982, 59; VIII R 364/83, BStBl II 1986, 311 (314).
10 Dies sieht BFH, GrS 4/82, BStBl II 1984, 751 (769 f); VIII R 74/03, BStBl II 2006, 595 (596 f) beim Kommanditisten als ausreichend an.
11 BFH, GrS 4/82, BStBl II 1984, 751 (769); VIII R 12/94, BStBl II 1997, 272 (275) geht davon aus, dass es für die Mitunternehmerinitiative genügt, dass die Stimm-, Kontroll- und Widerspruchsrechte denjenigen eines Kommanditisten angenähert sind.
12 Mit entsprechender Begründung ist auch das gegenteilige Ergebnis vertretbar. Wichtig ist lediglich, dass die im Sachverhalt gegebenen Angaben gewürdigt werden.
13 *Haep*, in: Herrmann/Heuer/Raupach, § 15 EStG Rn 367.
14 BFH, GrS 1/93, BStBl II 1995, 617 (619); X R 7/99, BStBl II 2004, 408 (409); III R 31/07, BFH/NV 2010, 844 (845); *Hey*, in: Tipke/Lang, § 8 Rn 415; *Stapperfend*, in: Herrmann/Heuer/Raupach, § 15 EStG Rn 1004.

che Tätigkeit. Die Tätigkeit geht auch über die private Vermögensverwaltung hinaus. Dieses negative Tatbestandsmerkmal ist zwar nicht in § 15 Abs. 2 Satz 1 EStG, sondern nur in § 14 Sätze 1, 3 AO genannt. Es ist jedoch allgemein anerkannt und lässt sich aus der Systematik des EStG unproblematisch herleiten[15].

273 Da sämtliche Merkmale vorliegen, die im Regelfall eine gewerbliche Tätigkeit ausmachen, und auch sonst keine Anhaltspunkte ersichtlich sind, weswegen der Autohandel nicht in gewerblicher Form ausgeübt werden sollte, handelt es sich bei der Tätigkeit der X & Y OHG um eine gewerbliche, so dass A auch Mitunternehmer „des Betriebes" ist[16].

Die aufgrund der Beteiligung an der X & Y OHG erzielten Einkünfte sind somit solche aus Gewerbebetrieb gem. § 2 Abs. 1 Satz 1 Nr 2, § 15 Abs. 1 Satz 1 Nr 2 EStG.

Frage 2

A. Einspruch gegen den eigenen Einkommensteuerbescheid

274 Ein Einspruch gegen den Einkommensteuerbescheid vom 28.8.02 hat Aussicht auf Erfolg, wenn er zulässig und begründet ist.

I. Zulässigkeit

1. Statthaftigkeit

275 Da es sich bei dem Einkommensteuerbescheid um einen Verwaltungsakt in einer Abgabenangelegenheit gem. § 347 Abs. 1 Satz 1 Nr 1 AO handelt, auf den die AO gem. § 1 Abs. 1 Satz 1 AO anwendbar ist, ist der Einspruch das statthafte Rechtsmittel.

2. Einspruchsbefugnis

276 Als Adressat eines belastenden Verwaltungsaktes ist Y beschwert, § 350 AO.

3. Einspruchsfrist

277 Gem. § 355 Abs. 1 Satz 1 AO müsste Y innerhalb eines Monats ab Bekanntgabe den Einspruch einlegen. Davon ist auszugehen.

4. Bindungswirkung des Grundlagenbescheids

278 Der Einspruch könnte gem. § 351 Abs. 2 AO unzulässig sein. Dazu müsste es sich bei § 351 Abs. 2 AO um eine Zulässigkeitsvoraussetzung, bei dem Feststellungsbescheid

---

15 StRspr BFH, VIII R 130/76, BStBl II 1980, 389 (391); VIII R 149/78, BStBl II 1981, 522 (525); GrS 4/82, BStBl II 1984, 751 (762); *Buge*, in: Herrmann/Heuer/Raupach, § 15 EStG Rn 1100; *Hey*, in: Tipke/Lang, § 8 Rn 414.
16 Das Vorliegen einer gewerblichen Tätigkeit muss nicht in dieser Ausführlichkeit dargestellt werden, da dies bei einem Autohandel offensichtlich ist. Wichtig ist aber, dass positiv festgestellt wird, dass die OHG gewerblich tätig ist.

vom 15.6.02 um einen Grundlagenbescheid handeln und dieser Grundlagenbescheid müsste gegenüber Y wirksam sein.

a) § 351 Abs. 2 AO als Zulässigkeitsvoraussetzung?

Für die Annahme, § 351 Abs. 2 AO enthalte keine Zulässigkeitsvoraussetzung, könnte sprechen, dass ein Einspruch gem. § 357 Abs. 3 Satz 3 AO nicht zwingend begründet werden muss („sollen"). Daraus ließe sich folgern, dass es für die Zulässigkeit ausreicht, inhaltlich allein die Beschwer im Rahmen der Einspruchsbefugnis hinreichend substantiiert darzulegen. Da auch von einem bestandskräftigen Verwaltungsakt eine solche Beschwer ausgehen kann, ließe sich der Schluss ziehen, dass § 351 Abs. 2 AO erst den Prüfungsumfang im Rahmen der Begründetheit des Einspruchs einschränkt[17].

Dagegen spricht, dass § 351 Abs. 2 AO ausdrücklich auf die „Anfechtung" als solche abstellt, also eine weitere einschränkende Regelung für die „Anfechtung" selbst und damit für die Zulässigkeit des Einspruchs vorsieht. Hierfür spricht auch die gesetzessystematische Stellung in § 351 AO im Ersten Abschnitt des Siebenten Teils mit der amtlichen Überschrift „Zulässigkeit". Auch in der Sache greift der Beschwerdeführer, der Fehler des Grundlagenbescheids beanstandet, nur diesen an. Nur dadurch ist er seiner Ansicht nach zu Unrecht beschwert. Dafür steht ihm gerade der Einspruch gegen den Grundlagenbescheid, nicht aber gegen den Folgebescheid zur Verfügung. Das spricht dafür, die Vorgaben aus § 351 Abs. 2 AO bereits als Zulässigkeitsvoraussetzungen anzusehen[18].

Hinweis: Die andere Ansicht ist an dieser Stelle ebenso vertretbar. Bearbeiter die dieser folgen, müssen im Rahmen der Begründetheit die nachfolgende Prüfung vornehmen.

b) Grundsätzliche Bindungswirkung des Grundlagenbescheides

Damit der Einspruch tatsächlich gem. § 351 Abs. 2 AO unzulässig ist, müsste es sich bei dem an die OHG gerichteten Bescheid vom 15.6.02 um einen Grundlagenbescheid und bei dem nunmehr an Y übersandten Bescheid vom 28.8.02 um einen Folgebescheid handeln.

Der Grundlagenbescheid ist ein für die Festsetzung einer Steuer bindender Feststellungsbescheid, § 171 Abs. 10 AO. Nach § 179 Abs. 1, § 180 Abs. 1 Nr 2 lit. a AO werden Besteuerungsgrundlagen bei einkommensteuerpflichtigen Einkünften durch Feststellungsbescheid gesondert (und gem. § 179 Abs. 2 Satz 2 AO einheitlich) festgestellt, wenn an den Einkünften mehrere Personen beteiligt sind und die Einkünfte diesen zuzurechnen sind. Die Bindungswirkung für Folgebescheide ergibt sich aus § 182 Abs. 1 Satz 1 AO.

---

17 BFH, I R 162/84, BStBl II 1988, 142.
18 BFH, IV R 67/95, BFH/NV 1997, 114; *Birk/Desens/Tappe*, Steuerrecht, Rn 527, 534; *Birkenfeld*, in: Hübschmann/Hepp/Spitaler, § 351 AO Rn 12 f; *Seer*, in: Tipke/Kruse, § 351 AO Rn 54.

283 An den Einkünften der OHG sind mehrere Personen (A, X und Y) beteiligt und diesen Personen sind die Einkünfte zuzurechnen. Für den Einkommensteuerbescheid des Y ist die Gewinnfeststellung des ihm zuzurechnenden Gewinns im Rahmen des Feststellungsbescheids der OHG von Bedeutung (vgl § 182 Abs. 1 Satz 1 AO), so dass es sich um einen für die Folgebescheide bindenden Grundlagenbescheid handelt. Danach ist der Einspruch des Y grundsätzlich unzulässig.

c) Bindungswirkung gegenüber Y

284 Diese Bindungswirkung kann für Y aber nur eintreten, wenn der Grundlagenbescheid ihm gegenüber wirksam ist. Unwirksame Grundlagenbescheide entfalten dagegen auch keine Bindungswirkung[19]. Die mangelnde Bindungswirkung kann auch im Einspruchsverfahren gegen den Einkommensteuerbescheid geltend gemacht werden.

285 Ein Steuerverwaltungsakt wird nach § 124 Abs. 1 Satz 1 AO gegenüber demjenigen, für den er bestimmt ist oder der von ihm betroffen wird (sog. Inhaltsadressat[20]), in dem Zeitpunkt wirksam, indem er ihm bekannt gegeben worden ist (vgl § 122 AO).

286 Der Inhaltsadressat muss als solcher ausreichend klar im Bescheid bezeichnet sein[21]. Als Adressat des Bescheids ist im Adressfeld nur die OHG angegeben. In der Begründung des Bescheids sind jedoch ausdrücklich auch Sonderbetriebsausgaben des Y mit „0" angegeben. Damit ist auch Y als Inhaltsadressat anzusehen. Nicht notwendig ist dafür, dass jeder Adressat im Adressfeld eines Bescheides genannt ist[22]. Ansonsten würde – systematisch betrachtet – § 183 AO leer laufen.

287 Ein Verwaltungsakt ist nach § 122 Abs. 1 Satz 1 AO demjenigen bekannt zu geben, der von ihm betroffen ist. Bekanntgabe eines schriftlichen Verwaltungsaktes setzt den Zugang mit entsprechendem Willen der Behörde voraus. Zugegangen ist der Verwaltungsakt, wenn er so in den Machtbereich des Adressaten gelangt ist, dass diesem die Kenntnisnahme möglich war und erwartet werden konnte[23].

Die Übersendung des Bescheids per Fax durch X an Y stellt keine solche Bekanntgabe dar, da sie nicht mit Willen der Behörde geschah.

288 Die Bekanntgabe gegenüber X könnte gem. § 183 Abs. 1 AO jedoch zugleich eine Bekanntgabe gegenüber Y bewirkt haben, wenn X als Empfangsbevollmächtigter anzusehen wäre (Satz 1 oder Satz 2) und bei der Bekanntgabe an X darauf hingewiesen wurde, dass die Bekanntgabe für und gegen alle Feststellungsbeteiligten wirkt (Satz 5).

289 Eine Empfangsbevollmächtigung durch ausdrückliche Bestellung (§ 183 Abs. 1 Satz 1 AO), scheidet aus, weil für die OHG kein gemeinsamer Empfangsbevollmächtigter

---

19 Für den Fall der Änderung eines Einkommensteuerbescheids (Folgebescheids): BFH, III B 6/85, BStBl II 1986, 477 (477 f); III R 26/85, BStBl II 1988, 660 (661).
20 Vgl *Seer*, in: Tipke/Kruse, § 122 AO Rn 18; *Müller-Franken*, in: Hübschmann/Hepp/Spitaler, § 122 AO Rn 90 ff.
21 BFH, XI R 42, 43/88, BStBl II 1992, 585 (586).
22 BFH, III R 19/75, BStBl II 1977, 783 (784); XI R 42, 43/88, BStBl II 1992, 585 (586).
23 *Seer*, in: Tipke/Kruse, § 122 AO Rn 11.

bestellt wurde. In solchen Konstellationen fingiert jedoch § 183 Abs. 1 Satz 2 AO, dass ein zur Vertretung der Gesellschaft Berechtigter als Empfangsbevollmächtigter anzusehen ist. X ist – wie im Übrigen auch Y – für die OHG alleinvertretungsberechtigt und wird damit als Empfangsbevollmächtigter fingiert. Der Hinweispflicht über die Wirkung gegenüber den übrigen Feststellungsbeteiligten (§ 183 Abs. 1 Satz 5 AO) ist das Finanzamt laut Bearbeitervermerk nachgekommen.

Die gegenüber X erfolgte Bekanntgabe des Feststellungsbescheides wirkte daher gem. § 183 Abs. 1 Sätze 2, 5 AO auch gegenüber Y.

II. Ergebnis

Der Grundlagenbescheid ist gegenüber Y wirksam. Ein Einspruch gegen den Einkommensteuerbescheid durch Y ist daher nach § 351 Abs. 2 AO bereits unzulässig.

B. Einspruch gegen den Grundlagenbescheid

Ein Einspruch gegen den Grundlagenbescheid vom 15.6.02 hat Aussicht auf Erfolg, wenn er zulässig und begründet ist.

I. Zulässigkeit

1. Statthaftigkeit

Der Einspruch gegen den Grundlagenbescheid ist gem. § 347 Abs. 1 Satz 1 Nr 1 AO statthaft.

2. Einspruchsbefugnis

Da die Sonderbetriebsausgaben des Y in dem Grundlagenbescheid, dessen Adressat er ist (s. Rn 285 f), nicht aufgenommen sind, kann er gem. § 350 AO geltend machen, durch den Bescheid beschwert zu sein. Das Vorliegen einer solchen Beschwer ist zumindest möglich.

3. Einspruchsfrist

Der Einspruch müsste gem. § 355 Abs. 1 Satz 1 AO innerhalb eines Monats ab Bekanntgabe eingelegt werden. Die Frist beginnt demgemäß mit der Bekanntgabe des Steuerbescheids.

Die Bekanntgabe des Grundlagenbescheids an X wirkte auch gegenüber Y (§ 183 Abs. 1 Sätze 2, 5 AO). Er gilt gemäß § 122 Abs. 2 Nr 1 AO am dritten Tage nach Aufgabe zur Post als übermittelt, also am Montag, den 18.6.02. Die Widerspruchsfrist lief somit gem. § 108 Abs. 1 AO, § 187 Abs. 1 BGB vom 19.6.02 bis zum 18.7.02 (§ 108 Abs. 1 AO, § 188 Abs. 2 Alt. 1 BGB). Der Einspruch erfolgte jedoch nicht vor dem 28.8.02 und ist somit nicht fristgerecht.

4. Antrag auf Wiedereinsetzung in den vorigen Stand

296 Ein möglicher Antrag auf Wiedereinsetzung in den vorigen Stand (§ 110 Abs. 1 Satz 1 AO) hätte Aussicht auf Erfolg, wenn Y ohne eigenes Verschulden an der Einspruchseinlegung gehindert gewesen wäre. Schuldhaft idS handelt, wer die gebotene und eigenmögliche Sorgfalt bei der Fristwahrung außer Acht lässt und dadurch die Frist versäumt[24].

Indem Y den Bescheid vergaß, ließ er diese eigenmögliche Sorgfalt vollkommen außer Acht und handelte somit beim Fristversäumnis schuldhaft[25]. Ein Antrag auf Wiedereinsetzung in den vorigen Stand hat somit keine Aussicht auf Erfolg.

II. Ergebnis

297 Ein Einspruch gegen den Grundlagenbescheid vom 15.6.02 ist unzulässig.

C. Änderung des Grundlagenbescheids

298 Möglicherweise kommt eine Änderung des Grundlagenbescheides gem. § 181 Abs. 1 Satz 1, § 172 Abs. 1 Satz 1 Nr 2 lit. d, § 173 Abs. 1 Nr 2 AO in Betracht. Dafür müssten Tatsachen oder Beweismittel nachträglich bekannt werden, die zu einer niedrigeren Steuer führen würden und den Steuerpflichtigen dürfte kein grobes Verschulden am nachträglichen Bekanntwerden der Tatsachen treffen.

299 Nachträglich bekannt werdende Tatsachen für das Finanzamt, wären die von Y gezahlten Zinsen, welche als Sonderbetriebsausgaben grundsätzlich einkünftemindernd wirken. Allerdings hätte Y im Veranlagungs- oder spätestens im von ihm (rechtzeitig) durchzuführenden Einspruchsverfahren diese Zinsen angeben können. Er handelte insoweit grob schuldhaft, so dass eine nachträgliche Änderung gem. § 181 Abs. 1 Satz 1, § 172 Abs. 1 Satz 1 Nr 2 lit. d, § 173 Abs. 1 Nr 2 AO nicht möglich ist.

D. Ergänzungsbescheid

300 Möglicherweise kommt in Betracht, die Sonderbetriebsausgaben im Rahmen eines Ergänzungsbescheids gem. § 179 Abs. 3 AO zu berücksichtigen.

---

24 Vgl ausführlich *Brandis*, in: Tipke/Kruse, § 110 AO Rn 11 ff.
25 Problematisch wäre es gewesen, wenn X dem Y den Bescheid nicht weitergeleitet hätte und er deshalb keinen Einspruch hätte einlegen können. Mangels Eigenverschuldens des Y würde sich dann die Frage stellen, ob ein Verschulden des X dem Y zuzurechnen wäre. In Betracht kämen als Zurechnungsnormen § 110 Abs. 1 Satz 2 AO oder § 278 BGB analog. Die hM lehnt eine solche Zurechnung des Verschuldens des Empfangsbevollmächtigten gem. § 110 Abs. 1 Satz 2 AO und analog § 278 BGB ab: BFH, XI R 11/07, HFR 2008, 665; *Brandis*, in: Tipke/Kruse, § 110 AO Rn 16 und *Söhn*, in: Hübschmann/Hepp/Spitaler, § 110 AO Rn 246 (beide für Empfangsbevollmächtigte iSv § 123 AO).

Es müsste in dem Feststellungsbescheid eine notwendige, nachholbare Feststellung unterblieben sein. Die Feststellung von Sonderbetriebsausgaben ist nachholbar. Unterblieben ist die Feststellung, wenn eine Lücke im Bescheid besteht. Dies ist hingegen nicht der Fall, wenn der Bescheid lediglich materiell-rechtlich falsch ist.

Die Sonderbetriebsausgaben des Y sind mit „0" festgestellt worden. Das bedeutet, es existiert eine Feststellung. Diese ist falsch. Es kann insoweit keinen Unterschied machen, ob die Sonderbetriebsausgaben mit einer positiven, einer negativen Summe oder eben null festgestellt werden. Es ist in allen Fällen eine bestimmte Summe festgestellt. Anders wäre dies nur, wenn gar nichts festgestellt worden wäre und die Sonderbetriebsausgaben deshalb bei null lägen. Für eine solche Handhabung spricht auch, dass für eine inhaltlich falsche, aber positive Feststellung von null Euro Sonderbetriebsausgaben gerade die Korrekturvorschriften existieren, deren enge Voraussetzungen nicht ausgehöhlt werden dürfen[26].

301

Mangels Lücke können die Sonderbetriebsausgaben deshalb nicht im Rahmen eines Ergänzungsbescheids geltend gemacht werden.

E. Ergebnis

Y hat keine Möglichkeit, seine Zinsausgaben als Sonderbetriebsausgaben geltend zu machen.

302

---

26 BFH, IX R 21/98, BStBl II 2002, 309 (310); *Birk/Desens/Tappe*, Steuerrecht, Rn 534; *Brandis*, in: Tipke/Kruse, § 179 AO Rn 25 aE.

… Fall 4 *Schweig still*

Zur Wiederholung

Übersicht 4: Rechtsschutzverfahren

303 **I. Außergerichtlicher Rechtsschutz**
1. **Ziele des Einspruchsverfahrens**
   - Rechtsschutz des Steuerpflichtigen (kostenfreies Rechtsschutzverfahren)
   - Selbstkontrolle der Verwaltung (verlängertes Verwaltungsverfahren)
   - Entlastung der Finanzgerichte
2. **Zulässigkeitsvoraussetzungen des Einspruchs** → gem. § 358 AO von Amts wegen zu prüfen und ggf als unzulässig zu verwerfen
   a) Statthaftigkeit des Einspruchs, § 347, § 348 AO
      - hauptsächlich gegen VA in Abgabenangelegenheiten (§ 347 I 1 Nr 1, II AO)
      - Statthaftigkeit in den Fällen des § 348 AO wieder ausgeschlossen
   b) Einspruchsbefugnis, §§ 350–353 AO
      - Notwendigkeit der Beschwer im Tenor des VA (§ 350 AO); dafür genügt schon die Beeinträchtigung rechtlich geschützter Interessen, zB bei unzweckmäßigem, aber nicht rechtswidrigem Ermessensgebrauch
   c) Form und Frist, § 355, § 356, § 357 I, III AO
      - Schriftlich oder zur Niederschrift, § 357 I 1 AO
      - Innerhalb eines Monats ab Bekanntgabe, § 355 I 1, § 122 AO (mit ordnungsgemäßer Rechtsbehelfsbelehrung, § 356 AO)
   d) Kein Rechtsbehelfsverbrauch (zB gem. § 354 AO)
   e) Keine Bindungswirkung anderer Verwaltungsakte (str, s. Falllösung)
   f) Sonstige Zulässigkeitsvoraussetzungen wie zB richtiger Adressat des Einspruchs, Verfahrensfähigkeit
3. **Wirkungen des Einspruchs**
   - Gem. § 361 I 1 AO kein Suspensiveffekt, dh der VA bleibt vollziehbar
   - Die Vollziehung kann ganz oder teilweise auf Antrag oder von Amts wegen ausgesetzt werden, § 361 II AO
      - Aussetzung der Vollziehung (AdV) soll (und muss) geschehen, wenn ernstliche Zweifel an der Rechtmäßigkeit des VA bestehen, § 361 II 2 Alt. 1 AO
      - AdV ist ebenfalls zu gewähren, wenn durch die Vollziehung eine unbillige, nicht durch überwiegende öffentliche Interessen gebotene Härte entstünde; unbillig ist die Härte, wenn sie durch eine spätere Rückzahlung nicht wieder gut gemacht werden könnte, § 361 II 2 Alt. 2 AO
      - Die AdV wirkt richtigerweise als Vollzugshemmnis, die Fälligkeit wird hingegen nicht hinausgeschoben
      - Vor einem gerichtlichen Antrag auf AdV ist gem. § 69 IV 1 FGO grds ein Antrag bei der Behörde zu stellen
4. **Einspruchsentscheidung**
   - Ergeht gem. § 367 I 1 AO durch die Ausgangsbehörde → kein Devolutiveffekt
      - Die Einspruchsbehörde prüft den VA in vollem Umfang, § 367 II 1 AO, also auf Rechtmäßigkeit und Zweckmäßigkeit
      - Einer Einspruchsentscheidung bedarf es nur, wenn dem Einspruch nicht vollständig abgeholfen wird
      - Eine Verböserung ist gem. § 367 II 2 AO nach einem entsprechenden Hinweis möglich

II. Gerichtlicher Rechtsschutz
1. **Zulässigkeitsvoraussetzungen einer Klage** → ähnlich derjenigen im Verwaltungsrechtsstreit
   a) Finanzrechtsweg, § 33 FGO
   b) Statthafte Klageart
      - Das System der Klagearten ist demjenigen der VwGO ähnlich
      - Häufigster Fall ist die Anfechtungsklage (§ 40 I Alt. 1 FGO) gegen einen Steuerbescheid
      - Ebenso gibt es die Verpflichtungsklage (§ 40 I Alt. 2), die Feststellungsklage (§ 41 I FGO), die allgemeine Leistungsklage (§ 40 Alt. 3) sowie die Fortsetzungsfeststellungsklage (arg. e § 100 I 4 FGO)
   c) Klagebefugnis, § 40 II FGO (analog für Feststellungsklagen) → die Verletzung eigener Rechte muss möglich erscheinen
   d) Erfolgloses Einspruchsverfahren, § 44 I FGO
      - Nach Sinn und Zweck des § 44 I FGO, der auch dem Schutz des Klägers dient, schließt die Rechtsbehelfsentscheidung das Vorverfahren auch ab, wenn sie unvollständig ist
      - Ausnahme: Sog. Sprungklage gem. § 45 FGO mit Zustimmung der Behörde zB in Fällen der Rüge der Verfassungswidrigkeit eines Gesetzes
      - Ausnahme: Sog. Untätigkeitsklage gem. § 46 I 1 FGO, wenn nicht in angemessener Frist (mindestens 6 Monate, § 46 I 2 FGO) über den Einspruch entschieden wurde oder gem. § 46 II FGO iVm § 348 Nr 3, 4 AO
   e) Form (§ 64 FGO) und Frist (nur bei Anfechtungs- und Verpflichtungsklagen, § 47, § 55 FGO; Ausnahme gem. § 367 IIb 5 AO)
   f) Sonstige Zulässigkeitsvoraussetzungen wie zB Beteiligtenfähigkeit (§ 57 FGO), Prozessfähigkeit (§ 58 FGO) oder Klageverzicht (§ 50 I 3 FGO) in der Klausur nur prüfen, wenn der SV Anlass dazu gibt
2. **Rechtsmittel gegen Entscheidungen des Finanzgerichts**
   - Die Finanzgerichtsbarkeit hat als einziger Gerichtszweig in Deutschland nur einen zweistufigen Instanzenzug; eine Berufungsinstanz gibt es nicht, Rechtsmittelinstanz ist daher der BFH
   - Urteile und Gerichtsbescheide sind mit der Revision (§§ 115 ff FGO), andere Entscheidungen mit der Beschwerde (§§ 128 ff FGO) anzugreifen
   - Die Revision ist nur aus den in § 115 II FGO genannten Gründen zulässig; sie muss entweder im Urteil zugelassen sein (§ 115 I FGO) oder auf Beschwerde vom BFH (§ 116 FGO) zugelassen werden

Fall 5

Der unterrichtende Fahrlehrer

Schwerpunkte: **Einkommensteuerrecht:** Abgrenzung der freiberuflichen zur gewerblichen Tätigkeit (LB § 5 Rn 738–745); Gewinnermittlung: Betriebsvermögensvergleich (LB § 5 Rn 841–848, 878–890); Entnahmen und Einlagen (§ 5 Rn 952–959); AfA (LB § 5 Rn 927–934); **Abgabenordnung:** sog. wirtschaftliches Eigentum (LB § 3 Rn 314–319); Drittaufwand (LB § 5 Rn 1041); Korrektur von Steuerbescheiden (LB § 4 Rn 409–437)

Schwierigkeitsgrad: hoch, Bearbeitungszeit: 5 Stunden

304 Teil 1

X, der nach seinem abgebrochenen Abitur eine Bäckerlehre absolviert und eine zehnmonatige Fahrlehrerausbildung abgeschlossen hat, ist Inhaber einer Fahrschule. Seinen Gewinn ermittelt er durch Betriebsvermögensvergleich. Die meiste Zeit unterrichtet er eigene Fahrschüler. Daneben beschäftigt er aber weitere zehn angestellte Fahrlehrer mit der gleichen beruflichen Qualifikation. Im Jahr 09 mietet er für seine Fahrschulautos eine große Garage (Herstellungskosten: 100 000 €, betriebsgewöhnliche Nutzungsdauer: 20 Jahre) für monatlich 1000 € an, wobei er den Mietvertrag vorausschauend planend für die nächsten 50 Jahre abschließt. Die Garage wird von ihm deshalb in die Bilanz als Wirtschaftsgut mit aufgenommen.

Da das äußere Erscheinungsbild nicht seinen Ansprüchen genügt, plant er – da sich der Vermieter dazu nicht bereit erklärt – auf seine Kosten die Fassade neu streichen zu lassen. Aufgrund eines längeren Krankenhausaufenthaltes bittet er seine Mutter (M) für ihn einen Malermeister herauszusuchen und zu beauftragen. M holt diverse Angebote ein und beauftragt schlussendlich einen Handwerker in eigenem Namen mit den entsprechenden Leistungen. Die Rechnung in Höhe von 10 000 € – die auch an M gerichtet ist – bezahlt M kurzerhand selbst, da sie ohnehin vorhatte, ihrem einzigen Sohn X einen Teil des Erbes vorab auszuzahlen. Die 10 000 € hat X bei sich in voller Höhe gewinnmindernd berücksichtigt, da eine steuerrechtliche Berücksichtigung bei M ja nicht möglich sei.

1. Sind die Einkünfte gewerbesteuerpflichtig?

2. Durfte X die Garage in seine Steuerbilanz aufnehmen?

3. Erfolgte die Gewinnminderung aufgrund des Fassadenanstrichs durch X zu Recht? Auf umsatzsteuerrechtliche Fragen ist nicht einzugehen.

Teil 2

X, der noch ein größeres Wohnhaus in einer anderen Stadt zu Wohnzwecken an verschiedene Mieter umsatzsteuerfrei vermietet, hat im Juli eine spezielle Nebenkostenabrechnungssoftware (betriebsgewöhnliche Nutzungsdauer: 9 Jahre) für 900 € (756,30 € + 19 % USt [143,70 €]) erworben. In der Steuererklärung 09 macht X 50 € Werbungskosten aus AfA für die Software geltend. Das Computerprogramm der Finanzverwaltung ändert die Angabe automatisch und setzt für die Software einen Sofortabzug in Höhe von 900 € an. Der Bescheid von 09 wird bestandskräftig. Als X bei der Steuererklärung 10 Werbungskosten aus AfA für die Software iHv 100 € geltend macht, erkennt der zuständige Finanzbeamte, dass X bereits in seiner Steuererklärung für 09 die reguläre AfA gewählt hat. Nachforschungen ergaben, dass das Computerprogramm der Finanzverwaltung fehlerhaft programmiert war und bei Anschaffungskosten bis 800 € (ohne Vorsteuerbetrag) zwingend von einem Sofortabzug ausgegangen ist. Der Finanzbeamte ändert – nach Anhörung des X – den Steuerbescheid 09 dementsprechend.

Der Finanzbeamte ist der Auffassung, dass der Bescheid von 09 offenbar unrichtig war. Zudem habe er auch erst jetzt, also bei der Veranlagung 10 von der Ausübung des Wahlrechts Kenntnis erlangt hat; jedenfalls sei die unterschiedliche Behandlung in 09 und 10 unlogisch. Außerdem müsse der Steuerpflichtige einer Änderung des Bescheids von 09 offenkundig zustimmen; eine Verweigerung des Einverständnisses verstieße jedenfalls gegen Treu und Glauben.

X legt gegen den Änderungsbescheid Einspruch ein.

4. Ist der Einspruch des X begründet?

Bearbeitervermerk: Es ist einheitlich das derzeit geltende Recht anzuwenden. Auf alle im Sachverhalt angesprochenen Rechtsfragen ist ggf im Wege eines Hilfsgutachtens einzugehen.

Fall 5 *Der unterrichtende Fahrlehrer*

Vorüberlegungen

305 Auch wenn zunächst nach der Gewerbesteuerpflicht der Einkünfte gefragt wird, werden damit nicht Spezialkenntnisse des Gewerbesteuerrechts, sondern die grundsätzliche Frage nach der Abgrenzung von gewerblichen Einkünften zu den übrigen Einkünften, thematisiert.

In der zweiten Frage wird die Gewinnermittlung durch Betriebsvermögensvergleich (§ 5 Abs. 1 EStG) angerissen, wobei auch hier die entscheidende Frage anhand allgemeiner Zurechnungsgrundsätze und nicht durch Spezialwissen aus dem Bilanzsteuerrecht gelöst werden kann. Gleiches gilt für die dritte Frage. Aus der Sicht des Bearbeiters gilt es zu erkennen, wie sich bestimmte Geschäftsvorfälle auf das Geschäftsergebnis eines bilanzierenden Gewerbetreibenden auswirken und über welche Instrumentarien eine nicht betrieblich veranlasste Vermögensmehrung durch einen Dritten in der Gewinnermittlung nach § 5 Abs. 1 EStG zu korrigieren ist.

306 Anhand der vierten Frage werden schließlich einige Probleme aus dem Bereich der Korrekturvorschriften der Abgabenordnung bei Steuerbescheiden erörtert. Es empfiehlt sich, die am Ende des Sachverhalts genannten Argumente des Finanzbeamten, die eine Änderung rechtfertigen könnten, nacheinander anhand der § 129, §§ 172 ff AO zu prüfen.

Gliederung

Teil 1: Die ertragsteuerrechtlichen Fragen   **307**
  A. Gewerbesteuerpflicht der Einkünfte eines Fahrschullehrers
    I. Gewerbliche Tätigkeit oder freiberufliche Tätigkeit
      1. Voraussetzungen einer unterrichtenden Tätigkeit
      2. Vorliegen einer leitenden und eigenverantwortlichen Tätigkeit?
    II. Ergebnis
  B. Aktivierung der Garage in der Bilanz
    I. Ansatz als Wirtschaftsgut im Betriebsvermögen
    II. Zurechnung der Garage aufgrund langfristiger Vermietung?
      1. Maßgebende Zurechnungsvorschrift
      2. Vom Eigentum abweichende, wirtschaftliche Zurechnung
    III. Ergebnis
  C. Gewinnminderung aufgrund des Fassadenanstrichs
    I. Berücksichtigung des Aufwands der M bei X
      1. Verstoß gegen Besteuerung nach der eigenen Leistungsfähigkeit?
        a) Leistungsfähigkeit bei abgekürztem Zahlungsweg
        b) Leistungsfähigkeit bei abgekürztem Vertragsweg
      2. Bewertung
    II. Ergebnis

Teil 2: Begründetheit des Einspruchs des X
  A. Rechtsgrundlage des Änderungsbescheides
  B. Formelle Rechtmäßigkeit des Änderungsbescheides
  C. Materielle Rechtmäßigkeit des Änderungsbescheides
    I. Änderung nach § 129 Satz 1 AO
    II. Änderung nach § 173 Abs. 1 Nr 1 AO
      1. Tatsache, die zu einer höheren Steuer führt
      2. Nachträgliches Bekanntwerden
      3. Zwischenergebnis
    III. Änderung nach § 173a AO
    IV. Änderung nach § 174 AO
    V. Änderung nach § 172 Abs. 1 Satz 1 Nr 2 lit. a AO iVm dem Grundsatz von Treu und Glauben
    VI. Ergebnis

Musterlösung

Teil 1: Die ertragsteuerrechtlichen Fragen

A. Gewerbesteuerpflicht der Einkünfte eines Fahrschullehrers

308 Der Gewerbesteuer unterliegt gem. § 2 Abs. 1 Satz 1 GewStG jeder stehende Gewerbebetrieb, soweit er im Inland betrieben wird. Unter Gewerbebetrieb ist ein gewerbliches Unternehmen iSd EStG zu verstehen (§ 2 Abs. 1 Satz 2 GewStG). Über diesen Verweis in das EStG ist daher zu prüfen, ob die Tätigkeit des X als gewerbliche Tätigkeit iSd § 15 EStG zu betrachten ist.

I. Gewerbliche Tätigkeit oder freiberufliche Tätigkeit

309 Gewerbebetrieb ist gem. § 15 Abs. 2 Satz 1 EStG eine selbstständige nachhaltige Tätigkeit, die mit der Absicht der Gewinnerzielung unternommen wird und sich als Beteiligung am allgemeinen wirtschaftlichen Verkehr darstellt, wenn die Betätigung weder als Ausübung von Land- und Forstwirtschaft noch als Ausübung eines freien Berufs oder einer anderen selbstständigen Arbeit anzusehen ist. Ungeschriebenes Merkmal des Gewerbebetriebs ist zudem, dass es sich um keine bloße Vermögensverwaltung (vgl § 14 AO) handelt. Die Tätigkeit des X geht über die private Vermögensverwaltung hinaus. Auch die positiven Merkmale des Gewerbebetriebs sind erfüllt. Zu prüfen ist nun, ob X als Fahrlehrer und Inhaber der Fahrschule eine freiberufliche Tätigkeit ausübt. Der Gewerbebetrieb ist daher von der freiberuflichen Tätigkeit gem. § 18 EStG abzugrenzen. § 18 Abs. 1 Nr 1 Satz 2 EStG zählt bestimmte freiberufliche Tätigkeiten auf, ua die *unterrichtende* Tätigkeit.

1. Voraussetzungen einer unterrichtenden Tätigkeit

310 Im vorliegenden Fall könnte X als Fahrlehrer eine *unterrichtende Tätigkeit* selbstständig ausüben. Der BFH[1] geht grundsätzlich davon aus, dass die Tätigkeit als Fahrlehrer eine solch unterrichtende Tätigkeit sei. Zweifel an dieser Bewertung des BFH bestehen zum einen im Hinblick auf die Tatsache, dass sich der Fahrunterricht nicht auf die Vermittlung von Wissen (wie zB bei Lehrenden) konzentriert, sondern der Hauptteil idR in dem (bloßen) Üben von alltäglichen Abläufen im Straßenverkehr unter Zurverfügungstellung eines besonderen Hilfsmittels (Fahrschulauto) besteht.

311 Zum anderen bestehen Zweifel, da bei der Bejahung von den „ähnlichen Berufen" iSv § 18 Abs. 1 Nr 1 Satz 2 (letzte Alt.) EStG im Allgemeinen[2] auf die besondere berufliche Qualifikation (Hochschulstudium, naturwissenschaftliche Ausbildung) von Freiberuflern abgestellt wird. So soll § 18 EStG Tätigkeiten erfassen, bei denen idR nach wissenschaftlicher oder hochschulmäßiger Ausbildung die eigene Verantwortung im Vordergrund steht[3].

---
1 BFH, IV 601/55 U, BStBl III 1956, 334; V R 87/85, BFH/NV 1991, 848.
2 Vgl *Pfirrmann*, in: Kirchhof, EStG, § 18 Rn 83 mwN.
3 *Pfirrmann*, in: Kirchhof, EStG, § 18 Rn 1.

312 Hinzu kommt – jedenfalls bei der Beurteilung der Gewerbesteuerpflicht – der Sinn und Zweck der Gewerbesteuer. Dieser besteht – sofern die Gewerbesteuer zusätzlich zur Einkommensteuer noch gerechtfertigt werden soll – als Gemeindesteuer in der besonderen Inanspruchnahme der natürlichen Ressourcen einer Gemeinde, welche durch einen Gewerbetreibenden typisiert betrachtet deutlich höher sind als bei einem Freiberufler, der seine Tätigkeit weniger unter Einsatz von Material, Maschinen und Personal als mehr durch den Einsatz seiner *geistigen Fähigkeiten* und seiner persönlichen Arbeitskraft erbringt[4].

313 Gerade Letzteres scheint bei einem Fahrlehrer weniger der Fall zu sein, da dieser die natürlichen Ressourcen einer Gemeinde (Luft, Platz und Raum, Ruhe) in erheblichem Maße unter Einsatz von Treibstoff und eines Pkw nutzt (Staub, Abgase, Lärm). Auch die berufliche Qualifikation (Bäckerlehre und zehnmonatige Fahrlehrerausbildung) entspricht nicht unbedingt dem typischen Bild eines Freiberuflers (sofern ein solches überhaupt existiert), was letztendlich auch durch den geringen Anteil an Wissensvermittlung (eigenverantwortliche Lehrtätigkeit) in der „Fahrschulausbildung" verstärkt bzw bestätigt wird.

Insofern kann bereits die Tätigkeit als Fahrschullehrer nicht als unterrichtende Tätigkeit iSd § 18 Abs. 1 Nr 1 Satz 2 EStG eingestuft werden.

2. Vorliegen einer leitenden und eigenverantwortlichen Tätigkeit?

314 Darüber hinaus könnte das Vorliegen von Einkünften aus selbstständiger Arbeit daran scheitern, dass X im Rahmen seiner Fahrschule nicht leitend und eigenverantwortlich tätig iSv § 18 Abs. 1 Nr 1 Satz 3 2. HS EStG ist.

315 Der Steuerpflichtige erzielt Einkünfte aus freiberuflicher Tätigkeit (§ 18 Abs. 1 Nr 1 Satz 2 EStG), wenn er – ggf unter Mithilfe fachlich vorgebildeter Arbeitskräfte – auf Grund der eigenen Fachkenntnisse leitend und eigenverantwortlich tätig wird. Dies wird im Allgemeinen nach den Umständen des Einzelfalls beurteilt. Hierfür sind die Unternehmensstruktur, die individuelle Leistungskapazität des Steuerpflichtigen und die Qualifikation der Mitarbeiter zu berücksichtigen[5]. Eine leitende und eigenverantwortliche Tätigkeit liegt im Einzelfall zB – im Falle eines Arztes – dann nicht vor, wenn die Zahl der vorgebildeten Arbeitskräfte und die Zahl der täglich anfallenden Untersuchungen eine Eigenverantwortlichkeit ausschließen.

316 Für die Ausübung einer selbstständigen Tätigkeit ist nach gängiger Auffassung charakteristisch und auch erforderlich, dass der Berufsträger eine persönliche Arbeitsleistung erbringt, hinter der die für einen Gewerbebetrieb ausreichende Betriebsleistung zurücktritt[6]. Der BFH hält dabei an dem Gedanken fest, dass sich der Umfang einer freiberuf-

---

4 Vgl BFH, IV 429/52 U, BStBl III 1953, 142 (143); *Siewert*, in: Frotscher/Geurts, § 18 EStG Rn 4; *Hutter*, in: Blümich, § 18 EStG Rn 4, 50.
5 Vgl BMF v. 12.2.2009, BStBl I 2009, 398 zur ärztlichen Tätigkeit.
6 BFH, V R 87/85, BFH/NV 1991, 848 (Fahrlehrer mit acht Angestellten); *Wacker*, in: Schmidt, EStG, § 18 Rn 6.

lichen Tätigkeit nicht beliebig vergrößern lässt, ohne dass ihre Freiberuflichkeit in Frage gestellt ist. Kennzeichnend für die leitende Tätigkeit ist – neben der Festlegung von Grundzügen für die Organisation des Tätigkeitsbereichs sowie der dienstlichen Aufsicht über die Mitarbeiter – die Planung, Überwachung und Kompetenz zur Entscheidung in Zweifelsfällen[7]. Eine eigenverantwortliche Berufsausübung ist gegeben, wenn die persönliche Teilnahme des Berufsträgers an der praktischen Tätigkeit gewährleistet ist[8].

317 Letzteres scheidet im vorliegenden Fall aus, da alle gleich qualifizierten Fahrlehrer ihre Fahrschüler eigenverantwortlich „unterrichten" und es daher für X unmöglich ist, bei allen zehn angestellten Fahrlehrern zumindest partiell eigenverantwortlich bzw kontrollierend an deren unterrichtender Tätigkeit teilzunehmen bzw persönlich zu verantworten. Das gilt umso mehr, als dass X noch selbst die meiste Zeit eigene Fahrschüler unterrichtet. Insofern tritt die persönliche Arbeitsleistung des X hinter der „Betriebsleistung" der „Fahrschule X" zurück.

II. Ergebnis

318 Die Tätigkeit als Fahrlehrer stellt keine unterrichtende Tätigkeit iSd § 18 EStG dar. Unabhängig davon stellt sich aufgrund der fehlenden Eigenverantwortlichkeit des X für die Tätigkeiten im Rahmen seiner Fahrschule bei einer Gesamtbetrachtung heraus, dass die Einkünfte aus der Fahrschule des X nicht mehr als Einkünfte aus einer leitenden und eigenverantwortlichen freiberuflichen, sondern als Einkünfte aus einer gewerblichen Tätigkeit iSd § 15 EStG zu betrachten sind. Damit liegen zugleich auch die Voraussetzungen des § 2 GewStG vor, so dass die Einkünfte des X gewerbesteuerpflichtig sind.

B. Aktivierung der Garage in der Bilanz

319 Zu klären ist, ob X die Garage in die Bilanz aufnehmen konnte. X unterhält mit der Fahrschule einen Gewerbebetrieb. Einkünfte sind bei Gewerbebetrieb gem. § 2 Abs. 2 Satz 1 Nr 1 EStG der Gewinn. Gewinn ist gem. § 4 Abs. 1 Satz 1 EStG der Unterschiedsbetrag zwischen dem Betriebsvermögen am Schluss des Wirtschaftsjahres und dem Betriebsvermögen am Schluss des vorangegangenen Wirtschaftsjahres, vermehrt um den Wert der Entnahmen und vermindert um den Wert der Einlagen. X ermittelt laut Sachverhalt seinen Gewinn durch Betriebsvermögensvergleich (§ 5 Abs. 1, § 4 Abs. 1 EStG).

Hinweis: Damit würde sich auch bei der Annahme einer freiberuflichen Tätigkeit die Gewinnermittlung nach § 4 Abs. 1 EStG richten, was über den Gedanken des Art. 3 Abs. 1 GG zu dem gleichen Ergebnis wie bei der Gewinnermittlung nach § 5 Abs. 1 EStG führen würde[9].

---

7 BFH, X B 54/87, BStBl II 1988, 17 (18); IV R 140/88, BStBl II 1990, 507 (508).
8 BFH, X B 54/87, BStBl II 1988, 17 (19); IV R 140/88, BStBl II 1990, 507 (508); V R 87/85, BFH/NV 1991, 848.
9 Vgl BFH, VIII R 110/79, BStBl II 1984, 227 (229); X R 37/91, BStBl II 1994, 172 (173); ähnlich *Crezelius*, in: Kirchhof, EStG, § 5 Rn 12, § 4 Rn 3.

I. Ansatz als Wirtschaftsgut im Betriebsvermögen

Gem. § 5 Abs. 1 Satz 1 EStG ist für den Schluss des Wirtschaftsjahres das Betriebsvermögen anzusetzen, das nach den handelsrechtlichen Grundsätzen ordnungsgemäßer Buchführung (sog. Maßgeblichkeitsgrundsatz[10]) auszuweisen ist. X ist somit verpflichtet, im Rahmen des Betriebsvermögensvergleichs nach § 4 Abs. 1, § 5 Abs. 1 EStG iVm § 242 Abs. 1 Satz 1, § 246 Abs. 1 Satz 2 HGB alle seine zum Betriebsvermögen gehörenden Wirtschaftsgüter in der Bilanz auszuweisen. **320**

Unter einem Wirtschaftsgut werden alle vermögenswerten Vorteile verstanden, deren Erlangung sich der Kaufmann etwas kosten lässt, die einer selbstständigen Bewertung zugänglich sind, in der Regel einen Nutzen über mehrere Jahre erbringen und übertragbar sind[11]. Die Garage stellt ein solches Wirtschaftsgut dar. Da sie von X für die Fahrschulautos genutzt und damit ausschließlich und unmittelbar für betriebliche Zwecke verwendet wird, wäre sie auch ein Wirtschaftsgut des Betriebsvermögens. Zu klären ist aber noch, ob sie ein Wirtschaftsgut *seines* Betriebsvermögens ist. **321**

Die Garage steht nicht in seinem Eigentum, sondern wurde „nur" über 50 Jahre (mithin mehr als das Doppelte der betriebsgewöhnlichen Nutzungsdauer) angemietet. Zu entscheiden ist daher, ob dennoch bereits ein Wirtschaftsgut des X vorliegt, das er gem. § 4 Abs. 1, § 5 Abs. 1 EStG auf der Aktivseite in der Bilanz auszuweisen hat, oder ob aufgrund der durch die Anmietung unberührten Eigentümerstellung des Vermieters ein Wirtschaftsgut des Vermieters vorliegt, das – wenn überhaupt – in der Bilanz des Vermieters auszuweisen wäre.

II. Zurechnung der Garage aufgrund langfristiger Vermietung?

1. Maßgebende Zurechnungsvorschrift

Zu bilanzieren hat das Wirtschaftsgut derjenige, dem es zuzurechnen ist. Fraglich ist aber, nach welchen Regeln die Zurechnung eines Wirtschaftsguts zu erfolgen hat. Einerseits enthält § 39 AO eigenständige steuerrechtliche Zurechnungsregeln für Wirtschaftsgüter und wird daher als vorrangige Zurechnungsvorschrift angesehen[12]. Andererseits soll, da ein entsprechender Vorbehalt für eine spezielle steuerrechtliche Zurechnung in § 4 Abs. 1 Satz 9, § 5 Abs. 6 EStG fehlt, und § 5 Abs. 1 EStG (auch: § 4 Abs. 2 EStG) nur auf die Grundsätze ordnungsgemäßer Buchführung (GoB) verweist, die Zurechnung nach den GoB erfolgen (vgl auch § 246 Abs. 1 Satz 2 HGB)[13]. Jedoch stellt die *steuerrechtliche* Zurechnungsvorschrift des § 39 AO eine Spezialregelung zu den lediglich über den Verweis in § 5 Abs. 1 EStG geltenden *handelsrechtlichen* Grundsät- **322**

---

10 Zur Reichweite ausführlich *Hummel*, FR 2010, 163 ff.
11 BFH, XI R 34/88, BStBl II 1992, 893 (894); X R 139/93, BFH/NV 1997, 105; *Weber-Grellet*, in: Schmidt, EStG, § 5 Rn 94 ff mwN.
12 BFH, IV R 144/66, BStBl II 1970, 264 (272); IV R 43/80, BStBl II 1983, 631 (632).
13 BFH, I R 146/81, BStBl II 1984, 825 (826); *Anzinger*, in: Herrmann/Heuer/Raupach, § 5 EStG Rn 35 ff; *Krumm*, in: Blümich, § 5 EStG Rn 510; *Drüen*, in: Tipke/Kruse, § 39 AO Rn 11.

zen ordnungsgemäßer Buchführung dar. Die Zurechnung von Wirtschaftsgütern richtet sich im Ertragsteuerrecht daher nach § 39 AO[14].

2. Vom Eigentum abweichende, wirtschaftliche Zurechnung

323 Nach der Grundaussage in § 39 Abs. 1 AO sind Wirtschaftsgüter dem Eigentümer zuzuordnen. Allerdings erlaubt § 39 Abs. 2 Nr 1 Satz 1 AO davon abweichende Zurechnungen, wenn ein anderer als der Eigentümer die tatsächliche Herrschaft so ausübt, dass er den Eigentümer wirtschaftlich von dem Wirtschaftsgut ausschließen kann. Ein wirtschaftlicher Ausschluss ist nicht nur in den beispielhaften Fällen des § 39 Abs. 2 Nr 1 Satz 2 AO, sondern regelmäßig dann anzunehmen, wenn dem Eigentümer während der gewöhnlichen Nutzungsdauer ein Herausgabeanspruch nicht mehr zusteht oder der Herausgabeanspruch wirtschaftlich keine Bedeutung mehr hat[15]. Daraus leitet sich auch der Begriff des sog. „wirtschaftlichen Eigentums" ab. Die Bezeichnung als wirtschaftliches Eigentum ist insofern „missglückt", da weder das EStG noch das BGB ein von dem normalen Eigentum abweichendes Eigentum kennen[16].

Hinweis: Insofern wird niemand abweichend vom Zivilrecht Eigentümer, sondern er bleibt ein Nichteigentümer. Insoweit besteht eine Kongruenz zwischen Zivil- und Steuerrecht. Außerdem weist § 39 Abs. 2 Nr 1 AO nicht abweichend vom Zivilrecht, sondern in Übereinstimmung mit dessen Wertungen, den materiellen Gehalt des Eigentums zu[17].

324 Es ist eine wertende Zuordnung vorzunehmen, die stets danach auszurichten ist, ob dem Nichteigentümer eine eigentumsähnliche Rechtsposition eingeräumt wurde[18].

325 Allein aus seiner Stellung aus dem Mietvertrag als Nutzungsberechtigter ergibt sich kein Nutzungsrecht iSe wirtschaftlichen Eigentums[19]. Denn der Mieter kann weder wie ein Eigentümer mit der Sache nach Belieben verfahren noch den Eigentümer wirtschaftlich ausschließen. Fraglich ist, ob sich daran etwas ändert, weil die Garage über 50 Jahre angemietet wurde. Der BFH hat dies in seiner älteren Rspr so vertreten[20]. Mittlerweile stellt der BFH im Einkommensteuerrecht nicht mehr auf die Dauer der vereinbarten Nutzung im Verhältnis zur betriebsgewöhnlichen Lebensdauer ab. Insbesondere hat der BFH[21] klargestellt, dass allein aus der Nutzungsberechtigung (unerheblich ist

---

14 Diese Streitfrage hat jedoch kaum praktische Auswirkung und es ist kaum vorstellbar, dass es zu einer unterschiedlichen Beurteilung der Zurechnungsfragen in Handels- und Steuerrecht kommt, *Krumm*, in: Blümich, § 5 EStG Rn 510; *Fischer*, in: Hübschmann/Hepp/Spitaler, § 39 AO Rn 27. Der BFH, I R 57/10, BStBl II 2012, 407 (410) hat die Streitfrage ebenfalls offengelassen.
15 ZB BFH, III R 233/90, BStBl II 1992, 182 (183 f); IV R 33/13, BStBl II 2018, 81 (83); *Drüen*, in: Tipke/Kruse, § 39 AO Rn 23.
16 *Drüen*, in: Tipke/Kruse, § 139 AO Rn 21.
17 Vgl ausführlich *Hummel*, Gebäude auf fremdem Grund und Boden, 2009, S. 31 ff mwN.
18 BFH, X R 92/92, BStBl II 1998, 97; *Birk/Desens/Tappe*, Steuerrecht, Rn 316.
19 BFH, X R 91/94, BStBl II 1998, 203 (204); III R 42/02, BFH/NV 2005, 164 (165 f); IV R 33/13, BStBl II 2018, 81 (83); *Fischer*, in: Hübschmann/Hepp/Spitaler, § 39 AO Rn 137.
20 BFH, V R 137/75, BStBl II 1978, 280 (283), der allein aus der 30-jährigen Laufzeit eine Zurechnung herleitet und die Kündigungsmöglichkeit als mit dem „normalen Verlauf der Dinge" unvereinbar ansieht; X R 92/92, BStBl II 1998, 97 (99).
21 BFH, X R 20/99, BFH/NV 2001, 9 (10); III R 42/02, BFH/NV 2005, 164 (166); X R 55/01, BFH/NV 2005, 517 (518); vgl auch BFH, I 133/64, BStBl II 1971, 133 (134), der bei Mietkaufverträgen allein die Kaufoption darüber entscheiden lässt, ob denn nun sog. wirtschaftliches Eigentum vorliegt oder nicht.

dabei, ob diese schuldrechtlicher oder dinglicher Natur ist) und der voraussichtlichen Nutzungsdauer eines Gebäudes kein sog. wirtschaftliches Eigentum abgeleitet werden kann.

Dies ist zutreffend, denn allein die Nutzungsberechtigung über eine längere Zeit und das allenfalls zufällige Zusammenfallen mit der betriebsgewöhnlichen Lebensdauer führen nicht zu einer mit dem Eigentümer vergleichbaren Stellung[22]. Ansonsten würde jeder langfristige Mietvertrag[23] zum „wirtschaftlichen Eigentum" des Mieters führen, was nicht dem Sinn und Zweck des § 39 AO entspricht, der allein die formalen Kriterien des zivilrechtlichen Eigentums für unbeachtlich erklärt, sofern die materiellen Kriterien erfüllt sind. Im Ergebnis zeigt die entgeltliche Nutzungsüberlassung an den Mieter im Grundsatz, dass dem Vermieter die Nutzungsbefugnis (die sich in der Überlassung des Besitzes an einen Dritten – hier den Mieter – zeigt) an dem Gegenstand zusteht. Der Mieter hat lediglich ein vom Vermieter abgeleitetes, aber kein originäres Besitzrecht. Letztendlich kann auch der Vermieter den Gegenstand weiterhin veräußern, belasten und so darüber verfügen. 326

Insbesondere aufgrund eines jederzeit bestehenden Kündigungsrechts aus wichtigem Grund kann allein die Langfristigkeit eines Dauerschuldverhältnisses nicht zu einer von § 39 AO bezweckten Gleichstellung des formellen mit dem materiellen Eigentümer führen. Da der Vermieter grundsätzlich verpflichtet ist, den Mietgegenstand in einem entsprechenden Zustand zu erhalten, trägt er sowohl weiterhin das Risiko des zufälligen Untergangs, als auch den Vorteil potentieller Wertsteigerungen, die er unabhängig von der Vermietung an X mittels Verkauf des Grundstücks realisieren kann. 327

III. Ergebnis

Folglich hat die langfristige Vermietung keinen Einfluss auf die Zurechnung des Wirtschaftsgutes an den Vermieter der Garage, so dass X die Garage nicht als „sein Wirtschaftsgut" in der Bilanz zu erfassen hat. 328

C. Gewinnminderung aufgrund des Fassadenanstrichs

Fraglich sind die Gewinnauswirkungen im Rahmen des Fassadenanstrichs, da diese Kosten von M aus privaten Gründen (vorweggenommene Erbfolge) getragen wurden. 329

Hätte X die Kosten für den Anstrich der Garage mit betrieblichen Geldmitteln bezahlt, würden diese, da sie betrieblich veranlasst, aber mangels Anschaffung oder Herstellung eines Wirtschaftsgutes nicht aktivierungsfähig sind, grundsätzlich sofort und in gleicher Höhe das Betriebsvermögen und über den Betriebsvermögensvergleich als betrieblich veranlasste Vermögensminderungen den Gewinn mindern. Insofern läge eine Gewinnminderung im Rahmen des § 5 Abs. 1, § 4 Abs. 1 EStG (durch die Reduzierung des Kassenbestandes bei fehlender Aktivierung des Aufwands in gleicher Höhe) vor. 330

---

22 BFH, III R 42/02, BFH/NV 2005, 164; IX R 14/06, BFH/NV 2007, 1471 (1472).
23 So aber noch BFH, V R 137/75, BStBl II 1978, 280 (283).

331 Hätte X die Kosten von seinem Privatkonto bezahlt, dann hätte dies zwar keine Auswirkungen auf den Betriebsvermögensvergleich im Sinne von § 4 Abs. 1 Satz 1 1. HS EStG, es sei denn, man fingiert für eine logische Sekunde eine Einzahlung auf das betriebliche Konto bzw die Betriebskasse. Diese würde aber gem. § 4 Abs. 1 Satz 8 EStG als Einlage von dem Unterschiedsbetrag im Sinne von § 4 Abs. 1 Satz 1 1. HS EStG abgezogen werden.

I. Berücksichtigung des Aufwands der M bei X

332 Da nicht X, sondern eine Dritte (hier M) aus privaten Gründen die Kosten getragen hat, stellt sich hier aber die Frage, ob X trotz fehlender Minderung seiner finanziellen Leistungsfähigkeit diese Aufwendungen als betrieblich veranlasste Vermögensminderungen steuerrechtlich geltend machen kann (sog. Drittaufwand).

333 Diese Problematik wird im Einkommensteuerrecht im Wesentlichen als eine Frage der Zurechnung der Aufwendungen betrachtet[24]. Die Annahme eines berücksichtigungsfähigen Drittaufwands wird dabei mit dem Zuwendungsgedanken gerechtfertigt[25], wobei es sich eigentlich weniger um eine Frage der Zurechnung des Aufwandes, als mehr um eine Frage der Übertragung einer Belastung auf einen Dritten handelt.

334 Gem. § 5 Abs. 1, § 4 Abs. 1 EStG bemisst sich der Gewinn des X aus dem Unterschiedsbetrag des Betriebsvermögens am Schluss des Wirtschaftsjahres und dem Betriebsvermögen am Schluss des vorangegangenen Wirtschaftsjahres, vermehrt um Entnahmen und vermindert um Einlagen. Da der Fassadenanstrich keine Auswirkungen auf das Betriebsvermögen (eine Aktivierung als Wirtschaftsgut scheidet mangels Wirtschaftsguteigenschaft dieser Dienstleistung aus) entfaltet, kommt eine Betriebsvermögensbeeinflussung nicht in Betracht.

335 Da die Zuwendung des Anstrichs (bzw die Bezahlung der Kosten) aus privaten Gründen erfolgte, kommt aber eine gewinnreduzierende Berücksichtigung als Einlage gem. § 4 Abs. 1 Satz 8 EStG in Betracht. Insofern soll die Regelung des § 4 Abs. 1 Satz 8 EStG eine nicht betrieblich verursachte Steigerung des Betriebsvermögens ausgleichen, die vorläge, wenn M dem X das Geld auf das betriebliche Konto überwiesen und geschenkt hätte. § 4 Abs. 1 Satz 8 EStG verlangt, dass der Steuerpflichtige „Wirtschaftsgüter" dem Betrieb zugeführt hat. Hier hat aber M lediglich den Fassadenanstrich in Auftrag gegeben bzw bezahlt und somit „nur" den Aufwand iHv 10 000 € getragen.

1. Verstoß gegen Besteuerung nach der eigenen Leistungsfähigkeit?

336 Fraglich ist, ob dennoch eine gewinnreduzierende Einlage iSd § 4 Abs. 1 EStG angenommen werden kann, da insbesondere eine eigene Belastung des X nicht vorliegt. Die

---

24 BFH, VIII R 22/92, BStBl II 2001, 385 (388); *Hey*, in: Tipke/Lang, § 8 Rn 223; *Thürmer*, in: Blümich, § 9 EStG Rn 173; *Kreft*, in: Hermann/Heuer/Raupach, § 9 EStG Rn 43; wohl auch *von Beckerath*, in: Kirchhof, EStG, § 9 Rn 11.
25 *Hey*, in: Tipke/Lang, § 8 Rn 224 f; *Thürmer*, in: Blümich, § 9 EStG Rn 175; *Kreft*, in: Hermann/Heuer/Raupach, § 9 EStG Rn 43.

Notwendigkeit einer eigenen Belastung des Steuerpflichtigen ergibt sich im Einkommensteuerrecht aus dem Prinzip der Besteuerung nach der finanziellen Leistungsfähigkeit[26] und könnte hier fehlen.

Der Hintergrund dieser Problematik liegt darin, dass die Herkunft der Geldmittel für Aufwendungen im Rahmen einer Einkunftsart bei der zutreffenden Besteuerung (dh bei der Besteuerung nach der finanziellen Leistungsfähigkeit) nicht maßgeblich ist[27]. Andererseits soll für die Abgrenzung von beachtlichen Eigen- zum unbeachtlichen Drittaufwand das Kostentragungsprinzip maßgebend sein[28], das aber gerade im Verhältnis nahe stehender Personen aufgrund der meist fehlenden Interessengegensätze (insb bei Ehegatten bzw Familienangehörigen) auch im Einkommensteuerrecht[29] nicht hilfreich ist. 337

a) Abgekürzter Zahlungsweg

Im Einkommensteuerrecht ist dabei die Tendenz erkennbar, den Drittaufwand unter erweiterten Voraussetzungen zuzulassen. Zunächst war nur die Fallgruppe des abgekürzten Zahlungswegs anerkannt[30]. Es kann keinen Unterschied machen, ob der Zahlende den Geldbetrag dem Steuerpflichtigen schenkt und dieser dann eigene Aufwendungen tätigt oder ob direkt für den Steuerpflichtigen gezahlt wurde[31]. 338

Ein abgekürzter Zahlungsweg liegt jedoch vorliegend nicht vor. Vielmehr hat die Mutter M auf eine eigene Verbindlichkeit geleistet, weil sie den Werkvertrag mit dem Handwerker im eigenen Namen abgeschlossen hat.

b) Abgekürzter Vertragsweg

Der BFH[32] hat diesen Gedanken auch auf den abgekürzten Vertragsweg (mit der nicht ganz verständlichen Ausnahme der Dauerschuldverhältnisse[33]) ausgedehnt, da der wirtschaftliche Gehalt zwischen beiden Varianten der gleiche sei. Der zivilrechtliche Unter- 339

---

26 *Lehner/Waldhoff*, in: Kirchhof/Söhn/Mellinghoff, EStG, § 1 Rn A 6, A 76 ff; *Hey*, in: Herrmann/Heuer/Raupach, Einf ESt Rn 1; *Ratschow*, in: Blümich, § 2 EStG Rn 11.
27 StRspr BFH, VI R 91/85; BStBl II 1987, 623 (624); IX R 25/03, BStBl II 2006, 623 (624); IX R 45/07, BStBl II 2008, 572 (573); IX R 27/08, BFH/NV 2009, 901 (902); *Kreft*, in: Herrmann/Heuer/Raupach, § 9 EStG Rn 40; *Hey*, in: Tipke/Lang, § 8 Rn 224.
28 *Hey*, in: Tipke/Lang, § 8 Rn 223; *Gröpl*, DStZ 2001, 65 (66); *Seitz*, FR 2006, 201 (203); vgl umfassend *Frye*, FR 1998, 973 (978 ff).
29 So zu Recht *Weber-Grellet*, DB 1995, 2550 (2554); ebenso *Eisgruber*, DStR 1997, 522 (528) zu Recht mit Hinweis auf die Wertung des § 26b EStG (Zusammenveranlagung).
30 BFH, VIII R 22/92, BStBl II 2001, 385 (388) X R 24/12, BStBl II 2015, 132 (133 f); *Hey*, in: Tipke/Lang, § 8 Rn 225; *Thürmer*, in: Blümich, § 9 EStG Rn 172; *Oertel*, in: Kirchhof, EStG, § 9 Rn 11.
31 BFH, IX R 25/03, BStBl II 2006, 623 (624); *Frye*, FR 1998, 973 (979); *Küffner/Haberstock*, DStR 2000, 1672 (1672).
32 BFH, IX R 25/03, BStBl II 2006, 623 f (ein vom Vater abgeschlossener Werkvertrag über Erhaltungsarbeiten am vermieteten Grundstück des StPfl); bestätigt durch IX R 45/07, BStBl II 2008, 572 (573); IX R 42/09, BStBl II 2011, 271 (272); für Bargeschäfte des täglichen Lebens so auch schon BFH, IV R 75/98, BStBl II 2000, 314 (315).
33 BFH, IV R 75/98, BStBl II 2000, 314 (315); IX R 14/00, BFH/NV 2003, 468 (469); III R 79/09, BStBl II 2011, 450 (451); BMF v. 7.7.2008, BStBl I 2008, 717. Zustimmend *Kreft*, in: Herrmann/Heuer/Raupach, EStG § 9 Rn 43. Kritisch zu Recht *Haenicke*, DStZ 2006, 793 (795).

schied der Zahlung auf eine eigene oder eine fremde Schuld ist für die Besteuerung wirtschaftlicher Vorgänge (§ 39, § 41 AO) irrelevant[34]. Das gilt umso mehr, als dass der zufällige Unterschied zwischen einer verdeckten Stellvertretung (sog. Geschäft für den, den es angeht) und einer bloß wirtschaftlichen Stellvertretung zu marginal ist[35], um daran steuerrechtliche (im Gegensatz zu zivilrechtlichen) Unterschiede festmachen zu wollen. Somit ist dem BFH zuzustimmen.

340 **Hinweis:** Dagegen soll die unentgeltliche Nutzungsüberlassung nicht dazu führen, dass der Nutzende auch die darauf entfallenden anteiligen AfA-Beträge geltend machen könne, da es an einem bilanzierungsfähigen Nutzungsrecht fehle[36]. Dagegen bestehen schon wegen Art. 3 Abs. 1 GG Bedenken. Hier braucht darauf aber nicht näher eingegangen zu werden, da eine bloße Nutzungsüberlassung eines Wirtschaftsgutes nicht vorliegt.

2. Bewertung

341 Zutreffend ist, dass der BFH[37] großzügig mit der Annahme von berücksichtigungsfähigem Drittaufwand umgeht, wenn der Zahlende einen Ersatzanspruch gegenüber dem Begünstigten hat. Da diesen dann die wirtschaftlichen Folgen treffen, liege eine Minderung der Leistungsfähigkeit vor.

342 Dieser Gesichtspunkt ist der Schlüssel zur zutreffenden Behandlung der Drittaufwandsfälle im Einkommensteuerrecht. Zivilrechtlich entsteht bei der Zahlung in fremdem Interesse grundsätzlich immer ein Aufwendungsersatzanspruch aufgrund einer Geschäftsführung ohne Auftrag gem. § 683 BGB oder bei deren Nichtvorliegen über die Konstruktion einer genehmigten Geschäftsführung[38] gem. § 684, § 683 BGB. Aufgrund dieser Verpflichtung des Geschäftsherrn gegenüber dem Geschäftsführer liegt ein Aufwand in der Sphäre des Steuerpflichtigen vor, auch wenn der Geschäftsführer auf seinen Anspruch wenig später aufgrund des Näheverhältnisses verzichtet.[39] Dass dieser Verzicht lediglich eine logische Sekunde nach dem Entstehen des Anspruchs erfolgt, ist für die Annahme einer eigenen Belastung des Begünstigten irrelevant. Insoweit ist der Begünstigte für eine logische Sekunde in seiner Leistungsfähigkeit beeinträchtigt. Dass diese Beeinträchtigung aufgrund eines Verzichts wieder entfällt, ändert genauso wenig etwas an der einkommensteuerrechtlichen Betrachtung, wie die Schenkung eines Geldbetrags an den Steuerpflichtigen in Höhe von schon ausgegebenen Anschaffungskosten durch diesen.

---

34 *Weber-Grellet*, DB 1995, 2550 (2554); aA *Seitz*, FR 2006, 201 ff; *Brandis*, StuW 1990, 57 (64); *Gröpl*, DStZ 2001, 65 (67); krit *Haenicke*, DStZ 2006, 793 (799).
35 So auch der BFH, IX R 25/03, BStBl II 2006, 623 (624); ebenso schon BFH, IV R 75/98, BStBl II 2000, 314 (315) für Bargeschäfte des täglichen Lebens.
36 BFH, I R 104/81, BStBl II 1982, 594; GrS 2/97, BStBl II 1999, 782 (786); *Drenseck*, DStR 1995, 509 (513); *Seitz*, FR 2006, 201 (207).
37 BFH, VIII R 22/92, BStBl II 2001, 385 (388); *Kreft*, in: Herrmann/Heuer/Raupach, EStG, § 9 Rn 43.
38 Wenn der Begünstigte die Aufwendungen des Geschäftsführers als eigene steuerrechtlich geltend machen will, dann wird er spätestens nachträglich mit der Tätigkeit des Geschäftsführers einverstanden sein.
39 Entgegen *Seitz*, FR 2006, 201 (205) ist nicht der Wille entscheidend, sondern die wirtschaftliche Kostentragung aufgrund des entstandenen Ersatzanspruchs, auch wenn diese aufgrund des Verzichts nur für eine logische Sekunde vorlag.

Soweit teilweise mit der fehlenden Dispositionsbefugnis über die zugewandten Mittel argumentiert wird[40], übersieht diese Ansicht den maßgebenden Anknüpfungspunkt. Dieser liegt nicht in den Geldmitteln, sondern in dem Verzicht auf einen geldwerten Ersatzanspruch. Da die Schenkung von Geld und der Erlass einer Geldschuld in ihrer wirtschaftlichen Wirkung identisch sind, liegt eine Dispositionsbefugnis mit dem Entstehen der Verbindlichkeit vor. Diese Ersatzverpflichtung ist im Vermögensbereich des Betreffenden entstanden und von ihm zu erfüllen. Letztendlich erfolgt aufgrund des Handelns in fremdem Interesse unter gleichzeitigem Verzicht auf einen Ersatzanspruch für eine logische Sekunde die Übertragung der wirtschaftlichen Belastung auf den Begünstigten[41]. 343

Dass die Übertragung fremden Aufwands im Steuerrecht nicht systemfremd ist, zeigt sich in den Einlageregelungen des § 4 Abs. 1 Satz 8 EStG, der alle nicht betrieblich veranlassten Betriebsvermögenszugänge und damit auch von Dritten geschenkte Wirtschaftsgüter erfasst. Gleiches muss für Aufwendungsersatzansprüche aufgrund Geldzahlungen Dritter gelten, wenn der Dritte – anstatt das Geld zu schenken – auf seinen Aufwendungsersatzanspruch verzichtet. 344

II. Ergebnis

Folglich kann X die 10 000 € als Einlage (eines Dritten) in entsprechender Anwendung von § 4 Abs. 1 Satz 8 EStG vom Unterschiedsbetrag abziehen und damit gewinnmindernd berücksichtigen. 345

Teil 2: Begründetheit des Einspruchs des X

Der Einspruch des X ist begründet, wenn der Änderungsbescheid rechtswidrig ist und X in seinen Rechten verletzt (§ 100 Abs. 1 Satz 1 FGO analog). Der Änderungsbescheid ist rechtmäßig, wenn er auf einer Rechtsgrundlage beruht und diese formell sowie materiell rechtmäßig angewendet wurde. 346

A. Rechtsgrundlage

Grundsätzlich sind Steuerbescheide nach Eintritt ihrer Bestandskraft nicht mehr änderbar. Eine Durchbrechung der Bestandskraft kommt nur ausnahmsweise in Betracht, wenn der Steuerbescheid unter dem Vorbehalt der Nachprüfung (§ 164 AO) oder vorläufig (§ 165 AO) ergangen ist oder die Voraussetzungen der §§ 173 ff AO vorliegen, vgl § 172 Abs. 1 Satz 1 Nr 2 lit. d AO. 347

Da der an den X ergangene Einkommensteuerbescheid 09 keinen Vorbehalt der Nachprüfung enthielt und auch nicht vorläufig ergangen ist, kann eine Änderung nicht auf § 164, § 165 AO gestützt werden. Daher wird das FA den Steuerbescheid nur dann und 348

---

[40] BFH, X R 2/84, BStBl II 1989, 683 (685); *Seitz*, FR 2006, 201 (210 f).
[41] *Söffing*, DStZ 2007, 147 (148).

nur insoweit ändern, als die Änderungsvorschriften der §§ 172 ff AO oder die Berichtigungsmöglichkeit des § 129 AO eingreifen.

B. Formelle Rechtmäßigkeit

349 An der formellen Rechtmäßigkeit bestehen keine Bedenken. Insbesondere ist der Bescheid durch das zuständige Finanzamt nach ordnungsgemäßer Anhörung erlassen worden.

C. Materielle Rechtmäßigkeit

350 Der Änderungsbescheid ist materiell rechtmäßig, wenn gem. § 172 Abs. 1 Satz 1 Nr 2 lit. d AO eine Berichtigung des Steuerbescheides 09 gesetzlich (ausgenommen § 130, § 131 AO) zugelassen ist. Insofern könnten entweder § 129 AO oder §§ 173 ff AO eine Änderung des Steuerbescheides 09 erlauben.

I. Änderung nach § 129 Satz 1 AO

351 Nach § 129 Satz 1 AO kann die Finanzbehörde Schreibfehler, Rechenfehler oder ähnliche offenbare Unrichtigkeiten, die beim Erlass eines Verwaltungsakts unterlaufen sind, jederzeit berichtigen. Bei berechtigtem Interesse des Beteiligten ist zu berichtigen (§ 129 Satz 2 AO).

352 Ein Schreib oder Rechenfehler ist nicht ersichtlich. Es könnte aber eine „ähnliche offenbare Unrichtigkeit" vorliegen. Diese muss mit einem Schreib- oder Rechenfehler vergleichbar sein[42]. Es muss sich um einen mechanischen Fehler handeln, der ohne weitere Prüfung erkannt und berichtigt werden kann[43]. Besteht auch nur die Möglichkeit eines Fehlers in der Tatsachenwürdigung oder Rechtsanwendung, ist eine Berichtigung nach § 129 AO ausgeschlossen[44].

Fraglich ist, wie der Programmierfehler einzuordnen ist. Teilweise werden Programmierfehler pauschal als Rechtsfehler eingestuft, so dass eine Berichtigung nach § 129 AO in diesen Fällen ausscheiden würde[45]. Eine derart pauschale Betrachtungsweise ist jedoch abzulehnen. Auch beim Erstellen eines EDV-Programms können mechanische Fehler auftreten[46]. Vielmehr sind auch bei Programmierfehlern die von der Rechtsprechung entwickelten Grundsätze für die Abgrenzung zwischen berichtigungsfähigen „mechanischen" und nicht berichtigungsfähigen Rechtsfehlern heranzuziehen[47]. Unerheblich für diese Beurteilung ist, dass das Finanzamt das EDV-Programm nicht selbst erstellt hat. Ein Fehler im EDV-Programm ist ein Fehler „beim Erlass eines Verwaltungsakts"[48].

---

42 BFH, III R 64/89, BStBl II 1992, 52; XI R 17/05, BFH/NV 2007, 1810 (1811).
43 StRspr vgl BFH, III R 64/89, BStBl II 1992, 52 mwN.
44 StRspr vgl BFH, VIII R 304/81, BStBl II 1984, 785 (786); I R 83/94, BStBl II 1996, 509 (510).
45 *Niewerth*, in: Lippross, Basiskommentar AO, § 129 Rn 9.
46 Vgl BFH, III R 10/81, BStBl II 1985, 32; I R 83/94, BStBl II 1996, 509 (510).
47 Vgl BFH, III R 10/81, BStBl II 1985, 32; *Intemann*, in: Koenig, AO, § 129 Rn 40; *Wernsmann*, in: Hübschmann/Hepp/Spitaler, § 129 AO Rn 58.
48 BFH, III R 10/81, BStBl II 1985, 32.

Eine Berichtigung nach § 129 Satz 1 AO kommt also nur dann in Betracht, wenn ausgeschlossen werden kann, dass der Programmierfehler auf einem Rechtsanwendungsfehler beruht. Eindeutig dem Bereich der Rechtsanwendungsfehler sind Fehler zuzuordnen, die auf der Auslegung oder (Nicht-)Anwendung einer Rechtsvorschrift beruhen[49]. Vorliegend hat ein Finanzbeamter die Vorschrift des § 6 Abs. 2 Satz 1 EStG falsch angewendet, indem er davon ausging, dass bei Anschaffungskosten in Höhe bis zu 900 € zwingend von einem Sofortabzug auszugehen sei. Auf Grundlage dieses falschen Verständnisses erteilte er dem Programmierer dann einen fehlerhaften Auftrag zur Erstellung des EDV-Programms. Der Programmierfehler beruht demnach auf der fehlerhaften Anwendung einer Rechtsvorschrift. **353**

Eine Berichtigung nach § 129 AO scheidet bei diesem Rechtsanwendungsfehler aus. **354**

Daher kann der Steuerbescheid nur geändert werden, wenn die Voraussetzungen der §§ 172 ff AO vorliegen.

II. Änderung nach § 173 Abs. 1 Nr 1 AO

Nach § 173 Abs. 1 Nr 1 AO sind Steuerbescheide insoweit aufzuheben oder zu ändern, als Tatsachen nachträglich bekannt werden, die zu einer höheren Steuer führen. **355**

1. Tatsache, die zu einer höheren Steuer führt

Fraglich ist, ob die Tatsache, dass X nicht den Sofortabzug, sondern die AfA gewählt hat, zu einer höheren Steuer führt. Die Einkünfte aus der Vermietung des Wohnhauses stellen sog. Überschusseinkünfte (§ 2 Abs. 2 Satz 1 Nr 2, § 21 EStG) dar, die sich aus dem Überschuss der Einnahmen über die Werbungskosten zusammensetzen. **356**

Gem. § 9 Abs. 1 Satz 1 EStG sind Werbungskosten alle Aufwendungen zur Erwerbung, Sicherung und Erhaltung der Einnahmen. Die Software dient der Vermietung des X. Daher stellen die Ausgaben für die Software grundsätzlich Werbungskosten dar. § 9 Abs. 1 Satz 3 EStG zählt diverse Werbungskosten auf, wobei sowohl für Aufwendungen für Arbeitsmittel (Nr 6), als auch für die Anschaffung von Wirtschaftsgütern (Nr 7 Satz 2) der § 6 Abs. 2 Satz 1–3 EStG entsprechend gilt. **357**

Nach entsprechender Anwendung des § 6 Abs. 2 EStG, der entgegen seines Standorts bei den Bewertungsvorschriften eigentlich eine besondere AfA-Vorschrift ist, können abnutzbare Wirtschaftsgüter des Anlagevermögens, die einer selbstständigen Nutzung fähig sind, im Wirtschaftsjahr der Anschaffung in voller Höhe als Werbungskosten angesetzt werden, wenn die Anschaffungskosten – vermindert um einen darin enthaltenen Vorsteuerbetrag – 800 € nicht überschreiten. Vorliegend hat X für die Computersoftware insgesamt 900 € bezahlt. Die gezahlte Umsatzsteuer in Höhe von 143,70 € bleibt aber bei der Beurteilung, ob die Höchstgrenze des § 6 Abs. 2 EStG überschritten **358**

---

49 BFH, VI R 63/13, BFH/NV 2015, 1078 (1079); IX R 37/14, BStBl II 2015, 1040 (1042).

wurde, unberücksichtigt⁵⁰. Nach Abzug der Umsatzsteuer übersteigen die Anschaffungskosten nicht die Höchstgrenze von 800 €. § 6 Abs. 2 EStG ist somit grundsätzlich anwendbar.

Daneben hat der Steuerpflichtige jedoch auch die Möglichkeit, die Absetzung für Abnutzung (§ 7 Abs. 1 EStG) als Werbungskosten anzusetzen, § 9 Abs. 1 Satz 3 Nr 7 EStG.

Insoweit sind nach § 7 Abs. 1 Satz 1 EStG bei Wirtschaftsgütern, deren Verwendung oder Nutzung durch den Steuerpflichtigen zur Erzielung von Einkünften sich erfahrungsgemäß auf einen Zeitraum von mehr als einem Jahr erstreckt, jeweils für ein Jahr der Teil der Anschaffungskosten abzusetzen, der bei gleichmäßiger Verteilung dieser Kosten auf die Gesamtdauer der Verwendung oder Nutzung auf ein Jahr entfällt.

359 Die 900 € sind auf die Restnutzungsdauer von neun Jahren zu verteilen, so dass im Veranlagungszeitraum 09 lediglich pro Jahr 100 € absetzbar sind. Hierbei ist allerdings noch nicht berücksichtigt, dass die Software erst im Juli 09 angeschafft wurde. Die Jahres-AfA reduziert sich gem. § 7 Abs. 1 Satz 4 EStG um 6/12 von 100 € und damit um 50 €, so dass sich lediglich 50 € als AfA einkünftereduzierend auswirken können. Da das Computerprogramm der Finanzverwaltung jedoch automatisch einen Sofortabzug in Höhe von 900 € vornahm, führt die Korrektur des Fehlers in der Steuererklärung 09 zu höheren Einkünften, weil die Einkünfte nicht um 900 €, sondern nur noch um 50 € gemindert werden. Dies führt dann zu einer höheren Steuer im Jahr 09.

2. Nachträgliches Bekanntwerden

360 Nachträglich bekannt geworden ist eine Tatsache jedenfalls, wenn der zuständige Sachbearbeiter erst nach der ursprünglichen Festsetzung Kenntnis von ihr erlangt. Werden der Finanzbehörde Tatsachen erst nachträglich bekannt, obwohl sie diese bei gehöriger Erfüllung ihrer amtlichen Ermittlungspflicht nach § 88 AO schon vorher hätte kennen müssen, so muss die Finanzbehörde diese Tatsachen nach Treu und Glauben aber gegen sich gelten lassen⁵¹. Der Steuerpflichtige kann sich aber nur dann auf Treu und Glauben berufen, wenn er seinerseits seiner Mitwirkungspflicht in einem zumutbaren Umfang nachgekommen ist, indem er den steuerlich relevanten Sachverhalt richtig, vollständig und deutlich dargestellt hat⁵².

361 Durch die Geltendmachung von Werbungskosten aus AfA in Höhe von 50 € in der Steuererklärung 09 hat X sein Wahlrecht konkludent und korrekt ausgeübt. Die Behörde hätte also schon vor Erlass des Bescheides 09 kennen müssen, dass ein Sofortabzug vom Steuerpflichtigen nicht gewollt ist. X hat seine Mitwirkungspflichten erfüllt und kann sich damit auf Treu und Glauben berufen.

---

50 *Ehmcke*, in: Blümich, § 6 EStG Rn 1144.
51 StRspr zB BFH, VII R 58/87, BStBl II 1990, 249 (251); kritisch dazu *Loose*, in: Tipke/Kruse, § 173 AO Rn 29 ff.
52 BFH, II R 208/82, BStBl II 1986, 241 (242).

3. Zwischenergebnis

Die Einkommensteuer des X für 09 darf nicht nach § 173 Abs. 1 Nr 1 AO um die Einkommensteuer auf die Einkünfte in Höhe von 850 € erhöht werden.

III. Änderung nach § 173a AO

Eine Änderung des Steuerbescheides 09 nach § 173a AO kommt nicht in Betracht, weil dem Steuerpflichtigen X bei der Erstellung seiner Steuererklärung 09 offensichtlich kein Schreib- oder Rechenfehler unterlaufen ist. In der Steuererklärung 09 hat X konkludent und korrekt sein Wahlrecht durch den Ansatz von lediglich 50 € als Werbungskosten ausgeübt.

IV. Änderung nach § 174 AO

Allerdings könnte eine Änderung des Steuerbescheides 09 nach § 174 Abs. 2 AO in Betracht kommen. Steuerbescheide sind gem. § 174 Abs. 2 iVm Abs. 1 Satz 1 AO aufzuheben oder zu ändern, wenn ein bestimmter Sachverhalt in mehreren Steuerbescheiden zuungunsten eines oder mehrerer Steuerpflichtiger berücksichtigt worden ist, obwohl er nur einmal hätte berücksichtigt werden dürfen.

§ 174 Abs. 1 AO erfordert für die Änderung von Steuerbescheiden einen sog. positiven Widerstreit. Widerstreitend sind Festsetzungen, die aufgrund der materiellen Rechtslage nicht miteinander vereinbar, in diesem Sinne widersprüchlich oder inkompatibel sind, wenn sie miteinander kollidieren, weil nur eine der festgesetzten oder angeordneten Rechtsfolgen zutreffen kann[53]. Ein positiver Widerstreit liegt vor, wenn derselbe Sachverhalt in zwei Steuerfestsetzungen berücksichtigt wird, obwohl nach materiellem Recht nur entweder die eine oder die andere Steuerfestsetzung, nicht aber beide zugleich, diesen Sachverhalt hätten berücksichtigen dürfen[54].

Ein positiver Widerstreit kann sich insbesondere daraus ergeben, dass ein bestimmter Sachverhalt bei einer Person (Steuerpflichtigen) in verschiedenen Besteuerungszeiträumen mehrfach erfasst wird (sog. Periodenkollision)[55]. Ein solcher Fall liegt hier vor, wenn in dem einen Jahr (09) der gesamte Aufwand (900 €) als AfA als Werbungskosten steuermindernd berücksichtigt wird, während im nächsten Jahr die anteilige AfA (100 €) erneut als Werbungskosten berücksichtigt werden soll.

§ 174 Abs. 2 iVm Abs. 1 AO ermöglicht es, die Bestandskraft des fehlerhaften Bescheides – dies ist hier der Steuerbescheid 09 – zu durchbrechen und diesen zu ändern. § 174 Abs. 2 AO benötigt dabei – anders als § 174 Abs. 1 AO – keinen Antrag des Steuerpflichtigen, verlangt aber gem. Satz 2, dass die Berücksichtigung des Sachverhaltes – gemeint ist die fehlerhafte Doppelberücksichtigung – auf eine Erklärung des Steuerpflichtigen zurückzuführen ist. Es wird also eine Ursächlichkeit verlangt. „Antrag" und

---
53 *Loose*, in: Tipke/Kruse, § 174 AO Rn 2.
54 *Loose*, in: Tipke/Kruse, § 174 AO Rn 3.
55 *Loose*, in: Tipke/Kruse, § 174 AO Rn 3.

Fall 5   Der unterrichtende Fahrlehrer

„Erklärung" sind nicht förmlich zu verstehen, sondern es genügt jede Willensbekundung, durch die der Steuerpflichtige den Widerstreit (mit-)veranlasst hat[56]. Sinn und Zweck dieser Beschränkung ist es, den durch widerstreitende Steuerfestsetzungen begünstigten Steuerpflichtigen den Steuervorteil dann zu nehmen, wenn er sie durch eine objektiv falsche Darstellung des Sachverhalts veranlasst hat[57].

Der Sofortabzug im Bescheid 09 wurde nicht durch den X, sondern allein durch das fehlerhafte Computerprogramm verursacht. Auch im Jahr 10 hat X durch den Ansatz von 100 € AfA sein ihm zustehendes Wahlrecht in zulässigerweise ausgeübt.

368 Auch eine Änderung nach § 174 Abs. 3 AO kommt nicht in Betracht. Die Vorschrift erfasst im Unterschied zu den Absätzen 1 und 2 den sog. negativen Widerstreit[58]. Es handelt sich um Fälle, in denen ein Sachverhalt nicht berücksichtigt worden ist, weil die Finanzbehörde erkennbar davon ausgeht, der Sachverhalt müsse bei einer anderen Steuerfestsetzung berücksichtigt werden[59]. Dies liegt nicht vor, da die Anschaffung der Computersoftware (Sachverhalt) nicht unberücksichtigt blieb, sondern gleich doppelt als Sofortabzug im Jahr 09 und als AfA im Jahr 10 berücksichtigt wurde.

V. Änderung nach § 172 Abs. 1 Satz 1 Nr 2 lit. a AO iVm dem Grundsatz von Treu und Glauben

369 Die Prüfung hat ergeben, dass der Steuerbescheid 09 nicht gem. §§ 173 ff AO geändert werden kann. Es bleibt daher nur die Möglichkeit, den Bescheid gem. § 172 Abs. 1 Satz 1 Nr 2 lit. a AO zu ändern. Dafür ist aber eine Zustimmung des Steuerpflichtigen erforderlich. X hat die Zustimmung zur Änderung verweigert.

Es wäre daher zu überlegen, ob die Verweigerung der Zustimmung in diesem Fall gegen Treu und Glauben verstößt. Der BFH hat vereinzelt angenommen, dass es unter besonderen Umständen gegen Treu und Glaube verstoße, wenn der Steuerpflichtige die Zustimmung zu einer Berichtigung des Steuerbescheides verweigert und sich hierdurch in Widerspruch zu früherem Verhalten setzt[60].

Diese Grundsätze können jedoch dann keine Anwendung finden, wenn die Gefahr besteht, dass spezielle Regelungen unterlaufen werden könnten. Vorliegend könnte die Regelung des § 174 Abs. 2 AO unterlaufen werden, durch die der Gesetzgeber den Konflikt zwischen materieller Rechtmäßigkeit der Steuerfestsetzung und Rechtssicherheit abschließend geregelt hat[61].

Im Fall muss daher von der Anwendung dieser Grundsätze abgesehen werden.

---

56 *Von Groll*, in: Hübschmann/Hepp/Spitaler, § 174 AO Rn 150.
57 BFH, I R 115/84, BFH/NV 1989, 482 (483) mwN.
58 *Birk/Desens/Tappe*, Steuerrecht, Rn 436.
59 BFH, X R 38/00, BFH/NV 2003, 1035 (1036).
60 BFH, V 20/64, BStBl III 1966, 613 (614); X R 214/ 87, BFH/NV 1994, 295 (297); V R 54/94, BFH/NV 1996, 733 (735).
61 BFH, V R 29/98, BStBl II 1999, 158 (160).

Darüber hinaus verstößt der Steuerpflichtige X auch nicht gegen Treu und Glauben, wenn er seine Zustimmung verweigert. Der Steuerpflichtige hat die widerstreitende Festsetzung nicht verursacht.

VI. Ergebnis

Für den Änderungsbescheid fehlt es an einer Rechtsgrundlage. Damit ist der geänderte Bescheid 09 rechtswidrig und der Einspruch des X ist begründet. **370**

Zur Wiederholung

Kurzübersicht 5.1: Gewinnermittlung durch Betriebsvermögensvergleich

Siehe auch die ausführliche Übersicht 6: Gewinnermittlung (Rn 429) **371**

Gewinnermittlung durch Betriebsvermögensvergleich (§ 4 I bzw § 5 EStG) **372**

= Gewinnermittlung durch Bilanzierung (sog. **Bilanzsteuerrecht:** §§ 4–7k EStG, §§ 140 ff AO, §§ 238 ff HGB)

I. Anwendungsbereich
1. **§ 4 I EStG:** buchführungspflichtige und freiwillig buchführende Freiberufler und Land- und Forstwirte
2. **§ 5 I EStG:** buchführungspflichtige und freiwillig buchführende Gewerbetreibende

II. Gewinn iSd § 4 I bzw § 5 I EStG

= **Unterschiedsbetrag** zwischen dem **Betriebsvermögen** am Schluss des Wirtschaftsjahres und dem Betriebsvermögen am Schluss des vorangegangenen Wirtschaftsjahres, vermehrt um den Wert der **Entnahmen** und vermindert um den Wert der **Einlagen**
1. Betriebsvermögen in diesem Sinne: Differenz zwischen Aktiva und Passiva → Eigenkapital des Betriebs
2. Bilanzierung
   a) **Eigenkapital** ergibt sich aus der Differenz zwischen Aktiva und übrigen Passiva
   b) **Bilanzgleichgewicht**, dh immer: Aktiva = Passiva (vgl „Balance")
      - Jeder Geschäftsvorfall ändert immer *mindestens zwei* Bilanzposten
      - Geschäftsvorfall wirkt sich entweder auf das Betriebsvermögen aus (ist **„erfolgs-/gewinnwirksam"**) oder nicht
      - **Ergebnisneutral** sind bloße Umschichtungen des Betriebsvermögens
        – **Aktivtausch**; Bsp: Anschaffung eines Grundstücks gegen Überweisung des Kaufpreises vom Bankkonto
        – **Passivtausch**; Bsp: Aufnahme eines Darlehens zur Tilgung einer Kaufpreisforderung
        – **Aktiv-/Passivtausch**; Bsp: Rückzahlung eines Bankkredits in bar

Fall 5 Der unterrichtende Fahrlehrer

> c) **Betriebsvermögen** kann auch durch **Entnahmen** oder **Einlagen** verändert werden; diese sind aber nicht gewinnwirksam (§ 4 I EStG)
> d) Erfolgswirksame Vermögenszugänge = **Ertrag** (zB Zinseinnahmen für Bankguthaben); Erfolgswirksame Vermögensabgänge = **Aufwand** (zB Mietzahlungen für gemietetes Betriebsgrundstück; Löhne für Mitarbeiter); **hier ändert sich das Betriebsvermögen!**
> 3. Buchführung
> Es kann nicht nach jedem Geschäftsvorfall eine ganz neue Bilanz erstellt werden (wäre unpraktikabel), daher muss **buchgeführt** werden.
> - Auflösung der Bilanz in Konten, in denen die Geschäftsvorfälle aufgezeichnet werden

Kurzübersicht 5.2: Korrektur von Verwaltungsakten im Steuerrecht

373

> **I. Steuerbescheid oder „normaler" Steuerverwaltungsakt**
> - **normale Steuerverwaltungsakte (§ 118 AO):** sind relativ leicht unter den Voraussetzungen der §§ 129 ff AO zu ändern
> - **Steuerbescheide (§ 155 AO):** nur gem. § 172 I 1 Nr. 2 lit. d AO, wenn dies gesetzlich zugelassen ist, wobei die § 130 u. § 131 AO nicht gelten → Folge: § 129 AO mgl; ansonsten nur unter den Voraussetzungen der §§ 173 ff AO, sofern eine zu durchbrechende Bestandskraft eingetreten ist (die fehlt bei einer Festsetzung unter dem Vorbehalt der Nachprüfung bzw einer vorläufigen Festsetzung nach § 164 und § 165 AO)
>
> **II. Selbstständige Korrekturnormen (siehe auch Übersicht 1.3 [Rn 178])**
> - § 173, § 173a, § 174, § 175 AO berechtigen zur isolierten Änderung eines bestandskräftigen Steuerbescheides → sofern diese nicht einschlägig sind, kann eine Korrektur aber noch mittels § 177 AO erfolgen.
>
> **III. Berichtigung von materiellen Fehlern gem. § 177 AO**

374 Siehe darüber hinaus:

- Übersicht 1.3: Voraussetzungen der Korrektur von Steuerbescheiden[62] (Rn 178)
- Übersicht 6: Gewinnermittlung (Rn 429)

---

62 *Birk/Desens/Tappe*, Steuerrecht, Rn 409–459.

Fall 6

Allein und in Gesellschaft

Schwerpunkt: **Einkommensteuerrecht:** Besteuerung von Personengesellschaftern (LB § 6 Rn 1121–1200); Gewinnermittlung (LB § 5 Rn 839–1013)

Schwierigkeitsgrad: mittel, Bearbeitungszeit: 2 Stunden

A ist mit einer 50%-Beteiligung stimmberechtigter Gesellschafter der Z-OHG mit Sitz in Leipzig. Die Z-OHG erwirbt Maschinenbauteile, fertigt aus ihnen größere Einheiten und liefert sie anschließend an die Automobilindustrie. Die OHG ermittelt ihren Gewinn (seit der Erteilung des Einvernehmens des Finanzamtes vor einigen Jahren) in einem vom Kalenderjahr abweichenden Wirtschaftsjahr vom 1.7. bis zum 30.6.

Für den Zeitraum vom 1.7.01 bis 30.6.02 ermittelte sie ein vorläufiges positives Geschäftsergebnis laut Handelsbilanz iHv 132 500 €, im folgenden Wirtschaftsjahr vom 1.7.02 bis 30.6.03 iHv 105 000 €. Hierbei sind folgende Geschäftsvorfälle noch nicht berücksichtigt worden:

Im März 02 wurde für 75 000 € eine Maschine zur Erweiterung der Produktion angeschafft. Ihre betriebsgewöhnliche Nutzungsdauer beträgt zehn Jahre.

A hat im Betrieb unter erheblichem Kostenaufwand im Februar 02 ein Verfahren zur Optimierung des Produktionsablaufes selbst entwickelt. Die bei der Verfahrensentwicklung laufend angefallenen Kosten sind schon im Geschäftsergebnis berücksichtigt. Nach der Patentierung soll die „Erfindung" jedoch auch in der Bilanz im Geschäftsjahr 01/02 aktiviert und dann anschließend abgeschrieben werden. A schätzt den Wert des Verfahrens auf 15 000 €, der Abschreibungszeitraum soll sich auf zehn Jahre belaufen. Im Januar 03 kann A das patentierte Verfahren, nachdem sich herausgestellt hat, dass es doch nicht wie gewünscht der Produktionssteigerung dient, schließlich an einen Interessenten für 10 000 € veräußern.

Im Januar 02 ergibt sich außerdem, dass ein betriebliches Grundstück aufgrund von Bauvorhaben benachbarter Firmen und damit einhergegangener Erhöhung der Grundstückspreise um 40 000 € kurzfristig im Wert gestiegen ist. Da die Z-OHG das Grundstück nicht mehr benötigt, wird es im Dezember 02 mit einem Gewinn von 40 000 € veräußert.

Schließlich hat A vom 1.7.01 bis 30.6.03 ein Grundstück, das ihm privat gehört, zu Produktionszwecken der Z-OHG vermietet und hierfür monatliche Zahlungen iHv 2500 € von einem betrieblichen Konto erhalten (AfA und sonstige Nebenkosten sind hierbei schon berücksichtigt).

Neben seiner Beteiligung an der Z-OHG ist A auch als freiberuflicher Ingenieur tätig und verdient 40 000 € im VZ 02 sowie 30 000 € im VZ 03. Eine Bilanz erstellt A nicht.

Fall 6 *Allein und in Gesellschaft*

Die steuerliche Beurteilung folgender Vorfälle ist jedoch hierbei noch offen:

A hat sich noch kurz vor Weihnachten 02 ein neues Messinstrument für 952 € (inkl. 19% USt iHv 152 €) angeschafft und diese Anschaffung noch nicht berücksichtigt.

Ein Kunde hat A aus Dankbarkeit neben dem Honorar im Jahr 02 kostenlos ein elektronisches Bauteil (Verkehrswert: 500 €) überlassen, welches A in eine von ihm entwickelte Maschine einbaut. Da ihm die Weiterentwicklung der Maschine im Jahr 03 nicht mehr rentabel erscheint, veräußert er dieses Bauteil für 1000 €.

Gleichzeitig zahlte A die Mietkosten seines angemieteten Ingenieurbüros für Januar 03 schon am 28.12.02 (1500 €) und möchte sie im Dezember 02 abziehen.

Bitte ermitteln Sie für A für die Veranlagungszeiträume 02 und 03 das zu versteuernde Einkommen.

Vorüberlegungen

Im Fall wird die Gewinnermittlung durch Betriebsvermögensvergleich (§ 5 EStG) **376** anhand eines OHG-Gesellschafters thematisiert, der aus seiner Beteiligung Einkünfte aus Gewerbebetrieb bezieht. Trotz Betriebsvermögensvergleichs wird hier jedoch nicht Spezialwissen aus dem Bilanzsteuerrecht verlangt. Aus der Sicht des Bearbeiters gilt es lediglich zu erkennen, wie sich bestimmte typische Geschäftsvorfälle auf das Geschäftsergebnis einer OHG auswirken.

Ausgehend von der OHG-Beteiligung geht es um Grundzüge der Gewinnermittlung bei **377** einer Personengesellschaft und ihren Gesellschaftern: Obwohl die Personengesellschaft kein Subjekt der Einkommen- oder Körperschaftsteuer ist, dient sie doch als „partielles Steuersubjekt" zur Qualifikation und Ermittlung der Einkünfte. Eine Besonderheit ist schließlich die Gewinnermittlung bei einem Gesellschafter, der neben seinem Gewinnanteil auch Vergütungen von der Gesellschaft erhält (sog. Sondervergütungen). Diese Konstellation findet sich im vorliegenden Fall (in Grundzügen).

Anhand der Ingenieurstätigkeit des A werden schließlich einige Besonderheiten aus **378** dem Bereich der Gewinnermittlung durch Überschussrechnung nach § 4 Abs. 3 EStG erläutert. Hierzu zählen der Begriff der Betriebseinnahmen sowie spezielle Regelungen des § 4 Abs. 3 EStG und des § 11 EStG, die die zeitliche Zuordnung von Ausgaben zu bestimmten Veranlagungszeiträumen betreffen.

Gliederung

379 **A. Veranlagungszeitraum 02**
  I. Einkünfte aus Gewerbebetrieb
    1. Vorliegen von Einkünften aus Gewerbebetrieb
    2. Höhe der Einkünfte aus Gewerbebetrieb
      a) Gewinnermittlung auf der Ebene der Z-OHG
        aa) Gewinnermittlungsart
        bb) Gewinnermittlungszeitraum
        cc) Gewinn für das Wirtschaftsjahr 01/02
          (1) Der Ansatz der neuen Maschine
          (2) Der Ansatz der „Verfahrenserfindung"
          (3) Wertsteigerung des Grundstücks
          (4) Mietzahlungen an A
        dd) Ergebnis
      b) Gewinn auf der Ebene des Gesellschafters A
    3. Einkünfte aus Sondervergütungen, § 15 Abs. 1 Satz 1 Nr 2 Satz 1 HS 2 EStG
    4. Ergebnis
  II. Einkünfte aus selbstständiger Arbeit
    1. Betriebseinnahmen
    2. Betriebsausgaben
      a) Messinstrument
      b) Mietaufwand für Januar 03
    3. Ergebnis
  III. Ergebnis
B. Veranlagungszeitraum 03
  I. Einkünfte aus Mitunternehmerschaft
    1. Gewinnanteil, § 15 Abs. 1 Satz 1 Nr 2 HS 1 EStG
      a) Gewinn auf der Ebene der Z-OHG
        aa) AfA für die neue Maschine
        bb) „Verfahrenserfindung"
        cc) Wertsteigerung des Grundstücks
        dd) Mietaufwand
      b) Gewinnanteil bei A
    2. Sondervergütungen
    3. Ergebnis
  II. Einkünfte aus selbstständiger Arbeit
    1. Betriebseinnahmen
    2. Betriebsausgaben
    3. Ergebnis
  III. Ergebnis

Musterlösung

A. Veranlagungszeitraum 02

Die Ermittlung des zu versteuernden Einkommens bestimmt sich nach § 2 Abs. 2–5 EStG. Hierfür sind zunächst die Einkünfte für jede Einkunftsart zu ermitteln (Gewinn bzw Überschuss der Einnahmen über die Werbungskosten), § 2 Abs. 2 EStG, anschließend deren Summe sowie, nach Abzug existenzsichernden Aufwands, das zu versteuernde Einkommen, § 2 Abs. 5 Satz 1 EStG[1]. Die Ermittlung erfolgt jeweils für ein Kalenderjahr, § 2 Abs. 7 Sätze 1, 2 EStG.

I. Einkünfte aus Gewerbebetrieb

A könnte Einkünfte aus Gewerbebetrieb gem. § 2 Abs. 1 Satz 1 Nr 2, § 15 Abs. 1 Satz 1 Nr 2 EStG als Mitunternehmer der Z-OHG bezogen haben.

1. Vorliegen von Einkünften aus Gewerbebetrieb

Damit A Einkünfte aus Gewerbebetrieb hat, müsste er Mitunternehmer einer gewerblich tätigen Gesellschaft iSv § 15 Abs. 1 Satz 1 Nr 2 EStG sein.

A war Gesellschafter der Z-OHG und als solcher aufgrund seines 50 %-Anteils an Gewinn, Verlust und stillen Reserven beteiligt, trug also *Mitunternehmerrisiko*; außerdem besaß er Vertretungs- und Geschäftsführungsbefugnisse und somit auch *Mitunternehmerinitiative*[2].

Die Z-OHG müsste *gewerbliche Einkünfte* erzielt haben (Umkehrschluss aus § 15 Abs. 3 Nr 1 EStG: „wenn die Gesellschaft *auch* eine Tätigkeit im Sinne des Absatzes 1 Satz 1 Nummer 1 ausübt"). Einkünfte aus Gewerbebetrieb liegen gemäß § 15 Abs. 2 Satz 1 EStG bei selbstständiger, nachhaltiger Betätigung, die mit der Absicht, Gewinn zu erzielen, unternommen wird und sich als Beteiligung am allgemeinen wirtschaftlichen Verkehr darstellt, vor, wenn sie nicht private Vermögensverwaltung ist oder sich den Einkünften aus § 13 oder § 18 EStG zuordnen lässt. Als Gesellschaft der Automobilzulieferindustrie betätigte sich die Z-OHG gewerblich iSv § 15 Abs. 2 Satz 1 EStG.

2. Höhe der Einkünfte aus Gewerbebetrieb

Der Umfang der Einkünfte aus Mitunternehmerschaft wird zweistufig ermittelt[3]. Zunächst gehört zu den Einkünften der Gewinnanteil des Unternehmers aus der Gesellschaft entsprechend des gesellschaftsvertraglichen Gewinnverteilungsschlüssels (§ 15 Abs. 1 Satz 1 Nr 2 HS 1 EStG). Hierzu sind anschließend die sog. Sondervergütungen hinzuzurechnen, also Vergütungen, die der Gesellschafter zB für die Überlassung von Wirtschaftsgütern an die Gesellschaft erhält (§ 15 Abs. 1 Satz 1 Nr 2 HS 2 EStG).

---

1 S. dazu *Birk/Desens/Tappe*, Steuerrecht, Rn 582.
2 Vgl *Birk/Desens/Tappe*, Steuerrecht, Rn 1140 f.
3 Vgl BFH, VIII R 78/97, BStBl II 1999, 163.

a) Gewinnermittlung auf der Ebene der Z-OHG

385 Um den Gewinnanteil eines Gesellschafters zu bestimmen, muss zunächst auf der Ebene der Z-OHG der Gewinn nach den Vorschriften der §§ 4–7k EStG ermittelt werden, um ihn anschließend direkt den Gesellschaftern entsprechend ihres Gesellschaftsanteils als Steuersubjekt zurechnen zu können[4]. Die Z-OHG ist nicht Einkommensteuersubjekt. Sie wird jedoch, da die einkünfteerzielende Tätigkeit von den Gesellschaftern in ihrer gesamthänderischen Verbundenheit vorgenommen wird, als Subjekt der Einkünftequalifikation und Einkünfteermittlung angesehen[5].

aa) Gewinnermittlungsart

386 Zur Ermittlung des Gewinns auf Gesellschaftsebene ist zunächst die Einkünfteermittlungsart der Z-OHG festzustellen. In Betracht kommt der Betriebsvermögensvergleich nach § 5 Abs. 1 Satz 1 iVm § 4 Abs. 1 Satz 1 EStG, der für Gewerbetreibende gilt, die aufgrund gesetzlicher Vorschriften verpflichtet sind, Bücher zu führen. Gesetzliche Buchführungs- und Abschlusspflichten können sich aus dem Steuerrecht (§ 141 Abs. 1 AO) oder aus anderen Gesetzen (§ 140 AO) ergeben. Als anderes Gesetz iSd § 140 AO kommt vorliegend § 238 Abs. 1 Satz 1 HGB in Betracht. Danach ist jeder Kaufmann buchführungspflichtig. Die für den Kaufmann geltenden Vorschriften sind gem. § 6 Abs. 1 iVm § 105 Abs. 1 HGB auch auf die OHG als Handelsgesellschaft anwendbar. Die Z-OHG hat ihren Gewinn also nach § 5 Abs. 1 Satz 1 iVm § 4 Abs. 1 Satz 1 EStG durch Betriebsvermögensvergleich zu ermitteln.

bb) Gewinnermittlungszeitraum

387 Aufgrund des vom Kalenderjahr abweichenden Wirtschaftsjahres der Z-OHG ist zu klären, für welchen Zeitraum der Gewinn der Z-OHG zu ermitteln ist. Gemäß § 25 Abs. 1 EStG ist das Kalenderjahr der Veranlagungszeitraum der Einkommensteuer; gem. § 2 Abs. 7 Sätze 1, 2 EStG ist das Kalenderjahr auch der Ermittlungszeitraum des zu versteuernden Einkommens. Als Zeitraum zur Ermittlung des Gewinns bei gewerblichen Einkünften dient gem. § 2 Abs. 7 Sätze 1, 2 iVm § 4a Abs. 1 Satz 2 Nr 2 EStG der Zeitraum, für den sie gewöhnlich Abschlüsse macht (Wirtschaftsjahr). Dies kann gem. § 4a Abs. 1 Sätze 1, 2 Nr 2 Satz 2 EStG mit Einvernehmen des Finanzamtes auch ein vom Kalenderjahr abweichender Zeitraum sein.

Das Finanzamt hatte vor einigen Jahren ein solches Einvernehmen erteilt. Folglich hat die Z-OHG ihren Gewinn für den Zeitraum vom 1.7. bis zum 30.6. zu ermitteln, wobei gem. § 4a Abs. 2 Nr 2 EStG der Gewinn des Wirtschaftsjahres als in dem Kalenderjahr bezogen gilt, in dem das Wirtschaftsjahr endet.

---

[4] S. dazu *Birk/Desens/Tappe*, Steuerrecht, Rn 1160, 1164.
[5] BFH, GrS 4/82, BStBl II 1984, 751 (761 f); *Birk/Desens/Tappe*, Steuerrecht, Rn 1122 f.

cc) Gewinn für das Wirtschaftsjahr 01/02

Als Geschäftsergebnis laut Handelsbilanz hat die Z-OHG für das Wirtschaftsjahr 01/02 einen Gewinn iHv 132 500 € ermittelt.

388

(1) Der Ansatz der neuen Maschine

Möglicherweise ist der errechnete Gewinn aufgrund einer bisher falschen Berücksichtigung der Produktionsmaschine zu ändern. Da sich der Kauf der Maschine nicht auf den Gewinn ausgewirkt hat (Geschäftsvorfall wurde nicht berücksichtigt), ist davon auszugehen, dass die Maschine mit einem dem Kaufpreis entsprechenden Wert in die Bilanz aufgenommen worden ist[6]. Das Betriebsvermögen zum 30.6.02 und daraus folgend der Gewinn könnten aber aufgrund von bisher nicht berücksichtigten Absetzungen für Abnutzung (AfA) für die Maschine gem. § 7 Abs. 1 Satz 1 EStG geringer als bisher ermittelt sein[7].

389

Dafür müsste die Maschine jedoch zunächst dem Grunde nach als *Wirtschaftsgut* zu qualifizieren sein, das zum Betriebsvermögen gehört (§ 5 Abs. 1 Satz 1 EStG, § 246 Abs. 1 Satz 1 HGB). Es müsste also eine Sache sein, deren Erlangung sich der Kaufmann etwas kosten lässt, die einer besonderen Bewertung zugänglich ist und mit dem Betrieb oder einzeln übertragbar ist[8]. Diese Sache müsste ferner aus betrieblicher Veranlassung angeschafft worden sein[9]. Die Maschine wurde für die Produktion erworben; ihr Marktwert beträgt 75 000 €. Sie ist auch selbstständig veräußerbar. Es handelt sich bei der Maschine also um ein Wirtschaftsgut des Betriebsvermögens.

390

Gem. § 6 Abs. 1 Nr 1 EStG ist die Maschine als Wirtschaftsgut des Anlagevermögens, das der Abnutzung unterliegt, mit den Anschaffungskosten abzüglich AfA in der Bilanz anzusetzen.

391

Die Anschaffungskosten sind gem. § 255 Abs. 1 Satz 1 HGB die Aufwendungen, die geleistet werden, um einen Vermögensgegenstand zu erwerben und ihn in einen betriebsbereiten Zustand zu versetzen. Sie betrugen vorliegend 75 000 €.

Die AfA ist für die erfahrungsgemäß länger als ein Jahr genutzte Produktionsmaschine nach § 7 Abs. 1 EStG zu berechnen. Die Bemessung der Höhe der AfA orientiert sich an den Anschaffungs- und Herstellungskosten des Wirtschaftsgutes. Die Maschine ist gem. § 7 Abs. 1 Sätze 1, 2 EStG über den Zeitraum der betriebsgewöhnlichen Nutzungsdauer von 10 Jahren linear abzuschreiben, so dass die AfA pro Jahr 7500 € beträgt.

392

---

[6] Das Betriebsvermögen verringert sich durch die Zahlung des Kaufpreises in gleichem Umfang wie es sich durch die Aufnahme der Maschine in die Bilanz vermehrt.
[7] Vgl zur AfA *Birk/Desens/Tappe*, Steuerrecht, Rn 927 ff.
[8] BFH, X R 20/21, BStBl II 2015, 325 (327); *Krumm*, in: Blümich, § 6 EStG Rn 304; *Birk/Desens/Tappe*, Steuerrecht, Rn 880.
[9] Vgl *Birk/Desens/Tappe*, Steuerrecht, Rn 887 ff; *Hennrichs*, in: Tipke/Lang, § 9 Rn 210.

Fall 6 *Allein und in Gesellschaft*

393 Allerdings wurde die Maschine im März 02, also kurz vor Ende des Wirtschaftsjahres 01/02 am 30.6.02, angeschafft. Gem. § 7 Abs. 1 Satz 4 EStG ist die AfA deshalb zu mindern. Sie wird für das Jahr 01/02 danach mit 4/12 des Jahresbetrages angesetzt. Damit beträgt die AfA im Wirtschaftsjahr 01/02 2500 €, so dass der errechnete Gewinn um 2500 € zu verringern ist. Die Maschine ist zum 30.6.02 mit 72 500 € in der Bilanz als Aktivvermögen anzusetzen.

(2) Der Ansatz der „Verfahrenserfindung"

394 Möglicherweise ist die „Verfahrenserfindung" als Wirtschaftsgut zu berücksichtigen. Es träte in diesem Fall eine Erhöhung des Gewinns um den Wert des Wirtschaftsguts abzüglich der AfA ein.

Es müsste sich dafür wiederum um ein ansatzfähiges *Wirtschaftsgut* handeln. Wie die Veräußerung der Erfindung im Jahr 02/03 zeigt, handelt es sich um ein einzeln bewertbares Recht, das am Markt veräußert werden kann und der Z-OHG zuvor Entwicklungskosten verursacht hat. Das neue Verfahren ist demnach ein Wirtschaftsgut iSd §§ 5–7 EStG.

395 Dem Ansatz dieses Wirtschaftsgutes könnte jedoch § 5 Abs. 2 EStG entgegenstehen, nach dem für *immaterielle Wirtschaftsgüter des Anlagevermögens* ein Aktivposten in der Bilanz nur anzusetzen ist, wenn sie entgeltlich erworben wurden. Immaterielle Wirtschaftsgüter sind unkörperliche Wirtschaftsgüter wie Marken, Patente, Warenzeichen etc[10]. Folglich handelt es sich auch bei dem patentierten Verfahren um ein immaterielles Wirtschaftsgut. Die Z-OHG hat es selbst entwickelt und demnach nicht entgeltlich von einem Dritten erworben. Der Umstand, dass die Z-OHG als „Herstellerin der Verfahrenserfindung" Aufwendungen in Form von Kosten für die Verfahrensentwicklung hatte, führt nicht zu einem entgeltlichen Erwerb iSd § 5 Abs. 2 EStG. Damit greift das *Aktivierungsverbot des § 5 Abs. 2 EStG*. Mithin ist die „Verfahrenserfindung" nicht zu aktivieren.

Für das Jahr 01/02 ergibt sich daher insoweit keine Auswirkung auf den Gewinn.

(3) Wertsteigerung des Grundstücks

396 Möglicherweise ist die tatsächlich eingetretene Wertsteigerung des Grundstücks bereits im Jahr 01/02 zu berücksichtigen. Die Bewertung eines Wirtschaftsguts richtet sich nach § 6 EStG.

Bei dem Grundstück handelt es sich um ein nicht abnutzbares Wirtschaftsgut des Anlagevermögens der Z-OHG, das bilanziell mit seinen Anschaffungskosten/Herstellungskosten erfasst ist (§ 6 Abs. 1 Nr 2 Satz 1 EStG). Als Ausdruck des handelsrechtlichen Vorsichtsprinzips (§ 252 Abs. 1 Nr 4 HS 2 HGB, in der Konkretisierung des Realisationsprinzips) dürfen Vermögensgegenstände nach dem Wortlaut des § 6 Abs. 1 Nr 1, 2 EStG jedoch maximal mit ihren Anschaffungskosten/Herstellungskosten angesetzt wer-

---

10 *Weber-Grellet*, in: Schmidt, EStG, § 5 Rn 171.

den[11]. Wertsteigerungen, die nicht realisiert werden, bleiben im Wirtschaftsgut als *stille Reserven* (Wertsteigerungen, die in den Buchwerten der Bilanz nicht zum Ausdruck kommen) gespeichert. Im Gegensatz zu einer dauernden Wertminderung sieht § 6 Abs. 1 Nr 1, 2 EStG für eine dauerhafte Wertsteigerung gerade keine Wertberichtigung nach oben vor.

Damit wirkt sich auch die kurzfristige Wertsteigerung des Grundstücks im Jahre 01/02 noch nicht auf den Gewinn aus.

(4) Mietzahlungen an A

Die Mietzahlungen an A dürften das Betriebsvermögen der Z-OHG nur mindern, wenn sie durch den Betrieb veranlasst wären. Die Z-OHG mietete das Grundstück zu Produktions- und somit betrieblichen Zwecken an. Es handelt sich danach grundsätzlich um eine betrieblich veranlasste Zahlung iHv 30 000 €. 397

Hierbei ist jedoch eine Besonderheit zu beachten: Es handelt sich vorliegend um die Vermietung eines Grundstücks an eine Gesellschaft durch einen ihrer Gesellschafter. Das Grundstück stellt somit sog. *Sonderbetriebsvermögen* der Gesellschaft dar[12]. Die Mietzahlungen sind bilanziell als gewinnmindernder Aufwand zu berücksichtigen. Der sog. *Gesamtgewinn der Mitunternehmerschaft* bleibt dadurch jedoch unberührt, weil der Betrag, der in der Bilanz als Aufwand (der Gesellschaft) verbucht ist, in der *Sonderbilanz des Gesellschafters* als Ertrag angesetzt werden muss, § 15 Abs. 1 Satz 1 Nr 2 HS 2 EStG (korrespondierende Bilanzierung)[13]. 398

dd) Ergebnis

Auf der Ebene der Z-OHG ergibt sich für das Wirtschaftsjahr 01/02 ein Gewinn iHv 100 000 €, der im Kalenderjahr 02 als bezogen gilt (132 500 € ./. 2500 € ./. 30 000 €). 399

b) Gewinn auf der Ebene des Gesellschafters A

Aufgrund seiner 50 %-Beteiligung sind dem A folglich Einkünfte aus Gewinnbeteiligung aus der Z-OHG für den VZ 02 gem. § 15 Abs. 1 Satz 1 Nr 2 HS 1 EStG iHv 50 000 € zuzurechnen. 400

3. Einkünfte aus Sondervergütungen, § 15 Abs. 1 Satz 1 Nr 2 Satz 1 HS 2 EStG

Die Mietzahlungen, die A von der Z-OHG für die Überlassung des Grundstücks erhalten hat, könnten bei ihm Sondervergütungen gem. § 15 Abs. 1 Satz 1 Nr 2 HS 2 EStG darstellen. Danach sind Einkünfte aus Gewerbebetrieb auch die Vergütungen, die der Gesellschafter von der Gesellschaft für die Überlassung von Wirtschaftsgütern erhalten 401

---

11 Vgl dazu *Birk/Desens/Tappe*, Steuerrecht, Rn 941.
12 Vgl *Birk/Desens/Tappe*, Steuerrecht, Rn 1174 ff.
13 *Birk/Desens/Tappe*, Steuerrecht, Rn 1170 f.

hat. Das von der Z-OHG für ihre gewerbliche Tätigkeit genutzte Grundstück stellt ein Wirtschaftsgut dar. Die Miete, die von der Z-OHG an A floss, erfüllt die Voraussetzungen einer Sondervergütung. Folglich handelt es sich bei dem erhaltenen Mietzins um Einkünfte aus Gewerbebetrieb (Sondervergütungen).

Die Mietzahlungen, die A von der Z-OHG erhält, stellen tatbestandlich zwar auch Einkünfte aus Vermietung und Verpachtung gem. § 21 Abs. 1 Satz 1 Nr 1 EStG dar. Allerdings gehören sie aufgrund der Subsidiaritätsklausel des § 21 Abs. 3 EStG zu den Einkünften aus Gewerbebetrieb.

Damit hat A Sondervergütungen iHv 30 000 € erzielt.

4. Ergebnis

402 Die steuerpflichtigen Einkünfte des A aus der Mitunternehmerschaft für den VZ 02 belaufen sich auf 80 000 €.

II. Einkünfte aus selbstständiger Arbeit

403 Aus der Betätigung als Ingenieur könnte A Einkünfte aus selbstständiger Arbeit gem. § 2 Abs. 1 Satz 1 Nr 3, § 18 Abs. 1 Nr 1 EStG erzielt haben. Die Tätigkeit als Ingenieur zählt als sog. Katalogberuf gem. § 18 Abs. 1 Nr 1 Satz 2 EStG zu den freiberuflichen Tätigkeiten. Einkünfte aus freiberuflicher Tätigkeit sind ihrerseits gem. § 18 Abs. 1 Nr 1 Satz 1 EStG Einkünfte aus selbstständiger Arbeit.

404 Die Ermittlung des Gewinns als freiberuflich Tätiger erfolgt, solange nicht freiwillig gem. § 4 Abs. 1 EStG bilanziert wird, nach § 4 Abs. 3 EStG. Sie unterliegt dem Konzept der Geldverkehrsrechnung und somit dem Zu- und Abflussprinzip gem. § 11 EStG. Gewinn ist dabei gem. § 4 Abs. 3 Satz 1 EStG der Überschuss der Betriebseinnahmen über die Betriebsausgaben[14]. Da A als freiberuflich Tätiger nicht freiwillig bilanziert, ist sein Gewinn nach § 4 Abs. 3 EStG zu ermitteln.

1. Betriebseinnahmen

405 Der Begriff der Betriebseinnahmen ist im EStG nicht definiert. Aus der Zusammenschau der Definition der Einnahmen in § 8 Abs. 1 EStG und der Betriebsausgaben gem. § 4 Abs. 4 EStG werden unter Betriebseinnahmen jedoch alle Zugänge in Geld oder Geldeswert verstanden, die durch den Betrieb veranlasst sind, dh wenn aus der (objektiven) Sicht des Unternehmers ein tatsächlicher oder wirtschaftlicher Zusammenhang mit dem Betrieb besteht[15].

Zunächst sind hier die 40 000 € zu berücksichtigen, die A im VZ 02 mit seiner Tätigkeit als Ingenieur erzielt hat.

---

14 Dazu *Birk/Desens/Tappe*, Steuerrecht, Rn 962 ff.
15 StRspr BFH, X R 94/96, BStBl II 1998, 619 (620 f) mwN; *Birk/Desens/Tappe*, Steuerrecht, Rn 974.

Ferner könnte das elektronische Bauteil, das A von einem Kunden erhielt, als Betriebseinnahme zu qualifizieren sein. Bei dem Bauteil handelt es sich um einen Zugang in Geldeswert (Sachwertzugang), den A vom Kunden für seine beruflichen Dienste erhalten hat und somit um eine Betriebseinnahme. **406**

Fraglich ist jedoch, ob sich das Bauteil bereits zu dem Zeitpunkt als Betriebseinnahme auswirkte, als es vom Kunden in das Betriebsvermögen des A überging (02), oder erst dann, als es gewinnbringend veräußerte wurde (03). **407**

Die Rspr[16] vertritt den Standpunkt, dass bei Wirtschaftsgütern des Umlaufvermögens sonstige (unentgeltlich erlangte) Sachwertzugänge dann als Betriebseinnahme anzusetzen sind, wenn sie ins Betriebsvermögen übergehen. Dem Umstand, dass die erworbene Sache hierdurch doppelt – im Zeitpunkt des Übergangs in das Betriebsvermögen und nach ihrer Veräußerung – als Gewinn erfasst und besteuert werden würde, begegnet der BFH folgendermaßen: Er setzt in Höhe des Sachwertzugangs eine Betriebsausgabe an und erreicht somit – trotz Annahme einer Betriebseinnahme – einen erfolgsneutralen Vorgang. Erst im Zeitpunkt einer späteren Veräußerung wirkt sich die Betriebseinnahme auf den Gewinn aus. Demzufolge hätte der Wertzugang iHv 500 € im Jahr 02 zwar eine Betriebseinnahme dargestellt; dieser hätten jedoch 500 € an Betriebsausgaben gegenübergestanden. Eine Auswirkung auf den Gewinn hätte sich hiernach erst im Jahr 03 ergeben. **408**

Dagegen sollte richtigerweise bei Erhalt der Sache (Jahr 02) tatsächlich von einem gewinnerhöhenden Sachwertzugang iHd Verkehrswertes ausgegangen werden. Bei der Veräußerung (Jahr 03) sind dann dem Veräußerungserlös fiktive Anschaffungskosten gegenüberzustellen, so dass sich letztlich nur der seit Zugang zum Betriebsvermögen entstandene Mehrwert auf den Veräußerungserlös auswirkt. Denn nur so gelingt ein Gleichauf zum Überschussrechner gemäß § 2 Abs. 2 Satz 1 Nr 2 EStG, der Sachwertvorgänge sofort versteuern muss[17]. Bereits im Jahr 02 sind daher 500 € (Sachwertzugang) und im Jahr 03 dann weitere 500 € (Veräußerungsgewinn: 1000 € ./. 500 €) als Betriebseinnahmen anzusetzen. **409**

2. Betriebsausgaben

Betriebsausgaben sind gemäß § 4 Abs. 4 EStG alle Aufwendungen, die durch den Betrieb veranlasst sind. **410**

a) Messinstrument

Die Ausgaben für das Messinstrument iHv 952 € (inkl 19 % USt iHv 152 €) könnten gem. § 4 Abs. 4 EStG Betriebsausgaben im Jahr 02 darstellen. Eine Aufwendung ist durch den Betrieb veranlasst, wenn sie objektiv mit dem Betrieb im Zusammenhang steht und sie subjektiv der Förderung des Betriebes dient[18], wobei das subjektive Element im Einzelfall **411**

---

16 BFH, IV R 29/91, BStBl II 1993, 36 (38).
17 *Birk/Desens/Tappe*, Steuerrecht, Rn 976.
18 BFH, VI R 193/77, BStBl II 1981, 368 (369).

Fall 6 *Allein und in Gesellschaft*

entbehrlich ist[19]. Bei der Bezahlung eines gerade für den Betrieb angeschafften Arbeitsmittels handelt es sich danach grundsätzlich um Betriebsausgaben.

412 Da es sich beim Messinstrument um einen Gegenstand handelt, der dauernd zum Gebrauch bei A geeignet und bestimmt ist (Anlagevermögen, § 247 Abs. 2 HGB), ist grundsätzlich nach § 4 Abs. 3 Satz 3, § 7 Abs. 1 EStG nur eine anteilige AfA als Betriebsausgabe abzugsfähig. Als Ausnahme davon können gem. § 6 Abs. 2 Satz 1 EStG jedoch für bewegliche Wirtschaftsgüter des Anlagevermögens, sofern ihr Wert *abzüglich des enthaltenen Vorsteuerbetrags* 800 € nicht übersteigt, ihre Anschaffungs- und Herstellungskosten im Jahr der Anschaffung in voller Höhe abgezogen werden (sog. Abzug für geringwertige Wirtschaftsgüter)[20]. Abzüglich des umsatzsteuerrechtlichen Vorsteuerbetrages (§ 9b EStG iVm § 15 UStG) beläuft sich der Wert des Messinstrumentes auf 800 €. Die 800 € sind daher im Jahr 02 *in voller Höhe* als Betriebsausgabe abzugsfähig.

b) Mietaufwand für Januar 03

413 Auch der Mietaufwand für das angemietete Ingenieursbüro im Januar 03 iHv 1500 € könnte als Betriebsausgabe gem. § 4 Abs. 4 EStG abzugsfähig sein. Es handelt sich um eine betrieblich veranlasste Aufwendung des A. Einem Abzug im Jahr 02 könnte jedoch § 11 Abs. 2 Satz 2 iVm Abs. 1 Satz 2 EStG entgegenstehen. Danach gelten regelmäßig wiederkehrende Betriebsausgaben, die dem Steuerpflichtigen kurze Zeit vor Beginn des Kalenderjahres entstanden sind, zu dem sie wirtschaftlich gehören, als in diesem Kalenderjahr entstanden[21]. Als „kurze Zeit" in diesem Sinne wird ein Zeitraum von ca zehn Tagen angesehen[22]. Die Zahlung am 28.12.02 erfolgte also kurze Zeit vor Beginn des Kalenderjahres, zu dem sie wirtschaftlich gehörte. Der Mietaufwand zählt wirtschaftlich zum Jahr 03, er kann daher gemäß § 11 Abs. 2 Satz 2 iVm Abs. 1 Satz 1 EStG erst im Jahr 03 als Betriebsausgabe berücksichtigt werden.

3. Ergebnis

414 Im Jahr 02 erzielte A somit einen steuerpflichtigen Gewinn aus selbstständiger Tätigkeit iHv 39 700 € (40 000 € + 500 € ./. 800 €)[23].

III. Ergebnis

415 Das zu versteuernde Einkommen des A für den VZ 02 beläuft sich insgesamt auf 119 700 € (80 000 € + 39 700 €).

---

19 Vgl *Birk/Desens/Tappe*, Steuerrecht, Rn 981 f.
20 *Birk/Desens/Tappe*, Steuerrecht, Rn 998.
21 Vgl dazu *Birk/Desens/Tappe*, Steuerrecht, Rn 973.
22 BFH, VIII R 15/83, BStBl II 1986, 342 (343); *Birk/Desens/Tappe*, Steuerrecht, Rn 973.
23 Wenn der Rechtsprechung gefolgt wurde, ergibt sich ein Gewinn iHv 39 200 € (40 000 € ./. 800 €).

B. Veranlagungszeitraum 03

I. Einkünfte aus Mitunternehmerschaft

1. Gewinnanteil, § 15 Abs. 1 Satz 1 Nr 2 HS 1 EStG

a) Gewinn auf der Ebene der Z-OHG

Als Geschäftsergebnis laut Handelsbilanz hat die Z-OHG für das Wirtschaftsjahr 02/03 einen Gewinn iHv 105 000 € erzielt. **416**

aa) AfA für die neue Maschine

Der Wert, mit dem die Maschine anzusetzen ist, könnte durch eine weitere Berücksichtigung der AfA gem. § 6 Abs. 1 Nr 1 Satz 1 EStG zu verringern sein. Gem. § 7 Abs. 1 Sätze 1, 2 EStG beträgt die AfA bei einer zehnjährigen Nutzungsdauer jedes Jahr 1/10 des Werts des Wirtschaftsguts (sog. lineare AfA). Es ist für das Wirtschaftsjahr 02/03 folglich AfA iHv 7500 € zu berücksichtigen, so dass sich der Wert der Maschine um diesen Betrag verringert. Entsprechend ist der Gewinn um 7500 € zu mindern. **417**

bb) „Verfahrenserfindung"

Durch die Veräußerung der Verfahrenserfindung des A könnte sich im Wirtschaftsjahr 02/03 das Betriebsvermögen der Z-OHG um 10 000 € gemehrt haben. Es müsste sich bei dem Erlös um eine betrieblich veranlasste Vermögensmehrung handeln. Die Z-OHG hatte zwar aufgrund von § 5 Abs. 2 EStG (Aktivierungsverbot) die Erfindung bisher nicht als Wirtschaftsgut aktiviert. Die Erfindung ist aber das Ergebnis ihrer Forschungen, so dass der Verkaufserlös iHv 10 000 € betrieblich veranlasst ist. Daher ist das Betriebsvermögen um 10 000 € zu erhöhen. **418**

cc) Wertsteigerung des Grundstücks

Die im Grundstück gespeicherten stillen Reserven aus der Wertsteigerung des Grundstücks hat A mit der Veräußerung des Grundstücks im Dezember 02 *realisiert*. Die erzielte Wertsteigerung iHv 40 000 € stellt somit eine erfolgswirksame Betriebsvermögensmehrung dar, die den Gewinn erhöht. **419**

dd) Mietaufwand

Die an A geleisteten Mietzahlungen stellen auch für das Jahr 02/03 eine Betriebsvermögensminderung dar, die den Gewinn um 30 000 € verringert. **420**

b) Gewinnanteil bei A

Der Gewinn der Z-OHG beläuft sich somit für das Wirtschaftsjahr 02/03 auf 117 500 € (105 000 € ./. 7500 € + 10 000 € + 40 000 € ./. 30 000 €), der auf A entfallende Gewinnanteil mithin auf 58 750 €. **421**

2. Sondervergütungen

422 A erzielte auch im Jahr 02/03 Einkünfte aus Sondervergütungen (§ 15 Abs. 1 Satz 1 Nr 2 HS 2 EStG) für die Überlassung des Grundstücks iHv 30 000 €.

3. Ergebnis

423 Die steuerpflichtigen Einkünfte aus Gewerbebetrieb (Gewinnanteil und Sondervergütungen) belaufen sich für A im Wirtschaftsjahr 02/03 somit insgesamt auf 88 750 €.

II. Einkünfte aus selbstständiger Arbeit

424 Einkünfte aus selbstständiger Arbeit erzielte A zunächst iHv 30 000 €. Folgende Vorfälle sind noch zu berücksichtigen:

1. Betriebseinnahmen

425 Mit dem Verkauf des Bauteils hat A einen Veräußerungserlös von 1000 € erzielt. Um eine doppelte Berücksichtigung zu vermeiden, ist der Erlös um fiktive Anschaffungskosten iHv 500 € (Verkehrswert bei Überlassung) zu verringern (s. Rn 419). Der Gewinn erhöht sich damit nur um 500 €.

2. Betriebsausgaben

426 Der Mietaufwand für das von A angemietete Büro, den A schon im Dezember 02 entrichtet hatte, ist gem. § 11 Abs. 2 Satz 2 iVm Abs. 1 Satz 2 EStG in dem Jahr, zu dem er wirtschaftlich gehört, abzuziehen. Folglich sind die 1500 € im Jahr 03 als Betriebsausgaben zu berücksichtigen.

3. Ergebnis

427 A hat im VZ 03 Einkünfte aus selbstständiger Arbeit iHv 29 000 € erzielt[24].

III. Ergebnis

428 Das zu versteuernde Einkommen des A aus dem Veranlagungszeitraum 03 beläuft sich insgesamt auf 117 750 € (88 750 € + 29 000 €).

---

24 Wenn der Rechtsprechung gefolgt wurde, ergeben sich Einkünfte iHv 29 500 €.

Allein und in Gesellschaft **Fall 6**

Zur Wiederholung

Übersicht 6: Gewinnermittlung

(Hinweis: Zur Besteuerung von Personengesellschaften vgl Übersicht 7.3, Rn 495)   **429**

A. Gewinnermittlung durch Betriebsvermögensvergleich (§ 4 I bzw § 5 EStG)

= Gewinnermittlung durch Bilanzierung (sog. **Bilanzsteuerrecht:** §§ 4–7k EStG, §§ 140 ff AO, §§ 238 ff HGB)

I. Anwendungsbereich
1. **§ 4 I EStG:** buchführungspflichtige und freiwillig buchführende Freiberufler und Land- und Forstwirte
2. **§ 5 I EStG:** buchführungspflichtige und freiwillig buchführende Gewerbetreibende
3. **Gemeinsamkeiten und Unterschiede** zwischen § 4 I und § 5 I EStG
   a) Unterschied: bei **§ 5 I EStG** besteht Bindung an die handelsrechtlichen Grundsätze ordnungsgemäßer Buchführung **(GoB)** → **Maßgeblichkeitsgrundsatz**
   b) Beachte aber: auch im Rahmen des **§ 4 I EStG:** § 141 I 2 AO iVm §§ 238, 240, 241, 242 II und §§ 243–256 HGB; analoge Anwendung des § 5 II–V EStG
   c) Gemeinsamkeit zwischen § 4 I und § 5 I EStG: Gewinnermittlung durch **Betriebsvermögensvergleich**

II. Gewinn iSd § 4 I bzw § 5 I EStG

= **Unterschiedsbetrag** zwischen dem **Betriebsvermögen** am Schluss des Wirtschaftsjahrs und dem Betriebsvermögen am Schluss des vorangegangenen Wirtschaftsjahrs, vermehrt um den Wert der **Entnahmen** und vermindert um den Wert der **Einlagen**
1. **Betriebsvermögen in diesem Sinne: Differenz zwischen Aktiva und Passiva → Eigenkapital des Betriebs**
2. **Bilanzierung**
   a) **Eigenkapital** ergibt sich aus der Differenz zwischen Aktiva und übrigen Passiva
   b) **Bilanzgleichgewicht**, dh immer: Aktiva = Passiva (vgl „Balance")
      - Jeder Geschäftsvorfall ändert immer *mindestens zwei* Bilanzposten
      - Geschäftsvorfall wirkt sich entweder auf das Betriebsvermögen ieS (Eigenkapital) aus (ist „**erfolgs-/gewinnwirksam**") oder nicht (ist „erfolgs-/gewinnneutral")
      - **Ergebnisneutral** sind bloße Umschichtungen im bilanzierten Betriebsvermögens iwS
        – **Aktivtausch**; Bsp: Anschaffung eines Grundstücks gegen Überweisung des Kaufpreises vom Bankkonto
        – **Passivtausch**; Bsp: Aufnahme eines Darlehens zur Tilgung einer Kaufpreisforderung
        – **Aktiv-/Passivtausch**; Bsp: Rückzahlung eines Bankkredits in bar
   c) Betriebsvermögen (Eigenkapital) kann auch durch **Entnahmen** oder **Einlagen** verändert werden; diese sind aber nicht erfolgs-/gewinnwirksam, da der Unterschiedsbetrag um den Wert der Entnahme oder Einlage zu vermehren bzw zu vermindern ist (§ 4 I EStG)

d) Erfolgswirksame Vermögenszugänge = **Ertrag** (zB Zinseinnahmen für Bankguthaben); Erfolgswirksame Vermögensabgänge = **Aufwand** (zB Mietzahlungen für gemietetes Betriebsgrundstück; Löhne für Mitarbeiter); **hier ändert sich das Betriebsvermögen (Eigenkapital)!**
3. **Buchführung**
Es kann nicht nach jedem Geschäftsvorfall eine ganz neue Bilanz erstellt werden (wäre unpraktikabel), daher muss **Buch geführt** werden.
- Auflösung der Bilanz in Konten, in denen die Geschäftsvorfälle aufgezeichnet werden

III. Maßgeblichkeit der Handelsbilanz für die Steuerbilanz (in den Fällen des § 5 I EStG, s. o.) – sog. Maßgeblichkeitsgrundsatz

1. **Maßgeblichkeit trotz der unterschiedlichen Zwecke von Handels- und Steuerbilanz**
   - *Handels*bilanz dient dem Gläubigerschutz und der kritischen Selbstinformation des Kaufmanns, dh Kaufmann könnte sich ärmer rechnen, ohne dass dies problematisch wäre
   - die *Steuer*bilanz aber soll die Leistungsfähigkeit des Stpfl zutreffend abbilden
2. **Reichweite der Maßgeblichkeit**
   a) Maßgeblichkeit gilt sowohl für die Bilanzierung *dem Grunde nach* (§§ 246–251 HGB) ...
   b) ... als auch *der Höhe nach* (§§ 252–256 HGB)
3. **Durchbrechungen der Maßgeblichkeit**
   a) Wenn ein steuerrechtliches Wahlrecht besteht, kann dies in Abweichung zu handelsrechtlichen Vorgaben ausgeübt werden, § 5 I 1 HS 2, 2 EStG Einzelheiten sind dabei umstritten[25].
   b) insb § 5 I–V EStG und vor allem steuerliche Sonderregeln für die **Betriebsausgaben** (§ 4 V EStG) sowie die **Bewertung**, § 5 VI, §§ 6 ff EStG
   c) außerdem Rspr des BFH: handelsrechtliche Aktivierungs**wahlrechte** führen steuerrechtlich zu Aktivierungsgeboten; handelsrechtliche Passivierungs**wahlrechte** führen steuerrechtlich zu Passivierungsverboten (Grund: Gleichmäßigkeit der Besteuerung; kein beliebiges „Sich-ärmer-Rechnen")

IV. Grundsätze ordnungsgemäßer Buchführung

1. Geregelt insb in §§ 238 ff HGB, außerdem teilweise ungeschriebene GoB
2. **Formelle GoB**
   a) Bilanzklarheit (§ 238 I HGB),
   b) Verrechnungsverbot (§ 246 II HGB),
   c) Einzelbewertung (§ 252 I Nr 3 HGB),
   d) zeitnahe Bilanzaufstellung (§ 243 III HGB)
3. **Materielle GoB**
   a) Bilanzwahrheit und -vollständigkeit (§ 239 II, § 246 I HGB)
   b) **Bilanzkontinuität und -identität (§ 252 I Nr 6 HGB)**
      - zB Beibehaltung einmal angewandter Bewertungsmethoden (zB bei Wahlrechten); Übereinstimmung der Anfangsbilanz mit der Schlussbilanz des vorhergehenden Jahres (§ 252 I Nr 1 HGB)
      - Folge: **automatischer Fehlerausgleich** (aber möglicherweise keine periodengerechte Erfassung)

---

25 Vgl *Birk/Desens/Tappe*, Steuerrecht, Rn 862 ff.

c) **Verursachungsprinzip**
- dh: Aufwendungen und Erträge sind <u>unabhängig vom Zeitpunkt der Zahlung</u> dem Geschäftsjahr bzw Wirtschaftsjahr zuzuordnen, in dem sie wirtschaftlich verursacht sind, § 252 I Nr 5 HGB; es kommt auf Entstehung der Forderung bzw Verbindlichkeit an, die schon bei Entstehung zu aktivieren bzw zu passivieren ist; s. ferner Rückstellungen und Rechnungsabgrenzungsposten für das Steuerrecht
- Unterschied zur Überschussrechnung (s. dazu § 11 I 5, II 6 EStG)

d) **Vorsichtsprinzip (§ 252 I Nr 4 HGB)**
dh: Kaufmann darf sich keinesfalls reicher rechnen, als er ist, allenfalls ärmer
- **Realisationsprinzip (§ 252 I Nr 4 HS 2 HGB)**
  - dh: <u>Gewinne</u> dürfen erst ausgewiesen werden, wenn sie realisiert sind (bei **Veräußerung** oder sonstigem Leistungsaustausch); Folge: **bloße Wertsteigerungen** allein sind steuerlich unbeachtlich, sie führen nur zu sog. **stillen Reserven**
  - Ausnahmen
    - **Besteuerung ohne Umsatzakt: Entnahmen (§ 6 I Nr 4 S. 1 EStG), Betriebsaufgabe (§ 16 III EStG)**; Grund: Sicherstellung der Besteuerung im letztmöglichen Zeitpunkt
    - **Keine Besteuerung trotz Umsatzakts:** Bildung einer **Rücklage nach § 6b EStG**; Rücklage für Ersatzbeschaffung
- **Imparitätsprinzip (§ 252 I Nr 4 HS 1 HGB)**
  - **Verluste und Risiken** sind (im Gegensatz zu Gewinnen) schon dann zu berücksichtigen, wenn sie *drohen*
  - Imparität = unterschiedliche Behandlung von Gewinnen und Verlusten; Ausprägungen:
    1. Niederstwertprinzip (§ 253 III, IV HGB)
    2. Rückstellungen (§ 249 HGB)
    3. Teilweises Verbot der Aktivierung nicht entgeltlich erworbener immaterieller Wirtschaftsgüter des Anlagevermögens (§ 248 II 2 HGB; weitergehend § 5 II EStG)
- **Grundsatz der Nichtbilanzierung schwebender Verträge (ungeschriebener GoB)**
  - Inhalt: Ansprüche und Verbindlichkeiten aus schwebenden Geschäften dürfen nicht bilanziert werden
  - Folge: **Vorleistungen** sind sowohl beim Leistenden als auch beim Empfänger **zu neutralisieren**
  - keine Rückstellungen wegen drohender Verluste (§ 249 I 1 HS 2 HGB, § 5 IVa EStG)

e) **Stichtagsprinzip (§ 252 I Nr 3 HGB)**
- Inhalt: Verhältnisse am Abschlussstichtag maßgebend, so wie ein sorgfältiger Kaufmann sie im Zeitpunkt der fristgerechten Bilanzaufstellung erkennen konnte
- erst nach dem Stichtag <u>eingetretene</u> **wertbeeinflussende Tatsachen** dürfen nicht mehr berücksichtigt werden
- bereits am Stichtag **vorliegende**, jedoch erst später bekannt gewordene **wertaufhellende Tatsachen** werden dagegen berücksichtigt, soweit sie bis zur Bilanzaufstellung bekannt waren

V. Bilanzierung „dem Grunde nach" („Ob" der Bilanzierung)

1. **Was ist anzusetzen?**
   - grds HGB maßgeblich (§ 5 I EStG), vgl § 246 I 1 HGB
2. **Beachte unterschiedliche Terminologie im Handels- und Steuerrecht**
   - Vermögensgegenstände → steuerrechtlich: Wirtschaftsgüter
   - Schulden → steuerrechtlich: Verbindlichkeiten und Rückstellungen
   - Eigenkapital → steuerrechtlich: Betriebsvermögen
3. **Was ist Wirtschaftsgut/Vermögensgegenstand?**
   (§ 4, § 5, § 6 EStG; § 246 I, § 252 usw HGB); grds identisch; Wirtschaftsgut (WG) tritt aber auch auf Passivseite der Bilanz auf (arg. e § 6 I Nr 3 EStG)

   a) **Voraussetzungen**
   - alle Sachen und Rechte iSd Zivilrechts sowie sonstige vermögenswerte Vorteile einschließlich tatsächlicher Zustände und konkreter Möglichkeiten
   - deren Erlangung der Kaufmann sich etwas kosten lässt
   - die nach der Verkehrsauffassung einer besonderen Bewertung zugänglich sind und
   - die einzeln oder im Zusammenhang mit dem Betrieb übertragbar sind

   b) **Zweck der Aktivierung = „Aufwandsspeicher" (bzw Aufwandsverteilung durch AfA)**

   c) **Arten von Wirtschaftsgütern**
   - Anlagevermögen – Umlaufvermögen (§ 247 II HGB);
     Bedeutung: zB § 6 I Nr 1, 2, II, IIa, § 5 II, § 7 II EStG
   - materielle – immaterielle Wirtschaftsgüter
     Bedeutung: Aktivierungsverbot des § 5 II EStG (Bsp für immaterielles Wirtschaftsgut: Patentierung einer Erfindung)
   - bewegliche und unbewegliche Wirtschaftsgüter
     Bedeutung: § 6 II, § 7 II EStG
   - abnutzbare und nicht abnutzbare Wirtschaftsgüter
     Bedeutung: AfA (§ 7 EStG)

   d) Achtung: **Einzelbewertung: Grund und Boden** sowie **aufstehendes Gebäude** sind zivilrechtlich eine einzige Sache; steuerrechtlich handelt es sich um zwei selbständige Wirtschaftsgüter; evtl handelt es sich sogar um vier Wirtschaftsgüter, wenn Gebäudeteile teils dem privaten Wohnen dienen, teils dem Betrieb

   e) **Zurechnung:** § 39 AO – wirtschaftliche Vermögenszugehörigkeit

   f) **Zugehörigkeit zum Betriebsvermögen ...**
   - ... als Voraussetzung der Aufnahme in die Bilanz
     Terminologischer Hinweis: Betriebsvermögen ist hier nicht iSv Eigenkapital (Rechengröße in der Bilanz) zu verstehen, sondern als Gegenbegriff zum Privatvermögen, also als **Gesamtheit aller zum Betrieb gehörender Wirtschaftsgüter**
   - **WG ist Teil des Betriebsvermögens (BV), wenn es aus betrieblicher Veranlassung angeschafft, hergestellt oder eingelegt worden ist**
     - **Notwendiges BV** = wenn ein WG dem Betrieb in dem Sinne unmittelbar dient, dass es objektiv erkennbar zum unmittelbaren Einsatz im Betrieb selbst bestimmt ist (zB betrieblich genutzte Grundstücke, Maschinen, Fahrzeuge usw)
     - **Gewillkürtes BV** = solche WG, die objektiv geeignet und subjektiv dazu bestimmt sind, den Betrieb zu fördern (hier wird WG erst durch Zweckbestimmung des Unternehmers zum BV, zB durch Ausweis in der Bilanz)
     - **Notwendiges Privatvermögen (PV)** = wenn betrieblicher Zusammenhang fehlt (zB Wertpapiere, Mietgrundstücke etc, die nicht als Sicherheit für den Betrieb verwendet werden), zB Privathaus des Unternehmers

- Problem: gemischt genutztes WG (zB betrieblicher Pkw, den der Unternehmer auch privat nutzt)
  - betriebliche Nutzung mehr als 50% → notwendiges BV
  - betriebliche Nutzung 10–50% → Widmung zum gewillkürten BV möglich
  - betriebliche Nutzung unter 10% → notwendiges PV

g) **Verbindlichkeiten und Rückstellungen**
  - Verbindlichkeiten = passive WG, die Leistungspflichten gegenüber einem Dritten ausweisen, die am Bilanzstichtag dem Grunde und der Höhe nach <u>gewiss</u> sind
  - **Betrieblich** ist die Verbindlichkeit, wenn ihre Entstehung durch den Betrieb veranlasst ist (vgl § 4 IV EStG), also im Zusammenhang mit dem Erwerb von BV oder zur Bestreitung von Betriebsausgaben steht
  - Passivierungspflicht folgt aus § 253 I 2, § 266 III HGB
  - **Rückstellungen** = passive WG, die dem Grunde und/oder der Höhe nach <u>ungewisse</u>, jedoch bereits wirtschaftlich verursachte betriebliche Verbindlichkeiten ausweisen
    - Verwirklichung des Vorsichts- und des Verursachungsprinzips
    - Funktionsweise: Auflösung der Rückstellung im Jahr der tatsächlichen Inanspruchnahme bei Berücksichtigung des Mittelabflusses in diesem Jahr
    - Rechtsgrundlage: § 249 HGB; Voraussetzungen für Bildung der Rückstellung:
      - Be- oder Entstehen einer Verbindlichkeit sowie die Inanspruchnahme *wahrscheinlich*
      - keine Rückstellung für entstehende Verbindlichkeiten aus schwebenden Geschäften (wegen zu erwartender Gegenleistung)
      - wirtschaftliche Verursachung der ungewissen Verbindlichkeit im abgelaufenen Wirtschaftsjahr oder schon rechtlich entstanden
    - Spezielle steuerrechtliche Passivierungsverbote, s. vor allem § 5 IIa, III, IV, IVa, IVb EStG

h) **Rechnungsabgrenzungsposten (§ 5 V EStG; § 250 HGB)**
  - keine WG, sondern Korrekturposten zur periodengerechten Gewinnermittlung (Verursachungsprinzip!)
  - Bsp: U zahlt Ladenmiete für Januar 11 schon im Dezember 10

i) **Steuerfreie Rücklagen**
  - <u>Achtung:</u> Rücklagen nicht mit Rückstellungen verwechseln!
  - Rücklagen sind handelsrechtlich **Teil des Eigenkapitals (§ 266 Abs. 3 HGB)**
  - Gewinneinstellung in die Rücklage ist grundsätzlich Frage der Gewinnverwendung, nicht der Gewinnermittlung
  - aber: Bildung sog steuerfreier Rücklagen ausnahmsweise zulässig, Bsp:
    - R 6.6 (4) EStR 2008 – **Rücklage für Ersatzbeschaffungen** funktionsgleicher Wirtschaftsgüter im selben Betrieb, um Entschädigung ungeschmälert für Ersatzbeschaffung verwenden zu können;
    - § 6b EStG (Lenkungsnorm) – Anpassung an Strukturveränderungen
  - Aufdeckung stiller Reserven
  - Spätere Übertragung auf ein anderes WG (AK-mindernde Auflösung der Rücklage)
  - Folge: Steuerstundungseffekt

VI. Bilanzierung „der Höhe nach"
(„Wie" der Bilanzierung, dh Bewertung)

1. **Rechtsgrundlagen für die Bewertung:** in erster Linie §§ 6 ff EStG, subsidiär §§ 252–256a HGB (s. § 5 VI EStG)
2. **Ausgangspunkt der Bewertung: Anschaffungs- bzw Herstellungskosten (AK/HK)**
   → § 6 I Nr 1 bzw Nr 2 EStG (betr Anlagevermögen/Umlaufvermögen)
   a) Begriff der AK: die Aufwendungen, die geleistet werden, um einen Vermögensgegenstand zu erwerben und ihn in einen betriebsbereiten Zustand zu versetzen (§ 255 I HGB)
   b) Begriff der HK: die Aufwendungen, die durch den Verbrauch von Gütern und die Inanspruchnahme von Diensten für die Herstellung eines Vermögensgegenstands entstehen (§ 255 II, III HGB); für immaterielle WG vgl § 255 IIa HGB
3. **Ansatz anderer Werte:**
   a) bei **Einlagen und Entnahmen** ist grds der **Teilwert** anzusetzen → § 6 I Nr 4, 5 EStG
      - Einlagen und Entnahmen verändern zwar das Betriebsvermögen, dürfen aber keine Auswirkungen auf den Gewinn haben
      - Entnahme (§ 4 I 2 EStG) = Überführung von Wirtschaftsgütern des Betriebsvermögens in das Privatvermögen => Aufdeckung stiller Reserven
      - Einlage (§ 4 I 8 EStG) = Überführung von Wirtschaftsgütern des Privatvermögens in das Betriebsvermögen
      - Begriff des **Teilwerts**: der Betrag, den ein Erwerber des ganzen Betriebs im Rahmen des Gesamtkaufpreises für das einzelne Wirtschaftsgut ansetzen würde, wobei davon auszugehen ist, dass der Erwerber den Betrieb fortführt (§ 6 I Nr 1, Satz 3 EStG; ebenso § 10 Sätze 2, 3 BewG)
         – dh Mehrwert aufgrund Betriebszugehörigkeit ist zu berücksichtigen
         – aufgrund der Fiktionen kann Teilwert nur geschätzt werden; Rspr hat Teilwertvermutungen entwickelt
      - abzugrenzen vom **gemeinen Wert** (§ 9 II 1 BewG): gemeiner Wert = Verkehrswert (Einzelveräußerungspreis unabhängig von der Betriebszugehörigkeit des WG) (maßgeblich zB bei Betriebsaufgabe, § 16 III 7 EStG)
   b) Wertveränderungen im Betriebsvermögen
      aa) Wertminderungen
         - sog. **Teilwertabschreibung** (dh Bewertung mit dem niedrigeren Teilwert); Grund: Vorsichtsprinzip
            – steuerrechtlich: bei voraussichtlich dauernder Wertminderung „kann" WG des (abnutzbaren und nicht abnutzbaren) **Anlagevermögens** mit dem niedrigeren Teilwert angesetzt werden, § 6 I Nr 1 S. 2 bzw Nr 2 S. 2 EStG;
            – bei voraussichtlich nicht dauernder Wertminderung: keine Teilwertabschreibung
         - für **Umlaufvermögen** (UV) gilt:
            – steuerrechtlich: bei voraussichtlich dauernder Wertminderung „kann" abgeschrieben werden, s.o., § 6 I Nr 2 S. 2 EStG
            – handelsrechtlich „müssen" Gegenstände des UV mit dem niedrigeren Wert angesetzt werden (strenges Niederstwertprinzip, § 253 IV HGB)
            – aber: bei nicht dauernder Wertminderung → keine Teilwertabschreibung im Steuerrecht
         - **Absetzungen für Abnutzung** (AfA), § 7 EStG
            – vorzunehmen bei **abnutzbaren** Wirtschaftsgütern des **Anlagevermögens** (§ 6 I Nr 1 EStG)

- abnutzbar zB Gebäude (ohne Grund und Boden!), LKW ...
- nicht abnutzbar: Grund und Boden, Anteile an KapGes, Geldforderungen, Wertpapiere ...
- ggf sog. **Sofortabschreibung für geringwertige WG**, soweit AK/HK 800 € nicht übersteigen (§ 6 II 1 EStG)
- ggf Bildung eines sog. Sammelpostens für WG des Anlagevermögens, die 250 €, aber nicht 1000 € übersteigen (§ 6 IIa EStG) – lErg Abschreibung auf 5 Jahre
- **AfA**
  - entspricht handelsrechtlich den „planmäßigen Abschreibungen", § 253 III 1, 2 HGB
  - AfA verteilt Aufwand → Anschaffung eines WG ist also zunächst erfolgsneutral
- **Arten der AfA**
  - **lineare AfA** (§ 7 I EStG) – AfA in gleichen Jahresbeträgen; Schätzung der betriebsgewöhnlichen Nutzungsdauer (AfA-Tabellen des BMF; für Rspr nicht bindend); im Anschaffungsjahr: AfA ab dem Monat der Anschaffung (§ 7 I 4 EStG)
  - AfA nach Maßgabe der **Leistung** (§ 7 I 6 EStG)
  - **degressive AfA** (§ 7 II EStG) – Abzug eines festen Prozentsatzes jeweils vom Restbuchwert (für WG aus 2009 oder 2010)
  - Sonderregelungen für **Gebäude**: § 7 IV–Va EStG
  - AfaA = Absetzungen für außergewöhnliche technische oder wirtschaftliche Abnutzung (§ 7 I 7 EStG) → Abgrenzung zur Teilwertabschreibung?
  - AfS = Absetzung für Substanzverringerung (§ 7 VI EStG)
  - Sonderregelungen für erhöhte Absetzungen und Sonderabschreibungen → §§ 7a–7k EStG

bb) <u>Wertsteigerungen</u>, die *ohne weitere Aufwendungen* des StPfl eintreten
- es bleibt grds beim Ansatz der AK/HK (§ 6 I Nr 1, 2 EStG); Grund: Vorsichtsprinzip/Realisationsprinzip, § 252 I Nr 4 HS 2 HGB
  Folge: Es entstehen sog. **stille Reserven**
- aber: Wertsteigerung **nach einer vorangegangenen Teilwertabschreibung** → **Wertaufholung** durch Teilwertzuschreibung (§ 6 I Nr 1 S. 4, Nr 2 S. 3 EStG); handelsrechtlich gilt Gleiches, § 253 V 1 HGB (Ausnahme: Geschäfts- oder Firmenwert, § 253 V 2 HGB)
  - <u>Achtung</u>: Kompensation nur der Teilwertabschreibung, dh kein Überschreiten der AK/HK; keine Neutralisierung der planmäßigen AfA (vgl § 6 I Nr 1 S. 4 EStG: „... sind ... <u>gemäß Satz 1</u> anzusetzen ...")

4. **Bewertung von Verbindlichkeiten (§ 6 I Nr 3 EStG)**
   a) „AK", dh grds Rückzahlungsbetrag
   b) ggf Teilwertzuschreibung bei voraussichtlich dauernder Erhöhung der Verpflichtung (zB durch Wechselkursänderungen bei Fremdwährungsverbindlichkeiten), § 6 I Nr 3 iVm I Nr 2 S. 2 EStG (für Gewinnermittler nach § 5 EStG wegen § 253 IV HGB zwingend)

5. **Bewertung von Rückstellungen (§ 6 I Nr 3a EStG)**

B. Gewinnermittlung durch Überschussrechnung (§ 4 III EStG)

I. Einordnung
- einfachere Gewinnermittlung als durch Bilanzierung
- Gewinn nach § 4 III EStG = Überschuss der Betriebseinnahmen (BE) über die Betriebsausgaben (BA)
- grds Geldverkehrsrechnung (**Cashflow-Besteuerung**)
- Wertveränderung des BV grundsätzlich unbeachtlich → **unterschiedliche Periodenergebnisse, aber Grundsatz der Gesamtgewinngleichheit** (nicht: gleiche Gesamtsteuerbelastung, da unterschiedliche Progression, unterschiedliches Steuerrecht etc)

II. Wer darf Gewinn nach § 4 III EStG ermitteln?
1. **Land- und Forstwirte**
   (soweit nicht nach §§ 140, 141 AO buchführungspflichtig und nicht freiwillig buchführend)
2. **Gewerbetreibende, die nicht unter § 5 I EStG fallen** (also weder buchführungspflichtig noch freiwillig buchführend)
3. **Selbstständige**
   (soweit nicht freiwillig buchführend)

III. Wann sind BE/BA anzusetzen?
1. **§ 11 EStG: Zu-/Abflussprinzip**
2. **Also: zB nicht Entstehung der Forderung**
   (zB des Zahnarztes Z gegen seinen Patienten) für Gewinn des Z maßgeblich, sondern Zeitpunkt der Bezahlung durch den Patienten
3. **Ausnahme vom Zu- und Abfluss**
   regelmäßig wiederkehrende Einnahmen oder Ausgaben (Mieten, Arbeitslohn) kurz vor oder nach Jahreswechsel – ca 10 Tage (§ 11 I 2, II 2 EStG)

IV. Was sind Betriebseinnahmen (BE)?
1. **BE = alle Zugänge in Geld oder Geldeswert, die durch den Betrieb veranlasst sind** (vgl § 8, § 4 IV EStG)
2. **Problem: Übergang von Sachwertzugängen ins Betriebsvermögen** (Zahnarzt-/Altgoldfall; dazu LB Rn 975): BE iHd Verkehrswertes bei Erhalt der Sache, bei Veräußerung Veräußerungserlös – fiktive AK (aA BFH, s. hierzu im Fall Rn 407 ff)
3. **Keine BE**
   a) **Durchlaufende Posten (§ 4 III 2 EStG)**, zB Gerichtskostenvorschüsse – **kein durchlaufender Posten ist die Umsatzsteuer!**
   b) Ersparte Aufwendungen (zB Arzt behandelt sich selbst)
   c) Verzicht auf Einnahmen
   d) Zufluss von Geld als Darlehen

V. Was sind Betriebsausgaben (BA)?
1. **BA = Aufwendungen, die durch den Betrieb veranlasst sind (§ 4 I–V EStG)**
   a) (–) **durchlaufende Posten**; Darlehensrückzahlungen etc (s.o.)
   b) (+) auch unfreiwillige Ausgaben und Zwangsaufwendungen, zB Schadensersatz
   c) möglich: **vorweggenommene BA, vergebliche BA, nachträgliche BA** (zB Schuldzinsen für ursprünglich betrieblich veranlasste Verbindlichkeit, soweit diese Schuld nicht durch Verwertung der WG'er oder Veräußerungsgewinn beglichen werden konnte)

d) **Verlust von Wirtschaftsgütern**, zB Totalschaden am betrieblichen Kfz des Rechtsanwalts: Bei privater Fahrt (zB infolge Trunkenheit) kein Abzug, bei dienstlicher Fahrt: Restbuchwert als BA abziehbar
2. **Falls dem Grunde nach BA vorliegen: ggf Abzugsverbote des § 4 V EStG prüfen!**
3. **Achtung!**
   a) AK/HK für **abnutzbare Wirtschaftsgüter des Anlagevermögens** nur BA, soweit **AfA** möglich ist (§ 4 III 3 EStG) → § 7, § 6 II EStG
   - aber: kein Verweis auf Teilwertabschreibung!
   b) AK/HK für **nicht abnutzbare Wirtschaftsgüter des Anlagevermögens** sind erst im Zeitpunkt der Veräußerung oder Entnahme als BA zu berücksichtigen (§ 4 III 4 EStG)
   - Grund: Vermeidung von „Zusammenballungseffekten" und Gewinnschwankungen

VI. Wechsel der Gewinnermittlungsart
1. nur zu Beginn des Wirtschaftsjahres möglich, für 3 Jahre bindend
2. zu beachten: **Grundsatz der Gesamtgewinngleichheit** (zB Bezahlung einer noch nicht bilanzierten Forderung oä)
3. dh: betriebliche Vorgänge dürfen infolge des Wechsels weder **doppelt** erfasst werden noch **unberücksichtigt** bleiben

VII. Entnahmen und Einlagen sind auch bei § 4 III EStG zu berücksichtigen
(arg. e § 4 III 4 EStG)

C. Sondertatbestände: § 13a, § 5a EStG (LuF bzw Tonnagebesteuerung)

Fall 7
Gewerbetreibender werden ist nicht schwer

Schwerpunkte: **Einkommensteuerrecht:** Mitunternehmerschaft (LB § 6 Rn 1126–1185), Betriebsaufspaltung (LB § 5 Rn 705–713); **Gewerbesteuerrecht:** Verhältnis zur Einkommensteuer (LB § 5 Rn 650–653), gewerbesteuerlicher Gewerbebetrieb (LB § 6 Rn 1326–1345); Ermittlung des Gewerbeertrages (LB § 6 Rn 1349–1384); Ermittlung des Gewerbesteuermessbetrages (LB § 6 Rn 1392–1398)

Schwierigkeitsgrad: eher hoch, Bearbeitungszeit: 2 Stunden

430 Rechtsanwalt und Wirtschaftsprüfer R ist zusammen mit den Berufskollegen X und Y Gesellschafter der Rechtsanwaltssozietät R+W-GbR. Neben R, X und Y ist außerdem die WP-GmbH – eine Wirtschaftsprüfungsgesellschaft iSd §§ 27 ff WPO – Gesellschafter der GbR. Auf alle Gesellschafter entfällt jeweils ein Anteil von 25 % der gesamten Anteile. An der WP-GmbH sind Wirtschaftsprüfer Z zu 40 % und R zu 60 % beteiligt. Im Gesellschaftsvertrag der R+W-GbR ist geregelt, dass alle Gesellschafter jeweils zu 1/4 am Gewinn und Verlust beteiligt sind. Der nach handelsrechtlichen Vorschriften ermittelte Gewinn der R+W-GbR beträgt 200 000 €. Bei Ermittlung des Gewinns wurde ua eine Vergütung für die Geschäftsführungstätigkeiten des R iHv 24 500 € gewinnmindernd berücksichtigt. Von der WP-GmbH wurde an R ein Betrag von 100 000 € ausgeschüttet.

Die Ehefrau des R – die Diplom-Ingenieurin F – ist Alleineigentümerin eines Grundstücks, das mit einem Fabrikgebäude bebaut ist. Dieses vermietet F an die S-GmbH, die darin Solarzellen herstellt und vertreibt. Der nach den Vorschriften des Bewertungsgesetzes gesondert festgestellte Einheitswert des Grundstücks beträgt 500 000 €. Das Fabrikgebäude wurde im Jahr 03 (Bauantrag von 01) speziell für die Zwecke der S-GmbH hergestellt (Kosten: 650 000 €) und seitdem ausschließlich an die S-GmbH vermietet. Gesellschafter der S-GmbH sind F, die auch zur Geschäftsführerin der GmbH bestellt ist, und ihr Ehemann R. Die Gesellschaftsanteile betragen 70 % (F) bzw 30 % (R). Die Mieteinnahmen der F betragen 150 000 €. Der Mietvertrag entspricht inhaltlich dem, was im Geschäftsverkehr unter fremden Dritten üblich ist.

Frage 1: Wie hoch ist die Summe der Einkünfte der Eheleute? Unterstellen Sie dabei, dass R und F zusammen veranlagt werden (§ 26 Abs. 3 EStG).

Frage 2: Nehmen Sie an, dass die tarifliche Einkommensteuer von R und F (nach Abzug der berücksichtigungsfähigen Aufwendungen der privaten Lebensführung und Anwendung des Splittingtarifs) 80 000 € beträgt und Gewerbesteuer (mit unterschiedlichen Hebesätzen) gegenüber F iHv 16 000 € und gegenüber der R+W-GbR iHv 16 000 € festgesetzt wurde. In welcher Höhe ist die Einkommensteuer von R und F festzusetzen?

Vorüberlegungen

Frage 1 enthält hauptsächlich zwei Probleme aus dem Einkommensteuerrecht: die Abfärberegelung (§ 15 Abs. 3 Nr 1 EStG) bzw Beteiligung sog. „Berufsfremder" an einer ansonsten freiberuflich tätigen Personengesellschaft und das durch die Rspr entwickelte Institut der Betriebsaufspaltung.

431

Es ist nach der Summe der Einkünfte der Eheleute R und F gefragt. Da auch bei einer Zusammenveranlagung von Eheleuten die Einkünfte zunächst gesondert zu ermitteln sind und dann erst zusammengefasst werden, sind auch in der Klausurlösung die Einkünfte R und F zunächst getrennt zu ermitteln.

Die Beteiligungsverhältnisse der Gesellschaften, an denen R beteiligt ist, sollten zunächst in einem Schaubild zusammengefasst werden, damit man sich während der Lösung jederzeit einen Überblick über die verschachtelten Gesellschaften verschaffen kann und nichts verwechselt.

Der Sachverhalt spricht verschiedene Zuflüsse des R an. Man sollte schon im Vorfeld erkennen, dass diese (wohl) nur mit einer Einkunftsart (§ 15 oder § 18 EStG) zusammenhängen. Es sollte daher zunächst nach den Einkünften aus der Beteiligung des R an der R+W-GbR gefragt und dabei zwischen der Qualifikation der Einkünfte (Einkunftsart) und ihrer Höhe unterschieden werden.

Bei der Einkunftsart empfiehlt sich, zunächst die Möglichkeit von Einkünften aus selbstständiger Arbeit anzusprechen. Man muss erkennen, dass mit der WP-GmbH ein „Berufsfremder", dh ein *Nicht-Freiberufler*, an der GbR beteiligt ist, da die GmbH kraft Gesetzes Einkünfte aus Gewerbebetrieb erzielt (§ 8 Abs. 2 KStG). Das führt zumindest nach hM bei der GbR insgesamt zu gewerblichen Einkünften. In der Begründung muss auf § 15 Abs. 3 Nr 1 EStG eingegangen werden.

Bei der Höhe der Einkünfte des R aus § 15 EStG ist anzusprechen, ob es sich bei der Beteiligung an der WP-GmbH um Sonderbetriebsvermögen hinsichtlich der GbR handelt. Bejaht man das, führt die Ausschüttung der GmbH zu einer Sonderbetriebseinnahme, die bei § 15 EStG zu behandeln ist und daher dem Teileinkünfteverfahren (§ 3 Nr 40, § 3c Abs. 2 EStG) – und nicht der Abgeltungsteuer für Kapitaleinkünfte (vgl § 32d Abs. 1, § 20 Abs. 8 EStG) – unterliegt.

Hinsichtlich der Einkünfte der F sollte man bereits beim Durchdenken des Sachverhalts eine Betriebsaufspaltung in Betracht ziehen. Die Prüfung sollte daher mit Einkünften aus Gewerbebetrieb (§ 15 EStG) beginnen. Würde man dagegen – was zunächst nahe liegt – Einkünfte aus Vermietung und Verpachtung (§ 21 EStG) prüfen, würde der Aufbau zu umständlich: Aufgrund der Subsidiarität der Vermietungseinkünfte (vgl § 21 Abs. 3 EStG) müsste inzident geprüft werden, ob nicht doch Einkünfte aus Gewerbebetrieb vorliegen. Im Schwerpunkt sind die Voraussetzungen der Betriebsaufspaltung – sachliche und personelle Verflechtung – deutlich herauszuarbeiten.

432 Bei **Frage 2** muss der „Einstieg" gefunden werden, nämlich § 35 EStG, der eine Ermäßigung der tariflichen Einkommensteuer bei gleichzeitiger Gewerbesteuerbelastung vorsieht. Über das dortige Tatbestandsmerkmal „Gewerbesteuer-Messbetrag" (vgl § 11 Abs. 1 Sätze 1, 2 GewStG) führt die Aufgabe in das GewStG und mündet schließlich in der Ermittlung des Gewerbeertrages (vgl § 7 Satz 1 GewStG). Dabei bietet sich an, mit dem Gewerbebetrieb der F zu beginnen, weil die Ermittlung des Gewerbe-Messbetrages dort einfacher ist als beim Mitunternehmeranteil des R (dort Mitunternehmerschaft).

Die Schwierigkeit bei **Frage 2** liegt in der Anwendung von Rechtsnormen, die ein Bearbeiter zwar im Überblick kennen sollte, bei denen vertieftes Detailwissen aber nicht verlangt werden kann. Es wird daher keine komplexe Subsumtion unter ein bestimmtes Tatbestandsmerkmal, sondern ein Grundverständnis für den jeweiligen Wortlaut und ein Systemverständnis vor allem zum Verhältnis der Einkommen- zur Gewerbesteuer verlangt.

Gliederung

433 Frage 1
- **A. Einkünfte des R**
  - **I. Beteiligung an der R+W-GbR**
    1. Einkunftsart
       - a) Einkünfte aus selbstständiger Tätigkeit
         - aa) Mitunternehmerschaft
         - bb) Freiberuflichkeit
       - b) Einkünfte aus Gewerbebetrieb
       - c) Zwischenergebnis
    2. Höhe der Einkünfte
       - a) Gewinnanteil
       - b) Sonderbetriebseinnahmen
         - aa) Geschäftsführungsvergütung
         - bb) Ausschüttung
  - **II. Ergebnis**
- **B. Einkünfte der F**
  - **I. Vorliegen eines Gewerbebetriebs**
    1. Positive Tatbestandsmerkmale – Beteiligung am allgemeinen wirtschaftlichen Verkehr
    2. Negative Abgrenzungsmerkmale – Private Vermögensverwaltung
       - a) Vorliegen einer Betriebsaufspaltung
         - aa) Sachliche Verflechtung
         - bb) Personelle Verflechtung
       - b) Zwischenergebnis
  - **II. Höhe der Einkünfte/Ergebnis**
- **C. Summe der Einkünfte**

Frage 2

A. Ermäßigung der tariflichen Einkommensteuer von R und F
  I. Ermittlung des Steuerermäßigungsbetrages nach § 35 EStG
    1. Steuerermäßigungsbetrag für den Gewerbebetrieb der F
      a) Gewerbesteuer-Messbetrag für den Gewerbebetrieb der F
        aa) Gewerbeertrag
        bb) Freibetrag
        cc) Steuermesszahl
      b) Fiktiver Hebesatz durch Produktbildung (Faktor 3,8)
      c) Erster Höchstbetrag: gezahlte Gewerbesteuer (§ 35 Abs. 1 Satz 5 EStG)
    2. Steuerermäßigungsbetrag für den Mitunternehmeranteil des R
      a) Gewerbesteuer-Messbetrag der R+W-GbR
        aa) Gewerbeertrag der R+W-GbR
          (1) Gewinn aus dem Gewerbebetrieb der R+W-GbR
          (2) Hinzurechnung (§ 8 GewStG)
          (3) Kürzung (§ 9 GewStG)
        bb) Freibetrag
        cc) Steuermesszahl
      b) Ermittlung des anteiligen Gewerbesteuermessbetrages
      c) Fiktiver Hebesatz durch Produktbildung (Faktor 3,8)
      d) Erster Höchstbetrag: gezahlte Gewerbesteuer (§ 35 Abs. 1 Satz 5 GewStG)
  II. Zweiter Höchstbetrag: Ermäßigungshöchstbetrag (§ 35 Abs. 1 Satz 2–4 EStG)

B. Ergebnis (festzusetzende Einkommensteuer für R und F)

Fall 7 *Gewerbetreibender werden ist nicht schwer*

Musterlösung

Frage 1

434 Auch wenn die Eheleute R und F zusammen veranlagt werden (§ 26 Abs. 1 Satz 1, § 26b EStG), sind ihre Einkünfte in einem ersten Schritt getrennt zu ermitteln; erst dann – nach der getrennten Ermittlung – sind sie in einem zweiten Schritt zu addieren.

A. Einkünfte des R

I. Beteiligung an der R+W-GbR

435 R könnten aus seiner Beteiligung an der R+W-GbR einkommensteuerpflichtige Einkünfte aus selbstständiger Arbeit (§ 18 EStG) oder aus Gewerbebetrieb (§ 15 EStG) erwachsen. Es ist zunächst die Einkunftsart hinsichtlich der Beteiligung zu klären und anschließend die Höhe dieser Einkünfte zu ermitteln.

1. Einkunftsart

a) Einkünfte aus selbstständiger Tätigkeit

aa) Mitunternehmerschaft

436 R könnte aus seiner Beteiligung an der R+W-GbR Einkünfte aus freiberuflicher Tätigkeit nach § 18 Abs. 1 Nr 1 EStG erzielt haben mit der Folge, dass dann insoweit gewerbliche Einkünfte von vornherein ausscheiden (vgl § 15 Abs. 2 Satz 1 EStG aE). Zu den Einkünften aus selbstständiger Arbeit gehören nach § 18 Abs. 4 Satz 2 iVm § 15 Abs. 1 Satz 1 Nr 2 EStG auch die Gewinnanteile der Gesellschafter einer Gesellschaft, bei der der Gesellschafter als *Mitunternehmer* anzusehen ist. Eine Mitunternehmerschaft liegt vor, wenn ein zivilrechtlich wirksames Gesellschaftsverhältnis oder ein wirtschaftlich vergleichbares Gemeinschaftsverhältnis gegeben ist und mehrere Gesellschafter *Mitunternehmerrisiko* tragen sowie *Mitunternehmerinitiative* entfalten können. Vorliegend tragen alle Gesellschafter der R+W-GbR das gesellschaftliche Risiko; auch können alle Mitunternehmerinitiative entfalten, da ihnen Stimm- und Kontrollrechte zukommen (vgl ua § 709, § 716 BGB). Die R+W-GbR stellt somit eine Mitunternehmerschaft dar.

bb) Freiberuflichkeit

437 Damit die in der GbR zusammengeschlossenen Mitunternehmer Einkünfte aus freiberuflicher Tätigkeit erzielen können, müssten sie alle freiberuflich tätig sein, § 15 Abs. 3 Nr 1 EStG.

R selbst ist als Rechtsanwalt und Wirtschaftsprüfer ebenso wie X und Y freiberuflich tätig, da sie die Merkmale eines sog. Katalogberufs erfüllen (§ 18 Abs. 1 Nr 1 Satz 2 EStG). Jedoch könnten nach § 15 Abs. 3 Nr 1 EStG durch die Beteiligung der WP-GmbH an der R+W-GbR sämtliche Einkünfte, die die Gesellschafter der R+W-GbR erzielen, gewerbliche Einkünfte sein. Alle Einkünfte einer GmbH sind gem. § 8 Abs. 2, § 1 Abs. 1 Nr 1 KStG als solche aus Gewerbebetrieb (§ 15 EStG) zu behandeln. Eine GmbH kann demzufolge keine Einkünfte aus selbstständiger Arbeit (§ 18 EStG) beziehen, auch wenn sie durch ihre Organe (insb den Geschäftsführer) der Art nach ausschließlich freiberuflich tätig ist und sowohl der Geschäftsführer als auch sämtliche Gesellschafter (wie bei der WP-GmbH) die persönliche Qualifikation für eine freiberufliche Tätigkeit besitzen[1].

438 Dass die WP-GmbH kraft Rechtsform Einkünfte aus Gewerbebetrieb erzielt, bedeutet, dass sie bei der Qualifikation der Tätigkeit einer Personengesellschaft eigentlich als „berufsfremde Person" zu werten ist[2]. Unbeachtlich ist dabei, dass sämtliche Gesellschafter der WP-GmbH die Qualifikation für eine freiberufliche Tätigkeit erfüllen[3] und die von der GmbH ausgeübte Tätigkeit ihrer Art nach selbstständiger Natur ist (vgl § 18 Abs. 1 Nr 1 Satz 2 EStG: „Wirtschaftsprüfer").

439 Nach § 15 Abs. 3 Nr 1 EStG könnten sämtliche Einkünfte, die die Gesellschafter der R+W-GbR erzielen, gewerbliche Einkünfte sein, wenn durch die Beteiligung der berufsfremden WP-GmbH an der R+W-GbR angenommen werden kann, dass die R+W-GbR selbst auch eine gewerbliche Tätigkeit ausübt.

440 Zum Teil wird vertreten, dass erst auf der Stufe des *Gesellschafters* endgültig über die Einkunftsart befunden werden könne[4]. § 15 Abs. 3 Nr 1 EStG sei nicht einschlägig, da die Beteiligung des Betriebsfremden (hier: der WP-GmbH) die Tätigkeit der Gesellschaft (hier: der R+W-GbR) nicht verändere, weil diese nicht gemischt tätig werde, sondern am Markt ausschließlich klassische freiberufliche Leistungen anbiete; erst auf der Stufe des Gesellschafters (und nicht schon auf der früheren Stufe der Gesellschaft) wirke sich das Fehlen der Merkmale des § 18 Abs. 1 EStG bzw die Fiktion des § 8 Abs. 2 KStG aus, so dass es nur bei „berufsfremden" Gesellschaftern zur Umqualifikation der Einkunftsart komme. Danach bliebe es dabei, dass R aus seiner Beteiligung an der R+W-GbR Einkünfte aus selbstständiger Arbeit (§ 18 EStG) erzielt hätte.

441 Dagegen geht die hM[5] von der Anwendbarkeit des § 15 Abs. 3 Nr 1 EStG aus, wenn ein Berufsfremder (genauer: ein Nicht-Freiberufler) Mitunternehmer in der Personengesellschaft ist. Wegen der besonderen persönlichen Eigenschaften, die den Freiberufler kennzeichnen[6], könne auch eine Personengesellschaft nur dann als freiberuflich anerkannt werden, wenn sämtliche Gesellschafter die Voraussetzungen einer (sei es auch unterschiedlichen) freiberuflichen Tätigkeit erfüllen. Danach wären die Einkünfte, die R über die GbR zugerechnet werden, als Einkünfte aus Gewerbebetrieb (§ 15 EStG) zu qualifizieren.

---

1 *Lambrecht*, in: Kirchhof, EStG, § 18 Rn 26.
2 *Wacker*, in: Schmidt, EStG, § 18 Rn 43, 54.
3 BFH, IV R 115/76, BStBl II 1980, 336 (337 f).
4 So *Hennrichs*, in: Tipke/Lang, § 10 Rn 62 mwN; *Brandt*, in: Herrmann/Heuer/Raupach, § 18 EStG Rn 444.
5 BFH, IV R 48/99, BStBl II 2001, 241 (242); VIII R 73/05, BStBl II 2008, 681 (682); IV R 73/06, BStBl II 2010, 40 (46); *Wacker*, in: Schmidt, EStG, § 18 Rn 43.
6 Vgl zu diesen *Birk/Desens/Tappe*, Steuerrecht, Rn 743 ff, 1147.

Fall 7 *Gewerbetreibender werden ist nicht schwer*

442 § 15 Abs. 3 Nr 1 EStG ist unmittelbar nicht einschlägig, da es nicht um eine zusätzliche Tätigkeit geht, die die Personengesellschaft (hier: die R+W-GbR) nunmehr neben ihren freiberuflichen Leistungen anbietet[7]. Indes ist die Norm ihrem Rechtsgedanken nach einschlägig. Wenn nicht in der Person aller Mitunternehmer die besonderen Qualifikationsmerkmale der selbstständigen Arbeit vorliegen, entspricht die Mitunternehmerschaft nicht mehr dem „Wesen des freien Berufs"[8]. Auch zeigt § 15 Abs. 3 Nr 1 EStG, dass in solchen Fällen aus Vereinfachungsgründen keine Aufteilung der Einkünfte und Zuordnung zu unterschiedlichen Einkunftsarten erfolgen soll; dieser Vereinfachungszweck greift auch hier[9].

R erzielt über die R+W-GbR keine Einkünfte aus selbstständiger Arbeit (§ 18 EStG).

b) Einkünfte aus Gewerbebetrieb

443 Mit der WP-GmbH ist an der R+W-GbR ein „Berufsfremder" beteiligt, so dass die GbR insgesamt keine freiberufliche, sondern eine gewerbliche Tätigkeit ausübt. Somit führt auch die Beteiligung des R an der GbR bei ihm zu Einkünften aus Gewerbebetrieb aus § 15 Abs. 1 Satz 1 Nr 2 EStG.

c) Zwischenergebnis

444 R erzielt aus seiner Beteiligung an der R+W-GbR Einkünfte aus Gewerbebetrieb (§ 15 EStG).

2. Höhe der Einkünfte

445 Weiterhin ist zu klären, in welcher Höhe R Einkünfte aus Gewerbebetrieb zuzurechnen sind.

a) Gewinnanteil

446 Zunächst zählt der Gewinnanteil der Gesellschafter zu den Einkünften aus Gewerbebetrieb (§ 15 Abs. 1 Satz 1 Nr 2 Satz 1 HS 1 EStG). Die Vergütung für die Geschäftsführungstätigkeit des R iHv 24 500 € durfte aufgrund der betrieblichen Veranlassung das Betriebsvermögen und somit den Gewinn der R+W-GbR mindern. Der Gewinn der GbR beträgt damit 200 000 €. R steht aufgrund seines Anteils von 25 % an der GbR davon 50 000 € zu (vgl § 722 Abs. 1 BGB). Er hat also insoweit Einkünfte aus Gewerbebetrieb iHv 50 000 €. Auf eine tatsächliche Auszahlung des Gewinns kommt es dabei nicht an[10].

---

7 *Birk/Desens/Tappe*, Steuerrecht, Rn 1147.
8 BFH, I 84/55 U, BStBl III 1956, 103.
9 Die aA ist an dieser Stelle ebenso gut vertretbar; vgl zum Problem *Birk/Desens/Tappe*, Steuerrecht, Rn 1147 f.
10 *Birk/Desens/Tappe*, Steuerrecht, Rn 1164.

b) Sonderbetriebseinnahmen

aa) Geschäftsführungsvergütung

Nach § 15 Abs. 1 Satz 1 Nr 2 Satz 1 HS 2 EStG gehören zu den Einkünften aus einer **447** Mitunternehmerschaft auch Vergütungen für Tätigkeiten im Dienst der Gesellschaft, also vor allem Geschäftsführungsvergütungen[11]. Das Entgelt für die Geschäftsführungstätigkeit des R iHv 24 500 € ist bei ihm als eine solche Sondervergütung und damit als Sonderbetriebseinnahme zu erfassen.

bb) Ausschüttung

Die Ausschüttung der WP-GmbH führt bei R zu Einkünften aus Gewerbebetrieb, wenn **448** es sich um (sonstige) Sonderbetriebseinnahmen handeln würde. Nach § 20 Abs. 8 Satz 1 EStG lägen in diesem Fall insoweit keine Einkünfte aus Kapitalvermögen vor. Dafür müsste die Beteiligung an der WP-GmbH zum *Sonderbetriebsvermögen* des R bezüglich der R+W-GbR gehören. Ein Wirtschaftsgut stellt dann Sonderbetriebsvermögen dar, wenn es dem Mitunternehmer steuerrechtlich zuzurechnen ist und dem Betrieb der Gesellschaft (sog. Sonderbetriebsvermögen I) oder der Beteiligung des Mitunternehmers an der Gesellschaft (sog. Sonderbetriebsvermögen II) dient[12]. Zum Sonderbetriebsvermögen I zählen alle Wirtschaftsgüter, die objektiv erkennbar zum unmittelbaren Einsatz im Betrieb der Personengesellschaft selbst bestimmt sind, insbesondere die der Gesellschaft zur Nutzung überlassenen Wirtschaftsgüter[13]. Zum Sonderbetriebsvermögen II hingegen rechnen Wirtschaftsgüter, die unmittelbar der Begründung oder Stärkung der Rechtsstellung in der Mitunternehmerschaft dienen[14]. Ein solches Wirtschaftsgut kann auch die Beteiligung eines Mitunternehmers an einer Kapitalgesellschaft sein[15].

Die Beteiligung des R an der WP-GmbH (= 60%) ist ihm steuerrechtlich zuzurechnen **449** (vgl § 39 Abs. 1 AO). Sie dient jedoch nicht unmittelbar dem Betrieb der R+W-GbR und gehört daher nicht zum Sonderbetriebsvermögen I. In Betracht kommt aber eine Zurechnung zum Sonderbetriebsvermögen II. Die Beteiligung an der WP-GmbH verstärkt den Einfluss des R auf die R+W-GbR, da der GmbH ebenfalls Stimm- und Kontrollrechte an der GbR zustehen. Als Gesellschafter der WP-GmbH kann R das Verhalten der GmbH bei Ausübung dieser Rechte maßgebend mitbestimmen und so seine Rechtsstellung in der R+W-GbR stärken. Die Beteiligung an der WP-GmbH zählt somit zum Sonderbetriebsvermögen II des R. Die von der WP-GmbH stammende Ausschüttung gehören daher zu den Sonderbetriebseinnahmen des R. 40% dieser Einnahmen bleiben jedoch steuerfrei (§ 3 Nr 40 Satz 1 lit. d, Satz 2 EStG). Folglich hat R weitere steuerpflichtige Einkünfte aus Gewerbebetrieb iHv 60 000 €.

---

11 BFH, VIII R 41/98, BStBl II 2000, 339 (340 f). Vgl *Birk/Desens/Tappe*, Steuerrecht, Rn 1170; *Wacker*, in: Schmidt, EStG, § 15 Rn 580.
12 *Birk/Desens/Tappe*, Steuerrecht, Rn 1176 ff.
13 *Wacker*, in: Schmidt, EStG, § 15 Rn 513 f.
14 *Wacker*, in: Schmidt, EStG, § 15 Rn 517.
15 BFH, VIII R 66/96, BStBl II 1998, 383 (385).

II. Ergebnis

450 R erzielt aus seiner Beteiligung an der R+W-GbR Einkünfte aus Gewerbebetrieb (§ 15 EStG) iHv 134 500 €. Weitere Einkünfte hat R nicht.

B. Einkünfte der F

451 F könnte aus der Vermietung des Fabrikgebäudes an die S-GmbH Einkünfte aus Gewerbebetrieb (§ 15 Abs. 1 Satz 1 Nr 1 Satz 1 EStG) erzielen. Die ebenfalls denkbaren Einkünfte aus Vermietung und Verpachtung sind gem. § 21 Abs. 3 EStG dazu subsidiär.

I. Vorliegen eines Gewerbebetriebs

452 Die Vermietungstätigkeit der F wäre nach § 15 Abs. 2 Satz 1 EStG als Gewerbebetrieb anzusehen, wenn es sich um eine selbstständige nachhaltige Betätigung handelt, die mit der Absicht, Gewinn zu erzielen, unternommen wird und sich als Beteiligung am allgemeinen wirtschaftlichen Verkehr darstellt. Darüber hinaus darf diese Betätigung weder als Ausübung von Land- und Forstwirtschaft noch als Ausübung eines freien Berufs oder einer anderen selbstständigen Tätigkeit anzusehen sein und muss über die bloße private Vermögensverwaltung hinausgehen[16].

1. Positive Tatbestandsmerkmale – Beteiligung am allgemeinen wirtschaftlichen Verkehr

453 In der Vermietung des Gebäudes an die S-GmbH liegt eine selbstständige und – weil auf Dauer angelegt[17] – nachhaltige Tätigkeit. Problematisch ist allerdings, ob in der ausschließlichen (und hinsichtlich des Mieters wohl auch alleinig von F gewollten) Vermietung an die S-GmbH noch eine Beteiligung am allgemeinen wirtschaftlichen Verkehr erblickt werden kann. Eine Beteiligung am allgemeinen wirtschaftlichen Verkehr liegt grundsätzlich vor, wenn Güter oder Leistungen am Markt erkennbar für Dritte gegen Entgelt angeboten werden[18]. F vermietet ihr Fabrikgebäude an die S-GmbH und erbringt somit eine Leistung für einen Dritten gegen Entgelt. Ob diese Leistung aber auch „am Markt" erbracht wird, erscheint angesichts des Umstandes, dass F das Gebäude speziell für die Zwecke der S-GmbH erstellte und wohl auch nur an diese vermieten wollte, zweifelhaft. Das Merkmal der Leistungserbringung „am Markt" ist jedoch lediglich als Ausdruck der Markteinkommenstheorie[19] zu verstehen[20]. Die Funktion dieses Merkmals besteht mithin allein in der Abgrenzung des Markteinkommens zu anderen Vermögensmehrungen[21]. Entscheidend ist also nicht, dass die Leistungen

---

16 Ungeschriebenes Tatbestandsmerkmal des § 15 Abs. 2 Satz 1 EStG; vgl dazu *Birk/Desens/Tappe*, Steuerrecht, Rn 702 f.
17 Vgl *Wacker*, in: Schmidt, EStG, § 15 Rn 17.
18 BFH, IV R 66/91 ua, BStBl II 1994, 463 (464).
19 Dazu *Hey*, in: Tipke/Lang, § 8 Rn 52.
20 *Hey*, in: Tipke/Lang, § 8 Rn 123.
21 *Wacker*, in: Schmidt, EStG, § 15 Rn 20; *Reiß*, in: Kirchhof, EStG, § 15 Rn 28.

tatsächlich an eine Vielzahl von Marktteilnehmern erbracht werden, sondern dass die Leistungen an den Abnehmer in seiner Eigenschaft als Marktteilnehmer und nicht aus anderen Gründen erbracht werden[22]. Unter diesen Voraussetzungen liegt eine Teilnahme am allgemeinen wirtschaftlichen Verkehr selbst dann vor, wenn der Steuerpflichtige seine Leistungen nur gegenüber einer Person erbringt[23]. F vermietet das Fabrikgebäude zwar nur an die S-GmbH; dies geschieht aber in deren Eigenschaft als Marktteilnehmerin, wie sowohl aus dem Umstand, dass ein Mietverhältnis begründet wurde, als auch aus dem Inhalt dieses Mietverhältnisses (wie unter Fremden üblich) gefolgert werden kann, und nicht etwa aus einer gesetzlichen Verpflichtung oä heraus. Demnach stellt die Vermietung auch eine Beteiligung am allgemeinen wirtschaftlichen Verkehr dar[24].

Einkünfteerzielungsabsicht kann mangels gegenteiliger Hinweise angenommen werden. Die in § 15 Abs. 2 Satz 1 EStG geforderten positiven Tatbestandsmerkmale sind somit bezüglich der Vermietungstätigkeit der F sämtlich erfüllt. **454**

2. Negative Abgrenzungsmerkmale – Private Vermögensverwaltung

Die Vermietungstätigkeit der F ist weder als Ausübung von Land- und Forstwirtschaft iSd § 13 EStG noch als selbstständige Arbeit iSd § 18 EStG anzusehen. Fraglich ist jedoch, ob die Vermietung auch über den Rahmen einer bloßen privaten Vermögensverwaltung hinausgeht. Nur dann führen die Einkünfte daraus zu Einkünften aus Gewerbebetrieb. **455**

An sich bewegt sich die Vermietung unbeweglichen Vermögens ohne weiteres im Bereich der privaten Vermögensverwaltung (vgl § 14 Satz 3 AO), zumal, wenn – wie hier – lediglich ein einziges Gebäude vermietet wird. Etwas anderes solle allerdings dann gelten, wenn die vorliegende besondere Konstellation der Vermietung eines für den Betrieb der S-GmbH notwendigen Fabrikgebäudes an diese durch F, die selbst wiederum an der GmbH beteiligt ist und deren Geschäfte führt, als Betriebsaufspaltung anzusehen ist.

a) Vorliegen einer Betriebsaufspaltung

Das (von der Rechtsprechung entwickelte[25]) Institut der Betriebsaufspaltung liegt vor, wenn Wirtschaftsgüter des Anlagevermögens von einer Person oder Personengruppe an eine Personen- oder Kapitalgesellschaft vermietet werden und das vermietende (Einzel-)-Unternehmen (Besitzunternehmen) mit dem mietenden Unternehmen (Betriebsunternehmen) *sachlich und personell verflochten* ist[26]. Unter diesen Voraussetzungen sei nach ständiger Rechtsprechung des BFH die Vermietung von Wirtschaftsgütern als eine über eine private Vermögensverwaltung hinausgehende gewerbliche Tätigkeit anzusehen[27]. **456**

---

22 *Reiß*, in: Kirchhof, EStG, § 15 Rn 31.
23 *Wacker*, in: Schmidt, EStG, § 15 Rn 20.
24 AA mit entsprechender Begründung ebenfalls vertretbar; dann müssen aber bereits an dieser Stelle die Voraussetzungen einer Betriebsaufspaltung geprüft werden, vgl *Jahndorf*, JuS 2001, 575 (576).
25 Vom Gesetzgeber wurde das Institut der Betriebsaufspaltung inzwischen in § 50i Abs. 1 Satz 4 EStG anerkannt.
26 *Birk/Desens/Tappe*, Steuerrecht, Rn 705 ff.
27 Vgl dazu *Birk/Desens/Tappe*, Steuerrecht, Rn 710.

457 Die Lösung der Rechtsprechung lässt sich mit einer typologischen Betrachtung der Einzelmerkmale des Gewerbebetriebsbegriffs begründen. Aufgrund der genannten sachlichen und personellen Verflechtung ist nach dem Gesamtbild auch die Vermietung als Teil der – vor allem zur Haftungsminimierung bei der Betriebsgesellschaft aufgespaltenen – gewerblichen Gesamttätigkeit zu werten. Der BFH sieht diese Verflechtung als „besondere Umstände" an, die die Einstufung als gewerbliche Tätigkeit rechtfertigen[28].

458 F (als Einzelunternehmerin und zugleich Besitzunternehmen) vermietet der S-GmbH (als Betriebsunternehmen) ein Gebäude, das bei dieser zum Anlagevermögen zählen würde, wenn es in ihrem Eigentum stünde. Im Hinblick auf eine evtl Betriebsaufspaltung ist daher zu klären, ob zwischen dem Einzelunternehmen (der Vermietungstätigkeit) der F und der S-GmbH auch eine sachliche und personelle Verflechtung besteht.

aa) Sachliche Verflechtung

459 Eine sachliche Verflechtung liegt vor, wenn das vermietete Wirtschaftsgut für das Betriebsunternehmen (zumindest) eine *wesentliche Betriebsgrundlage* darstellt[29]. Wesentliche Betriebsgrundlagen sind solche Wirtschaftsgüter, die zur Erreichung des Betriebszwecks erforderlich sind und für die Betriebsführung ein besonderes Gewicht besitzen[30]. Bei einem Gebäude liegen diese Voraussetzungen bereits dann vor, wenn der Betrieb ein Gebäude dieser Art benötigt, das Gebäude für den Betriebszweck geeignet ist und die räumliche und funktionale Grundlage des Betriebs bildet[31]. Hier ist das Fabrikgebäude der F eigens für die speziellen Bedürfnisse der S-GmbH errichtet worden. Diese ist für ihre Produktion auch auf ein solches Gebäude angewiesen, das damit zugleich die räumliche und funktionale Basis des Unternehmens darstellt. Das Fabrikgebäude der F ist demnach eine wesentliche Betriebsgrundlage der S-GmbH; eine sachliche Verflechtung liegt also vor.

bb) Personelle Verflechtung

460 Eine personelle Verflechtung ist dann gegeben, wenn Besitz- und Betriebsunternehmen von einem *einheitlichen geschäftlichen Betätigungswillen* getragen werden[32]. Dies ist zum einen der Fall, wenn die Beteiligungsverhältnisse in beiden Unternehmen identisch sind (Beteiligungsidentität), und zum anderen, wenn die Person oder Personengruppe, die im Besitzunternehmen die Mehrheit hat, auch mehrheitlich an der Betriebsgesellschaft beteiligt ist (Beherrschungsidentität). Es ist also ausreichend, dass die Person oder Personengruppe, die das Besitzunternehmen tatsächlich beherrscht, in der Lage ist, im Betriebsunternehmen ihren Willen durchzusetzen[33]. Vorliegend beherrscht F – als alleinige Eigentümerin des mit dem Fabrikgebäude bebauten Grundstücks – das

---

28 BFH, GrS 2/71, BStBl II 1972, 63 (64).
29 BFH, GrS 2/71, BStBl II 1972, 63 (64); IV R 62/98, BStBl II 2000, 417.
30 BFH, IV R 73/94, BStBl II 1997, 569 (571); *Wacker*, in: Schmidt, EStG, § 15 Rn 808.
31 Vgl *Wacker*, in: Schmidt, EStG, § 15 Rn 811.
32 BFH, IV R 62/98, BStBl II 2000, 417 (418); *Birk/Desens/Tappe*, Steuerrecht, Rn 707.
33 *Birk/Desens/Tappe*, Steuerrecht, Rn 707.

Besitzunternehmen, das die Vermietung jenes Fabrikgebäudes zum Gegenstand hat. Sie ist aufgrund ihrer Mehrheitsbeteiligung von 70 % an der S-GmbH auch in der Lage, dort – im Betriebsunternehmen – ihren Willen durchzusetzen (vgl § 47 Abs. 1 GmbHG). Der Umstand, dass F zudem die Geschäfte der GmbH führt, ist dagegen ohne Belang, da sie insofern grundsätzlich den Weisungen der Gesellschafterversammlung unterliegt. Es bleibt festzuhalten, dass die Vermietung des Fabrikgebäudes sowie der Betrieb der S-GmbH von dem einheitlichen geschäftlichen Betätigungswillen der F getragen werden; eine personelle Verflechtung besteht somit ebenfalls.

b) Zwischenergebnis

Zwischen der Vermietungstätigkeit der F und dem Unternehmen der S-GmbH besteht eine sachliche und personelle Verflechtung; die Vermietung des Fabrikgebäudes der F an die S-GmbH begründete demzufolge eine Betriebsaufspaltung. Dies führt dazu, dass die Vermietungstätigkeit der F über eine reine private Vermögensverwaltung hinausgeht, somit auch die negativen Abgrenzungsmerkmale des § 15 Abs. 2 Satz 1 EStG eine gewerbliche Tätigkeit nicht ausschließen und die Vermietung daher insgesamt als gewerbliche Tätigkeit einzustufen ist.

461

II. Höhe der Einkünfte/Ergebnis

Die Vermietung des Fabrikgebäudes an die S-GmbH stellt somit nach den Grundsätzen der Betriebsaufspaltung Einkünfte der F aus Gewerbebetrieb gem. § 15 EStG dar. Zur Ermittlung der Einkünfte ist von den Mieteinnahmen (150 000 €) noch die Gebäude-AfA zum Abzug zu bringen. Diese beträgt bei Gebäuden, soweit sie zu einem Betriebsvermögen gehören und der Bauantrag nach dem 31.3.1985 gestellt worden ist, jährlich 3 % (§ 7 Abs. 4 Satz 1 Nr 1 EStG). Die Herstellungskosten des im Jahr 03 errichteten Gebäudes (Bauantrag von 01) betrugen 650 000 €. Folglich beträgt die jährliche AfA 19 500 € (3 % von 650 000 €). Die Höhe der Einkünfte beträgt daher 130 500 € (150 000 € ./. 19 500 €).

462

C. Summe der Einkünfte

R erzielt Einkünfte aus Gewerbebetrieb iHv 134 500 €; die Einkünfte der F aus Gewerbebetrieb betragen 130 500 €. Die Summe der Einkünfte der Ehegatten beläuft sich auf 265 000 €.

463

Frage 2

A. Ermäßigung der tariflichen Einkommensteuer von R und F

Die Einkommensteuer ist nur dann iHv 80 000 € festzusetzen, wenn die tarifliche Einkommensteuer, die nach Maßgabe des § 2 Abs. 6 EStG die Grundlage für die festzusetzende Einkommensteuer ist, nicht zu ermäßigen ist. Eine solche Ermäßigung der tarifli-

464

chen Einkommensteuer könnte sich für die Eheleute R und F aus § 35 Abs. 1 EStG ergeben. Die Norm bezweckt, durch eine pauschale Anrechnung der Gewerbesteuer auf die Einkommensteuer die Doppelbelastung gewerblicher Einkünfte mit der Einkommen- und Gewerbesteuer abzumildern. Eine pauschale Abmilderung kann zu Überkompensationen führen, wenn der nach § 35 EStG zu ermittelnde Ermäßigungsbetrag höher ist, als die tatsächliche gezahlte Gewerbesteuer *oder* die Einkommensteuer, die auf die gewerblichen Einkünfte anfällt. Um solche Überkompensationen zu vermeiden, enthält § 35 EStG für beide Konstellationen Höchstbeträge. Aus diesem Zweck folgt die Prüfungssystematik: Erst ist die Höhe des Ermäßigungsbetrages aus dem Gewerbesteuermessbetrag zu ermitteln, der aber nicht höher als die tatsächlich gezahlte Gewerbesteuer sein darf (§ 35 Abs. 1 Satz 5 EStG – erster Höchstbetrag). Im letzten Schritt ist dann durch Ermittlung und Anwendung eines Ermäßigungshöchstbetrages (§ 35 Abs. 1 Sätze 2 bis 4 EStG – zweiter Höchstbetrag) sicher zu stellen, dass der Ermäßigungsbetrag nicht höher ist, als die Einkommensteuer, die auf die gewerblichen Einkünfte anfällt[34].

I. Ermittlung des Steuerermäßigungsbetrages nach § 35 EStG

465 § 35 Abs. 1 EStG gewährt R und F grundsätzlich eine Steuerermäßigung in Höhe des 3,8-fachen Gewerbesteuermessbetrages bei gewerblichen Einzelunternehmen (§ 35 Abs. 1 Satz 1 Nr 1 EStG) sowie in Höhe des 3,8-fachen *anteiligen* Gewerbesteuermessbetrages einer gewerblichen Mitunternehmerschaft (§ 35 Abs. 1 Satz 1 Nr 2 EStG). Da R und F unterschiedlichen (gewerblichen) Tätigkeiten nachgehen (s. Rn 450, 462), sind beide zunächst getrennt zu betrachten.

1. Steuerermäßigungsbetrag für den Gewerbebetrieb der F

466 Für F ist zunächst der Gewerbesteuer-Messbetrag für ihren Gewerbebetrieb zu ermitteln, der dann um einen „fiktiven Hebesatz" (Faktor 3,8) zu erhöhen ist (§ 35 Abs. 1 Satz 1 Nr 1 EStG), aber nicht höher als die *tatsächlich gezahlte Gewerbesteuer* sein darf (erster Höchstbetrag nach § 35 Abs. 1 Satz 5 EStG).

a) Gewerbesteuer-Messbetrag für den Gewerbebetrieb der F

467 Der Gewerbesteuer-Messbetrag ist gem. § 11 Abs. 1 Satz 2 GewStG durch Anwendung der Steuermesszahl (§ 11 Abs. 2 GewStG) auf den Gewerbeertrag, also auf der Bemessungsgrundlage der Gewerbesteuer (§ 6 GewStG), unter vorheriger Berücksichtigung eines etwaigen Freibetrages (§ 11 Abs. 1 Satz 3 GewStG) zu ermitteln.

aa) Gewerbeertrag

468 Der Gewerbeertrag ist gem. § 7 Satz 1 GewStG der nach den Vorschriften des EStG oder KStG ermittelte Gewinn aus Gewerbebetrieb, vermehrt um Hinzurechnungen (§ 8 GewStG) und vermindert um Kürzungen (§ 9 GewStG).

---

34 Vgl dazu: *Birk/Desens/Tappe*, Steuerrecht, Rn 652.

Die Mieteinnahmen müssten auch gewerbesteuerlich zu einem „Gewinn aus Gewerbebetrieb" iSd § 7 Satz 1 GewStG führen. Nach § 2 Abs. 1 Satz 2 GewStG ist unter einem Gewerbebetrieb im Sinne des GewStG ein gewerbliches Unternehmen im Sinne des EStG zu verstehen. Durch die Betriebsaufspaltung werden nicht nur die Mieteinnahmen als gewerblich behandelt (wie etwa der Veräußerungsgewinn bei § 17 EStG). Vielmehr betreibt F durch die Vermietungstätigkeit ihres Besitzunternehmen im Rahmen der Betriebsaufspaltung insgesamt einen Gewerbebetrieb, so dass der Gewinn aus Gewerbebetrieb 130 500 € beträgt (s. Rn 462). **469**

Zwar sind keine Hinzurechnungen (§ 8 GewStG) einschlägig. In Betracht kommt aber eine Kürzung nach § 9 Nr 1 GewStG. **470**

Nach § 9 Nr 1 Satz 1 GewStG erfolgt eine Kürzung um 1,2 % des Einheitswertes des zum Betriebsvermögen des Unternehmens gehörenden und nicht von der Grundsteuer befreiten Grundbesitzes[35]. Das vermietete Grundstück der F gehört zum Betriebsvermögen ihres Besitzunternehmens und hat laut Sachverhalt einen Einheitswert (vgl §§ 19 ff, § 99 iVm § 68, § 70, §§ 74 ff, § 121a BewG) iHv 500 000 €. Da es auch nicht von der Grundsteuer befreit ist (vgl §§ 3–8 GrStG), beträgt die Kürzung 6000 € (1,2 % von 500 000 €).

Anstelle dieser Kürzung käme sogar eine Kürzung in Höhe der gesamten Mieteinkünfte (130 500 €) als *Nutzung* des Grundstücks nach § 9 Nr 1 Satz 2 GewStG in Betracht, wenn das Unternehmen des R ausschließlich eigenen Grundbesitz oder neben dem eigenen Grundbesitz eigenes Kapitalvermögen verwaltet oder nutzt. Diese erweiterte Kürzung scheint auf den ersten Blick einschlägig zu sein: Im Betriebsvermögen des Besitzunternehmens befindet sich lediglich das Grundstück, das sie durch Vermietung an die S-GmbH nutzt, und die Anteile an der S-GmbH, die insoweit als eigenes Kapitalvermögen beurteilt werden könnten. Dagegen spricht aber, dass die Tätigkeit des Besitzunternehmens wegen der Verflechtung mit dem Betriebsunternehmen zu einer Betriebsaufspaltung geführt hat, so dass die Tätigkeit des Besitzunternehmens eben nicht auf reine Vermögensverwaltung beschränkt ist, sondern zu einer gewerblichen Tätigkeit geworden ist. Die erweiterte Kürzung (§ 9 Nr 1 Satz 2 GewStG) ist bei einer solchen Betriebsaufspaltung nicht einschlägig[36]. Der Gewerbeertrag beträgt daher nach Anwendung der Kürzung in § 9 Nr 1 Satz 1 GewStG 124 500 € (130 500 € ./. 6000 €). **471**

bb) Freibetrag

Der Gewerbeertrag (124 500 €) ist gem. § 11 Abs. 1 Satz 3 Nr 1 GewStG um einen Freibetrag iHv 24 500 € zu kürzen, wenn der Gewerbebetrieb von einer natürlichen Person oder eine Personengesellschaft geführt wurde. Da der Gewerbebetrieb von F als eine natürliche Person betrieben wird, bleibt nach Anwendung des einschlägigen Freibetrages ein Gewerbeertrag iHv 100 000 €. **472**

---

35 Vgl dazu *Birk/Desens/Tappe*, Steuerrecht, Rn 1376 f.
36 BFH, IV R 13/91, BStBl II 1993, 134 str; *Gosch*, in: Blümich, § 9 GewStG Rn 62 f mwN.

cc) Steuermesszahl

473 Unter Zugrundelegung der Steuermesszahl iHv 3,5 % (§ 11 Abs. 2 GewStG) ergibt sich ein Gewerbesteuer-Messbetrag iHv 3500 €.

b) Fiktiver Hebesatz durch Produktbildung (Faktor 3,8)

474 Auf die Steuermesszahl wird für die Zwecke des § 35 EStG *nicht* der Hebesatz der Gemeinde (vgl § 16 GewStG) angewendet und die tatsächlich zu zahlende Gewerbesteuer ermittelt. Vielmehr wird gem. § 35 Abs. 1 Satz 1 Nr 1 EStG ein fiktiver Hebesatz durch den Faktor 3,8 angewendet. Das 3,8-fache des Gewerbesteuer-Messbetrages (3500 €) ist 13 300 €. In dieser Höhe wird also eine Gewerbesteuerbelastung für den Gewerbebetrieb der F fingiert, die laut Sachverhalt tatsächlich bei 16 000 € lag.

c) Erster Höchstbetrag: gezahlte Gewerbesteuer (§ 35 Abs. 1 Satz 5 EStG)

475 Der Steuerermäßigungsbetrag ist gem. § 35 Abs. 1 Satz 5 EStG höhenmäßig auf die tatsächlich zu zahlende Gewerbesteuer beschränkt (§ 35 Abs. 1 Satz 5 EStG). Die von F zu zahlende Gewerbesteuer beträgt 16 000 €. Der Ermäßigungsbetrag (13 300 €) übersteigt die tatsächlich gezahlte Gewerbesteuer also nicht und kann insoweit in voller Höhe (13 300 €) angerechnet werden.

2. Steuerermäßigungsbetrag für den Mitunternehmeranteil des R

476 Bei einem gewerblichen Mitunternehmer (§ 35 Abs. 1 Satz 1 Nr 2 EStG) beträgt der Steuerermäßigungsbetrag das 3,8 fache des *anteiligen* Gewerbesteuer-Messbetrages. Es ist also zunächst der Gewerbesteuer-Messbetrag der *Personengesellschaft* als Trägerin des Gewerbebetriebes zu ermitteln. Dann muss der *Anteil* ermittelt werden, der auf den Mitunternehmeranteil des R entfällt, welcher schließlich mit dem fiktiven Hebesatz (Faktor 3,8) zu multiplizieren ist. Im letzten Schritt muss auch hier die erste Höchstgrenze (tatsächlich gezahlte Gewerbesteuer nach § 35 Abs. 1 Satz 5 EStG) berücksichtigt werden.

a) Gewerbesteuer-Messbetrag der R+W-GbR

477 Der Gewerbesteuer-Messbetrag ist gem. § 11 Abs. 1 Satz 2 GewStG durch Anwendung der Steuermesszahl (§ 11 Abs. 2 GewStG) auf den Gewerbeertrag, also auf Bemessungsgrundlage der Gewerbesteuer (§ 6 GewStG), unter vorheriger Berücksichtigung eines etwaigen Freibetrages (§ 11 Abs. 1 Satz 3 GewStG) zu ermitteln.

aa) Gewerbeertrag der R+W-GbR

478 Der Gewerbeertrag ist gem. § 7 Satz 1 GewStG der nach den Vorschriften des EStG oder KStG ermittelte Gewinn aus Gewerbebetrieb, vermehrt um Hinzurechnungen (§ 8 GewStG) und vermindert um Kürzungen (§ 9 GewStG).

(1) Gewinn aus dem Gewerbebetrieb der R+W-GbR

Zunächst ist der Gewinn aus dem Gewerbebetrieb iSd § 7 Satz 1 GewStG der R+W-GbR zu ermitteln. Die Gewerbesteuer ist eine Objektsteuer, die den Ertrag des Objektes „Gewerbebetrieb" grundsätzlich unabhängig davon besteuert, wer Betriebsinhaber oder Unternehmensträger ist[37]. Der Gewerbebetrieb wird von der R+W-GbR betrieben, die deshalb selbst als Schuldnerin der Gewerbesteuer herangezogen wird (§ 5 Abs. 1 Satz 2 und 3 GewStG) und insoweit „Steuersubjekt" der Gewerbesteuer ist (im Gegensatz zur Einkommensteuer). Die R+W-GbR selbst hat einen Gewinn aus dem Gewerbebetrieb iHv 200 000 € erzielt. Bei der Ermittlung des Gewerbeertrages einer Personengesellschaft ist zudem das Sonderbetriebsvermögen der einzelnen Gesellschafter zu berücksichtigen[38]. Denn obwohl die Gewerbesteuer eine eigenständige Steuer ist, knüpft sie bei der Ermittlung des Gewerbeertrages an die Einkommensteuer bzw Körperschaftsteuer an (§ 7 Satz 1 GewStG). Der gewerbesteuerliche Gewinn der R+W-GbR ist also um die Sonderbetriebseinnahmen der einzelnen Gesellschafter zu erhöhen und um die Sonderbetriebsausgaben der einzelnen Gesellschafter zu mindern.

479

R hat – mangels weiterer Hinweise – als einziger Gesellschafter Sonderbetriebseinnahmen erzielt, nämlich mit seinem Geschäftsführergehalt iHv 24 500 € (s. Rn 447) und durch die Ausschüttung von der WP-GmbH – nach Anwendung des Teileinkünfteverfahrens (vgl § 7 Satz 4 GewStG iVm § 3 Nr 40 Satz 1 lit. d, Satz 2 EStG) – iHv 60 000 € (s. Rn 448 f). Folglich beträgt der Gewinn aus dem Gewerbebetrieb der R+W-GbR 284 500 € (200 000 € + 24 500 € + 60 000 €).

480

(2) Hinzurechnung (§ 8 GewStG)

Nach § 8 Nr 5 GewStG müsste der nach § 3 Nr 40 Satz 1 lit. d, Satz 2 EStG nicht berücksichtigte Teil der Gewinnausschüttung (40 000 €) hinzugerechnet werden, wenn nicht die „Voraussetzungen der §§ 9 Nr 2a oder 7 GewStG" erfüllt sind.

481

Die Voraussetzungen des § 9 Nr 2a GewStG sind jedenfalls bei einer Gewinnausschüttung einer Kapitalgesellschaft erfüllt, an der eine Beteiligung von mindestens 15 % besteht. R ist mit 40 % an der WP-GmbH beteiligt. Eine Hinzurechnung nach § 8 Nr 5 GewStG kommt daher nicht in Betracht.

(3) Kürzung (§ 9 GewStG)

Eine Kürzung nach § 9 Nr 2a GewStG kommt in Betracht, wenn im gewerblichen Gewinn aus Gewerbebetrieb „Gewinne aus Anteilen" an einer Kapitalgesellschaft enthalten sind, an der eine Beteiligung von mindestens 15 % besteht. R ist zu 40 % an der WP-GmbH beteiligt, deren Gewinnausschüttung mit 60 000 € (nach Anwendung des § 3 Nr 40 Satz 1 lit. d, Satz 2 EStG) in den gewerbesteuerlichen Gewinn aus Gewerbebetrieb eingeflossen ist. Folglich beträgt die Kürzung 60 000 € und der Gewerbeertrag der R+W-GbR damit 224 500 €.

482

---

37 *Birk/Desens/Tappe*, Steuerrecht, Rn 1315.
38 *Birk/Desens/Tappe*, Steuerrecht, Rn 1351.

bb) Freibetrag

483 Der ermittelte Gewerbeertrag (224 500 €) ist nach § 11 Abs. 1 Satz 3 Nr 1 GewStG um einen Freibetrag iHv 24 500 € zu kürzen, da der Gewerbebetrieb von einer Personengesellschaft, nämlich der R+W-GbR betrieben wurde. Es verbleibt ein Gewerbeertrag iHv 200 000 €.

cc) Steuermesszahl

484 Unter Zugrundelegung der Steuermesszahl iHv 3,5 % (§ 11 Abs. 2 GewStG) ergibt sich ein Gewerbesteuermessbetrag für die R+W-GbR iHv 7000 €.

b) Ermittlung des anteiligen Gewerbesteuermessbetrages

485 In Fällen eines gewerblichen Mitunternehmers (§ 35 Abs. 1 Satz 1 Nr 2 EStG) ist nicht der gesamte Gewerbesteuermessbetrag zugrunde zu legen, sondern nur ein *anteiliger* Gewerbesteuermessbetrag des Mitunternehmers. Der Aufteilungsmaßstab wird ausdrücklich in § 35 Abs. 2 Satz 2 EStG geregelt: Es kommt für die Aufteilung allein auf den allgemeinen Gewinnverteilungsschlüssel der Personengesellschaft unabhängig von Vorgängen im Sonderbetriebsvermögen an[39]. Nach dem Gewinnverteilungsschlüssel stehen R 25 % zu. Sein Anteil am Gewerbesteuermessbetrag beträgt daher 1750 € (25 % von 7000 €).

c) Fiktiver Hebesatz durch Produktbildung (Faktor 3,8)

486 Der Steuerermäßigungsbetrag ist gem. § 35 Abs. 1 Satz 1 Nr 2 EStG das 3,8-fache des Anteils am Gewerbesteuermessbetrag (1750 €), beträgt also 6650 €. Der Betrag soll die tatsächliche Gewerbesteuerbelastung fingieren, die anteilig auf den R anfällt.

d) Erster Höchstbetrag: gezahlte Gewerbesteuer (§ 35 Abs. 1 Satz 5 EStG)

487 Der Ermäßigungsbetrag könnte aber höhenmäßig durch § 35 Abs. 1 Satz 5 EStG auf die tatsächlich gezahlte Gewerbesteuer beschränkt sein.

Die R+W-GbR hat zwar Gewerbesteuer iHv von 16 000 € zu zahlen, so dass die Höchstbetragsregelung nicht zu greifen scheint. Nach Sinn und Zweck der Regelung muss aber auch dieser Höchstbetrag zwischen den Gesellschaftern anhand des Gewinnverteilungsschlüssels (für R: 25 %) aufgeteilt werden. Das wird bestätigt durch die (verfahrensrechtliche) Regelung in § 35 Abs. 2 Satz 1 EStG, nach der im Falle einer Mitunternehmerschaft auch der auf einen Gesellschafter entfallende Anteil an der zu zahlenden Gewerbesteuer gesondert festzustellen ist. Danach beträgt der anteilige Höchstbetrag für R lediglich 4000 €. Da der ermittelte anteilige Gewerbesteuermessbetrag unter Anwendung eines Hebesatzes (Faktor 3,8) mit 6650 € höher war als der erste Höchstbe-

---

39 *Wacker*, in: Schmidt, EStG, § 35 Rn 25.

trag nach § 35 Abs. 1 Satz 5 EStG (4000 €), ist der Ermäßigungsbetrag auf den Höchstbetrag iHv 4000 € zu beschränken.

Etwas anderes würde nur dann gelten, wenn der erste Höchstbetrag (§ 35 Abs. 1 Satz 5 EStG) bei mehreren Gewerbebetrieben erst auf den gemeinsamen Steuerermäßigungsbetrag (hier von R und F) anzuwenden wäre (Steuerermäßigungsertrag wäre dann 19 950 €[40]). Dafür spricht zwar die Stellung der Regelung im Gesetz (als Satz 5). Dagegen spricht aber, dass ansonsten Anrechnungsüberhänge (mittelbar) auf Gewerbebetriebe übertragen werden könnten, die in dieser Höhe keine Gewerbesteuer gezahlt haben. Auch aus den Gesetzesmotiven *(Unternehmenssteuerreform 2008)* ergibt sich[41], dass die Entlastung auf die tatsächlich gezahlte Gewerbesteuer des *Unternehmens* (= keine Gesamtbetrachtung) beschränkt werden sollte. **488**

II. Zweiter Höchstbetrag: Ermäßigungshöchstbetrag (§ 35 Abs. 1 Satz 2–4 EStG)

R und F können aber nur dann 17 300 € (13 300 € + 4000 €) auf ihre tarifliche Einkommensteuer anrechnen, wenn damit nicht der Ermäßigungshöchstbetrag (§ 35 Abs. 1 Satz 2–4 EStG) überschritten wird. Dieser (zweite) Höchstbetrag hat den Zweck, eine Überkompensation zu vermeiden, die entsteht, wenn der Ermäßigungsbetrag höher ist als die Einkommensteuer auf die gewerblichen Einkünfte. Die Beschränkung ist durch die Einfügung des § 35 Abs. 1 *Satz 2–4* EStG mit dem *Jahressteuergesetz 2008* konkretisiert und betrachtet – anders als der gewerbebetriebsbezogene erste Höchstbetrag (§ 35 Abs. 1 Satz 5 EStG) – im Falle einer Zusammenveranlagung beide Ehegatten gemeinsam[42]. **489**

Nach § 35 Abs. 1 Satz 1 EStG ermäßigt sich die tarifliche Einkommensteuer, soweit sie anteilig auf gewerbliche Einkünfte anfällt (Ermäßigungsbetrag). Dafür ist die Summe der positiven gewerblichen Einkünfte ins Verhältnis zur Summe aller positiven Einkünfte zu setzen (vgl § 35 Abs. 1 Satz 2 EStG). Die Summe aller positiven Einkünfte von R und F beträgt 265 000 € (134 500 € + 130 500 €). Gewerbliche Einkünfte in diesem Sinne sollen nach der Legaldefinition in § 35 Abs. 1 Satz 3 EStG „die der Gewerbesteuer unterliegenden Gewinne und Gewinnanteile" sein. Nach dieser Formulierung könnten nur solche Gewinne und Gewinnanteile zu erfassen sein, die nicht aus dem Gewerbeertrag gekürzt (§ 9 GewStG) werden, weil sie durch die Kürzung nicht mehr der „Gewerbesteuer unterliegen". Dann müssten konsequenterweise aber auch Hinzurechnungen (§ 8 GewStG) berücksichtigt werden, was dazu führen könnte, dass die gewerbliche Einkünfte höher sind als die Summe aller Einkünfte, was wiederum zu einer Überkompensation führen könnte, die gerade vermieden werden soll. Überdies **490**

---

40 Gemeinsamer Steuerermäßigungsbetrag (ohne Höchstbetrag): 19 950 € (13 300 € + 6650 €); Höchstbetrag (gesamte [anteilige] Gewerbesteuer): 20 000 € (16 000 € + 4000 €). Der Höchstbetrag wäre nicht überschritten.
41 BT-Drs 16/4841, S. 65.
42 BT-Drs 16/7036, S. 15.

wird in Fällen einer Mitunternehmerschaft ein so verstandener „Gewinnanteil, [der] der Gewerbesteuer unterliegt", auch nicht gesondert festgestellt (anders als der Anteil am Gewerbesteuermessbetrag nach § 35 Abs. 2 Satz 2 EStG). Letztlich wird bereits durch den Höchstbetrag in § 35 Abs. 1 *Satz 5* EStG sichergestellt, dass in Höhe des Ermäßigungsbetrages auch Gewerbesteuer gezahlt worden ist. Dagegen will der Ermäßigungshöchstbetrag in § 35 Abs. 1 Satz 2–4 EStG sicherstellen, dass die gewerblichen Einkünfte auch mit der Einkommensteuer belastet sind. Die „der Gewerbesteuer unterliegenden Gewinne und Gewinnanteile" sind daher zu verstehen als die gewerblichen Einkünfte, die als „Gewinn aus Gewerbebetrieb" iSd § 7 Satz 1 GewStG zur Ermittlung des Gewerbeertrages heranzuziehen sind, bevor die Vorschriften über Hinzurechnungen (§ 8 GewStG) und Kürzungen (§ 9 GewStG) anzuwenden sind.

491 Der so verstandene Gewinnanteil des R beträgt 134 500 € (50 000 € Gewinnanteil + 84 500 € Sondervergütungen) und der so verstandene Gewinn der F beträgt 130 500 €, so dass die gewerblichen Einkünfte mit 265 000 € der Summe ihrer Einkünfte entspricht. Der Ermäßigungshöchstbetrag ergibt sich dabei allein aus der „geminderten tariflichen Steuer", die hier mangels weiterer Abzüge der tariflichen Steuer (80 000 €) entspricht (§ 35 Abs. 1 Satz 4 EStG). Mit 17 300 € liegt der Steuerermäßigungsbetrag damit unter dem Ermäßigungshöchstbetrag (80 000 €) und kann vollumfänglich angerechnet werden.

B. Ergebnis (festzusetzende Einkommensteuer für R und F)

492 Die tarifliche Einkommensteuer von R und F ist (80 000 €) um 17 300 € zu ermäßigen, so dass Einkommensteuer iHv 62 700 € gegenüber R und F festzusetzen ist.

Zur Wiederholung

Übersicht 7.1: Gewerbliche Einkünfte

I. Einkünfte aus Gewerbebetrieb (§§ 15–17 EStG) 493
- Einkünfte aus **gewerblichen Unternehmen** (insb **Einzelunternehmer**), § 15 I 1 Nr 1 EStG
- **Gewinnanteile der Gesellschafter** einer **OHG, KG** oder einer anderen Gesellschaft, bei der die Gesellschafter als Mitunternehmer anzusehen sind, § 15 I 1 Nr 2 EStG (dazu Übersicht 7.3)
- Gewinne bei **Veräußerung oder Aufgabe eines Gewerbebetriebs**, Teilbetriebs oder eines Mitunternehmeranteils, § 16 I 1 Nr 1–3, III EStG
- Gewinn aus der **Veräußerung von Anteilen an einer Kapitalgesellschaft**, sofern Veräußerer irgendwann in den letzten fünf Jahren mit mindestens 1 % beteiligt war, § 17 EStG
  Besonderheit: *privater* Veräußerungsgewinn wird in gewerbliche Einkünfte *umqualifiziert* **(Fiktion)**
- Gewinne solcher **Körperschaftsteuersubjekte** (insb KapGes, zB AG und GmbH), die nach den Vorschriften des HGB zur Führung von Büchern verpflichtet sind, sind gem. § 8 II KStG als Einkünfte aus Gewerbebetrieb zu behandeln – Dies ist bei AG und GmbH stets der Fall! (§ 238 I, § 6 I HGB iVm § 3 I AktG bzw § 13 III GmbHG)

II. Einkünfte aus einem gewerblichen Unternehmen, insb Einzelunternehmer (§ 15 I 1 Nr 1 EStG)
- *originär* gewerbliche Tätigkeit (dh keine Fiktion oder Umqualifizierung)
- *Voraussetzung* daher: **Gewerbebetrieb iSd § 15 II EStG**
- **Selbstständig** (§ 15 II EStG) ⇔ Abgrenzung zu § 19 EStG (Unternehmerrisiko/Unternehmerinitiative)
- **Nachhaltig** = auf Dauer/Wiederholung angelegt
- Beteiligung am **allgemeinen wirtschaftlichen Verkehr**
- **Gewinnerzielungsabsicht** (vgl auch § 15 II 3 EStG) – Zielen auf Totalgewinn (dh von Gründung bis zum Ende der Tätigkeit, dh Aufgabe bzw Veräußerung) ⇔ Liebhaberei
- **Einkünfteerzielungsabsicht?** → Fragen: Betrieb objektiv nicht geeignet, nachhaltig Gewinne abzuwerfen? Wird Betrieb aus Gründen ausgeübt, die dem Bereich der persönlichen Lebensführung zuzuordnen sind?
- **Keine LuF, keine freiberufliche Tätigkeit**
- außerdem ungeschriebenes TB-Merkmal: **keine private Vermögensverwaltung** (ergibt sich aus der Systematik des EStG)
  1. **Problemfälle:** „Intensiver" Handel mit *privaten* Vermögensgegenständen
  2. **Für Grundstücke:** Drei-Objekt-Grenze (vom BFH entwickelte Beweislastregel) – *gewerblicher* Grundstückshandel liegt in der Regel vor, wenn StPfl innerhalb von fünf Jahren mehrere Grundstücke erwirbt und innerhalb von ca fünf Jahren mehr als drei wieder veräußert.
  3. **Für Wertpapiere:** Gewerblicher Wertpapierhandel (dh § 15 statt § 23 und § 17 EStG), aber erst bei besonderen Umständen (Beschäftigung von Mitarbeitern, erhebliche Fremdfinanzierung, Büroräume usw). Gewerblichkeit könnte hier für Stpfl interessant sein wg grds unbeschränkten Verlustausgleichs (vgl sonst § 23 III 7–8 EStG).

Übersicht 7.2: Sonderfall Betriebsaufspaltung

494

I. Wirtschaftliche Motivation für Betriebsaufspaltung:
- Haftungsrechtliche Vorteile
- Gehälter für Geschäftsführer = Betriebsausgaben (GewSt! vgl aber § 35 EStG); Bildung von gewinnmindernden Pensionsrückstellungen

II. Voraussetzungen der Betriebsaufspaltung:
- Ein wirtschaftlich einheitliches Unternehmen tritt in zwei Rechtsformen auf; im Einzelnen:
- **Sachliche Verflechtung:** Verpachtung wesentlicher Betriebsgrundlagen an das Betriebsunternehmen
- **Personelle Verflechtung:** *Einheitlicher Betätigungswille* in Besitz- und Betriebsunternehmen, entweder: Identische Beteiligungsverhältnisse in beiden Unternehmen *(Beteiligungsidentität)* oder Personen, die in Besitzunternehmen die Mehrheit bilden, haben auch die Mehrheit im Betriebsunternehmen *(Beherrschungsidentität)*

III. Arten der Betriebsaufspaltung
- **Echte Betriebsaufspaltung:** Aufspaltung eines bestehenden Unternehmens in ein *Besitz-* und ein *Betriebsunternehmen*. Dabei erhält Besitzunternehmen das Anlagevermögen (idR Grundstücke), Betriebsunternehmen das Umlaufvermögen.
- **Unechte Betriebsaufspaltung:** Trennung *von vornherein* (Rechtsfolgen wie bei echter Betriebsaufspaltung)

IV. Rechtsfolgen der Betriebsaufspaltung
- **beide Unternehmen werden je für sich betrachtet**
- **Betriebsunternehmen** erzielt ohnehin weiter Einkünfte aus Gewerbebetrieb
- **Problem:** Qualifizierung der Einkünfte des Besitzunternehmens – Einkünfte aus VuV (§ 21 EStG)? Nein, falls Voraussetzungen der Betriebsaufspaltung vorliegen (s.o.) – dann auch hier Einkünfte aus Gewerbebetrieb (§ 15 EStG) – mit der Folge der GewSt-Pflicht.
- **Vorteil:** bei Aufspaltung bleiben Wirtschaftsgüter des ursprünglichen Unternehmens Betriebsvermögen; dh Betriebsaufspaltung kann *steuerneutral* erfolgen (§ 6 V 1 EStG)
- **Beachte aber:** fallen Voraussetzungen der Betriebsaufspaltung weg (zB personelle Verflechtung): ggf Betriebsaufgabe (§ 16 III EStG) mit der Folge der Besteuerung des „Aufgabegewinns".

Übersicht 7.3: Besteuerung von Personengesellschaften

→ Besteuert wird nicht „*die*" Personengesellschaft, sondern die Gesellschaf*ter* (**Transparenz der Personengesellschaft**, dh unmittelbare Zurechnung des Gewinns an die Gesellschafter [„Mitunternehmer"]), vgl § 15 I 1 Nr 2 EStG anders bei GewSt und USt: dort ist *die Gesellschaft* selbst Steuersubjekt (§ 5 I 3 GewStG, § 2 UStG)

→ **aber:** *Gesellschaft* ist *Subjekt der Gewinnerzielung und Gewinnermittlung* (bedeutsam für Beurteilung der Einkünfteerzielungsabsicht, der Zuordnung der Einkünfte zu einer bestimmten Einkunftsart usw)

→ Bedeutung der Mitunternehmerschaft:
  - auch Vergütungen, die ein Gesellschafter von der Gesellschaft erhält (zB für die Überlassung von Darlehen usw; sog. **Sondervergütungen**), werden zu Einkünften aus Gewerbebetrieb (§ 15 I 1 Nr 2 S. 1 aE EStG)
  - Einkünfte der Mitunternehmerschaft (einschließlich der Sondervergütungen) werden gem. § 179 II 2, § 180 I Nr 2 lit. a AO **gesondert und einheitlich festgestellt**
    – Feststellungsbescheid ist **Grundlagenbescheid** für die Einkommensbesteuerung der Gesellschafter (§ 182 I, § 171 X 1 AO).
    – Durch Einspruch gegen **Folgebescheid** (den an einen Gesellschafter gerichteten Einkommensteuerbescheid) können im Grundlagenbescheid festgestellte Besteuerungsgrundlagen (Gewinn der Gesellschaft, Höhe der Sondervergütungen für Gesellschafter) nicht mehr angegriffen werden, § 351 II AO.

→ **Anwendung des § 15 I 1 Nr 2 EStG setzt voraus:** (1) Mitunternehmerschaft, die (2) Einkünfte aus Gewerbebetrieb erzielt
  (1) Mitunternehmerschaft
  ausdrücklich genannt: OHG, KG; weitere „unbenannte" Gesellschaften dann, wenn sie diesem Leitbild ähneln; Voraussetzungen:
    - zivilrechtliches Gesellschaftsverhältnis oder wirtschaftlich vergleichbares Gemeinschaftsverhältnis und
    - **Mitunternehmerrisiko** der Gesellschafter und
    - **Mitunternehmerinitiative** der Gesellschafter
  Beachte: Ein Defizit bei der Mitunternehmerinitiative kann durch ein Mehr an Mitunternehmerrisiko ausgeglichen werden und umgekehrt.
  (2) Einkünfte aus Gewerbebetrieb
  falls (–): Mitunternehmerschaft mit Einkünften aus LuF (§ 13 VII EStG) oder selbstständiger Arbeit (§ 18 I, IV 2 EStG) oder – falls Personengesellschaft nur **vermögensverwaltend** tätig ist – aus VuV (§ 21 EStG) oder aus Kapitalvermögen (§ 20 EStG)
    - **gewerbliche Tätigkeit** (§ 15 I 1 Nr 2, II EStG) – fehlt bei rein vermögensverwaltender Tätigkeit – oder:
    - (kraft Fiktion) **gewerbliche Tätigkeit** (§ 15 III Nr 1 EStG) – **Abfärbung** (Bsp: Aufnahme eines sog. Berufsfremden in die Mitunternehmerschaft, str) – oder:
    - (kraft Fiktion) **gewerblich geprägte Personengesellschaft** (§ 15 III Nr 2 EStG), insb GmbH & Co. KG, bei denen nur die GmbH und ggf Nichtgesellschafter zur Geschäftsführung befugt sind.

→ **Bestandteile der Einkünfte bei Mitunternehmerschaft:**
  (1) Gewinnanteile aus der Gesellschaft (§ 15 I 1 Nr 2 S. 1 HS 1 EStG):
  hier zu berücksichtigen auch Ergebnisse aus **Ergänzungsbilanzen** (diese enthalten rechnerische Korrekturposten, die zB nötig werden, wenn ein neuer Gesellschafter mehr aufwenden muss – zB wegen stiller Reserven –, als es seinem Kapitalanteil entspricht).

495

(2) **Sondervergütungen** für Tätigkeiten, Darlehen, Überlassung von Wirtschaftsgütern (§ 15 I 1 Nr 2 S. 1 HS 2 EStG):
- „**Sonderbereich**": Sonderbilanzen, Sonderbetriebseinnahmen und -ausgaben eines Gesellschafters
- **Sonderbetriebsausgaben** = alle Aufwendungen eines Mitunternehmers, die wirtschaftlich durch seinen Mitunternehmeranteil veranlasst sind; Bsp: Schuldzinsen für der Gesellschaft überlassenes Grundstück
- **Sonderbetriebsvermögen** = die der Gesellschaft (oder der eigenen Beteiligung) dienenden Wirtschaftsgüter des Gesellschafters
  – die der Gesellschaft vom Gesellschafter überlassenen Wirtschaftsgüter (Sonderbetriebsvermögen I)
  – Wirtschaftsgüter, die dem Gesellschafter durch Stärkung seiner Beteiligung zur Erzielung seines Gewinnanteils dienen (Sonderbetriebsvermögen II), Bsp: Anteile des Kommanditisten einer GmbH & Co. KG an der Komplementär-GmbH

→ **Übertragung von Wirtschaftsgütern in Mitunternehmerschaften**
Problem: Fortführung der alten Buchwerte beim Erwerber oder Aufdeckung stiller Reserven?
- **Gewinnrealisationstatbestände:**
  – Entnahme (dh Überführung ins Privatvermögen)
  – Veräußerung von einem Gesellschafter an Gesellschaft (und zwar in voller Höhe; § 15 I 1 Nr 2 EStG ist insoweit lex specialis zu § 39 II Nr 2 AO)
  – Betriebsveräußerung und Betriebsaufgabe (§ 16 I, III 1 EStG)
- **Buchwertfortführung**, evtl auch unter Verlagerung der stillen Reserven auf ein anderes Rechtssubjekt:
  – Wechsel von einem Betriebsvermögen in ein anderes desselben Rechtsträgers, § 6 V 1, 2 EStG
  – Voraussetzungen des § 6 V 3 EStG (früher sog. Mitunternehmererlass)
  – Realteilung, § 16 III 2 EStG
  – § 6b EStG

Übersicht 7.4: Ermittlung des Gewerbesteuer-Messbetrages

I. Bemessungsgrundlage: Gewerbeertrag (§ 6 GewStG)
1. Gewinn aus Gewerbebetrieb (§ 7 S. 1 GewStG)
   a) Gewerbebetrieb (§ 2 I 2 GewStG): gewerbliches Unternehmen iSd EStG
   b) Gewinn
   Grundsatz: Ermittlung nach dem EStG (natürliche Personen als Träger) und ggf KStG (Körperschaften als Träger)
   Besonderheit bei Mitunternehmerschaften (Außen-Personengesellschaft selbst als Trägerin des Gewerbebetriebes):
   (1) Ermittlung des Gewinns der Personengesellschaft
   (2) Berücksichtigung der Sonderbereiche (Sonderbetriebsvermögen der Gesellschafter)
2. zuzüglich Hinzurechnungen (§ 8 GewStG)
3. abzüglich Kürzungen (§ 9 GewStG)
4. abzüglich Freibetrag (§ 11 I 3 GewStG): ggf 24 500 € abziehbar als pauschaliertes Geschäftsführergehalt

II. Steuermesszahl nach § 11 II GewStG: einheitlich 3,5 %

= **Gewerbesteuermessbetrag (vgl § 11 I 1 GewStG)**
→ Festsetzung durch das Finanzamt (§ 14 GewStG)
→ Rechtswidrige Festsetzung des Gewerbesteuermessbetrages muss gegenüber dem Finanzamt angefochten werden!

Relevanz des Gewerbesteuermessbetrages:
→ Grundlage für Erhebung der Gewerbesteuer der Gemeinden (§ 16 GewStG) durch Anwendung eines Hebesatzes, der mindestens 200 % betragen muss (§§ 1, 16 IV 2 GewStG)
→ Grundlage für die Ermittlung des Steuerermäßigungsbetrages nach § 35 EStG (s. Rn 465 ff)

Übersicht 7.5: Berücksichtigung der Gewerbesteuer bei der Einkommensteuer

I. Kein Abzug der gezahlten Gewerbesteuer von der einkommensteuerlichen Bemessungsgrundlage (§ 4 Vb EStG)

497

II. Pauschale Anrechnung der Gewerbesteuer auf die tarifliche Einkommensteuer (§ 35 EStG)

1. Ermittlung des Ermäßigungsbetrages nach § 35 EStG
   a) Gewerbesteuermessbetrag
      → Ermittlung: s. o. Gewerbebetrieb (§ 2 I 2 GewStG): gewerbliches Unternehmen iSd EStG
      → Besonderheit bei Mitunternehmerschaft: Ermittlung des *anteiligen* Gewerbesteuermessbetrages (§ 35 I 1 Nr 2 EStG)
   b) Fiktiver Hebesatz (Faktor 3,8)
2. Erster Höchstbetrag: tatsächlich zu zahlende Gewerbesteuer (§ 35 I 5 EStG)
3. Zweiter Höchstbetrag: Ermäßigungshöchstbetrag nach § 35 I 2–4 EStG (Anteil der gewerblichen Einkünfte in der tariflichen Einkommensteuer)

III. Besonderheit: Körperschaften
→ Kein Abzug von der Bemessungsgrundlage
→ Keine Anrechnung nach § 35 EStG
→ KSt-Satz wegen der zusätzlichen Gewerbesteuerbelastung nur 15 %

Fall 8

Jeder trägt seinen Anteil

Schwerpunkte: **Unternehmen-/Einkommensteuerrecht:** Besteuerung der Anteilseigner von Kapitalgesellschaften, Teileinkünfteverfahren (LB § 6 Rn 1294–1313) Besteuerung von Kapitalgesellschaften (LB § 6 Rn 1209–1249); **Einkommensteuerrecht:** Gewinnermittlung (LB § 5 Rn 961–1013); **Gewerbesteuerrecht:** Hinzurechnungen und Kürzungen (LB § 6 Rn 1355–1384)

Schwierigkeitsgrad: mittel, Bearbeitungszeit: 2 Stunden

498 Dipl.-Bauingenieur A, der keine Bilanz aufstellt, betreibt in Leipzig ein Ingenieurbüro, das auf den Bau von Brücken spezialisiert ist. Dazu beschäftigt er neben weiterem Personal drei angestellte Bauingenieure. Seinen Mitarbeitern zahlt A insgesamt einen jährlichen Lohn iHv 188 000 €. Seine Aufträge erhält er im Wesentlichen von sächsischen Baubehörden. Weil die Auftragslage schlecht ist, will A seine Tätigkeit auf Sachsen-Anhalt ausdehnen. Da die zuständigen Behörden Brückenbauaufträge jedoch mit Vorliebe in der eigenen Region vergeben, hat er eine Beteiligung an der Brücken-Bau-GmbH Magdeburg (B-GmbH) iHv 50 % erworben. Die anderen 50 % an der B-GmbH hält die Nordost-Wasserbau AG (N-AG), die ebenfalls im Bereich des Brückenbaus tätig ist. A hatte seine Anteile an der B-GmbH über sein Leipziger Ingenieurbüro kreditfinanziert und zahlt jährlich Zinsen iHv 20 000 €. Auch die N-AG hatte den Erwerb ihrer Anteile an der B-GmbH für 180 000 € kreditfinanziert (jährliche Zinsen: 25 000 €).

Im Jahr 01 schüttet die B-GmbH insgesamt 200 000 € an ihre Gesellschafter im Verhältnis ihrer Kapitalanteile aus. A erhält zudem 240 000 € für Ingenieurleistungen, die er im Jahr 01 gegenüber der B-GmbH erbracht hat und nach einer allgemein anerkannten Entgeltliste für Ingenieurleistungen abgerechnet hat.

Am 30. Juni 02 veräußert die N-AG ihre Anteile an der B-GmbH an X für 300 000 €. Auf den Veräußerungsstichtag kündigt die N-AG vorzeitig den Kreditvertrag, über den sie die B-GmbH-Anteile finanziert hat. Der Kreditvertrag sieht vor, dass der Darlehensnehmer im Falle einer Kündigung eine einmalige „Kündigungsgebühr" iHv 20 000 € zu zahlen hat, die dem Darlehensgeber als „pauschaler Ausgleich für entgangene Zinsen in der Zukunft" dienen soll. Die N-AG zahlt das Darlehen sowie die Kündigungsgebühr aus dem Veräußerungspreis am Veräußerungsstichtag an die Bank, die von der N-AG im ersten Halbjahr 02 jeweils zu Beginn jeden Monats die anteiligen Zinszahlungen aus dem Kreditvertrag erhalten hat.

Frage 1: Wie hoch sind die Einkünfte des A im Jahr 01?

Frage 2: Wie hoch sind Einkommen iSd KStG und Gewerbeertrag der N-AG im Jahr 01 und 02?

Vorüberlegungen

Die Gliederung der Klausurlösung ergibt sich bereits aus den Fallfragen. Zunächst sind die Einkünfte des A (Frage 1) und anschließend das Einkommen und der Gewerbeertrag der N-AG (Frage 2) zu prüfen, wobei zwischen den Jahren 01 und 02 und innerhalb der Jahre zwischen der Körperschaft- und Gewerbesteuer zu differenzieren ist. Bei Sachverhalten mit Kapitalgesellschaften und Anteilseignern bietet sich auch die Anfertigung eines Schaubildes an.

Inhaltlich bewegt sich der Fall im Unternehmensteuerrecht. Im Mittelpunkt steht dabei die Besteuerung der Anteilseigner an Kapitalgesellschaften (hier der B-GmbH). Dieses Thema verlangt nach verschiedenen Differenzierungen, zunächst hinsichtlich der Anteilseigner zwischen natürlichen Personen (A) und Kapitalgesellschaften (N-AG), hinsichtlich der natürlichen Personen weiter zwischen betrieblich und privat Beteiligten, hinsichtlich der Beteiligungserträge zwischen Gewinnausschüttungen und Veräußerungsgewinnen. So gelangt man zur Anwendung des Teileinkünfteverfahrens (§ 3 Nr 40 Sätze 1, 2, § 3c Abs. 2 EStG) und der Sonderregelung für Kapitalgesellschaften in § 8b KStG.

In **Frage 1** setzt die Lösung nicht nur Kenntnisse voraus, wie die Anteilseigner von Kapitalgesellschaften besteuert werden, sondern verlangt auch Kenntnisse der einkommensteuerrechtlichen Gewinnermittlung, und zwar hier nach § 4 Abs. 3 EStG (Begriff der Betriebseinnahmen, der Betriebsausgaben, des – notwendigen und gewillkürten – Betriebsvermögens, des Wirtschaftsguts, des Anlagevermögens, des Zufluss- und Abflussprinzips nach § 11 EStG). Die Bearbeiter müssen beachten, dass die Beteiligung an der B-GmbH ein Wirtschaftsgut ist, das zum Betriebsvermögen des A gehört. Daraus folgt dann ohne weiteres, dass die Einnahmen und Aufwendungen im Zusammenhang mit dieser Beteiligung betrieblich veranlasst sind. Es empfiehlt sich daher, zunächst zu prüfen, zu welcher Einkunftsart die Einkünfte gehören und anschließend die Höhe der Einkünfte zu bestimmen.

Frage 2 setzt darüber hinaus Grundkenntnisse im Gewerbesteuerrecht voraus, vor allem einen Überblick über die Hinzurechnungen (§ 8 GewStG) und Kürzungen (§ 9 GewStG).

Gliederung

502 **Frage 1: Einkünfte des A im Jahr 01**
A. Qualifikation der Einkünfte
B. Ermittlung der Einkünfte
  I. Betriebseinnahmen
    1. Gewinnausschüttung der B-GmbH
    2. Vergütungen von der B-GmbH
  II. Betriebsausgaben
    1. Lohnzahlungen an die Mitarbeiter
    2. Kreditzinsen
  III. Gewinn (Überschuss der Betriebseinnahmen über die -ausgaben)
C. Ergebnis (Einkünfte des A im Jahr 01)

Frage 2: Einkünfte der N-AG im Jahr 01 und 02
A. Jahr 01
  I. Einkommen iSd KStG
    1. Ermittlung des Einkommens nach dem EStG
    2. Modifizierung durch Regeln des KStG
      a) Gewinnausschüttung der B-GmbH
      b) Betriebsausgabenabzugsverbot für Kreditzinsen?
      c) Pauschales Abzugsverbot für fingierte Betriebsausgaben
    3. Ergebnis
  II. Gewerbeertrag
    1. Gewinn aus dem Gewerbebetrieb der N-AG
    2. Hinzurechnung (§ 8 GewStG)
    3. Kürzung (§ 9 GewStG)
    4. Ergebnis
B. Jahr 02
  I. Einkommen iSd KStG
    1. Ermittlung des Einkommens nach dem EStG
    2. Modifizierung durch Regeln des KStG
      a) Veräußerung der Beteiligung an der B-GmbH
      b) Kreditzinsen bis zum 30. Juni 02
    3. Ergebnis
  II. Gewerbeertrag
    1. Gewerbebetrieb der N-AG
    2. Hinzurechnung (§ 8 GewStG) und Kürzung (§ 9 GewStG)
    3. Ergebnis

Musterlösung

Frage 1: Einkünfte des A im Jahr 01

Aufgrund verschiedener Methoden der Berechnung der Einkünfte bei den sieben Einkunftsarten ist zunächst die Einkunftsart festzustellen, aus der die Einkünfte des A erwachsen. Daran anschließend kann die Höhe der Einkünfte ermittelt werden.

A. Qualifikation der Einkünfte

A könnte Einkünfte aus selbstständiger Arbeit (§ 18 Abs. 1 Nr 1 EStG) erzielen. Als Diplom-Bauingenieur übt er einen Katalogberuf des § 18 Abs. 1 Nr 1 Satz 2 EStG und daher eine freiberufliche Tätigkeit aus. Da er für fachliche Aufgaben nur drei angestellte Bauingenieure beschäftigt, ist auch davon auszugehen, dass er in seinem Ingenieurbüro leitend und eigenverantwortlich iSd § 18 Abs. 1 Nr 1 Satz 3 EStG tätig wird. Die weiteren Voraussetzungen nach § 15 Abs. 2 Satz 1 EStG (selbstständige nachhaltige Betätigung, Gewinnerzielungsabsicht, Beteiligung am allgemeinen wirtschaftlichen Verkehr) sind ebenfalls erfüllt. A erzielt daher Einkünfte aus selbstständiger Arbeit.

B. Ermittlung der Einkünfte

Gem. § 2 Abs. 2 Satz 1 Nr 1 EStG ist bei Einkünften aus selbstständiger Arbeit der Gewinn zu ermitteln. Da A weder buchführungsverpflichtet ist, noch freiwillig Bücher führt, ist der Gewinn gem. § 4 Abs. 3 Satz 1 EStG als Überschuss der Betriebseinnahmen über die Betriebsausgaben zu ermitteln.

I. Betriebseinnahmen

Die danach zunächst zu ermittelnden Betriebseinnahmen des A werden unter Rückgriff auf § 4 Abs. 4 und § 8 Abs. 1 EStG definiert als Zugänge in Geld oder Geldeswert, die durch den Betrieb veranlasst sind[1]. Veranlasst sind Einnahmen durch den Betrieb, wenn ein tatsächlicher oder wirtschaftlicher Zusammenhang mit dem Betrieb besteht[2].

1. Gewinnausschüttung der B-GmbH

Die Gewinnausschüttung der B-GmbH zählt daher nur dann zu den Betriebseinnahmen aus selbstständiger Arbeit, wenn sie durch den Betrieb des Ingenieurbüros veranlasst ist. Der dafür nötige wirtschaftliche Zusammenhang besteht, wenn die Beteiligung der B-GmbH zum *Betriebsvermögen* des Ingenieurbüros gehört. Die Beteiligung könnte notwendiges oder gewillkürtes Betriebsvermögen sein. Zum notwendigen Betriebsvermögen gehören Wirtschaftsgüter, die dem Betrieb unmittelbar dienen, so dass sie

---
1 *Birk/Desens/Tappe*, Steuerrecht, Rn 974.
2 *Birk/Desens/Tappe*, Steuerrecht, Rn 974.

objektiv erkennbar zum unmittelbaren Einsatz im Betrieb selbst bestimmt sind[3]. Bei Beteiligungen an Kapitalgesellschaften handelt es sich um Wirtschaftsgüter[4]. Diese gehören zum notwendigen Betriebsvermögen, wenn sie nach ihrer Art und nach der tatsächlichen Betriebsführung dazu bestimmt sind, die gewerbliche Betätigung des Steuerpflichtigen entscheidend zu fördern, oder wenn sie dazu dienen sollen, den Absatz von Produkten des Steuerpflichtigen zu gewährleisten[5]. Der Beteiligung muss also über gewöhnliche Geschäftsbeziehungen hinaus eine konkrete betriebliche Funktion zukommen[6], was wesentlich anhand der Art der betrieblichen Tätigkeit zu beurteilen ist[7].

508 A hat die Beteiligung an der B-GmbH erworben, um das regionale Tätigkeitsfeld seines auf den Bau von Brücken spezialisierten Leipziger Ingenieurbüros zu erweitern und um Zutritt zum sachsen-anhaltischen „Markt" für Brückenbauaufträge zu erhalten. Der Betrieb des Ingenieurbüros in Leipzig und die Beteiligung an der B-GmbH in Magdeburg zählen daher beide gemeinsam zur Ingenieurtätigkeit des A und sind nicht als zwei losgelöste Tätigkeiten des A anzusehen. Dieses objektive Ergebnis unter Berücksichtigung der Verkehrsanschauung wird auch durch A selbst bestätigt, da er den Erwerb der Beteiligung über sein Ingenieurbüro finanziert hat. Die Beteiligung an der B-GmbH ist daher *notwendiges Betriebsvermögen* des A, so dass die Gewinnausschüttung der B-GmbH an A zu den Betriebseinnahmen aus seiner selbstständigen Arbeit als Ingenieur zählt. Eine anderweitige Qualifikation der Einkünfte als Kapitaleinkünfte (§ 20 Abs. 1 Nr 1 Satz 1 EStG [„Gewinnanteile"]) tritt dahinter als subsidiär zurück (§ 20 Abs. 8 Satz 1 EStG), so dass auch die sog. Abgeltungsteuer (vgl § 32d EStG) nicht eingreift.

509 Die Gewinnausschüttung der B-GmbH iHv 100 000 € (50 % von 200 000 €) gehört nur dann in dieser Höhe zu den steuerpflichtigen Betriebseinnahmen, wenn sie nicht (teilweise) steuerfrei gestellt werden, etwa durch § 3 Nr 40 EStG: Nach dem dort geregelten Teileinkünfteverfahren sind ua 40 % der Einnahmen steuerfrei, wenn es sich um Gewinnausschüttungen (Bezüge iSd § 20 Abs. 1 Nr 1 EStG) handelt (§ 3 Nr 40 Satz 1 lit. d EStG), aber nur, wenn sie im Rahmen einer Gewinneinkunftsart (vgl § 20 Abs. 8 EStG) zugeflossen sind (§ 3 Nr 40 Satz 2 EStG). Das ist hier der Fall (s. Rn 506 ff). Die Gewinnausschüttung führt daher nur iHv 60 000 € zu steuerpflichtigen Betriebseinnahmen. Diese sind im Zeitpunkt ihres Zuflusses (§ 11 Abs. 1 Satz 1 EStG) zu erfassen, also im Jahr 01.

---

3 *Birk/Desens/Tappe*, Steuerrecht, Rn 888.
4 *Loschelder*, in: Schmidt, EStG, § 4 Rn 252.
5 BFH, XI R 45/97, BStBl II 1998, 301 (302); XI R 39/01, BFH/NV 2004, 622 (624); BFH, X R 32/05, BStBl II 2009, 634 (637).
6 BFH, XI R 45/97, BStBl II 1998, 301 (302); X R 32/05, BStBl II 2009, 634 (637); vgl *Loschelder*, in: Schmidt, EStG, § 4 Rn 163 f, 252.
7 Vgl *Loschelder*, in: Schmidt, EStG, § 4 Rn 163 f, 252. Daher liegt zB kein Betriebsvermögen vor, wenn ein Steuerberater eine Bäckereieinrichtung erwirbt, vgl BFH, IV R 57/83, BFH/NV 1987, 708.

2. Vergütungen von der B-GmbH

Auch die Vergütungen iHv 240 000 € könnten in dieser Höhe steuerpflichtige Betriebseinnahmen sein. Bei den Ingenieurleistungen, die A für die B-GmbH erbracht hat, handelt es sich auf jeden Fall um voll steuerpflichtige Betriebseinnahmen. Selbst wenn es sich bei den Entgelten teilweise um eine sog. verdeckte Gewinnausschüttung handeln würde, würde diese zu Betriebseinnahmen führen, weil auch Gewinnausschüttungen der B-GmbH an A betrieblich veranlasst sind (s. Rn 507 ff). 510

Fraglich ist allein, in welcher Höhe die Vergütung steuerpflichtige Betriebseinnahmen begründet. Handelt es sich um eine Leistung aus dem Schuldverhältnis (Gegenleistung für Ingenieurleistungen) so sind es voll steuerpflichtige Betriebseinnahmen (240 000 €), die korrespondierend auf Ebene der B-GmbH deren Gewinn als Betriebsausgabe mindern. Dass A an der B-GmbH beteiligt ist, ändert daran nichts. Denn schuldrechtliche Verträge zwischen einer GmbH und einer ihrer Gesellschafter werden aufgrund der steuerrechtlichen Selbstständigkeit der Kapitalgesellschaft *(Trennungsprinzip)* akzeptiert. Etwas anderes würde gelten, wenn die Zahlung der 240 000 € (teilweise) als *verdeckte Gewinnausschüttung* der B-GmbH zu qualifizieren wäre. Soweit die Zahlung (anteilig) eine verdeckte Gewinnausschüttung wäre, wäre sie bei A iHv 40 % steuerfrei (Teileinkünfteverfahren nach § 20 Abs. 1 Nr 1 Satz 2 iVm § 3 Nr 40 Satz 1 lit. d, Satz 2 EStG). Korrespondierend dürfte sie bei der B-GmbH das Einkommen nicht als Betriebsausgabe mindern (§ 8 Abs. 3 Satz 2 KStG). 511

Verdeckte Gewinnausschüttungen sind nach der ständigen Rechtsprechung des BFH Vermögensminderungen der Gesellschaft, die durch das Gesellschaftsverhältnis veranlasst sind[8]. Eine Veranlassung durch das Gesellschaftsverhältnis statt durch den Betrieb ist vor allem anzunehmen, soweit die Zahlung (Vermögensminderung) einem Fremdvergleich nicht standhält, also einem Nichtgesellschafter (zB einem gewöhnlichen Kunden oder Geschäftspartner) gegenüber nicht so erfolgt wäre[9]. A hat seine Ingenieurleistungen, für die er 240 000 € in Rechnung gestellt hat, nach einer allgemein anerkannten Entgeltliste für Ingenieurleistungen abgerechnet. Das zeigt, dass die Ingenieurleistungen zu angemessenen und marktüblichen Bedingungen erfolgten[10]. Es liegt daher keine verdeckte Gewinnausschüttung an A vor. 512

Die Vergütungen sind als Betriebseinnahmen iHv 240 000 € steuerpflichtig. Sie sind ebenfalls im Jahr 01 zugeflossen und somit gem. § 11 Abs. 1 Satz 1 EStG im Jahr 01 zu erfassen.

---

8 BFH, I R 4/84, BStBl II 1990, 237 (239); I R 2/02, BStBl II 2004, 131; I R 61/07, BStBl II 2011, 62 (64); I R 28/09, BFH/NV 2011, 850.
9 Vgl dazu im Einzelnen *Birk/Desens/Tappe*, Steuerrecht, Rn 1257 ff und Fall 9.
10 Da dies aufgrund der Sachverhaltsangabe sehr deutlich wurde, muss diese Frage in einer Klausur nicht in dieser Breite angesprochen werden.

II. Betriebsausgaben

513 Im zweiten Schritt sind nach § 4 Abs. 3 Satz 1 EStG die Betriebsausgaben zu ermitteln. Das sind alle Aufwendungen, die durch den Betrieb veranlasst sind, § 4 Abs. 4 EStG[11].

1. Lohnzahlungen an die Mitarbeiter

514 Die Lohnzahlungen an seine Mitarbeiter sind betrieblich veranlasst und daher voll abziehbare Betriebsausgaben iHv 188 000 €.

2. Kreditzinsen

515 Die Kreditzinsen sind betrieblich veranlasst, wenn das Darlehen zum Erwerb von Wirtschaftsgütern des Betriebsvermögens verwendet wurde. A hat das Darlehen zum Erwerb seiner Beteiligung an der B-GmbH verwendet, die zu seinem notwendigen Betriebsvermögen gehört (s. Rn 508). Die Zinsen sind daher Betriebsausgaben nach § 4 Abs. 4 EStG.

516 Fraglich ist aber, ob A die gesamten Zinsen als Betriebsausgabe abziehen darf oder ob die anteilige Abzugsbeschränkung nach § 3c Abs. 2 EStG eingreift, nach der 40 % der Betriebsausgaben nicht abziehbar sind. Der nach § 3c Abs. 2 Satz 1 HS 1 EStG erforderliche wirtschaftliche Zusammenhang der Aufwendungen mit nach § 3 Nr 40 EStG zu 40 % steuerfreien Einnahmen besteht schon, wenn die Absicht vorhanden ist, Einnahmen iSd § 3 Nr 40 EStG zu erzielen (§ 3c Abs. 2 Satz 2 EStG). Dass solche Einnahmen tatsächlich anfallen, ist nicht erforderlich (anders dagegen in § 3c Abs. 1 EStG, der einen unmittelbaren wirtschaftlichen Zusammenhang verlangt). A hat aus der Beteiligung an der B-GmbH sogar Einnahmen aus der Gewinnausschüttung nach § 3 Nr 40 Satz 1 lit. d, Satz 2 EStG zu 40 % steuerfrei vereinnahmt (s. Rn 509), so dass der wirtschaftliche Zusammenhang unproblematisch besteht. Folglich sind auch die Betriebsausgaben nach § 3c Abs. 2 Satz 1 HS 1 EStG zu 40 % nicht abziehbar. A kann daher im Jahr 01 seinen Zinsaufwand (20 000 €) nur iHv 12 000 € als Betriebsausgabe gem. § 4 Abs. 3 Satz 1, § 11 Abs. 2 Satz 1 EStG geltend machen.

III. Gewinn (Überschuss der Betriebseinnahmen über die -ausgaben)

517 A erzielt im Jahr 01 steuerpflichtige Betriebseinnahmen iHv 300 000 € (240 000 € + 60 000 €), von denen zur Ermittlung seines Gewinns Betriebsausgaben iHv 200 000 € (12 000 € + 188 000 €) abzuziehen sind. Sein steuerpflichtiger Gewinn beträgt daher 100 000 €.

C. Ergebnis (Einkünfte des A im Jahr 01)

518 A erzielt Einkünfte aus selbstständiger Arbeit (§ 18 EStG). Diese sind nach § 2 Abs. 2 Nr 1 EStG der Gewinn. Da A keine weiteren Einkünfte aus anderen Einkunftsarten erzielt hat, betragen seine Einkünfte im Jahr 01 100 000 €.

---

11 Vgl dazu *Birk/Desens/Tappe*, Steuerrecht, Rn 981.

Frage 2: Einkommen iSd KStG und Gewerbeertrag der N-AG in den Jahren 01 und 02

A. Jahr 01

I. Einkommen iSd KStG

Die N-AG unterliegt als Kapitalgesellschaft nach § 1 Abs. 1 Nr 1 KStG der *Körper-* 519
schaftsteuer. Was bei der Körperschaftsteuer als Einkommen gilt und wie dieses Einkommen zu ermitteln ist, bestimmt sich nach den Vorschriften des EStG und des KStG (§ 8 Abs. 1 Satz 1 KStG).

1. Ermittlung des Einkommens nach dem EStG

Die N-AG erzielt gem. § 8 Abs. 2 KStG als Aktiengesellschaft ausschließlich Einkünfte 520
aus Gewerbebetrieb (§ 15 EStG) und ist nach § 238 Abs. 1 Satz 1, § 6 Abs. 1 HGB, § 3 Abs. 1 AktG buchführungspflichtig. Die Gewinnermittlung erfolgt daher nach § 2 Abs. 2 Nr 1 EStG iVm § 4 Abs. 1, § 5 Abs. 1 EStG durch Betriebsvermögensvergleich, wobei als Ausgangspunkt an das nach handelsrechtlichen Grundsätzen ermittelte Betriebsvermögen anzuknüpfen ist.

Die Gewinnausschüttung von der B-GmbH (100 000 €) ist eine Betriebsvermögens- 521
mehrung der N-AG, wenn sie betrieblich veranlasst ist. Dies ist der Fall, wenn die Beteiligung an der B-GmbH zum Betriebsvermögen der N-AG gehört (vgl oben). Durch die Beteiligung an der ebenfalls auf dem Gebiet des Brückenbaus tätigen B-GmbH, wird die gewerbliche Betätigung der N-AG gefördert. Die betrieblichen Tätigkeiten der beiden Gesellschaften sind ähnlich. Daraus folgt, dass es sich bei der Beteiligung an der B-GmbH um notwendiges Betriebsvermögen der N-AG handelt. Es ergibt sich aufgrund der Gewinnausschüttung in Höhe von 100 000 € (Betriebsvermögensmehrung) abzüglich Zinsen in Höhe von 25 000 € (Betriebsvermögensminderung) im Ergebnis ein Gewinn von 75 000 €. § 3 Nr 40 EStG und § 3c Abs. 2 EStG gelten für Körperschaften wie die N-AG nicht.

2. Modifizierung durch Regeln des KStG

Der zunächst nach §§ 4 ff EStG ermittelte Gewinn (hier: 75 000 €) wird durch einige 522
wenige Sondervorschriften der §§ 8 ff KStG modifiziert, die auf die Besonderheiten von Körperschaften Rücksicht nehmen. Dazu zählt vor allem das Verhältnis zu den Anteilseignern, die ihrerseits wiederum steuerpflichtig sind. Die wichtigsten Sondervorschriften sind daher § 8 Abs. 3 KStG über (offene und verdeckte) Gewinnausschüttungen und § 8b KStG für den Fall, dass die Körperschaft selbst Anteilseigner einer anderen Körperschaft ist.

a) Gewinnausschüttung der B-GmbH

523 Die Gewinnausschüttung könnte nach der Sondervorschrift des § 8b Abs. 1 KStG steuerfrei sein, wenn die Beteiligungsquote mind 10 % beträgt (vgl § 8b Abs. 4 KStG)[12]. Dann müsste es sich um Bezüge iSd § 20 Abs. 1 Nr 1 Satz 1 EStG handeln und die N-AG mind mit 10 % an der B-GmbH beteiligt sein. Das ist bei Ausschüttungen einer GmbH (hier: der B-GmbH) der Fall, an der die N-AG mit 50 % beteiligt ist. Die Gewinnausschüttung iHv 100 000 € bleibt also bei der N-AG nach § 8b Abs. 1 KStG steuerfrei.

b) Betriebsausgabenabzugsverbot für Kreditzinsen?

524 Da die Gewinnausschüttung von der B-GmbH steuerfrei ist, könnten auch die durch die Beteiligung an der B-GmbH entstandenen Kreditzinsen (25 000 €) nach § 8 Abs. 1 Satz 1 KStG iVm § 3c Abs. 1 EStG nicht abziehbar sein. Zwar besteht ein insoweit erforderlicher *unmittelbarer*, wirtschaftlicher Zusammenhang, weil Einnahmen und Ausgaben im selben Veranlagungszeitraum angefallen sind. Jedoch schließt die Spezialregelung in § 8b Abs. 5 Satz 2 KStG die Anwendung des § 3c Abs. 1 EStG in Zusammenhang mit nach § 8b Abs. 1 KStG steuerfreien Einnahmen ausdrücklich aus. Die Kreditzinsen bleiben daher in voller Höhe (25 000 €) abziehbar.

c) Pauschales Abzugsverbot für fingierte Betriebsausgaben

525 Es könnte jedoch das pauschale Abzugsverbot für fingierte Betriebsausgaben (§ 8b Abs. 5 Satz 1 KStG) eingreifen: Danach gelten 5 % der nach § 8b Abs. 1 KStG steuerfreien Gewinnausschüttungen als nicht abziehbare Betriebsausgaben. Trotz ihres Wortlauts (Betriebsausgaben) knüpft diese Vorschrift rechnerisch nicht an die (bloß fingierten) Betriebsausgaben an, sondern an die Einnahmen iSd § 8b Abs. 1 KStG, deren Steuerfreiheit sie praktisch auf 95 % reduziert, auch wenn keine Betriebsausgaben anfallen. Da A steuerfreie Einnahmen nach § 8b Abs. 1 KStG iHv 100 000 € erzielt, sind davon 5 % steuerpflichtig, also 5000 €.

3. Ergebnis

526 Das körperschaftsteuerliche Einkommen der N-AG weist im Jahr 01 daher einen Verlust iHv 20 000 € (5000 € ./. 25 000 €) aus, obwohl handelsrechtlich ein Gewinn iHv 75 000 € entstanden ist (s. Rn 521).

II. Gewerbeertrag

527 Der Gewerbeertrag ist gem. § 7 Satz 1 GewStG der nach den Vorschriften des EStG oder KStG ermittelte Gewinn aus Gewerbebetrieb, vermehrt um Hinzurechnungen (§ 8 GewStG) und vermindert um Kürzungen (§ 9 GewStG).

---

12 Vgl dazu *Birk/Desens/Tappe*, Steuerrecht, Rn 1234 f.

1. Gewinn aus dem Gewerbebetrieb der N-AG

Die N-AG hat aus dem Gewerbebetrieb nach den Vorschriften des EStG und KStG einen „negativen" Gewinn, also einen Verlust iHv 20 000 € erzielt.

528

2. Hinzurechnung (§ 8 GewStG)

Es kommt zunächst eine Hinzurechnung der Kreditzinsen (25 000 €) nach § 8 Nr 1 GewStG in Betracht. Nach § 8 Nr 1 lit. a GewStG sind ein Viertel der Entgelte für Schulden hinzuzurechnen (6250 €), wozu auch die Kreditzinsen gehören[13]. Jedoch greift diese Hinzurechnung nur ein, soweit die „Summe" (nicht deren Viertel!) aller nach § 8 Nr 1 GewStG zu ermittelnder Finanzierungsentgelte den Freibetrag von 100 000 € übersteigt (§ 8 Nr 1 GewStG *aE*)[14]. Mit 25 000 € bleiben die Zinsen der N-AG hinter dem Freibetrag zurück, so dass es nicht zur Hinzurechnung nach § 8 Nr 1 GewStG kommt.

529

Nach § 8 Nr 5 GewStG müsste der nach § 8b Abs. 1 KStG nicht berücksichtigte Teil der Gewinnausschüttung (100 000 €) nach Abzug der nach § 8b Abs. 5 KStG unberücksichtigten Betriebsausgaben (5000 €), also 95 000 €, hinzugerechnet werden, wenn nicht die „Voraussetzungen des § 9 Nr 2a oder 7 GewStG" erfüllt sind. Die Voraussetzungen des § 9 Nr 2a GewStG sind jedenfalls bei einer Gewinnausschüttung einer Kapitalgesellschaft erfüllt, an der eine Beteiligung von mindestens 15 % besteht. Die N-AG ist mit 50 % an der B-GmbH beteiligt. Eine Hinzurechnung nach § 8 Nr 5 GewStG kommt daher nicht in Betracht.

530

3. Kürzung (§ 9 GewStG)

Eine Kürzung nach § 9 Nr 2a GewStG kommt in Betracht, wenn im gewerblichen Gewinn aus Gewerbebetrieb „Gewinne aus Anteilen" an einer Kapitalgesellschaft enthalten sind, an der eine Beteiligung von mindestens 15 % besteht. Die N-AG ist zu 50 % an der B-GmbH beteiligt gewesen und hat durch die Gewinnausschüttung auch Gewinne aus Anteilen vereinnahmt.

531

Die Gewinnausschüttung (100 000 €) war jedoch bereits nach § 8b Abs. 1 KStG steuerfrei, so dass sie gar nicht in den Gewinn aus Gewerbebetrieb iSd § 7 Satz 1 GewStG eingeflossen ist und insoweit auch nicht mehr gekürzt zu werden braucht.

532

Nach § 8b Abs. 5 KStG nicht abziehbare Betriebsausgaben sind gem. § 9 Nr 2a Satz 4 GewStG keine Gewinne aus Anteilen iSd § 9 Nr 2a Satz 1 GewStG. Es ist daher schon gar kein Kürzungsbetrag nach § 9 Nr 2a GewStG entstanden, so dass auch keine Minderung des Kürzungsbetrages nach § 9 Nr 2a Satz 3 GewStG in Betracht kommt.

533

Weder hinsichtlich der Gewinnausschüttung (100 000 €) noch der fingierten nicht abziehbaren Betriebsausgabe (5000 €) kommt es daher zu einer Kürzung. Aus diesem

534

---

13 Vgl dazu *Birk/Desens/Tappe*, Steuerrecht, Rn 1361 f.
14 Vgl zu den einzelnen Rechenschritten *Birk/Desens/Tappe*, Steuerrecht, Rn 1359.

Grunde ist es unerheblich, dass mit den Gewinnanteilen unmittelbar zusammenhängende Aufwendungen (hier: Zinsen iHv 25 000 €) existieren. Solche würden gem. § 9 Nr 2a Satz 3 HS 1 GewStG den Kürzungsbetrag nur reduzieren, soweit entsprechende (zu kürzende) Beteiligungserträge vorhanden sind.

4. Ergebnis

535 Der Gewerbeertrag der N-AG im Jahr 01 ist negativ und beträgt ./. 20 000 €. Einen solchen Verlust kann die N-AG als vortragsfähigen Gewerbeverlust gesondert feststellen lassen (§ 10a Satz 6 GewStG) und ggf mit dem Gewerbeertrag künftiger Erhebungszeiträume verrechnen (§ 10a Satz 1 GewStG).

B. Jahr 02

I. Einkommen iSd KStG

1. Ermittlung des Einkommens nach dem EStG

536 Die Gewinnermittlung erfolgt nach § 2 Abs. 2 Nr 1 iVm § 4 Abs. 1, § 5 Abs. 1 EStG durch Betriebsvermögensvergleich, wobei als Ausgangspunkt an das handelsrechtliche Betriebsvermögen anzuknüpfen ist (s. Rn 520 f): Danach beträgt der Gewinn 87 500 € (300 000 € Veräußerungserlös ./. 180 000 € Buchwert der B-GmbH-Anteile ./. 20 000 € Kündigungsgebühr ./. 12 500 € Zinsen [halbes Jahr]).

2. Modifizierung durch Regeln des KStG

537 Der nach §§ 4 ff EStG ermittelte Gewinn (hier: 87 500 €) könnte hier vor allem durch § 8b Abs. 2 KStG zu modifizieren sein, soweit der Gewinn aus der Veräußerung der B-GmbH betroffen ist.

a) Veräußerung der Beteiligung an der B-GmbH

538 Nach § 8b Abs. 2 KStG ist der *Gewinn* aus der Veräußerung der Anteile einer Kapitalgesellschaft wie der B-GmbH steuerfrei[15]. Wie sich der Veräußerungsgewinn ermittelt, ergibt sich aus der Definition in § 8b Abs. 2 Satz 2 KStG: Danach ist der Veräußerungsgewinn der Betrag, um den der Veräußerungspreis nach Abzug der Veräußerungskosten den Buchwert der Beteiligung übersteigt.

Der *Veräußerungspreis* beträgt 300 000 €. Der Buchwert der Beteiligung entspricht den Anschaffungskosten iHv 180 000 € (vgl § 6 Abs. 1 Nr 2 Satz 1 EStG), gewöhnliche AfA wie auch Teilwertabschreibungen (vgl § 8b Abs. 3 Satz 3 KStG) sind nicht zulässig.

539 Fraglich ist allerdings, in welcher Höhe *Veräußerungskosten* angefallen sind: Offensichtlich in keinem Zusammenhang mit der *Veräußerung* stehen die Kreditzinsen, die

---

15 Vgl dazu *Birk/Desens/Tappe*, Steuerrecht, Rn 1244 ff.

die N-AG für die Beteiligung vom 1.1.02 bis 30.6.02 noch zu zahlen hatte (12 500 € – halbjährlich), da diese Aufwendungen durch die Veräußerung nicht begründet worden waren. Rechtsgrund war vielmehr der nun auch zum 30.6.02 gekündigte Kreditvertrag.

Fraglich ist aber, ob die Kündigungsgebühr (20 000 €) zu den Veräußerungskosten im Sinne des § 8b Abs. 2 Satz 2 KStG gehört. Unter Aufgabe der bisherigen Rechtsprechung, die eine „unmittelbare sachliche Beziehung"[16] zwischen Veräußerungsgeschäft und Kosten verlangte, stellt der BFH nur noch darauf ab, ob ein Veranlassungszusammenhang zwischen Veräußerung und Kosten besteht. Es ist auf das „auslösende Moment" für die Entstehung der Aufwendungen abzustellen und anschließend ist zu fragen, ob die Aufwendungen eine größere Nähe zur Veräußerung oder zum laufenden Gewinn haben[17]. Die Kündigungsgebühr steht in näherem Zusammenhang zur Veräußerung und ist daher durch diese veranlasst, denn hätte die N-AG ihre Beteiligung nicht veräußert, hätte sie nicht das Darlehen gekündigt, mit dem sie die Beteiligung finanziert hat. Gerade durch diese Kündigung ist aber die Gebühr iHv 20 000 € angefallen.

540

Der nach § 8b Abs. 2 Satz 1 KStG steuerfreie Veräußerungsgewinn beträgt daher 100 000 € (300 000 € ./. 20 000 € ./. 180 000 €).

Durch die Veräußerung könnte es durch das pauschale Abzugsverbot für fingierte Betriebsausgaben nach § 8b Abs. 3 Satz 1 KStG zu einem steuerpflichtigen Gewinn gekommen sein. Die Norm fingiert 5 % des steuerfreien Veräußerungsgewinns nach § 8b Abs. 2 Satz 1 KStG als nicht abziehbare Betriebsausgaben, was zur Folge hat, dass letztlich vom Veräußerungsgewinn lediglich 95 % steuerfrei und 5 % steuerpflichtig sind. Da die N-AG einen solchen Veräußerungsgewinn iHv 100 000 € erzielt hat, ergibt sich ein steuerpflichtiger Gewinn iHv 5 %, also 5000 €[18].

541

b) Kreditzinsen bis zum 30. Juni 02

Die Kreditzinsen für das erste Halbjahr 02 iHv 12 500 € (25 000 €/2) sind als betrieblich veranlasste Kreditzinsen (s. Rn 515) voll abziehbar, es sei denn, es greift ein Abzugsverbot ein. Soweit anzunehmen wäre, die Zinsen stünden im Zusammenhang iSd § 3c Abs. 1 EStG mit steuerfreien Einnahmen, die die N-AG mit ihrer Beteiligung an der B-GmbH erzielt hat, findet das Abzugsverbot keine Anwendung (vgl § 8b Abs. 5 Satz 2 [s. Rn 524] und § 8b Abs. 3 Satz 2 KStG). Die Zinsen iHv 12 500 € sind daher voll abziehbar.

542

---

16 Vgl BFH, IV R 56/79, BStBl II 1982, 691 (692) zu § 16 Abs. 2 EStG; XI R 14/87, BStBl II 1991, 628 mwN bezogen auf § 6b Abs. 2 Satz 1 EStG; VIII R 43/90, BFH/NV 1993, 520 zu § 17 Abs. 2 EStG.
17 BFH, I R 45/13, BStBl II 2014, 719 (720); I R 52/12, BStBl II 2014, 861 (863); I R 64/14, BStBl II 2017, 182 (184); folgend *Rengers*, in: Blümich, § 8b KStG Rn 244; *Frotscher*, in: Frotscher/Drüen, § 8b KStG Rn 215.
18 Hätte man die Kündigungsgebühr nicht als Veräußerungskosten qualifiziert, wäre ein Veräußerungsgewinn iHv 120 000 € (statt 100 000 €) entstanden und folglich eine fingierte nicht abziehbare Betriebsausgabe iSd § 8b Abs. 3 Satz 1 KStG iHv 6000 € (anstatt nur 5000 €).

543 Die Kündigungsgebühr (20 000 €) ist bereits als Veräußerungskosten bei der Ermittlung des steuerfreien Veräußerungsgewinns berücksichtigt worden (§ 8b Abs. 2 KStG). Das bewirkt zugleich, dass sie im Übrigen nicht steuermindernd abziehbar ist[19].

3. Ergebnis

544 Das körperschaftsteuerliche Einkommen der N-AG weist im Jahr 02 daher einen Verlust iHv 7500 € (5000 € ./. 12 500 €) aus.

II. Gewerbeertrag

545 Der Gewerbeertrag ist gem. § 7 Satz 1 GewStG der nach den Vorschriften des EStG oder KStG ermittelte Gewinn aus Gewerbebetrieb, vermehrt um Hinzurechnungen (§ 8 GewStG) und vermindert um Kürzungen (§ 9 GewStG).

1. Gewinn aus dem Gewerbebetrieb der N-AG

546 Die N-AG hat aus dem Gewerbebetrieb nach den Vorschriften des EStG und KStG einen „negativen" Gewinn, also einen Verlust iHv 7500 € erzielt.

2. Hinzurechnung (§ 8 GewStG) und Kürzung (§ 9 GewStG)

547 Eine *Hinzurechnung* nach § 8 Nr 1 GewStG scheitert auch im Jahr 02 am Freibetrag nach § 8 Nr 1 GewStG (s. Rn 529). Eine Hinzurechnung nach § 8 Nr 5 GewStG scheitert an der Beteiligungshöhe (s. Rn 530).

548 In Betracht käme höchstens eine *Kürzung* nach § 9 Nr 2a GewStG, wenn „Gewinne aus Anteilen" im Sinne dieser Norm auch Veräußerungsgewinne sein können. Zwar war der Veräußerungsgewinn nach § 8b Abs. 2 KStG steuerfrei und muss daher nicht mehr gekürzt werden, steuerpflichtig waren jedoch nach § 8b Abs. 3 Satz 1 KStG 5 % des Veräußerungsgewinns (5000 €). § 9 Nr 2a Satz 4 GewStG schließt lediglich die 5 %-Pauschalbesteuerung des § 8b Abs. 5 KStG (s. Rn 525) aus, nicht aber die des § 8b Abs. 3 Satz 1 KStG. Jedoch handelt es sich bei einem Veräußerungsgewinn nicht um einen Gewinn *aus* Anteilen, sondern um einen Gewinn, der durch die Veräußerung der Anteile entsteht. Der Kürzungstatbestand erfasst daher nur Beteiligungserträge, aber keine Veräußerungen von Beteiligungen.

3. Ergebnis

549 Der Gewerbeertrag der N-AG im Jahr 02 ist negativ und beträgt 7500 €. Einen solchen Verlust kann die N-AG als vortragsfähigen Gewerbeverlust gesondert feststellen lassen (§ 10a Satz 6 GewStG) und ggf mit dem Gewerbeertrag künftiger Erhebungszeiträume verrechnen (§ 10a Satz 1 GewStG). Für eine Verlustverrechnung in den Folgejahren steht damit aus 01 und 02 insgesamt ein Betrag iHv 27 500 € bereit.

---

19 Spätestens hier zeigt sich, dass die Qualifikation der Kündigungsgebühr (20 000 €) als Teil der Veräußerungskosten sich insgesamt nachteilig für die N-AG ausgewirkt hat. Wäre sie als laufende Betriebsausgabe qualifiziert worden, wäre sie hier voll abziehbar gewesen (./. 20 000 €). Von diesem Nachteil ist noch der „Vorteil" iHv 1000 € (5000 € statt 6000 €) bei der Ermittlung des pauschalen steuerpflichtigen Gewinns nach § 8b Abs. 3 Satz 1 KStG (s. Rn 541) abzurechnen. Insgesamt hat die Qualifikation als Veräußerungskosten die steuerlich zu berücksichtigenden Betriebsausgaben um 19 000 € reduziert.

Zur Wiederholung

Übersicht 8.1: Behandlung von Ausschüttungen bei der ausschüttenden Körperschaft und beim Anteilseigner und von Anteilsveräußerungen der Anteilseigner

I. Grundsatz 550
1. **Trennungsprinzip:**
   dh der operativ erzielte Gewinn wird bei der Körperschaft und die Ausschüttung dieses Gewinns wird (grds) nochmals beim Anteilseigner besteuert
2. dadurch **Gefahr der Doppelbelastung**; Vermeidung bzw Abmilderung durch
   – Steuerfreiheit (95 %) nach § 8b I, V KStG, falls Anteilseigner KSt-Subjekt und mindestens mit 10 % beteiligt (§ 8b IV KStG) ist, bzw
   – Teileinkünfteverfahren (§ 3 Nr 40, § 3c II EStG) falls Anteilseigner ESt-Subjekt – natürliche Person – ist und *keine* Einkünfte aus Kapitalvermögen erzielt (§ 20 VIII EStG) oder
   – Sondertarif (25 %) durch Abgeltungsteuer (§ 32d I 1 EStG) bei Einkünften aus Kapitalvermögen

II. Besteuerung der Körperschaft
1. Definitivbesteuerung des zu versteuernden Einkommens mit 15 % (§ 23 I KStG) [zzgl. SolZ und GewSt]
2. Unabhängig davon, ob Gewinn thesauriert oder ausgeschüttet wird, § 8 III 1 KStG

III. Besteuerung von Gewinnausschüttungen beim Anteilseigner
1. **Falls Anteilseigner KSt-Subjekt ist:**
   a) **Beteiligung mindestens 10 % (§ 8b IV KStG), KSt-Subjekt weder Finanz- noch Versicherungsunternehmen iSd § 8b VII, VIII KStG:** Steuerfreiheit der bezogenen Dividenden usw nach § 8b I, V 1 KStG iHv 95 %; Beteiligungsaufwendungen bleiben jedoch voll abziehbar, § 3c I EStG gilt nicht (§ 8b V 2 KStG)
   b) **Beteiligung weniger 10 % (§ 8b IV KStG) oder KSt-Subjekt Finanz- oder Versicherungsunternehmen (§ 8b VII, VIII KStG):** Gewinnausschüttungen voll steuerpflichtig und Beteiligungsaufwendungen voll abziehbar
2. **Falls Anteilseigner ESt-Subjekt ist:**
   a) **Beteiligung liegt im *Privatvermögen*:** Dividenden uä sind Kapitaleinkünfte (§ 20 I Nr 1 EStG), die der Abgeltungsteuer unterliegen (WK nach § 20 VIII EStG pauschal 801 €/1602 €, Tarif 25 % [§ 32d I 1 EStG] oder persönlicher Steuersatz [§ 32d VI EStG]). Ausnahme: Dividenden sind VuV-Einkünfte (§ 21 EStG) – 40 % steuerfrei nach Teileinkünfteverfahren (§ 3 Nr 40 S. 1 lit. d, S. 2, § 3c II EStG)
   b) **Beteiligung liegt im *Betriebsvermögen*:** Dividenden uä sind Einkünfte aus entsprechender Gewinneinkunftsart, etwa aus Gewerbebetrieb (vgl § 20 VIII EStG) – Einnahmen zu 40 % steuerfrei nach Teileinkünfteverfahren (§ 3 Nr 40 S. 1 lit. d, S. 2 EStG), Werbungskosten zu 40 % nicht zu berücksichtigen, § 3c II EStG)
3. **Abgrenzung: Rückgewähr von Einlagen**
   Keine Steuerpflicht bei Rückgewähr von Einlagen (aus dem steuerlichen Einlagekonto, § 27 KStG), weil bloßer Kapitalrückfluss (§ 20 I Nr 1 S. 3 EStG)

III. Besteuerung von Anteilsveräußerungsgewinnen durch den Anteilseigner

1. **Falls Anteilseigner KSt-Subjekt ist:**
   a) **Regelfall:** Steuerfreiheit des Veräußerungsgewinns iHv 95 % (§ 8b II, III 1 KStG); Verluste durch Veräußerungen oder TW-AfA bleiben unberücksichtigt (§ 8b III 3 KStG) **Begriff des Veräußerungsgewinns (§ 8b II 2 KStG)** Veräußerungspreis ./. Anschaffungskosten der Beteiligung (Buchwert) ./. Veräußerungskosten (zB Notarkosten)
   b) **Ausnahme für Finanz- oder Versicherungsunternehmen iSd § 8b VII oder VIII KStG:** Veräußerungsgewinne voll steuerpflichtig, Verluste oder TW-AfA voll zu berücksichtigen
2. **Falls Anteilseigner ESt-Subjekt ist:**
   a) **Beteiligung im Privatvermögen (s.o.):** Abgeltungsteuer nach § 20 II 1 Nr 1, IV, IX, § 32d I 1 EStG
   b) **Beteiligung im Betriebsvermögen (s.o.):** Teileinkünfteverfahren nach § 3 Nr 40 S. 1 lit. d–i S. 2 EStG und § 3 Nr 40 S. 1 lit. a–c EStG

Übersicht 8.2: Berechnungsschema für die tarifliche Körperschaftsteuer

551

Ausgangsgröße: Gewinn aus Gewerbebetrieb (§ 8 I, II KStG, §§ 4, 5, 15 EStG)

Modifikationen des Gewinns durch Regelungen des KStG
./. besondere Steuerbefreiungen des KStG (Mitgliedsbeiträge § 8 V KStG, Beteiligungserträge § 8b KStG)
+ nichtabziehbare Aufwendungen nach § 10 KStG (Personensteuern, Geldstrafen, Aufsichtsratsvergütungen)
+ verdeckte Gewinnausschüttungen (§ 8 III 2 KStG)
./. verdeckte Einlagen (§ 8 III 3 KStG)
= vorläufiges Einkommen vor Anwendung der Zinsschranke
+ Zinsaufwand, soweit er aufgrund der Regelungen über die Zinsschranke nicht abziehbar ist (§ 4h EStG, § 8a KStG)
+ Hinzurechnung sämtlicher Spenden

Sonderausgabenähnliche Abzugstatbestände
./. Spenden
./. Verlustabzug (§ 10d EStG, § 8c KStG)
= **Einkommen** (§ 8 I KStG)
./. Freibeträge (§§ 24, 25 KStG)
= **zu versteuerndes Einkommen** (§ 7 II KStG)
x Steuersatz 15 % (§ 23 I KStG)
= **tarifliche Körperschaftsteuer**

Fall 9

Bäckermeister unter sich

Schwerpunkte: **Einkommen- und Körperschaftsteuerrecht:** Verdeckte Gewinnausschüttungen (LB § 6 Rn 1257–1272)

Schwierigkeitsgrad: eher hoch, Bearbeitungszeit: 2 Stunden

Die Bäckermeister A, B und C sind Inhaber von Bäckereibetrieben mit mehreren Verkaufsstellen für ihre Backwaren. Da sie in ihren und den angrenzenden Dörfern ihre Umsätze nicht weiter steigern können, ohne sich gegenseitig Konkurrenz zu machen, sind sie auf der Suche nach neuen Absatzmärkten. Sie richten daher gemeinsam in Krankenhäusern in den nächstgelegenen Städten in Absprache mit den Krankenhausbetreibern Cafés ein, um dort ihre Back- und Konditorwaren verkaufen zu können. Dazu gründen sie die K-GmbH, die ausschließlich von A, B und C beliefert wird. Gesellschafter werden A, B und C sowie als Krankenhausbetreiber der Landkreis L und die „Katholische Krankenhausbetriebsgesellschaft" zu jeweils 20 %. Geschäftsführerin wird T, die Tochter des C.

552

A, B und C sehen die K-GmbH in erster Linie als Mittel zur Absatzsteigerung der Produkte aus ihren Bäckereibetrieben. An Gewinnen bzw Gewinnausschüttungen der K-GmbH haben sie kein Interesse. Dies gilt auch für die Krankenhausbetreiber, die durch ihre rein finanzielle Beteiligung an der K-GmbH den Service in ihren Häusern verbessern wollen.

A beliefert die K-GmbH mit Pflaumen-Mandel-Kuchen, der sich schnell als Verkaufsschlager herausstellt. Während der Einkaufspreis für vergleichbare Kuchenstücke auch unter Berücksichtigung des Preisniveaus in städtischen Cafés 1 € bis 1,50 € beträgt, zahlt ihm die K-GmbH einen Einkaufspreis von 2 € pro Stück. Im Jahr 01 verkauft A insgesamt 10 000 Stücke des Kuchens an die K-GmbH und erhält dafür 20 000 €.

B ist Pferdeliebhaber und will sich ein Pferd zum Preis von 8000 € anschaffen. Weil seine Ehefrau diese Anschaffung strikt ablehnt, erwirbt die K-GmbH im Oktober 01 das Pferd. Für die Unterbringung auf einem Reiterhof zahlt die K-GmbH im Jahr 01 noch 1000 €.

T erledigt als Geschäftsführerin der K-GmbH sowohl die laufenden Geschäfte der K-GmbH (Aufwand etwa 20 Stunden pro Woche) als auch diejenigen des Bäckereibetriebes ihres Vaters C. Der Bäckereibetrieb soll die K-GmbH vor allem mit hochwertigen Konditorwaren beliefern. Beide hoffen auf eine starke Umsatz- und Gewinnsteigerung für ihren eigenen Betrieb. T verzichtet zur Unterstützung bei der Neugründung auf ein Festgehalt für die Geschäftsführung der K-GmbH und begnügt sich mit einer erfolgsabhängigen Tantieme iHv 60 % des jeweiligen Gewinns der K-GmbH (vor Steuern). Zwar empfindet sie als geschäftserfahrene Frau eine solche Vergütungsabrede als unüblich,

Fall 9 *Bäckermeister unter sich*

da sie sonst immer zumindest den größten Teil der Vergütung „fest" bekommen hat. Immerhin erscheinen ihr 60 % des Gewinns dafür aber als Erfolgshonorar recht hoch. Die meisten Gesellschafter sehen darin eine betriebswirtschaftlich sinnvolle Regelung, da sie aufgrund der eingangs genannten anderweitigen Interessen ohnehin nicht an hohen Gewinnen der K-GmbH interessiert sind und zudem deren Fixkosten möglichst gering halten wollen. Nur die „Katholische Krankenhausbetriebsgesellschaft" findet ein Gehalt in Höhe von 60 % des Gewinns gerade in guten Jahren „ganz schön viel". Mit dem eigenen Geschäftsführer würde sie niemals eine solche Gehaltsabrede treffen. Sie stimmt aber zu, nachdem sich die Gesellschafter für den Fall stark steigender Gewinne der K-GmbH die Änderung dieser Vergütungsvereinbarung vorbehalten haben, um überhöhte Gehälter für T zu vermeiden. Nach einer realistischen Prognose bei der Gründung kann die K-GmbH in den nächsten Jahren mit Gewinnen iHv 20 000 € bis 30 000 € rechnen. Schließlich erzielt die K-GmbH in 01 einen Gewinn iHv 20 000 € und überweist der T noch im Jahr 01 eine Tantieme iHv 12 000 €.

Welche steuerlichen Auswirkungen haben die genannten Vorfälle auf die K-GmbH sowie auf A, B und C? Zu berücksichtigen sind nur die Körperschaftsteuer und die Einkommensteuer. Gehen Sie, soweit Sie es für erforderlich halten, von einer betriebsgewöhnlichen Nutzungsdauer eines Reitpferdes von zehn Jahren aus.

Vorüberlegungen

Schwerpunkt dieses Falles ist die verdeckte Gewinnausschüttung (vGA) von Körperschaften an ihre Anteilseigner. Diese ist in der Praxis ein zentrales Problem bei der Besteuerung von Körperschaften, wie auch zahllose BFH-Urteile belegen. Das Anliegen dieser Darstellung ist es, typische vGA-Sachverhalte und ihre mögliche Lösung an drei Beispielsfällen anschaulich zu machen. Anhaltspunkte für das Vorliegen von vGA können wie hier die Tatsache sein, dass die GmbH nur wenige Gesellschafter hat und zudem die Fremdgeschäftsführerin mit einem der Gesellschafter verwandt ist. **553**

Gesetzliche Regelungen zur vGA finden sich lediglich in § 8 Abs. 3 Satz 2 KStG für Körperschaften und in § 20 Abs. 1 Nr 1 Satz 2 EStG für Anteilseigner. Diese Normen legen nur die Rechtsfolge der vGA fest, die grundsätzlich wie eine offene Gewinnausschüttung behandelt wird. Da die Beteiligung an der K-GmbH bei A, B und C notwendiges Betriebsvermögen ist, gilt das Teileinkünfteverfahren (dazu ausführlich Fall 8). Die Voraussetzungen der vGA sind durch eine umfangreiche Rechtsprechung des BFH bestimmt worden, die sich zudem ständig fortentwickelt. Diese Umstände erschweren das Erlernen der vGA wie auch ihre praktische Anwendung. Die Ergebnisse sind oftmals nur schwer vorhersehbar. Zwar arbeitet der BFH mit Fallgruppen und formalisierten Kriterien, gerade für praktisch häufige Fälle. Die Entscheidungen des BFH betonen aber stets auch die besonderen Umstände des Einzelfalls, die Raum für Wertungen lassen. Dazu sind die konkreten wirtschaftlichen Umstände der jeweiligen Kapitalgesellschaft zu betrachten. Der hier vorliegende Sachverhalt muss sich allerdings auf die Schilderung der wichtigsten wirtschaftlichen Hintergründe beschränken. **554**

In solchen Klausuren wird von den Bearbeitern erwartet, das Problem der vGA zu erkennen und zu einem zumindest vertretbaren und möglichst überzeugenden Ergebnis zu gelangen. Die Besonderheit des Falles besteht darin, dass sich aus den Steuergesetzen unmittelbar nur wenige Hinweise entnehmen lassen. Kenntnis der Grundzüge der BFH-Rechtsprechung zur vGA sollte vorhanden sein. Einzelheiten zur Prüfung der Tantiemevereinbarung können dabei nicht erwartet werden, hier kommt es vielmehr auf die Argumentation mit im Sachverhalt enthaltenen Hinweisen bei der Prüfung zB des Fremdvergleichs an. Diese Hinweise müssen möglichst vollständig in der Argumentation aufgegriffen und verwertet werden. Das konkrete Ergebnis ist dann zweitrangig. **555**

Gliederung

556 **A. Auswirkungen bei der K-GmbH**
    I. Überpreislieferung des Pflaumen-Mandel-Kuchens
        1. Betriebliche Veranlassung
        2. Gewinnmindernde Berücksichtigung der Höhe nach
            a) Voraussetzungen der vGA
            b) Steuerliche Auswirkung der vGA
    II. Anschaffung und Unterhalt des Pferdes
        1. Anschaffung
        2. Unterhalt
    III. Tantiemenzahlung an T
        1. vGA an nahe stehende Person
        2. Gewinntantieme als vGA
            a) vGA dem Grunde nach / doppelter Fremdvergleich
                aa) „Nur-Tantieme" als vGA
                bb) Ausnahmen
            b) vGA der Höhe nach
                aa) Haftung für einen Steueranspruch?
                      (1) Verhältnis der variablen zu den fixen Vergütungsbestandteilen
                      (2) Anteil am Gewinn
                bb) Würdigung des Einzelfalls

B. Auswirkungen bei den Gesellschaftern

Musterlösung

A. Auswirkungen bei der K-GmbH

Die K-GmbH unterliegt nach § 1 Abs. 1 Nr 1 KStG der Körperschaftsteuer. Bemessungsgrundlage der Körperschaftsteuer ist das *zu versteuernde Einkommen* (§ 7 Abs. 1 KStG). Dieses ergibt sich, wenn man das Einkommen iSd § 8 Abs. 1 Satz 1 KStG um die Freibeträge der § 24, § 25 KStG mindert (§ 7 Abs. 2 KStG). Das Einkommen wird gemäß § 8 Abs. 1 Satz 1 KStG nach den allgemeinen Vorschriften des EStG und etwaiger Spezialregelungen des KStG ermittelt. Alle Einkünfte stellen dabei gemäß § 8 Abs. 2 KStG solche aus Gewerbebetrieb dar. Die K-GmbH ist gem. § 238 Abs. 1 Satz 1, § 6 Abs. 1 HGB iVm § 13 Abs. 3 GmbHG buchführungspflichtig. Der Gewinn ist daher gemäß § 5 Abs. 1 iVm § 4 Abs. 1 EStG durch Betriebsvermögensvergleich zu ermitteln.

Für das Jahr 01 beträgt der so ermittelte Gewinn der K-GmbH 20 000 €.

I. Überpreislieferung des Pflaumen-Mandel-Kuchens

1. Betriebliche Veranlassung

Für die Lieferung von 10 000 Stücken Pflaumen-Mandel-Kuchen zu je 2 € hat die K-GmbH an A insgesamt 20 000 € gezahlt. Der Einkauf des Kuchens diente dem Betrieb der Cafés der K-GmbH und führte daher zu einer dem Grunde nach durch den Betrieb der K-GmbH veranlassten Minderung des Betriebsvermögens nach § 4 Abs. 1 Satz 9 iVm § 4 Abs. 4 EStG (iVm § 8 Abs. 1 Satz 1 KStG)[1].

2. Gewinnmindernde Berücksichtigung der Höhe nach

Die Zahlung der 20 000 € müsste auch der Höhe nach betrieblich veranlasst sein. Die K-GmbH hat den Liefervertrag über den Kuchen nicht mit einem fremden Dritten, sondern mit ihrem Gesellschafter A geschlossen. Daher könnte die Zahlung – zumindest zum Teil – mit Rücksicht auf das Gesellschaftsverhältnis zwischen der K-GmbH und A erfolgt und damit gesellschaftsrechtlich veranlasst sein. Dann wäre sie in Höhe des gesellschaftsrechtlich veranlassten Teils als eine verdeckte Gewinnausschüttung zu qualifizieren, die gemäß § 8 Abs. 3 Satz 2 KStG das Einkommen der K-GmbH nicht mindern darf.

a) Voraussetzungen der vGA

Zwischen der K-GmbH und A ist ein Liefervertrag über den Kuchen zustande gekommen. Verträge zwischen einer Kapitalgesellschaft und ihren Anteilseignern sind steuerrechtlich grundsätzlich anzuerkennen, da beide eigenständige Steuerrechtssubjekte sind. Allerdings dürfen sie bzw ihre Durchführung nicht dazu führen, gesellschafts-

---

[1] Nach Ansicht der Rechtsprechung können Kapitalgesellschaften keine außerbetriebliche Sphäre haben, so dass alle Aufwendungen zwangsläufig betrieblich veranlasste Vermögensminderungen sind (Nachweise s. Fn 11); aA etwa *Hey*, in: Tipke/Lang, § 11 Rn 37, 45 mwN.

Fall 9 *Bäckermeister unter sich*

rechtlich veranlasste Aufwendungen, mit denen ein Gesellschafter für seine Beteiligung entlohnt wird, als betrieblich veranlasste Aufwendungen zu tarnen. Dies zu verhindern ist Zweck des § 8 Abs. 3 Satz 2 KStG.

561 In ständiger Rechtsprechung definiert der BFH die vGA iSd § 8 Abs. 3 Satz 2 KStG als „eine Vermögensminderung oder verhinderte Vermögensmehrung, die durch das Gesellschaftsverhältnis veranlasst ist, sich auf die Höhe des Unterschiedsbetrags iSd § 4 Abs. 1 Satz 1 EStG auswirkt und in keinem Zusammenhang mit einer offenen Ausschüttung steht"[2]. Außerdem muss sie geeignet sein, beim Gesellschafter einen „sonstigen Bezug" iSd § 20 Abs. 1 Nr 1 Satz 2 EStG auszulösen (sog. Korrespondenzprinzip)[3].

562 Die Zahlung der 20 000 € an A hat das Betriebsvermögen der K-GmbH reduziert. Sie erfolgte nicht in Zusammenhang mit einer offenen Gewinnausschüttung der K-GmbH und war auch geeignet, bei A einen „sonstigen Bezug" iSd § 20 Abs. 1 Nr 1 Satz 2 EStG auszulösen. Sie ist ihm sogar bereits zugeflossen.

563 Daher kommt es nur noch darauf an, ob sie ganz oder zum Teil auch durch das Gesellschaftsverhältnis veranlasst war. Dies ist nach ständiger Rechtsprechung des BFH der Fall, wenn ein gedachter ordentlicher und gewissenhafter Geschäftsleiter die Vermögensminderung oder verhinderte Vermögensmehrung gegenüber einer Person, die nicht Gesellschafter ist, unter sonst gleichen Umständen nicht hingenommen hätte[4]. Hält die Vermögensminderung dagegen diesem *Fremdvergleich* stand, so spricht das für ihre betriebliche Veranlassung[5].

564 Vorrangig sollte ein *interner* Fremdvergleich zu einem anderen Lieferanten durchgeführt werden, der der K-GmbH vergleichbare Kuchenstücke liefert. Da die K-GmbH jedoch ihre Waren ausschließlich von ihren Gesellschaftern bezieht, ist ein solcher interner Fremdvergleich nicht möglich. Sodann ist ein *externer* Fremdvergleich anzustellen und zu fragen, zu welchem Preis vergleichbare Gesellschaften vergleichbare Waren von einem Lieferanten beziehen, der nicht Gesellschafter ist[6].

565 Für den Fremdvergleich sind alle Umstände des Einzelfalls zu berücksichtigen[7]. Laut Sachverhalt verkaufen fremde Lieferanten vergleichbare Kuchenstücke an vergleichbare Cafés zu einem Preis von 1 € bis 1,50 €. Auch der BFH geht davon aus, dass sich der Fremdvergleichspreis regelmäßig nicht exakt bestimmen lässt, sondern eine Bandbreite an Preisen fremdvergleichskonform ist. Als gesellschaftsrechtlich veranlasst gilt

---

2 BFH, I R 2/02, BStBl II 2004, 131; I R 40/04, BFH/NV 2006, 822 (823); I R 5/14, BStBl II 2016, 491 (492); I R 8/15, BStBl II 2017, 214 (214 f); I R 12/15, BStBl II 2017, 217 (218); dazu auch *Birk/Desens/Tappe*, Steuerrecht, Rn 1258.
3 Für die Beurteilung auf der Ebene der Gesellschaft kommt es aber nicht auf den Zufluss beim Gesellschafter an.
4 BFH, I 261/63, BStBl III 1967, 626 (627); I R 8/15, BStBl II 2017, 214 (215); I R 12/15, BStBl II 2017, 217 (218 f); *Birk/Desens/Tappe*, Steuerrecht, Rn 1261.
5 Zur Durchführung des Fremdvergleichs vgl beispielhaft BFH, I R 46/01, BStBl II 2004, 132 (134 ff).
6 Wäre auch dies mangels vergleichbarer Fälle nicht möglich, müsste schließlich in einem hypothetischen Fremdvergleich auf die „mutmaßlichen Überlegungen" eines ordentlichen Geschäftsleiters abgestellt werden.
7 In der Praxis kann sich das Auffinden vergleichbarer Fälle als schwierig erweisen und die fremdvergleichskonformen Preise müssen durch Schätzung ermittelt werden.

dann nur derjenige Teil der Preise, der die für den Steuerpflichtigen günstigere Grenze der Bandbreite überschreitet[8]. Demnach gilt hier ein Lieferpreis bis zu 1,50 € noch als betrieblich, ein darüber hinausgehender Preis als gesellschaftsrechtlich veranlasst.

b) Steuerliche Auswirkung der vGA

Die Zahlung iHv 20 000 € an A ist also nur teilweise betrieblich veranlasst, nämlich iHv (10 000 × 1,50 €) 15 000 €. Die restlichen 5000 € sind eine verdeckte Gewinnausschüttung der K-GmbH an A. Diese Summe, die zunächst als betrieblich veranlasste Vermögensminderung gewinnmindernd berücksichtigt wurde, ist dem Steuerbilanzgewinn der K-GmbH außerbilanziell wieder hinzuzurechnen. Sie erhöht das zu versteuernde Einkommen der K-GmbH und löst eine Körperschaftsteuer(nach)zahlung iHv (15 % von 5000 €) 750 € aus[9]. 566

Hinweis: Vorliegend fallen der Zeitpunkt des Zuflusses der vGA beim Gesellschafter und der der außerbilanziellen Hinzurechnung zusammen, denn in der Weiterveräußerung des Kuchens zu dem üblichen Preis, welche unterjährig in 01 erfolgt, ist die verhinderte Vermögensmehrung des Betriebsvermögens der Gesellschaft um 5000 € zu sehen.

Würde es sich hingegen um ein WG des Umlaufvermögens handeln, das im Jahr 01 vom Gesellschafter angekauft wurde, jedoch erst in 02 weiterveräußert wird, wäre der Zufluss der vGA beim Gesellschafter im Jahr 01, die außerbilanzielle Hinzurechnung erst im Zeitpunkt der Weiterveräußerung (Jahr 02) vorzunehmen[10].

II. Anschaffung und Unterhalt des Pferdes

1. Anschaffung

Die K-GmbH hat 8000 € für die Anschaffung eines Pferdes gezahlt. Fraglich ist, ob es sich dabei um eine betrieblich veranlasste Vermögensminderung nach § 4 Abs. 1 Satz 9 iVm § 4 Abs. 4 EStG handelt. Mangels jedweden Zusammenhangs zur betrieblichen Tätigkeit ist der Kauf des Pferdes an sich nicht betrieblich veranlasst, sondern erfolgte allein in privatem Interesse des B. Trotzdem handelt es sich nach Auffassung des BFH um eine betrieblich veranlasste Vermögensminderung der K-GmbH. Denn dem BFH zufolge verfügen Kapitalgesellschaften über *keine außerbetriebliche bzw private Sphäre* und alle Aufwendungen sind daher zwingend betrieblich veranlasst[11]. Sind die Aufwendungen *zugleich* auch gesellschaftsrechtlich veranlasst, werden sie als vGA dem Steuerbilanzgewinn wieder hinzugerechnet. 567

---

8 BFH, I R 46/01, BStBl II 2004, 132 (134); I R 79/08, BFH/NV 2010, 1307 (1308 f) mwN.
9 Vgl zur Rechtsfolge der vGA bei der ausschüttenden Gesellschaft *Birk/Desens/Tappe*, Steuerrecht, Rn 1267–1268.
10 Vgl FG Hamburg, 2 K 247/04, EFG 2007, 439.
11 BFH, I R 106/99, BStBl II 2003, 487; I R 56/03, BFH/NV 2005, 793; I R 32/06, BStBl II 2007, 961 (963 f) ausführliche Auseinandersetzung mit der Kritik aus der Literatur; I R 57/03, BStBl II 2011, 285; I R 8/15, BStBl II 2017, 214 (215); I R 12/15, BStBl II 2017, 217 (218); zustimmend *Rengers*, in: Blümich, § 8 KStG Rn 63. Kritisch zur Rspr vgl *Roser*, in: Gosch, KStG, 3. Aufl 2015, § 8 Rn 69 ff; 74 ff; aA *Hey*, in: Tipke/Lang, § 11 Rn 37, 45.

568 Nach der og Definition setzt eine vGA eine Vermögensminderung bzw verhinderte Vermögensmehrung der K-GmbH voraus. Die Anschaffung des Pferdes allein ist ein *erfolgsneutraler Vorgang,* der das Vermögen der K-GmbH nicht mindert. Denn als Folge der Rechtsprechung des BFH zählt das von der K-GmbH auch ohne betrieblichen Anlass erworbene Pferd zum Betriebsvermögen der K-GmbH, das mit den Anschaffungskosten in der Bilanz aktiviert wird (§ 6 Abs. 1 Nr 1 Satz 1 EStG). Die Anschaffung des Pferdes führt mithin also nicht zu einer vGA.

569 Allerdings führt die AfA auf das Reitpferd zu einer Gewinnminderung bei der K-GmbH. Diese beträgt bei einer betriebsgewöhnlichen Nutzungsdauer von zehn Jahren nach § 7 Abs. 1 Satz 1 EStG pro Jahr (1/10 von 8000 €) 800 €. Gemäß § 7 Abs. 1 Satz 4 EStG sind die Monate vor der Anschaffung in 01 nicht zu berücksichtigen. Die AfA in 01 beträgt also (3/12 von 800 €) 200 €. In dieser Höhe liegt in 01 eine vGA der K-GmbH an ihren Gesellschafter B vor, die dem Steuerbilanzgewinn nach § 8 Abs. 3 Satz 2 KStG außerbilanziell hinzuzurechnen ist.

2. Unterhalt

570 Ferner hat die K-GmbH 1000 € für die Unterhaltung des Pferdes im Interesse ihres Gesellschafters B aufgewandt. Dabei handelt es sich – auf der Basis der BFH-Auffassung – mangels außerbetrieblicher Sphäre um eine betrieblich veranlasste Vermögensminderung iSd § 4 Abs. 1 Satz 9 iVm § 4 Abs. 4 EStG. Ob zugleich auch eine vGA vorliegt, ist wiederum durch einen Fremdvergleich zu ermitteln. Für einen fremden Dritten hätte ein ordentlicher Geschäftsleiter das Pferd nicht ohne eine angemessene Entschädigung einschließlich eines Gewinnaufschlages unterhalten[12]. Der Verzicht auf eine solche Entschädigung gegenüber B ist somit eine verhinderte Vermögensmehrung der K-GmbH, die allein durch das Gesellschaftsverhältnis des B zur K-GmbH veranlasst ist. Es handelt sich daher um eine vGA an B. Deren Höhe umfasst die Aufwendungen, die in dem jeweiligen VZ durch den Erwerb und das Halten des Wirtschaftsguts entstanden sind (1000 €) zzgl. eines angemessenen Gewinnaufschlages[13]. Dieser wird hier mit 10 % (100 €) angesetzt[14].

571 Insgesamt sind dem Steuerbilanzgewinn im Jahr 01 1300 € nach § 8 Abs. 3 Satz 2 KStG außerbilanziell hinzuzurechnen. Um diese Summe ist das zu versteuernde Einkommen der K-GmbH erhöht, so dass eine Körperschaftsteuer(nach)zahlung iHv (15 % von 1100 €) 165 € sowie (oben A.II.1.) iHv (15 % von 200 €) 30 € = 195 € ausgelöst wird.

---

12 Vgl BFH, I R 54/95, BFHE 182, 123; I R 8/15, BStBl II 2017, 214 (215); I R 12/15, BStBl II 2017, 217 (219).
13 Vgl BFH, I R 123/97, BFH/NV 1999, 269 (270); I R 56/03, BFH/NV 2005, 793 (794); I R 8/15, BStBl II 2017, 214 (215); I R 12/15, BStBl II 2017, 217 (219); FG Düsseldorf, 4 K 5422/99, DStRE 2002, 960 (961). Die Erwähnung dieses Gewinnaufschlags wird von den Bearbeitern nicht erwartet.
14 Vgl zB Sachverhalt bei BFH, I R 56/03, BFH/NV 2005, 793.

III. Tantiemenzahlung an T

1. vGA an nahe stehende Person

Die Zahlung der Tantieme iHv 12 000 € an T, die Tochter des Gesellschafters C, könnte eine vGA der K-GmbH an den Gesellschafter C sein[15]. Allerdings ist T nicht Gesellschafterin der K-GmbH. Eine vGA kann jedoch auch vorliegen, wenn der Vermögensvorteil einer dem Gesellschafter *nahe stehenden Person* zugute kommt, zB dem Ehegatten oder den Kindern[16]. T hat von der K-GmbH kein Festgehalt bezogen, sondern eine gewinnabhängige Tantieme iHv 12 000 €. Diese Zahlung könnte eine vGA sein. Vergütungen für den Geschäftsführer einer GmbH sind grundsätzlich betrieblich veranlasste Vermögensminderungen. Die Zahlung an T ist jedoch auch eine vGA, wenn sie mit Rücksicht auf das Gesellschaftsverhältnis des C zur K-GmbH veranlasst ist. Daher kommt es wiederum darauf an, ob ein gedachter ordentlicher Geschäftsleiter einem fremden Dritten für die Tätigkeit als Geschäftsführer ebenfalls eine solche Vergütung gewährt hätte, ob sie also einem *Fremdvergleich* standhält.

572

2. Gewinntantieme als vGA

Für diesen Fremdvergleich kommt es allein auf den Zeitpunkt der Zusage der Gewinntantieme an[17]. Zudem ist die gesamte Vergütung des Geschäftsführers (Gesamtausstattung) zusammen zu betrachten[18]. Diese besteht häufig aus einem Festgehalt, Gewinntantiemen, Pensionszusagen und sonstigen Vorteilen (zB Dienstwagen). Die Gesamtausstattung ist sodann daraufhin zu überprüfen, ob sie innerhalb der Bandbreite für die Vergütung eines Fremdgeschäftsführers in einer vergleichbaren Gesellschaft für eine vergleichbare Tätigkeit liegt. Hier hat T lediglich eine Gewinntantieme von 12 000 € erhalten. Im Zusagezeitpunkt konnte aufgrund der Gewinnprognose eine Gewinntantieme zwischen 12 000 € und 18 000 € erwartet werden. Eine Gesamtvergütung iHv 18 000 € für einen Alleingeschäftsführer ist auch unter Berücksichtigung der Arbeitszeit von nur 20 Stunden pro Woche in einer kleinen GmbH noch unterdurchschnittlich und daher keinesfalls unangemessen hoch[19].

573

a) vGA dem Grunde nach / doppelter Fremdvergleich

Nach der Rechtsprechung des BFH liegt eine vGA auch vor, wenn eine Vereinbarung, selbst wenn sie für die Gesellschaft günstig ist und ihr ein ordentlicher Geschäftsleiter daher zugestimmt hätte, nicht ernstlich gewollt oder nicht üblich ist. In dem dazu erforderlichen Fremdvergleich ist über die Sichtweise des ordentlichen Geschäftsleiters

574

---

15 Der Sachverhalt unterstellt, dass T die Tantieme bereits im Jahr 01 erhalten hat. Üblicherweise wird zunächst eine Rückstellung für die Tantiemezahlung gebildet.
16 Vgl *Birk/Desens/Tappe*, Steuerrecht, Rn 1263.
17 *Rengers*, in: Blümich, § 8 KStG Rn 658; *Schallmoser/Eisgruber/Janetzko*, in: Herrmann/Heuer/Raupach, § 8 KStG Rn 277.
18 BFH, I R 46/01, BStBl II 2004, 132 (133).
19 Zu den Beurteilungskriterien vgl BFH, I R 50/94, BStBl II 1995, 549 (550); BMF v. 14.10.2002, BStBl I 2002, 972 (973), Rn 10 ff; als Vergleichsmaterial sind branchenbezogene Gehaltsstrukturuntersuchungen heranzuziehen. Vgl näher etwa *Tänzer*, GmbHR 2003, 754 f.

hinaus auch diejenige des jeweiligen Vertragspartners mit einzubeziehen (sog. doppelter Fremdvergleich)[20]. Maßgeblich dafür ist, was unabhängige Dritte unter vergleichbaren Bedingungen vereinbart hätten. Infolgedessen prüft der BFH Vereinbarungen zwischen der Gesellschaft und dem Gesellschafter daraufhin, ob die einzelne Vereinbarung als solche schon dem Grunde nach nicht fremdvergleichsgerecht ist, weil sie nicht ernstlich gewollt oder unüblich ist.

aa) „Nur-Tantieme" als vGA

575 Ein fremder Dritter als Geschäftsführer der K-GmbH hätte sich auf die Vereinbarung einer bloßen Gewinntantieme selbst iHv 60 % unter Verzicht auf ein Festgehalt nicht eingelassen[21]. Denn dann hätte er im Verlustfall kein Gehalt für seine Tätigkeit bezogen. Zudem sieht der BFH die Gefahr, dass eine *Nur-Tantieme* bei zu erwartenden Gewinnsteigerungen der Gesellschaft zu einer Gewinnabschöpfung durch den Geschäftsführer führt. Im Falle einer Nur-Tantieme unter Verzicht auf ein Festgehalt gelangen Rechtsprechung und Finanzverwaltung daher zur Annahme einer vGA schon dem Grunde nach, da Gehaltsansprüche unter fremden Dritten grundsätzlich laufend und unabhängig von der Gewinnhöhe gezahlt würden[22]. Die Vereinbarung einer Nur-Tantieme sei daher nicht ernsthaft gewollt. Die Bejahung einer vGA schon dem Grunde nach hat zur Folge, dass die gesamte Tantiemezahlung als vGA erfasst wird.

bb) Ausnahmen

576 In besonderen Fällen lassen BFH und Finanzverwaltung allerdings Ausnahmen von diesen Grundsätzen zu, so für Krisenzeiten oder für die Gründungsphase einer Gesellschaft[23]. Eine Nur-Tantieme könnte für die neu gegründete K-GmbH also ausnahmsweise zulässig sein. Weiter verlangt der BFH jedoch eine zeitliche und betragsmäßige Begrenzung der Tantieme, auf die ein ordentlicher Geschäftsleiter hinwirken würde. Ansonsten stünde die spätere Anpassung im Belieben jedenfalls des beherrschenden Gesellschafters, der ohne Anpassungszwang durch andere Gesellschafter bei Stehenlassen der Tantieme die Gewinne der GmbH abschöpfen könnte[24]. Dann liege keine ernsthafte Vereinbarung, sondern eine vorweggenommene Gewinnausschüttung vor. Gerade diese Gefahr besteht in der K-GmbH jedoch nicht. Zwar sieht der Geschäftsführerver-

---

20 Vgl auch *Birk/Desens/Tappe*, Steuerrecht, Rn 1266. Zur Prüfung bei Vergütungen an den Gesellschafter-Geschäftsführer vgl auch BMF v. 14.10.2002, BStBl I 2002, 972 Rn 4 ff.
21 Vgl BFH, I B 156/01, BFH/NV 2002, 1178. Aufgrund des deutlichen Hinweises im Sachverhalt sollte dieser Punkt unbedingt in der Lösung angesprochen werden.
22 Vgl BFH, I R 27/99, BStBl II 2002, 111 (112 f); I R 54/91, BStBl II 1993, 311 (313 f), die die Nur-Tantieme daher als unübliche Ausnahmefall ansehen, da entsprechende Dienstleistungen ganz überwiegend durch Festgehälter entlohnt werden. So auch die Finanzverwaltung in BMF v. 1.2.2002, BStBl I 2002, 219 (220) unter 3.; OFD Düsseldorf v. 17.6.2004, DB 2004, 1396 unter 2.
23 BFH, I B 156/01, BFH/NV 2002, 1178 (1179); BMF v. 1.2.2002, BStBl I 2002, 219 (220) unter 3. Auch dieser Punkt war im Sachverhalt angesprochen.
24 So BFH, I R 27/99, BStBl II 2002, 111 (113) für die Vereinbarung einer Nur-Tantieme zugunsten eines beherrschenden Gesellschafters. Ähnlich BFH, I R 74/99, BStBl II 2000, 547 (549) zur Tantiemevereinbarung für einen zu 25 % beteiligten Minderheitsgesellschafter, der aber aufgrund des gesellschaftsvertraglichen Zustimmungserfordernisses (76 %) jede Änderung verhindern konnte.

trag der T keine zwingende Anpassungspflicht vor. Dazu kann T jedoch aufgrund der Mehrheitsverhältnisse innerhalb der K-GmbH durch die übrigen Gesellschafter gezwungen werden. Dies kann auch der Gesellschafter C mit seinem Stimmenanteil nicht verhindern. Da sich die K-GmbH noch in der Gründungsphase befindet, ist die Rechtsprechung des BFH bezüglich der Nur-Tantieme nicht anwendbar und damit die Tantiemevereinbarung grundsätzlich steuerrechtlich anzuerkennen.

b) vGA der Höhe nach

aa) Formale Kriterien des BFH

Aber selbst wenn die Tantiemevereinbarung zwischen T und der K-GmbH dem Grunde nach akzeptiert wird, überprüft der BFH noch, ob die Auszahlung der Tantieme nicht wegen ihrer Höhe teilweise zu einer vGA führt. Dafür hat der BFH für die praktisch häufigen Fälle der Tantiemeversprechen formalisierte Regeln aufgestellt, die die Einheitlichkeit der Rechtsanwendung durch die Finanzverwaltung sicherstellen sollen. Diese Regeln versteht der BFH als „Indizien" für eine vGA. 577

(1) Verhältnis der variablen zu den fixen Vergütungsbestandteilen

So dürfen nach einer Regel für Geschäftsführervergütungen die variablen Vergütungsbestandteile (Tantiemen) zu den fixen Bestandteilen das Verhältnis von 25:75 nicht übersteigen[25]. Dies soll selbst dann gelten, wenn die Nur-Tantieme ausnahmsweise als zulässig angesehen wird[26]. Selbst bei grundsätzlicher Anerkennung der Nur-Tantieme wären danach lediglich 25 % der Gesamtzahlung für 01 als betrieblich veranlasste Vermögensminderung zu akzeptieren und 75 % gälten als vGA. 578

(2) Anteil am Gewinn

Ferner darf nach ständiger Rechtsprechung des BFH eine Gewinntantieme (und damit auch eine Nur-Tantieme) nicht über einen Umfang von mehr als 50 % des Gewinns hinausgehen[27]. Hier beträgt die Tantieme der T 60 % des Gewinns (vor Steuern), so dass in Höhe des 50 % übersteigenden Betrags, also iHv 2000 €, eine vGA vorliegt. Diese Regel basiert laut BFH auf dem „Gedanken einer grundsätzlichen hälftigen Teilung" des Erfolges zwischen der Kapitalgesellschaft und ihren Gesellschafter-Geschäftsführern[28]. Eine höhere Tantieme ist für den BFH eine Gewinnabsaugung, die er als vGA einordnet[29]. 579

---

25 So BFH, I R 50/94, BStBl II 1995, 549 (551); dem folgend BMF v. 1.2.2002, BStBl I 2002, 219 (220) unter 2.; jetzt relativiert durch BFH, I R 46/01, BStBl II 2004, 132 (135); I R 24/02, BStBl II 2004, 136 (138); kritisch aus betriebswirtschaftlicher Sicht *Schulte*, in: Erle/Sauter, KStG, 3. Aufl 2010, § 8 Rn 192, der eine Angemessenheitsprüfung lediglich in Bezug auf die Gesamtausstattung für ausreichend hält; so auch FG Düsseldorf, 6 K 417/04 K, F, EFG 2004, 1481 (1482).
26 So BFH, I B 119/98, BStBl II 1999, 241 (242).
27 Nach BFH, I R 74/99, BStBl II 2000, 547 (548) und I R 50/94, BStBl II 1995, 549 (550) spricht dann der „Beweis des ersten Anscheins" für eine vGA. Vgl auch BMF v. 1.2.2002, BStBl I 2002, 219 f unter 1.; OFD Düsseldorf v. 17.6.2004, DB 2004, 1396 unter 2.
28 So BFH, I R 24/02, BStBl II 2004, 136 (139); vgl auch BFH, I R 74/99, BStBl II 2000, 547 (548).
29 Dieser Prozentsatz musste nicht bekannt sein. Aufgrund der geäußerten Bedenken der „Katholische Krankenhausbetriebsgesellschaft" und der Äußerung der T sollte der Bearbeiter sich aber mit dem Problem auseinandersetzen.

Bei den beiden genannten Regeln handelt es sich indes nach ständiger Rechtsprechung des BFH lediglich um „Indizien" für die Annahme einer vGA. Dagegen neigt die Finanzverwaltung zu einem strikten Verständnis dieser formalisierten Kriterien. Im Ergebnis macht die ständige Rechtsprechung des BFH das Vorliegen einer vGA von einer Einzelfallentscheidung unter Berücksichtigung der jeweiligen Besonderheiten abhängig[30].

bb) Würdigung des Einzelfalls

580 Ob bzw in welcher Höhe die konkrete Tantiemevereinbarung bzw -zahlung der K-GmbH zugunsten von T auf der Basis der beiden genannten Regeln zumindest teilweise eine vGA ist, bedarf, da es sich nur um „Indizien" handelt, einer besonderen Würdigung möglicher sinnvoller betriebswirtschaftlicher Gründe für ihre konkrete Gestaltung. Zwar mag die gewählte Vereinbarung durchaus ungewöhnlich sein. Die K-GmbH ist aber in erster Linie eine Organisation zum Absatz der Produkte der Bäckereibetriebe ihrer Gesellschafter. Außerdem war bei Eröffnung der neuen Filiale nicht absehbar, ob sich dieses für A, B und C unternehmerische „Neuland" überhaupt erfolgreich entwickeln konnte, so dass eine stetige Ertragslage nicht erwartet werden konnte[31]. Auch C bzw seine ihm „nahe stehende" Tochter T sehen in der K-GmbH ein Mittel zur Steigerung der Umsätze und Gewinne ihres eigenen Bäckereibetriebes. Die vorrangigen Absatzinteressen, die Tätigkeit der T im Betrieb des C und die Miterledigung der Geschäftsführungsarbeit der K-GmbH zusammen mit der Geschäftsführung des Betriebes des C sprechen eher dafür, die Vereinbarung in voller Höhe als Ausnahme zu den vom BFH aufgestellten Regeln anzuerkennen. Nach hier vertretener Auffassung ist eine vGA daher zu verneinen[32].

Das zu versteuernde Einkommen der K-GmbH ist also nicht gemäß § 8 Abs. 3 Satz 2 KStG infolge der Tantiemezahlung an T zu erhöhen.

B. Auswirkungen bei den Gesellschaftern

581 Die Gesellschafter A, B und C erzielen mit ihren Bäckereibetrieben Einkünfte aus Gewerbebetrieb iSd § 15 EStG. Die Beteiligung an der K-GmbH zählt zu ihrem not-

---

30 Vgl als Beispiele für Einzelfallprüfungen BFH, I R 46/01, BStBl II 2004, 132 (135 f) zur 25:75-Regel bei Gewinntantiemen; vgl ferner BFH, I R 38/02, BStBl II 2004, 139 (142) zur Tantiemehöhe in einer kleinen GmbH mit zwei Geschäftsführern; BFH, I R 74/99, BStBl II 2000, 547 (548 f) zur Abweichung von der 50%-Regel in der Aufbauphase einer Gesellschaft.
31 Vgl dazu auch die Erwägungen bei FG Düsseldorf, 6 K 417/04 K,F, EFG 2004, 1481 (1482).
32 Allerdings ist mit einer Umqualifizierung der gesamten Tantieme in eine vGA seitens der Finanzverwaltung durchaus zu rechnen. Der BFH würde wohl zumindest nach der 50%-Regel in der 50% übersteigenden Höhe der Gewinntantieme eine vGA annehmen. Aus Sicht eines Beraters (wenn es sich um eine sog. *Anwaltsklausur* handeln würde, bei der der Fall nicht aus der Sicht eines Gerichts, sondern zur Vorbereitung einer dem Mandanten günstigen Gestaltung aus Sicht eines Beraters zu beurteilen ist) wäre der K-GmbH daher angesichts der unsicheren Rechtslage zu raten, mit T ein angemessenes Festgehalt zu vereinbaren.

wendigen Betriebsvermögens[33]. Die für die K-GmbH ermittelten vGA führen bei den betroffenen Gesellschaftern nach § 20 Abs. 1 Nr 1 Satz 2, Abs. 8 iVm § 15 Abs. 1 Nr 1 Satz 1 EStG zu Einkünften aus Gewerbebetrieb.

Soweit es sich um Einnahmen handelt, die nach § 20 Abs. 8 EStG nicht den Einkünften aus Kapitalvermögen zuzurechnen sind, gilt dabei für die Einkünfteermittlung wie bei offenen Gewinnausschüttungen das Teileinkünfteverfahren (§ 3 Nr 40 Satz 1 lit. d, Satz 2 EStG)[34]. Die vGA unterliegen daher nur zu 60 % der Einkommensbesteuerung bei den Gesellschaftern. **582**

Die vGA der K-GmbH führen danach bei A zu zusätzlichen Einkünften aus Gewerbebetrieb iHv (60 % von 5000 €) 3000 € und für B iHv (60 % von 1300 €) 780 €. Bei A ist allerdings zu beachten, dass bereits die Kaufpreiszahlungen für den Kuchen iHv 20 000 € seinen betrieblichen Gewinn erhöhen. Es käme daher teilweise zu einer doppelten Berücksichtigung, wenn nunmehr die vGA hinzugerechnet werden würde. Daher ist der über 15 000 € hinausgehende Betrag in eine Gewinnausschüttung umzuqualifizieren[35]. Rechnerisch sind die 5000 € zur Korrektur zunächst vom Gewinn abzuziehen. Anschließend sind 3000 € (60 % der vGA) hinzuzurechnen. Im Ergebnis verringert sich der Gewinn des A um 2000 €. Für B bleibt es bei einer Erhöhung der Einkünfte aus Gewerbebetrieb iHv 780 €. Eine vGA an C lag nach hier vertretener Auffassung dagegen nicht vor. **583**

Hinweis: (kein Bestandteil der Falllösung, da danach nicht gefragt war): Für T führt die Tantieme in vollem Umfang zu Einkünften aus nichtselbstständiger Tätigkeit gem. § 19 Abs. 1 Satz 1 Nr 1 EStG. Das Teileinkünfteverfahren gilt dafür nicht.

---

33 Vgl dazu ausführlich **Fall 8**.
34 Vgl dazu ausführlich **Fall 8**.
35 Vgl *Birk/Desens/Tappe*, Steuerrecht, Rn 1269; wenn beim Anteilseigner die Einkommensteuer bereits bestandskräftig festgesetzt wurde, erlaubt § 32a KStG eine Korrektur.

Zur Wiederholung

Übersicht 9: Verdeckte Gewinnausschüttungen (§ 8 III 2 KStG)

584

I. Bedeutung und wirtschaftlicher Hintergrund
- („offene") Ausschüttung (dh Dividende, Ausschüttung auf GmbH-Stammeinlagen)
  - ist gesellschaftsrechtlich veranlasst
  - hat keinen Einfluss auf KSt der Körperschaft – § 8 III 1 KStG
  - mindert zu versteuerndes Einkommen der Gesellschaft nicht
- **Trennungsprinzip!** Gesellschaft kann auch mit ihren Gesellschaftern schuldrechtliche Verträge (Kaufvertrag, Mietvertrag, Arbeitsvertrag usw) schließen, was bei ihr zu Betriebsvermögensminderungen oder -mehrungen führt
- **Problemfälle** dann, wenn Verträge einem **Fremdvergleich** nicht standhalten, also die Gesellschaft mit einem fremden Dritten den Vertrag so nicht geschlossen hätte
- **Wirtschaftlicher Hintergrund:** Steuerersparnis bei Gesellschaft ca 25 %, nämlich 15 % KSt, SolZ, ca 12 % GewSt; Gesellschafter muss Einnahme ggf voll versteuern
- Wenn überhöhter Aufwand oder zu geringe Einnahmen *durch die gesellschaftsrechtliche Beziehung* veranlasst sind, handelt es sich um eine **verdeckte Gewinnausschüttung (vGA)**
  - → **Keine Minderung des Einkommens der Gesellschaft (§ 8 III 2 KStG)**; beim Gesellschafter wie offene Gewinnausschüttung (s.u. IV.)

II. Begriff der vGA
- **Vermögensminderung oder verhinderte Vermögensmehrung,**
- **die durch das Gesellschaftsverhältnis** (also nicht durch den Betrieb, § 4 I 9 iVm § 4 IV EStG, § 8 I KStG) **veranlasst ist** (dazu III.),
- **sich auf die Höhe des Unterschiedsbetrages iSd § 4 I 1 EStG auswirkt und**
- **in keinem Zusammenhang mit einer offenen Ausschüttung steht**

III. Ermittlung, ob durch Gesellschaftsverhältnis veranlasst
– **Fallgruppen**
- **Fremdvergleich!** Dh: Hätte ein ordentlicher und gewissenhafter Geschäftsführer (§ 93 I S. 1 AktG, § 43 I GmbHG) auch mit einer fremden dritten Person einen Vertrag mit demselben Inhalt geschlossen?
  - **Interner oder externer oder hilfsweise hypothetischer Fremdvergleich**
  - Parallelproblem: Überprüfung von **Verrechnungspreisen** für Lieferungen und Leistungen zwischen international tätigen Konzerngesellschaften
  - Durch das Gesellschaftsverhältnis veranlasster Vermögensvorteil kann auch bei einer dem Gesellschafter nahe stehenden Person eintreten (Ehepartner, Kinder usw)
- **Begünstigter ist beherrschender Gesellschafter**, und es **fehlt** an einer **zivilrechtlich wirksamen** (beachte vor allem § 181 BGB!), **klaren und im Voraus abgeschlossenen Vereinbarung**
  - Beherrschung bestimmt sich nach Stimmrechten (Stimmrechte von einander nahe stehenden Personen – zB Eheleuten – sind zusammenzuzählen)

- Ausgewogenheit von Leistung und Gegenleistung gleichgültig
- Grund: kein echter Interessengegensatz zwischen Gesellschaft und Gesellschafter; Ausschluss nachträglicher Gewinnmanipulationsmöglichkeiten

IV. Rechtsfolgen der vGA

- **bei „ausschüttender" Gesellschaft**
  § 8 III 2 KStG: vGA (zB Differenz zwischen vereinbartem und angemessenem Kaufpreis) muss dem Gewinn hinzugerechnet werden
- **bei Gesellschafter („Ausschüttungsempfänger")**
  Unterscheidung:
  - Soweit es sich auch nach § 20 VIII EStG um Kapitaleinkünfte handelt, liegen Einnahmen iSd § 20 I Nr 1 S. 2 EStG vor, die der Abgeltungsteuer unterliegen (gesonderter Tarif [25 %] auf die gesamten Einnahmen nach § 32d I 1 EStG; kein Teileinkünfteverfahren [§ 3 Nr 40 S. 2 EStG]).
  - Bei Einnahmen, die einer anderen Einkunftsart zuzurechnen sind (Beteiligung wird zB in einem Betriebsvermögen gehalten), ist das Teileinkünfteverfahren anzuwenden (§ 3 Nr 40 S. 1 lit. d EStG: 40 % der Einnahmen steuerfrei; „normaler" Steuertarif nach § 32a EStG).
  Ggf Korrektur, soweit vGA bereits bei anderen Einkunftsarten berücksichtigt (zB bei überhöhtem Gehalt bei Einkünften aus nichtselbstständiger Arbeit)

V. Gegenteil der vGA: Verdeckte Einlage[36]

Beispiel: Gesellschafter E übereignet der Gesellschaft G, die einen finanziellen Engpass hat, schenkweise eine Maschine, die G bisher von E gemietet hat.

- **Auswirkungen bei Gesellschaft:**
  - **keine Erhöhung des Gewinns**, sondern nur der Kapitalrücklage (§ 272 II Nr 4 HGB)
  - Neutralisierung des „Gewinns" (= Erhöhung des Betriebsvermögens) durch Verbuchung als verdeckte Einlage
- **Auswirkungen beim Gesellschafter** (Anteilseigner):
  - **Steuerbarkeit der verdeckten Einlagen**
    bei Grundstücken ggf nach § 23 I 1 Nr 1, S. 5 EStG; bei Beteiligungen ggf nach § 23 I 1 Nr 1, S. 5 EStG;
  - **nachträgliche Anschaffungskosten der Beteiligung** falls Beteiligung im *Betriebsvermögen* liegt: nachträgliche AK (§ 6 VI 2 EStG)
    falls Beteiligung im *Privatvermögen* liegt: soweit die Veräußerung der Beteiligung gemäß § 17 I 1 oder § 20 II EStG steuerbar ist, ist die verdeckte Einlage als nachträgliche AK bei der Berechnung des Veräußerungsgewinns zu berücksichtigen.
- **Allgemeines Problem: Was ist einlagefähig?** Jedenfalls Übertragung von Wirtschaftsgütern; fraglich: Einlagefähigkeit von Nutzungsüberlassungen (relevant bei zinslosen Darlehen usw)

---

36 Vgl hierzu *Birk/Desens/Tappe*, Steuerrecht, Rn 1273–1278.

Fall 10

Grenzgänger

Schwerpunkte: **Einkommensteuerrecht:** Beschränkte und unbeschränkte Steuerpflicht (LB § 5 Rn 671–688); Verlustausgleich und Zusammenveranlagung (LB § 5 Rn 624–632); **Internationales Steuerrecht:** Vermeidung der Doppelbesteuerung (LB § 7 Rn 1435–1455)

Schwierigkeitsgrad: hoch, Bearbeitungszeit: 2 Stunden

585 Die französischen Staatsbürger M und F sind seit einigen Jahren kinderlos verheiratet. Gemeinsam bewohnen sie in der französischen Stadt Q in Grenznähe zur Bundesrepublik Deutschland eine Eigentumswohnung. M und F üben ihren Beruf beide in Deutschland aus. M betreibt ein Hotelgewerbe in S. Um seine Gäste ganztags betreuen zu können, hat er sich schon seit einigen Jahren in Hotelnähe in Deutschland eine Wohnung gemietet. Dort hält er sich für die Dauer von etwa sieben Monaten im Jahr auf. Im Übrigen wohnt er in seiner Eigentumswohnung in Q. Im Jahr 01 erzielt M aus dem Hotelbetrieb einen Gewinn iHv 120 000 €. Außerdem hat er vor einigen Jahren von einer entfernten Tante ein in Frankreich belegenes Grundstück geerbt, das er verpachtet hat. In 01 erleidet M aus der Verpachtung des Grundstücks einen Verlust iHv 15 000 €.

F betreibt eine Zahnarztpraxis in T. Zu diesem Zweck fährt F täglich vom französischen Q ins deutsche T und zurück, verbringt die Wochenenden jedoch zu Hause in Q. Im Jahr 01 erzielt F aus ihrer Zahnarztpraxis einen Gewinn iHv 100 000 €.

In demselben Jahr entsteht F aufgrund eines undichten Wasserrohrs ein Wasserschaden an ihrem wertvollen Perserteppich. Durch die Reparatur hat F (wovon auszugehen ist) – nach Berücksichtigung der zumutbaren Belastung iSd § 33 Abs. 3 EStG – außergewöhnliche Belastungen iSd § 33 EStG iHv 5000 €. Da F eine Lebensversicherung abgeschlossen hat, entstehen ihr im gleichen Jahr zusätzlich – dem Grunde und der Höhe nach abzugsfähige – Sonderausgaben iSd § 10 EStG iHv 2000 €. Zusammen betragen die Aufwendungen damit der Höhe nach voll berücksichtigungsfähige 7000 €.

M und F zahlen im Veranlagungszeitraum 01 in Frankreich keine Einkommensteuer. Aufgrund des zwischen Deutschland und Frankreich bestehenden Doppelbesteuerungsabkommens (DBA-F) werden die Einkünfte von M und F aus Gewerbebetrieb bzw aus freiberuflicher Tätigkeit in Frankreich von der Steuer befreit und dementsprechend in Deutschland besteuert. Art. 3 Abs. 1 und 4 DBA-F bestimmt, dass Einkünfte aus unbeweglichem Vermögen nur in dem Vertragsstaat besteuert werden können, in dem dieses Vermögen belegen ist. Das gilt auch für die Einkünfte aus Vermietung und Verpachtung des unbeweglichen Vermögens. Es ist zu unterstellen, dass diese Norm auch negative Einkünfte (Verluste) erfasst.

M und F möchten wissen, ob und in welcher Höhe sie im Inland (Deutschland) zu versteuerndes Einkommen erzielt haben.

Bearbeitervermerk: Im Rahmen der Fallbearbeitung ist davon auszugehen, dass M und F bei Bestehen einer Wahlmöglichkeit für die Besteuerung im Inland die für sie günstigste Besteuerung gewählt und ggf erforderliche Anträge beim zuständigen FA gestellt haben. Insbesondere ist davon auszugehen, dass M und F, sofern die Voraussetzungen hierfür vorliegen, zusammen veranlagt werden.

Zusatzfrage: Beschreiben Sie knapp die Wirkungsweise der Freistellungs- und der Anrechnungsmethode.

Fall 10 *Grenzgänger*

Vorüberlegungen

586 Gegenstand der Fallbearbeitung ist die einkommensteuerrechtliche Behandlung eines grenzüberschreitenden Sachverhalts. Schwerpunktmäßig geht es daher um Rechtsfragen des Internationalen Steuerrechts, die um Probleme der Zusammenveranlagung von Ehegatten erweitert sind.

587 Der Fall gliedert sich in zwei Teile. Im **ersten Teil** geht es um die *subjektive Einkommensteuerpflicht* als Voraussetzung für die Besteuerung im Inland („ob" der Steuerpflicht im Inland). Dieser Prüfungspunkt ist grundsätzlich nur bei grenzüberschreitenden Sachverhalten von Bedeutung. Dabei ist zwischen *unbeschränkter, beschränkter* und *fiktiv unbeschränkter* Steuerpflicht zu unterscheiden. Im Rahmen der Subsumtion unter die Tatbestandsvoraussetzungen für die unbeschränkte Steuerpflicht (Wohnsitz und gewöhnlicher Aufenthalt, § 8 und § 9 AO) wird einerseits das Problem der *Doppelansässigkeit* des Steuerpflichtigen, andererseits die steuerliche Behandlung von sog. *Grenzgängern* angesprochen. Diese für grenzüberschreitende Sachverhalte nicht untypischen Konstellationen lassen sich schon mit Hilfe des Gesetzeswortlauts in den Griff bekommen.

588 Im **zweiten Teil** des Falls geht es dann um die Höhe der *Bemessungsgrundlage* für die inländische Besteuerung. Hier sollte zunächst klargestellt werden, ob – und mit welchen Folgen – bei Ehegatteneinkünften mit Auslandsbezug die Regeln über die *Zusammenveranlagung* eingreifen. In einem nächsten Schritt hat man sich zu vergegenwärtigen, welche Einkünfte in die inländische Bemessungsgrundlage einfließen. Zu diesem Zweck muss man berücksichtigen, dass die nationalen Steuerrechtsordnungen mit Hilfe des *Welteinkommensprinzips* und des *Quellenprinzips* die Besteuerung von Einkünften mit Auslandsberührung sicherstellen wollen. Hieraus ergibt sich die Problematik der *Doppelbesteuerung*. Sie wird im Fall dadurch gelöst, dass aufgrund der angegebenen Normen des Doppelbesteuerungsabkommens (DBA) einem der Vertragsstaaten das Besteuerungsrecht an den Einkünften zugewiesen wird. Ein Fallschwerpunkt besteht dabei in der rechtlichen Würdigung von Verlusten, die einen Auslandsbezug aufweisen. Man muss erkennen, dass sich unter zwei Gesichtspunkten eine Ausnahme vom Welteinkommensprinzip, dh der Berücksichtigung weltweit erzielter (positiver und negativer) Einkünfte bei der inländischen Besteuerung, ergeben kann. Einerseits kann das aus der vorrangig anzuwendenden Verteilungsnorm des DBA folgen, wonach entsprechende Einkünfte im Inland steuerfrei zu stellen sind, andererseits aus der inländischen Verlustausgleichsbeschränkung des § 2a EStG[1]. Die letztgenannte Vorschrift kommt

---

1 Zu den unionsrechtlichen Bedenken gegen § 2a EStG siehe die Entscheidungen des EuGH, C-152/03, Slg. 2006, I-1711 *(Ritter-Coulais)*; C-347/04, Slg. 2007, I-2647 *(Rewe-Zentralfinanz)*, Rs. C-157/07, Slg. 2008, I-8061 *(Krankenheim Ruhesitz Wannsee)*. Als Reaktion auf die Entscheidungen und wegen EU-rechtlicher Bedenken der EU-Kommission ist die in § 2a EStG geregelte Verlustausgleichs- und Verlustabzugsbeschränkung auf Sachverhalte in Drittstaaten iSd § 2a Abs. 2a EStG (= Nicht-EU-Staaten) beschränkt worden. Zudem sind der positive und der negative Progressionsvorbehalt (§ 32b EStG) dahingehend geändert worden, dass bestimmte Einkünfte aus einem anderen EU- oder EWR-Staat, die nach einem Doppelbesteuerungsabkommen von der Besteuerung freigestellt sind, bei der Ermittlung des inländischen Einkommensteuersatzes nicht berücksichtigt werden.

jedoch aufgrund des Vorrangs der abkommensrechtlichen Steuerbefreiung nicht zum Zug. Schließlich stellt sich die Frage, ob private Aufwendungen (Sonderausgaben, außergewöhnliche Belastungen) steuermindernd geltend gemacht werden können. Dabei ist wiederum an die Unterscheidung zwischen (fiktiv) unbeschränkter und beschränkter Steuerpflicht im ersten Teil anzuknüpfen: Bei beschränkter Steuerpflicht sind private Aufwendungen in Form von Sonderausgaben und außergewöhnlichen Belastungen nicht abzugsfähig (§ 50 Abs. 1 Satz 3 EStG), während dies bei (fiktiv) unbeschränkter Steuerpflicht möglich ist.

Im Rahmen der Zusatzfrage sollen zunächst nur die Verfahren zur Vermeidung von Doppelbesteuerungen – *Freistellungs- und Anrechnungsverfahren* – beschrieben werden. Ein guter Bearbeiter wird erkennen, dass sich ausländische (positive) Einkünfte, auch wenn diese durch DBA freigestellt sind, im Rahmen des *Progressionsvorbehalts* (§ 32b EStG) auf die Höhe des Steuer*satzes* und damit auf die inländische Steuerlast auswirken können. 589

Gliederung

A. Subjektive Einkommensteuerpflicht von M und F 590
    I. Unbeschränkte Steuerpflicht des M (§ 1 Abs. 1 EStG)
    II. Subjektive Steuerpflicht der F
        1. Unbeschränkte Steuerpflicht iSd § 1 Abs. 1 EStG
        2. Fiktiv unbeschränkte Steuerpflicht, § 1 Abs. 3 EStG
B. Zu versteuerndes Einkommen von M und F
    I. Einkünfte
        1. Einkünfte des M
        2. Einkünfte der F
    II. Zusammenveranlagung, § 26b EStG
        1. Voraussetzungen für die Zusammenveranlagung
        2. Berücksichtigung von Verlusten bei Zusammenveranlagung
    III. Berücksichtigung ausländischer Verluste aus Vermietung und Verpachtung
    IV. Berücksichtigung privater Aufwendungen, § 2 Abs. 4 EStG
C. Ergebnis

Musterlösung

591 Damit M und F im Inland zu versteuerndes Einkommen erzielt haben können, müssen sie zunächst *dem Grunde nach* mit ihren Einkünften im Inland *subjektiv einkommensteuerpflichtig* sein (A.). Erst anschließend kann geklärt werden, *in welcher Höhe* sie im Inland *zu versteuerndes Einkommen* erzielt haben (B.).

A. Subjektive Einkommensteuerpflicht von M und F
I. Unbeschränkte Steuerpflicht des M (§ 1 Abs. 1 EStG)

592 Nach § 1 Abs. 1 Satz 1 EStG ist M *unbeschränkt* einkommensteuerpflichtig, wenn er *einen Wohnsitz* oder *seinen gewöhnlichen Aufenthalt* im Inland hat. Unter diesen Voraussetzungen wäre M nicht nur mit den im Inland (Deutschland) erzielten Einkünften, sondern mit seinem gesamten Welteinkommen, dh auch mit den in Frankreich erzielten Einkünften, im Inland (subjektiv) steuerpflichtig (sog. Welteinkommensprinzip)[2]. Ob M einen *Wohnsitz* im Inland hat, beurteilt sich nach § 8 AO. Hiernach hat jemand einen Wohnsitz dort, wo er eine Wohnung[3] unter Umständen innehat, die darauf schließen lassen, dass er die Wohnung beibehalten und benutzen wird. M lebt in einer Wohnung im Inland, dh in einer Räumlichkeit, die zum Wohnen geeignet ist.

593 Jemand hat eine Wohnung inne, wenn er nach Belieben über die Wohnung verfügen kann, wobei weniger die rechtliche als die tatsächliche Verfügungsbefugnis im Vordergrund steht[4]. Vorliegend ist M aufgrund des Mietvertrags der unmittelbare Besitz an dem Wohnraum für die Vertragsdauer überlassen worden. Er hat damit jedenfalls tatsächliche Verfügungsgewalt über den Wohnraum, so dass ein „Innehaben" iSd § 8 AO gegeben ist.

594 Schließlich müsste M die Wohnung unter Umständen innehaben, die darauf schließen lassen, dass er die Wohnung *beibehalten* und *benutzen* wird. Im vorliegenden Fall lassen die Umstände – Gebrauch der Wohnung über eine Dauer von sieben Monaten im Jahr – erkennen, dass M ihre Nutzung auch in Zukunft anstrebt. Damit sind die Voraussetzungen des *Wohnsitz*begriffs erfüllt.

595 Folglich hat M einen *Wohnsitz* im Inland. Das gilt ungeachtet der Tatsache, dass M (zusammen mit F) auch einen *Wohnsitz* in Frankreich hat (sog. Doppelansässigkeit), zumal für das Vorliegen der *unbeschränkten* Steuerpflicht lediglich das Bestehen „*eines*" Wohnsitzes erforderlich ist[5]. Demnach reicht es aus, wenn eine natürliche Person mehrere Wohnsitze hat und sich nur ein einziger davon im Inland befindet[6]. Infolgedessen unterliegt M in Deutschland – aber auch im Wohnsitzstaat Frankreich – mit seinem Welteinkommen der *unbeschränkten* Einkommensteuerpflicht.

---

2 Siehe zum Welteinkommensprinzip *Birk/Desens/Tappe*, Steuerrecht, Rn 1430 ff.
3 Vgl zum Begriff der Wohnung *Birk/Desens/Tappe*, Steuerrecht, Rn 673 ff.
4 *Heinicke*, in: Schmidt, EStG, § 1 Rn 22.
5 Dazu BFH, I R 40/97, BStBl II 1999, 207 (208); I R 100/99, BFH/NV 2001, 1402 (1403).
6 *Birk/Desens/Tappe*, Steuerrecht, Rn 673.

II. Subjektive Steuerpflicht der F

Auch F könnte mit ihren Einkünften im Inland subjektiv steuerpflichtig sein. In Betracht kommt vorliegend neben der *unbeschränkten* (§ 1 Abs. 1 EStG) bzw *beschränkten* Steuerpflicht (§ 1 Abs. 4 EStG) die *fiktiv unbeschränkte* Steuerpflicht nach § 1 Abs. 3 EStG.

596

1. Unbeschränkte Steuerpflicht iSd § 1 Abs. 1 EStG

F ist im Inland *unbeschränkt* steuerpflichtig, wenn sie dort einen *Wohnsitz* oder ihren *gewöhnlichen Aufenthalt* hat (§ 1 Abs. 1 Satz 1 EStG). Einen Wohnsitz iSd § 8 AO hat F in Deutschland schon mangels einer Wohnung nicht. F betreibt aber im deutschen T eine Zahnarztpraxis und könnte aus diesem Grund dort zumindest ihren *gewöhnlichen Aufenthalt* haben[7]. Gem. § 9 AO setzt das einen Aufenthalt unter Umständen voraus, die erkennen lassen, dass der Betreffende an diesem Ort oder in diesem Gebiet nicht nur *vorübergehend* verweilt. Im Rahmen ihrer beruflichen Tätigkeit als Zahnärztin hält F sich regelmäßig in T auf, was für einen gewöhnlichen Aufenthalt und damit für eine *unbeschränkte* Einkommensteuerpflicht der F sprechen könnte. Diese Rechtsfolge ist jedoch nach dem Wortlaut des § 9 AO ausgeschlossen, wenn F sich nur *vorübergehend* im Inland aufhalten würde. Das ist der Fall bei sog. *Grenzgängern*, dh bei Personen, die sich an jedem Arbeitstag von ihrem Wohnort über die Grenze begeben und nach Arbeitsschluss wieder an ihren Wohnort zurückkehren[8]. Diese Sachlage liegt hier vor. Demnach hält F sich nur *vorübergehend* in Deutschland auf. Mangels „gewöhnlichen" Aufenthalts im Inland ist F dort nicht *unbeschränkt* steuerpflichtig iSd § 1 Abs. 1 Satz 1 EStG. Infolgedessen unterliegt F, sofern sie inländische Einkünfte iSd § 49 EStG bezieht, grundsätzlich der *beschränkten* Steuerpflicht (§ 1 Abs. 4 EStG).

597

2. Fiktiv unbeschränkte Steuerpflicht, § 1 Abs. 3 EStG

F könnte jedoch nach § 1 Abs. 3 EStG *fiktiv unbeschränkt* steuerpflichtig sein (sog. *Grenzpendlerregelung*). Diese Variante der subjektiven Steuerpflicht ist in aller Regel günstiger als die *beschränkte* Steuerpflicht, weil bei letzterer insbesondere Sonderausgaben und außergewöhnliche Belastungen, die vorliegend bei F entstanden sind, nicht berücksichtigt werden (vgl § 50 Abs. 1 Satz 3 EStG). Dafür müssten die Voraussetzungen der *fiktiv unbeschränkten* Steuerpflicht vorliegen. Gem. § 1 Abs. 3 EStG werden *auf Antrag* natürliche Personen als *unbeschränkt* einkommensteuerpflichtig behandelt, die im Inland weder einen Wohnsitz noch ihren gewöhnlichen Aufenthalt haben, soweit sie inländische Einkünfte iSd § 49 EStG haben. Dies gilt jedoch nur, wenn ihre Einkünfte im Kalenderjahr mindestens zu 90 % der deutschen Einkommensteuer unterliegen oder die nicht der deutschen Einkommensteuer unterliegenden Einkünfte nicht mehr als den Grundfreibetrag (2018: 9000 €) im Kalenderjahr betragen (§ 1 Abs. 3 Satz 2 HS 1, § 32a Abs. 1 Satz 2 Nr 1 EStG)[9]. F hat inländische Einkünfte iSv § 49 Abs. 1 Nr 3, § 18 EStG. Sie unterliegt im VZ 01 mit keinen anderen Einkünften einer ausländischen Einkom-

598

---

7 Dazu: *Birk/Desens/Tappe*, Steuerrecht, Rn 676 ff.
8 *Heinicke*, in: Schmidt, EStG, § 1 Rn 27; *Gersch*, in: Klein, AO, § 9 Rn 2.
9 Zu Besonderheiten beim Ehegattensplitting siehe § 1a Abs. 1 Nr 2 EStG; dazu noch unten.

mensteuer. Auch hat sie weder ihren Wohnsitz noch ihren gewöhnlichen Aufenthalt im Inland (s. Rn 597), so dass die materiellen Voraussetzungen für die *fiktiv unbeschränkte* Steuerpflicht vorliegen. Dass F einen entsprechenden *Antrag* gestellt hat, ist laut Sachverhalt aufgrund der damit verbundenen Steuervorteile (Berücksichtigung der Sonderausgaben und der außergewöhnlichen Belastungen) zu unterstellen. In Deutschland ist F daher zwar nicht mit ihrem Welteinkommen („soweit", § 1 Abs. 3 Satz 1 EStG), aber doch mit ihren inländischen Einkünften iSd § 49 Abs. 1 Nr 3, § 18 EStG *fiktiv unbeschränkt* steuerpflichtig.

B. Zu versteuerndes Einkommen von M und F

599 Die Höhe des *zu versteuernden Einkommens* ergibt sich aus dem Einkommen (§ 2 Abs. 5 Satz 1 EStG), das der um Sonderausgaben und außergewöhnliche Belastungen verringerte Gesamtbetrag der Einkünfte ist (§ 2 Abs. 4 EStG). Zur Berechnung des Gesamtbetrags der Einkünfte ist die Summe der Einkünfte zu bilden.

I. Einkünfte

1. Einkünfte des M

600 M hat Einkünfte aus Gewerbebetrieb iHv 120 000 € erzielt, § 2 Abs. 1 Nr 2, § 15 Abs. 1 Satz 1 EStG, sowie negative Einkünfte aus Vermietung und Verpachtung iHv 15 000 € gem. § 2 Abs. 1 Nr 6, § 21 Abs. 1 Satz 1 Nr 1 EStG. Sollten positive wie negative Einkünfte vollumfänglich zu berücksichtigen sein, ergäbe sich eine Summe der Einkünfte von 105 000 € für M.

2. Einkünfte der F

601 F hat Einkünfte aus selbstständiger Arbeit iHv 100 000 € erzielt, § 2 Abs. 1 Nr 3, § 18 Abs. 1 Nr 1 EStG.

II. Zusammenveranlagung, § 26b EStG

1. Voraussetzungen für die Zusammenveranlagung

602 Sollten die Einkünfte von M und F im Wege der Zusammenveranlagung zusammengerechnet werden, ergäbe sich eine Summe der Einkünfte in Höhe von 205 000 €, wenn sämtliche positiven wie negativen Einkünfte zu berücksichtigen wären. Nach dem Grundsatz der Individualbesteuerung von Ehegatteneinkünften sind zwar die Einkünfte *zusammenzuveranlagender* Ehegatten zunächst getrennt zu ermitteln[10]. Sodann werden jedoch die Einkünfte, die die Ehegatten erzielt haben, zusammengerechnet, den Ehegatten gemeinsam zugerechnet und beide sodann als ein Steuerpflichtiger behandelt (§ 26b, § 32a Abs. 5 EStG). Zusammenveranlagung kann dabei nicht nur Auswirkungen auf die Höhe der tariflichen Einkommensteuer, sondern auch auf die Höhe des zu

---
10 BFH, IV R 32/86, BStBl II 1988, 827 mwN.

ermittelnden *zu versteuernden Einkommens* haben. Damit solche Auswirkungen für M und F in Betracht kommen, müssten die Vorschriften über die Zusammenveranlagung auf sie überhaupt anwendbar sein. Gem. § 26 Abs. 1 Satz 1 EStG finden diese Vorschriften nur dann unmittelbare Anwendung, wenn *beide* Ehegatten *unbeschränkt* einkommensteuerpflichtig iSd § 1 Abs. 1 oder Abs. 2 oder aber iSd § 1a EStG sind[11].

Im vorliegenden Fall ist M gem. § 1 Abs. 1 EStG *unbeschränkt* einkommensteuerpflichtig, während F als französische Staatsbürgerin und damit als Staatsangehörige eines Mitgliedstaats der Europäischen Union nach § 1a Abs. 1 Alt. 2 iVm § 1 Abs. 3 EStG *fiktiv unbeschränkt* einkommensteuerpflichtig ist. Damit wird F gem. § 1a Abs. 1 Nr 2 EStG für die Anwendung der Vorschriften über die Zusammenveranlagung als unbeschränkt einkommensteuerpflichtig behandelt. Im Übrigen leben M und F nicht dauernd getrennt[12], so dass auch die weiteren tatbestandlichen Voraussetzungen für die Zusammenveranlagung vorliegen, § 26 Abs. 1 Satz 1 EStG. Im Ergebnis werden daher M und F zusammenveranlagt.

603

2. Berücksichtigung von Verlusten bei Zusammenveranlagung

Bei der für die Zusammenveranlagung notwendigen Zusammenrechnung der Einkommen der Ehegatten, kann es zu unterschiedlichen Ergebnissen kommen, je nachdem auf welcher Stufe der Ermittlung des zu versteuernden Einkommens die Einkünfte zusammengerechnet werden. Dies ist der Fall, wenn einer der Ehegatten Verluste hat, die er selbst aufgrund einer Verlustausgleichsbeschränkung nicht mit positiven Einkünften verrechnen kann, jedoch der andere Ehegatte über *ausgleichsfähige* positive Einkünfte verfügt. Auf welcher Stufe der Ermittlung des *zu versteuernden Einkommens* die Zusammenrechnung erfolgt, lässt das Gesetz offen[13]. Neben der Zusammenfassung auf der Stufe der *Einkünfteermittlung* im Rahmen gleichartiger Einkunftsarten[14] kommt eine Zusammenrechnung auf der Ebene des *Gesamtbetrags der Einkünfte*[15] sowie des *Einkommens*[16] in Frage. Allein nach der erstgenannten Ansicht – Zusammenrechnung auf der Ebene der Einkünfteermittlung – käme ein Verlustausgleich unter den Ehegatten in Frage. Im vorliegenden Fall hat M Verluste aus Vermietung und Verpachtung (§ 2 Abs. 1 Nr 6, § 21 Abs. 1 Satz 1 Nr 1 EStG) erzielt. Deren Berücksichtigung bei der inländischen Steuer ist nicht aufgrund der Verlustausgleichsbeschränkung des § 2a Abs. 1 Nr 6 lit. a EStG ausgeschlossen, da Frankreich kein Drittstaat, sondern ein EU-Mitgliedstaat ist. Es kann somit dahinstehen, auf welcher Ebene der Einkünfteermittlung die Einkünfte der Ehegatten zusammengerechnet werden, da es eines Verlustausgleichs zwischen den Ehegatten nicht bedarf.

604

---

11 Siehe dazu zB *Heinicke*, in: Schmidt, EStG, § 1a Rn 20 ff.
12 Siehe dazu *Seeger*, in: Schmidt, EStG, § 26 Rn 11 f.
13 Zum Ganzen *Birk/Desens/Tappe*, Steuerrecht, Rn 626.
14 So BFH, IV R 32/86, BStBl II 1988, 827; *Seeger*, in: Schmidt, EStG, § 26b Rn 3.
15 Dazu *Birk/Desens/Tappe*, Steuerrecht, Rn 626.
16 So in einer früheren Entscheidung BFH, IX R 13/81, BStBl II 1987, 297 (300).

III. Berücksichtigung ausländischer Verluste aus Vermietung und Verpachtung

605 Die Summe der Einkünfte von M und F beträgt allerdings nur dann 205 000 €, wenn tatsächlich alle positiven und negativen Einkünfte zu berücksichtigen sind. Die Einkünfte des M aus Gewerbebetrieb (§ 2 Abs. 1 Nr 2, § 15 Abs. 1 Nr 1 EStG) und aus Vermietung und Verpachtung (§ 2 Abs. 1 Nr 6, § 21 Abs. 1 Satz 1 Nr 1 EStG) sind im Rahmen der unbeschränkten Steuerpflicht im Inland grundsätzlich steuerpflichtig (Welteinkommensprinzip). Auch die Einkünfte der F aus selbstständiger Arbeit unterliegen nach inländischem Recht einer Besteuerung im Quellenstaat (§ 1 Abs. 3 EStG iVm § 49 Abs. 1 Nr 3, § 18 EStG). Da M und F einen Wohnsitz in Frankreich haben, werden ihre Einkünfte auch dort im Rahmen der unbeschränkten Steuerpflicht belastet. Das führt zu einer Doppelbesteuerung der Einkünfte. Um die mehrfache Belastung desselben Steuerguts durch die nationalen Rechtsordnungen zu vermeiden, werden zwischen den Staaten bilaterale Verträge, sog. Doppelbesteuerungsabkommen (DBA) geschlossen[17]. Im vorliegenden Fall folgt aus dem zwischen Deutschland und Frankreich geschlossenen DBA, dass das Besteuerungsrecht an den *positiven* Einkünften von M und F Deutschland als Quellenstaat zusteht. Im Rahmen der inländischen Besteuerung werden diese Einkünfte bei der Ermittlung des *Gesamtbetrags der Einkünfte* iSd § 2 Abs. 3 Satz 1 EStG zusammengerechnet.

606 Die *negativen* Einkünfte *(Verluste),* die M aus der Vermietung des im Ausland belegenen Grundstücks erzielt hat, fließen möglicherweise nicht in die inländische Bemessungsgrundlage ein. M unterliegt zwar nach dem Welteinkommensprinzip mit seinen (positiven und negativen) Einkünften grundsätzlich der inländischen Besteuerung. Allerdings könnte im Inland die Berücksichtigung der Verluste aufgrund des DBA-F ausgeschlossen sein. Danach sind die (negativen) Einkünfte des M im Inland möglicherweise steuerfrei gestellt. Die Regelungen des DBA sind gegenüber dem innerstaatlichen Recht grundsätzlich[18] vorrangig anzuwenden (vgl § 2 AO).

607 Abkommensrechtlich könnte sich die Steuerbefreiung der Verluste aus der *Verteilungsnorm*[19] des Art. 3 Abs. 1 und 4 DBA-F ergeben. Danach können Einkünfte aus unbeweglichem Vermögen nur in dem Vertragsstaat besteuert werden, in dem dieses Vermögen belegen ist, was auch für Einkünfte aus Vermietung und Verpachtung des unbeweglichen Vermögens gilt. M hat das in dem Vertragsstaat Frankreich belegene Grundstück verpachtet. Nach dem DBA-F unterliegt er mit seinen positiven, aber – zumindest nach inländischer Rspr[20] – auch mit seinen negativen Einkünften nur im Ausland der Einkommensbesteuerung. Im Inland sind die negativen Einkünfte bereits abkommensrecht-

---

17 *Birk/Desens/Tappe*, Steuerrecht, Rn 1449.
18 Vgl zu den – hier nicht vorliegenden – Ausnahmen BFH, I R 120/93, BStBl II 1995, 129 (130) und I B 183/94, BStBl II 1995, 781 (782), sog. treaty overriding.
19 Näher zu diesem Begriff *Birk/Desens/Tappe*, Steuerrecht, Rn 1452; aA *Wassermeyer*, in: Wassermeyer, Doppelbesteuerung, Vor Art. 6–22 MA, Rn 1 mwN, der von „Steuerbefreiungen und -ermäßigungen" spricht.
20 Vgl BFH, I R 150/73, BStBl II 1976, 454; I R 13/02, BStBl II 2003, 795; vgl zur Gegenauffassung *Ismer*, in: Vogel/Lehner, DBA, Art. 23 OECD-MA Rn 56 mwN.

lich steuerfrei. Folgerichtig gehen die Verluste des M aus der Verpachtung des Grundstücks iHv 15 000 € nicht in die Bemessungsgrundlage ein. Mangels berücksichtigungsfähiger Verluste erzielen M und F bei Zusammenveranlagung eine *Summe der Einkünfte* iHv

Einkünfte aus Gewerbebetrieb (M)	120 000 €
+ Einkünfte aus freiberuflicher Tätigkeit (F)	100 000 €
= Summe der Einkünfte	220 000 €

(vgl § 2 Abs. 3 Satz 1 EStG), der vorliegend ein *Gesamtbetrag der Einkünfte* in gleicher Höhe entspricht.

IV. Berücksichtigung privater Aufwendungen, § 2 Abs. 4 EStG

Die Sonderausgaben und außergewöhnlichen Belastungen der F in einer Gesamthöhe von 7000 € könnten gem. § 2 Abs. 4 EStG zu einer Verminderung des Einkommens führen. Ist F *beschränkt* steuerpflichtig, sind gem. § 50 Abs. 1 Satz 3 EStG Sonderausgaben und außergewöhnliche Belastungen nicht von der inländischen Bemessungsgrundlage abziehbar. Im Fall der *unbeschränkten* Steuerpflicht sind diese Aufwendungen hingegen abzugsfähig (vgl § 2 Abs. 4 EStG). Da F im vorliegenden Fall *fiktiv unbeschränkt* steuerpflichtig ist (s. Rn 598), kann sie Sonderausgaben und außergewöhnliche Belastungen iHv insgesamt 7000 € abziehen.

608

C. Ergebnis

Im Ergebnis haben M und F ein gemeinsames *zu versteuerndes Einkommen* iHv 220 000 € ./. 7000 € = 213 000 € erzielt. Dieses bildet im Rahmen der Zusammenveranlagung die gemeinsame Bemessungsgrundlage für die tarifliche Einkommensteuer (Splitting-Verfahren).

609

D. Zusatzfrage[21]

Zur Vermeidung der Doppelbesteuerung gibt es grundsätzlich zwei Methoden, nämlich die *Anrechnungsmethode* und die *Freistellungsmethode*. Beide sind als unilaterale Maßnahme (nationale Regelung) bzw als bilaterale Maßnahme (Doppelbesteuerungsabkommen) denkbar. Deutschland hat auf nationaler Ebene mit § 34c Abs. 1 Satz 1 EStG die Anrechnungsmethode umgesetzt und folgt in seinen DBA üblicherweise der Freistellungsmethode (vgl. Art. 23A OECD-MA). Sollte ein DBA abgeschlossen sein, gelten grundsätzlich nur dessen Regelungen (§ 34c Abs. 6 Satz 1 EStG).

610

Bei der *Anrechnungsmethode*[22] kann unter bestimmten Voraussetzungen die im Ausland gezahlte Steuer auf die inländische angerechnet werden. Der Wohnsitzstaat sichert die

611

---
21 Vgl hierzu *Birk/Desens/Tappe*, Steuerrecht, Rn 1449 ff.
22 Dazu *Birk/Desens/Tappe*, Steuerrecht, Rn 1453.

Herstellung *seines* Besteuerungsniveaus, gleichgültig ob der Steuerpflichtige im Inland oder Ausland wirtschaftlich tätig wird. Hierdurch wird *Kapitalexportneutralität* erreicht, da das Steuerniveau ausländischer Einkünfte zumindest auf das inländische Niveau „hochgeschleust" wird. Die vom Wohnsitzstaat anzurechnende ausländische Steuer wird hierbei regelmäßig in ihrer Höhe beschränkt (Anrechnungshöchstbetrag, vgl § 34c Abs. 1 Satz 2 EStG).

612 Im Rahmen der Freistellungsmethode[23] werden hingegen die im Ausland (bereits von der ausländischen Steuer) erfassten Steuergüter von der inländischen Steuer freigestellt. Diese gehen nicht in die inländische Bemessungsgrundlage ein, so dass das Besteuerungsniveau im Quellenstaat maßgeblich bleibt *(Kapitalimportneutralität).* Bei Anwendung der Freistellungsmethode werden die ausländischen Einkünfte somit zwar von der inländischen Steuer *befreit,* sie werden jedoch häufig im Rahmen des sog. *Progressionsvorbehalts* bei der Anwendung des Steuer*tarifs* auf die übrigen (inländischen) Einkünfte wieder berücksichtigt (zB in Deutschland § 32b Abs. 1 Satz 1 Nr 3 EStG).

Zur Wiederholung

Übersicht 10.1: Persönliche Einkommensteuerpflicht (beschränkte und unbeschränkte Steuerpflicht) sowie Vermeidung von Doppelbesteuerungen

613 Wer ist in Deutschland einkommensteuerpflichtig?

Zwei Grundformen: Unbeschränkte und beschränkte Steuerpflicht

I. Unbeschränkte Steuerpflicht (§ 1 I 1 EStG)
1. **Voraussetzungen**
    a) Natürliche Person und
    b) Wohnsitz (§ 8 AO) oder gewöhnlicher Aufenthalt (§ 9 AO) im Inland (§ 1 I 1 EStG) oder Dienstverhältnis zu inländischer juristischer Person des öffentlichen Rechts (insb „Diplomaten", § 1 II EStG)
    c) nicht entscheidend: Staatsangehörigkeit oder (auch) Wohnsitz in anderem Staat
2. **Rechtsfolgen**
    Der unbeschränkt Steuerpflichtige unterliegt mit seinem gesamten Welteinkommen der Besteuerung in Deutschland (**„Welteinkommensprinzip"**);
    Berücksichtigung aller Umstände, die die **persönliche Gesamtleistungsfähigkeit** ausmachen, also
    • Abziehbarkeit von erwerbsbezogenem Aufwand (= **Werbungskosten und Betriebsausgaben**; „objektives Nettoprinzip") und

---

23 Dazu *Birk/Desens/Tappe,* Steuerrecht, Rn 1453, 1455.

- Berücksichtigung der **persönlichen Verhältnisse** („subjektives Nettoprinzip"), zB
  - Sonderausgaben (§ 10 EStG),
  - außergewöhnliche Belastungen (§ 33 EStG),
  - Familienstand (Ehegattensplitting, § 32a V EStG),
  - Kinder (Kinderfreibeträge, § 32 VI EStG; Betreuungskosten, § 10 I Nr 5 EStG)
  - Anwendung des **progressiven Tarifs** auf die Bemessungsgrundlage (§ 32a EStG)

II. Beschränkte Steuerpflicht (§ 1 IV EStG)

1. Voraussetzungen
a) Natürliche Person
b) Weder Wohnsitz noch gewöhnlicher Aufenthalt in Deutschland (sonst unbeschränkte Steuerpflicht)
c) Inländische Einkünfte iSd § 49 EStG, zB
  - Einkünfte aus Vermietung und Verpachtung deutscher Grundstücke, § 49 I Nr 6 EStG
  - Einkünfte aus im Inland ausgeübter selbstständiger und nichtselbstständiger Arbeit, § 49 I Nr 3, 4 EStG

2. Rechtsfolgen
Der beschränkt Steuerpflichtige unterliegt **nur mit seinen inländischen Einkünften** der Besteuerung in Deutschland, § 1 IV EStG **(„Quellenprinzip")**.
Besonderheiten gegenüber unbeschränkter Steuerpflicht:
- **Erwerbsaufwendungen** (Betriebsausgaben, Werbungskosten)
  - Abzug grundsätzlich zulässig, aber Besonderheiten, § 50 I 1, 3, 5 EStG
  - **Bruttobesteuerung**, soweit Einkünfte dem **Steuerabzug** unterliegen (insb aus Kapitalvermögen; Ausnahme für Lohnbezieher aus EU-Staaten); **Abgeltungswirkung** des Steuerabzugs, dh Aufwendungen nicht abziehbar (§ 50 II 1 EStG); aber § 50a III EStG
- grundsätzlich keine Berücksichtigung der persönlichen Verhältnisse durch **private Abzüge** (§ 50 I 3, 4 EStG), wie zB
  - Sonderausgaben (§ 10 EStG),
  - außergewöhnliche Belastungen (§ 33 EStG),
  - Kinderfreibeträge (§ 32 VI EStG)
- Keine Gewährung des Grundfreibetrags (Hinzurechnung gemäß § 50 I 2 EStG); iÜ Anwendung des regulären Tarifs nach § 32a I EStG

III. Fiktive unbeschränkte Steuerpflicht (§ 1 III, § 1a EStG)

1. Zweck:
Vermeidung von gemeinschaftsrechtlich unzulässigen (versteckten) Diskriminierungen von EU-Ausländern, die sich im Inland wirtschaftlich betätigen; Sonderregeln für beschränkt Steuerpflichtige (= Nicht-Ansässige, die im Regelfall Ausländer sind) sind in der Regel ungünstiger als die unbeschränkte Steuerpflicht. Neuregelung der § 1 III, § 1a EStG beruht auf EuGH v. 14.2.1995, C-279/93 – *Schumacker*

2. Inhalt der Regelung:
Sofern Abzüge im Ansässigkeitsstaat sich nicht auswirken würden, muss Tätigkeits-/Quellenstaat persönliche Abzüge berücksichtigen; betrifft insbesondere Grenzpendler

3. Regelungstechnik:
Auf Antrag Gleichstellung mit unbeschränkt Steuerpflichtigen, sofern im Ansässigkeitsstaat kein Potenzial besteht, von dem die Privataufwendungen abgezogen werden könnten (entweder Einkünfte unter 9000 € oder weniger als 10 % aller Einkünfte)

IV. Warum besteuern Ansässigkeitsstaat *und* Quellenstaat?
1. **Gründe für die unbeschränkte Steuerpflicht (Welteinkommensprinzip)**
   Rechtfertigung: **Leistungsfähigkeitsprinzip**: Der Ansässigkeitsstaat ermittelt die *Gesamt*leistungsfähigkeit des Steuerpflichtigen; diese wird auch durch aus dem Ausland bezogene Einkünfte erhöht, die daher ebenfalls dem (idR progressiven) Tarif zu unterwerfen sind
2. **Gründe für die beschränkte Steuerpflicht (Quellenprinzip)**
   Rechtfertigung des „Ob": **Äquivalenzprinzip**: Wer den inländischen Gütermarkt und die inländische Infrastruktur nutzt, soll sich auch an deren Finanzierung beteiligen.

V. Maßnahmen zur Vermeidung der Doppelbesteuerung
1. **Formen**
   a) **Anrechnungsmethode**
      Im Ausland gezahlte und auf die auch im Inland erfassten Einkünfte entfallende Steuer wird auf die inländische Steuer angerechnet.
      Wirtschaftliche Auswirkung: Steuerpflichtiger unterliegt im Ergebnis immer dem höheren Steuersatz (gleichgültig ob im In- oder Ausland höhere Steuersätze gelten)
   b) **Freistellungsmethode**
      Im Ausland erfasste Einkünfte werden im Inland freigestellt, dh nicht in die Bemessungsgrundlage einbezogen.
      aber: Progressionsvorbehalt (§ 32b I 1 Nr 3 EStG)
2. **Wer vermeidet Doppelbesteuerung?**
   a) Unilateral, dh einseitig durch deutsches Recht geregelt **(§ 34c EStG)** → subsidiär gegenüber DBA (vgl § 34c VI EStG)
   b) Bilateral, dh durch völkerrechtliche Verträge **(Doppelbesteuerungsabkommen)**

Übersicht 10.2: Verlustverrechnungsbeschränkungen

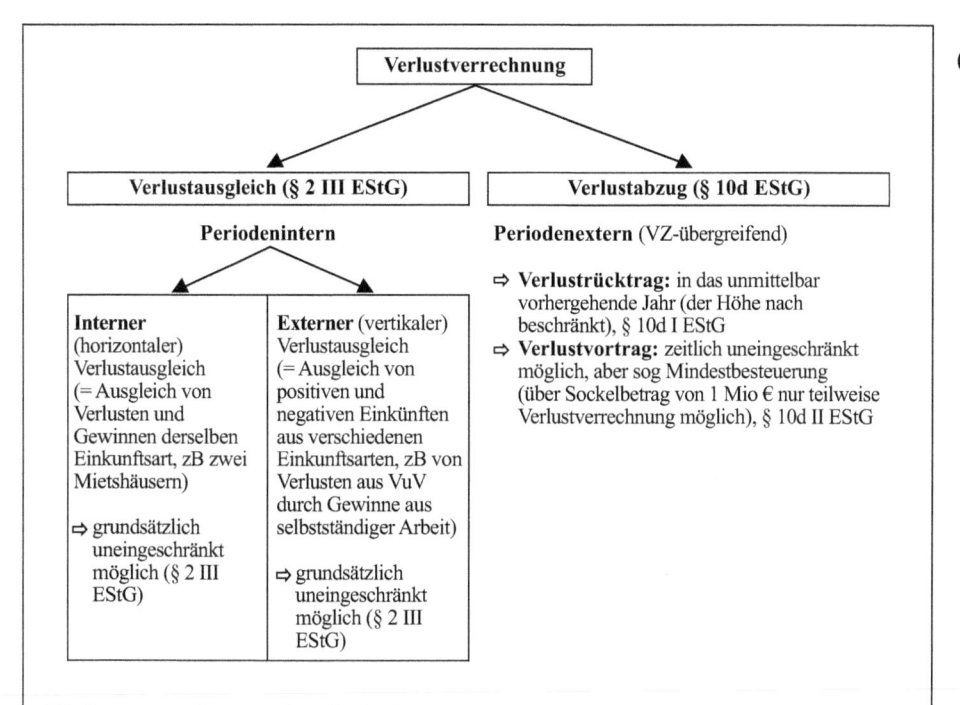

614

```
                            Verlustverrechnung
                           ╱              ╲
        Verlustausgleich (§ 2 III EStG)    Verlustabzug (§ 10d EStG)
           Periodenintern                   Periodenextern (VZ-übergreifend)
          ╱              ╲
```

Interner (horizontaler) Verlustausgleich (= Ausgleich von Verlusten und Gewinnen derselben Einkunftsart, zB zwei Mietshäusern) ⇨ grundsätzlich uneingeschränkt möglich (§ 2 III EStG)	Externer (vertikaler) Verlustausgleich (= Ausgleich von positiven und negativen Einkünften aus verschiedenen Einkunftsarten, zB von Verlusten aus VuV durch Gewinne aus selbstständiger Arbeit) ⇨ grundsätzlich uneingeschränkt möglich (§ 2 III EStG)

Periodenextern-Seite:
⇨ **Verlustrücktrag:** in das unmittelbar vorhergehende Jahr (der Höhe nach beschränkt), § 10d I EStG
⇨ **Verlustvortrag:** zeitlich uneingeschränkt möglich, aber sog Mindestbesteuerung (über Sockelbetrag von 1 Mio € nur teilweise Verlustverrechnung möglich), § 10d II EStG

Verlustverrechnungsbeschränkungen

Arten

- **Eigener Verrechnungskreislauf:**
  - Beschränkung auf Verlustverrechnung mit Einkünften derselben Einkunftsart (zB private Veräußerungsgewinne, § 23 III 7, 8 EStG)
  - Beschränkung auf Verrechnung mit positiven Einkünften derselben Art und aus demselben Staat (§ 2a I 1 EStG)
  - Beschränkung auf Einkünfte derselben Art (zB Einkünfte aus gewerblicher Tierzucht, § 15 IV 1 EStG)
- **Völliger Ausschluss der Verlustberücksichtigung** (zB § 17 II 6 EStG)

Verfassungsrechtliche Problematik

Objektives Nettoprinzip als Verfassungsprinzip (Konkretisierung des Leistungsfähigkeitsprinzips):
- Verlustverrechnungsbeschränkungen bedürfen daher der verfassungsrechtlichen Rechtfertigung
- In Betracht kommen vor allem Lenkungszwecke oder Missbrauchsbekämpfung

Fall 10 *Grenzgänger*

Sonderproblem der Verlustverrechnung bei zusammenveranlagten Ehegatten:

Auf welcher Stufe der Ermittlung des zu versteuernden Einkommens wird zusammengerechnet? (Wird zB relevant, wenn Mann negative Einkünfte aus gewerblicher Tierzucht und Frau positive Einkünfte aus gewerblicher Tierzucht, § 15 IV EStG, erzielt. Verlustverrechnung möglich oder Verweis des M auf spätere eigene positive Einkünfte aus gewerblicher Tierzucht?)

Fall 11

Standort Deutschland

Schwerpunkte: **Einkommensteuerrecht:** Beschränkte Steuerpflicht (LB § 5 Rn 680–683), Betriebsaufspaltung (LB § 5 Rn 705–713); **Internationales Steuerrecht:** Betriebsstätte (LB § 7 Rn 1460); isolierende Betrachtungsweise; grenzüberschreitende wirtschaftliche Tätigkeit (LB § 7 Rn 1456–1470)

Schwierigkeitsgrad: hoch, Bearbeitungszeit: 3 Stunden

B ist Belgier und wohnt in G (Belgien). Dort hält er sich auch gewöhnlich auf. In der Nähe von Bitburg (Deutschland) kauft B im Dezember 01 mehrere mit Fabrik- sowie Ladengebäuden bebaute Grundstücke, in denen der ehemalige Eigentümer X Küchenmöbel und -einrichtungen hergestellt und auch direkt ab Werk verkauft hat.

615

Im Januar 02 gründet B nach deutschem Recht die C-GmbH mit Sitz und Geschäftsleitung in Trier. Diese soll nach ihrem Gesellschaftsvertrag die Entwicklung, Konstruktion, Produktion und den Vertrieb von Küchenmöbeln und -einrichtungen betreiben. B ist der einzige Gesellschafter der GmbH. Geschäftsführer ist ein in Trier lebender Bekannter des B.

In der Folge verpachtet B seine in Deutschland erworbenen Grundstücke nebst Gebäuden an die C-GmbH zu einem Pachtzins von 1,5 Mio € pro Jahr. Diese werden von der GmbH ihrem Geschäftszweck entsprechend genutzt. Die verpachteten Grundstücke und Gebäude verwaltet B von G aus selbst.

Im Jahr 02 erzielt die C-GmbH einen Gewinn, den sie in Höhe von 50 000 € an B ausschüttet.

Unterliegen die Einkünfte des B im Jahr 02 in Deutschland der Einkommensteuer?

Bearbeitervermerk: Gehen Sie für die Lösung des Falls davon aus, dass Deutschland mit Belgien kein Doppelbesteuerungsabkommen (DBA) abgeschlossen hat. Legen Sie ausschließlich deutsches Steuerrecht zu Grunde. B erzielt in Belgien weitere erhebliche Einkünfte.

Fall 11 *Standort Deutschland*

Vorüberlegungen

616 Der Fall behandelt schwerpunktmäßig die einkommensteuerliche Beurteilung derjenigen Einkünfte, die bei einer Betriebsaufspaltung „über die Grenze" erzielt werden. Sowohl die Einkünfte aus der Verpachtung der Grundstücke und Gebäude als auch die Einkünfte aus der GmbH-Beteiligung (Ausschüttung) können bei Vorliegen einer Betriebsaufspaltung (vgl Fall 7) in gewerbliche Einkünfte umqualifiziert werden.

Ausgangspunkt der Prüfung sind die § 1 Abs. 4 und § 49 EStG. B hat seinen Wohnsitz und gewöhnlichen Aufenthalt nicht im Inland, so dass eine beschränkte persönliche Steuerpflicht in Betracht kommt (§ 1 Abs. 4 EStG), die sich nur auf die inländischen Einkünfte iSd § 49 Abs. 1 EStG bezieht.

617 Bevor man in die eigentliche Falllösung einsteigt, sollte man zunächst überlegen, wie der Fall als rein *inländischer* zu lösen wäre. Es bietet sich bei der rechtlichen Prüfung von komplexeren Sachverhalten mit internationalem Bezug häufig an, zumindest gedanklich zweischrittig vorzugehen (1. Wie wäre der Fall ohne Auslandsbezug zu lösen? – 2. Was ändert sich durch den Auslandsbezug?).

Wenn B hier nicht in Belgien sondern in Deutschland seinen Wohnsitz oder gewöhnlichen Aufenthalt hätte (unbeschränkte Steuerpflicht, § 1 Abs. 1 Satz 1 EStG), würde man bei der Bearbeitung des Falls ohne größere Schwierigkeiten auf das Problem der Betriebsaufspaltung stoßen. Die Einkünfte aus der Verpachtung der Grundstücke wären auf den ersten Blick Einkünfte iSd § 2 Abs. 1 Satz 1 Nr 6, § 21 Abs. 1 Satz 1 Nr 1 EStG (VuV), dies aber wegen der Subsidiaritätsklausel in § 21 Abs. 3 EStG nur dann, wenn sie nicht als gewerbliche Einkünfte zu qualifizieren sind. Dies wäre aber anzunehmen, weil B wegen der Verpachtung an ein gewerbliches Betriebsunternehmen (C-GmbH) auch mit seinem Besitzunternehmen am allgemeinen wirtschaftlichen Verkehr teilnimmt und damit gewerblich tätig ist (Betriebsaufspaltung[1]). Gleiches gilt für die Einkünfte aus Kapitalvermögen (Ausschüttung, § 2 Abs. 1 Satz 1 Nr 5, § 20 Abs. 1 Nr 1, Abs. 8 EStG). Bei Gewerblichkeit des *Besitz*unternehmens sind die Anteile an der GmbH notwendiges Betriebsvermögen des B, so dass gewerbliche Einkünfte vorliegen. Ohne Auslandsbezug würde B daher sowohl durch die Verpachtung als auch aufgrund der Ausschüttung Einkünfte aus Gewerbebetrieb erzielen (§ 2 Abs. 1 Satz 1 Nr 2, § 15 Abs. 1 Satz 1 Nr 1 EStG).

618 Was ändert sich nun dadurch, dass B in Belgien wohnt? B ist beschränkt steuerpflichtig, so dass anstatt der Einkunftsarten in § 2 Abs. 1 Satz 1 EStG die Einkunftsarten des § 49 Abs. 1 EStG zu prüfen sind. Der Aufbau des § 49 EStG entspricht im Wesentlichen dem des § 2 EStG. Auch hier sind gewerbliche Einkünfte vorrangig zu prüfen, § 49 Abs. 1 Nr 6 EStG („soweit"). Die Einkünfte aus der Verpachtung der inländischen Grundstücke sind dabei Einkünfte aus Gewerbebetrieb, wenn die in der Rspr entwickelten Grundsätze der Betriebsaufspaltung, die eine Umqualifizierung der Einkünfte aus VuV in solche aus Gewerbebetrieb zur Folge haben, auch auf grenzüberschreitende

---

1 Siehe hierzu **Fall 7**, Rn 430 ff; *Birk/Desens/Tappe*, Steuerrecht, Rn 705 ff.

Sachverhalte Anwendung finden können. Das Besitzunternehmen liegt in Belgien, so dass der Betrieb ab dem Jahr 02 „über die Grenze" hinweg aufgespalten ist.

Wendet man die Grundsätze der Betriebsaufspaltung im Fall auch auf die grenzüberschreitende Tätigkeit an, so ergeben sich – wie im Inlandsfall – gewerbliche Einkünfte (§ 49 Abs. 1 Nr 2 EStG), ansonsten muss man Einkünfte aus VuV (§ 49 Abs. 1 Nr 6 EStG) annehmen. Gleiches gilt für die Ausschüttung des GmbH-Gewinns an B (§ 49 Abs. 1 Nr 2 *oder* Nr 5 EStG). Mit der 100 %-Beteiligung stellt B die Durchsetzung seines einheitlichen geschäftlichen Betätigungswillens in der GmbH sicher. Das Merkmal der „personellen Verflechtung" liegt allerdings im Ausland (am Wohnsitz des B in Belgien). **619**

Eine beschränkte Steuerpflicht besteht bei der Annahme von gewerblichen Einkünften grundsätzlich nur, wenn eine Betriebsstätte unterhalten wird (§ 12 AO) oder ein ständiger Vertreter bestellt ist (§ 13 AO). Da B die verpachteten Grundstücke und Gebäude aber selbst von G aus verwaltet, gibt es weder eine Betriebsstätte noch einen ständigen Vertreter. Auch wird man die (inländische) C-GmbH nicht als Betriebsstätte des B ansehen können. Daher sind die Einkünfte des B aus der Verpachtung zunächst nicht gem. § 49 Abs. 1 Nr 2 lit. a EStG in Deutschland steuerpflichtig. Ein Zurückfallen auf die subsidiäre Einkunftsart VuV (§ 49 Abs. 1 Nr 6 EStG) könnte unter Rückgriff auf die isolierende Betrachtungsweise (§ 49 Abs. 2 EStG) begründet werden. Mit § 49 Abs. 1 Nr 2 lit. f EStG hat der Gesetzgeber allerdings für Vermietungseinkünfte die Gewerblichkeit fingiert, um eine Besteuerung im Inland sicherzustellen. Im Fall können also in Höhe der Pachteinnahmen gewerbliche Einkünfte nach Nr 2 lit. f angenommen werden. Nach der Systematik des § 49 EStG ist § 49 Abs. 1 Nr 2 lit. f EStG vorrangig anzuwenden, so dass es eines Rückgriffs auf die isolierende Betrachtungsweise (§ 49 Abs. 2 EStG) insoweit nicht (mehr[2]) bedarf. **620**

Für die Ausschüttungen der GmbH (beschränkte Steuerpflicht gem. § 49 Abs. 1 Nr 5 lit. a EStG) bleibt es bei dem Rückgriff auf die isolierende Betrachtungsweise; hier fehlt es an einer entsprechenden Spezialregelung.

---

2 Nach der Gesetzesbegründung (BT-Drs 16/10 189, 58 f) dient die Änderung vor allem dazu, einen „Gleichlauf" mit den Veräußerungsgewinnen zu erreichen. Zugleich bewirkt die Änderung eine Klarstellung dahingehend, dass (zB auch im Fall der gewerblichen Prägung im Ausland) eine Besteuerung im Inland sichergestellt ist. Die Anwendung des § 49 Abs. 2 EStG war zuvor in diesen Fällen streitig, s. dazu Rn 648 ff.

Gliederung

621 **A. Einkünfte aus der Verpachtung der Grundstücke und Gebäude**
  I. Einkünfte aus VuV, § 49 Abs. 1 Nr 6 iVm § 21 Abs. 1 Satz 1 Nr 1 EStG
  II. Einkünfte aus Gewerbebetrieb, § 49 Abs. 1 Nr 2 iVm § 15 Abs. 1 Satz 1 Nr 1 Satz 1 EStG
    1. Originär gewerbliche Tätigkeit?
      a) Positive Tatbestandsmerkmale – Beteiligung am allgemeinen wirtschaftlichen Verkehr
      b) Negative Abgrenzungsmerkmale – keine private Vermögensverwaltung
    2. Betriebsaufspaltung
      a) Sachliche Verflechtung
      b) Personelle Verflechtung
      c) Betriebsaufspaltung auch über die Grenze
    3. Weitere Voraussetzungen des § 49 Abs. 1 Nr 2 lit. a EStG
      a) Betriebsstätte (§ 12 AO)
      b) Ständiger Vertreter nach § 13 AO
    4. Gewerbliche Einkünfte nach § 49 Abs. 1 Nr 2 lit. f EStG
B. Einkünfte aus der Ausschüttung der C-GmbH an B
  I. Einkünfte aus Kapitalvermögen, § 49 Abs. 1 Nr 5 lit. a EStG iVm § 20 Abs. 1 Nr 1 EStG
  II. Einkünfte aus Gewerbebetrieb, § 49 Abs. 1 Nr 2 lit. a EStG iVm § 15 Abs. 1 Satz 1 Nr 1 Satz 1 EStG
  III. Einkünfte aus Kapitalvermögen, § 49 Abs. 1 Nr 5 lit. a EStG iVm § 49 Abs. 2, § 20 Abs. 1 Nr 1 EStG
    1. „soweit inländische Einkünfte nicht angenommen werden können"
    2. „im Ausland gegebene Besteuerungsmerkmale"
      a) Einheitlicher Betätigungswille im Ausland
      b) Beteiligungsverhältnisse im Inland
      c) Beteiligung als Betriebsvermögen des Besitzunternehmens

Musterlösung

Die Einkünfte des B können in Deutschland der Einkommensteuerpflicht unterliegen, wenn B unbeschränkt (§ 1 Abs. 1–3, § 1a EStG) oder beschränkt steuerpflichtig (§ 1 Abs. 4 EStG) ist (persönliche Steuerpflicht).

622

B hat seinen Wohnsitz (§ 8 AO) und seinen gewöhnlichen Aufenthalt (§ 9 AO) in Belgien. Anhaltspunkte für eine fiktive unbeschränkte Steuerpflicht (§ 1 Abs. 3, § 1a EStG) bestehen bei B aufgrund seiner weiteren erheblichen Einkünfte in Belgien nicht.

623

B ist daher nur mit seinen inländischen Einkünften iSd § 49 EStG beschränkt steuerpflichtig (§ 1 Abs. 4 EStG). Bei den Einkünften aus der Verpachtung der in Deutschland belegenen Grundstücke und Gebäude (A.) sowie der Gewinnausschüttung der C-GmbH (B.) könnte es sich um solche inländischen Einkünfte handeln (sachliche Steuerpflicht).

624

A. Einkünfte aus der Verpachtung der Grundstücke und Gebäude

I. Einkünfte aus VuV, § 49 Abs. 1 Nr 6 iVm § 21 Abs. 1 Satz 1 Nr 1 EStG

Die Einkünfte aus der Verpachtung der in Deutschland belegenen Grundstücke und Gebäude an die C-GmbH könnten gem. § 49 Abs. 1 Nr 6 EStG als Einkünfte aus VuV beschränkt steuerpflichtig sein. Eine Steuerpflicht nach § 49 Abs. 1 Nr 6 EStG setzt – neben der unproblematisch gegebenen Belegenheit im Inland – voraus, dass Einkünfte aus VuV iSd § 21 EStG vorliegen. § 49 EStG knüpft bei den sachlichen Besteuerungsvoraussetzungen an die Einkunftsarten des § 2 Abs. 1 EStG an. Das Verhältnis der Tatbestände des § 49 Abs. 1 EStG zueinander richtet sich nach den allgemeinen Vorschriften der §§ 13 ff EStG[3]. Auch iRd § 49 Abs. 1 EStG ist § 21 Abs. 3 EStG zu beachten, nach dem Einkünfte iSd § 21 Abs. 1, 2 EStG den Einkünften aus anderen Einkunftsarten zuzurechnen sind, soweit sie zu diesen gehören. In § 49 Abs. 1 Nr 6 EStG wird aus diesem Grund (klarstellend) ebenfalls die Subsidiarität zu den Einkünften der Nr 1 bis 5 angeordnet[4].

625

II. Einkünfte aus Gewerbebetrieb, § 49 Abs. 1 Nr 2 iVm § 15 Abs. 1 Satz 1 Nr 1 Satz 1 EStG

B könnte durch die Verpachtung gewerbliche Einkünfte iSd § 49 Abs. 1 Nr 2 EStG erzielen, wenn diese als „Einkünfte aus gewerblichen Unternehmen" (§ 15 Abs. 1 Satz 1 Nr 1 Satz 1 EStG) anzusehen wären.

626

---

3 *Loschelder*, in: Schmidt, EStG, § 49 Rn 13.
4 § 49 Abs. 1 Nr 6 EStG seit dem JStG 2009 v. 19.12.2008, BGBl I, 2794.

1. Originär gewerbliche Tätigkeit?

627 Ein gewerbliches Unternehmen (Gewerbebetrieb) iSd § 15 Abs. 1 Satz 1 Nr 1 Satz 1 EStG kann aufgrund der Verpachtung der Grundstücke angenommen werden, wenn die Verpachtung eine selbstständige nachhaltige Betätigung ist, die mit der Absicht Gewinn zu erzielen unternommen wird und sich als Beteiligung am allgemeinen wirtschaftlichen Verkehr darstellt (§ 15 Abs. 2 Satz 1 EStG).

a) Positive Tatbestandsmerkmale – Beteiligung am allgemeinen wirtschaftlichen Verkehr

628 Die Verpachtung der Grundstücke und Gebäude an die C-GmbH erfolgt selbstständig und ist eine auf Wiederholung angelegte nachhaltige Tätigkeit.

B müsste sich aber auch am allgemeinen wirtschaftlichen Verkehr beteiligen. Eine Beteiligung am allgemeinen wirtschaftlichen Verkehr ist anzunehmen, wenn Güter oder Leistungen am Markt erkennbar für Dritte gegen Entgelt angeboten werden[5]. B verpachtet vorliegend aber (nur) an die ihm selbst gehörende C-GmbH, so dass fraglich ist, ob die der C-GmbH gegen Entgelt erbrachte Leistung auch tatsächlich „am Markt" erbracht wird. Entscheidend ist aber nicht, dass die Leistungen durch eine Vielzahl von Marktteilnehmern nachgefragt, sondern dass die Leistungen an den Abnehmer in seiner Eigenschaft als Marktteilnehmer (und nicht aus anderen Gründen) erbracht werden[6]. Das Tatbestandsmerkmal einer Leistungserbringung „am Markt", dient der Abgrenzung des Markteinkommens[7] von anderen Vermögensmehrungen. Daher liegt eine Teilnahme am allgemeinen wirtschaftlichen Verkehr auch dann vor, wenn der Steuerpflichtige seine Leistungen nur gegenüber einer Person erbringt[8]. Durch die Verpachtung beteiligt sich B daher am allgemeinen wirtschaftlichen Verkehr.

b) Negative Abgrenzungsmerkmale – keine private Vermögensverwaltung

629 Die Verpachtung der in Deutschland belegenen Grundstücke und Gebäude an die C-GmbH könnte aber private Vermögensverwaltung sein. Eine gewerbliche Tätigkeit kann nur angenommen werden, wenn der Rahmen privater Vermögensverwaltung überschritten ist[9]. Dies wiederum ist nach dem Gesamtbild der Verhältnisse zu entscheiden. Maßgeblich ist, ob die Tätigkeit dem Bild entspricht, das nach der Verkehrsanschauung einen Gewerbebetrieb ausmacht[10]. Die bloße Verpachtung an einen Dritten (die C-GmbH) scheint hier auf den ersten Blick bloße „Fruchtziehung" aus eigenem Vermögen zu sein. So geht auch § 14 Satz 3 AO davon aus, dass Vermögensverwaltung in der Regel vorliegt, wenn Vermögen genutzt, zum Beispiel Kapitalvermögen verzinslich angelegt oder unbewegliches Vermögen vermietet oder verpachtet wird. Nach dem

---

5 BFH, IV R 66/91 ua, BStBl II 1994, 463 (464).
6 *Reiß*, in: Kirchhof, EStG, § 15 Rn 31.
7 *Hey*, in: Tipke/Lang, § 8 Rn 52.
8 *Wacker*, in: Schmidt, EStG, § 15 Rn 20.
9 BFH, IV R 75/00, BStBl II 2003, 467 stRspr; *Wacker*, in: Schmidt, EStG, § 15 Rn 46.
10 BFH, GrS 1/98, BStBl II 2002, 291 (292).

Gesamtbild der Verhältnisse und der Verkehrsanschauung ist hier aber auch zu berücksichtigen, dass die Grundstücke und Gebäude durch die C-GmbH gewerblich genutzt werden, deren Anteile wiederum B hält.

2. Betriebsaufspaltung

Nach den Grundsätzen der Betriebsaufspaltung[11] könnten hier die Einkünfte aus der Verpachtung der in Deutschland belegenen Grundstücke und Gebäude an die C-GmbH in Einkünfte aus Gewerbebetrieb umzuqualifizieren sein. **630**

Wenn Wirtschaftsgüter des Anlagevermögens von einer Person oder Personengruppe an eine Personen- oder Kapitalgesellschaft verpachtet werden und das verpachtende (Einzel-)Unternehmen (Besitzunternehmen) mit dem pachtenden Unternehmen (Betriebsunternehmen) *sachlich* und *personell verflochten* ist[12], sei nach stRspr des BFH die Verpachtung von Wirtschaftsgütern als eine über die reine Vermögensverwaltung hinausgehende gewerbliche Tätigkeit anzusehen[13]. Dass diese Rspr richtig ist, wird bei einer typologischen Betrachtung des Gewerbebetriebsbegriffs deutlich. Aufgrund der genannten sachlichen und personellen Verflechtung ist nach dem Gesamtbild auch die Vermietung als Teil der – vor allem zur Haftungsminimierung bei der Betriebsgesellschaft aufgespaltenen – gewerblichen Gesamttätigkeit zu werten. Der BFH sieht diese Verflechtung als „besondere Umstände" an, die die Einstufung als gewerbliche Tätigkeit rechtfertigen[14]. B (als in Belgien ansässiger Besitzunternehmer) vermietet hier der C-GmbH (als Betriebsunternehmen) die in Deutschland belegenen Grundstücke und Gebäude, die bei dieser zum Anlagevermögen zählen würden. Eine Betriebsaufspaltung kann hier also angenommen werden, wenn zwischen dem im Ausland betriebenen Unternehmen des B und der im Inland ansässigen C-GmbH eine sachliche und personelle Verflechtung besteht.

a) Sachliche Verflechtung

Eine sachliche Verflechtung liegt vor, wenn die verpachteten Wirtschaftsgüter (hier: die Gebäude und Grundstücke) für das Betriebsunternehmen *wesentliche Betriebsgrundlagen* darstellen[15]. Wesentliche Betriebsgrundlagen sind solche Wirtschaftsgüter, die zur Erreichung des Betriebszwecks erforderlich sind und für die Betriebsführung ein besonderes Gewicht besitzen[16]. Bei einem Gebäude liegen diese Voraussetzungen dann vor, wenn der Betrieb ein Gebäude dieser Art benötigt, das Gebäude für den Betriebszweck geeignet ist und die räumliche und funktionale Grundlage des Betriebs bildet[17]. Hier wurden die Grundstücke und Fabrik- sowie Ladengebäude bereits von dem früheren Eigentümer für die Herstellung und den Handel mit Küchenmöbeln genutzt, sie **631**

---

11 Zu den Voraussetzungen einer Betriebsaufspaltung siehe ausführlich **Fall 7**, Rn 456 ff; *Birk/Desens/Tappe*, Steuerrecht, Rn 705 ff.
12 *Birk/Desens/Tappe*, Steuerrecht, Rn 706 f.
13 Vgl dazu *Birk/Desens/Tappe*, Steuerrecht, Rn 710.
14 BFH, GrS 2/71, BStBl II 1972, 63 (64).
15 BFH, IV R 62/98, BStBl II 2000, 417.
16 *Wacker*, in: Schmidt, EStG, § 15 Rn 808.
17 *Wacker*, in: Schmidt, EStG, § 15 Rn 811.

sind daher nach Gliederung und Bauart dauernd für den Betrieb der Betriebsgesellschaft (C-GmbH) eingerichtet, so dass eine sachliche Verflechtung vorliegt.

b) Personelle Verflechtung

632 Zudem müssen Betriebs- und Besitzunternehmen miteinander personell verflochten sein. Eine personelle Verflechtung liegt vor, wenn die Beteiligungsverhältnisse in beiden Unternehmen identisch sind *(Beteiligungsidentität)* oder die Personen, die im Besitzunternehmen die Mehrheit haben, auch mehrheitlich an der Betriebsgesellschaft beteiligt sind *(Beherrschungsidentität),* so dass in Besitz- und Betriebsunternehmen ein einheitlicher Betätigungswille besteht[18]. B ist hier der Eigentümer der Grundstücke und Gebäude sowie alleiniger Gesellschafter der C-GmbH. Der Geschäftsführer der GmbH unterliegt dabei den Weisungen der Gesellschafterversammlung (§ 46 Nr 6 GmbHG), so dass die Fremdgeschäftsführung (§ 6 Abs. 1, 3 Satz 1 GmbHG) durch den Bekannten des B die Beherrschungsidentität nicht hindert. Daher besteht Beteiligungs- sowie Beherrschungsidentität; eine personelle Verflechtung iS eines einheitlichen Betätigungswillens ist gegeben.

633 Die Verpachtung der Grundstücke und Fabrikgebäude des B an die C-GmbH begründet somit (nach nationalen Grundsätzen) eine Betriebsaufspaltung. Dies führt dazu, dass die Vermietungstätigkeit des B über eine reine Vermögensverwaltung hinausgeht und die Verpachtung daher insgesamt als gewerbliche Tätigkeit einzustufen wäre.

c) Betriebsaufspaltung auch über die Grenze

634 Die Grundsätze zur Betriebsaufspaltung sind von der Rspr indes für Inlandssachverhalte entwickelt worden, bei denen sowohl das Besitzunternehmen als auch die Betriebsgesellschaft im Inland ansässig waren. Vorliegend ist das Besitzunternehmen (des B) in Belgien ansässig. Ob die Grundsätze der Betriebsaufspaltung auch in denjenigen Fällen angewendet werden können, in denen eines der beiden Unternehmen im Ausland ansässig ist, ist nicht abschließend geklärt.

635 In der Literatur wird zur Frage der „Betriebsaufspaltung über die Grenze" zum Teil vertreten, dass das Besitzunternehmen seine Geschäftsleitung (§ 10 AO) stets im Inland haben müsse[19]. Werde das Besitzunternehmen nur vom Wohnsitz des Inhabers aus geführt, müsse dieser seinen Wohnsitz (§ 8 AO) im Inland oder einen ständigen Vertreter iSv § 49 Abs. 1 Nr 2 lit. a EStG bestellt haben[20]. Fehle es hieran, so liege keine Betriebsaufspaltung über die Grenze vor[21]. Danach läge vorliegend keine Betriebsaufspaltung vor.

---

18 BFH, GrS 2/71, BStBl II 1972, 63 (65); VIII R 24/01, BStBl II 2003, 757 (758); *Birk/Desens/Tappe,* Steuerrecht, Rn 707.
19 So zur „Rechtslage bis VZ 08": *Wacker,* in: Schmidt, EStG, § 15 Rn 862.
20 So zur „Rechtslage bis VZ 08": *Wacker,* in: Schmidt, EStG, § 15 Rn 862.
21 So zur „Rechtslage bis VZ 08": *Wacker,* in: Schmidt, EStG, § 15 Rn 862; ähnlich auch bereits *Schmidt,* DStR 1979, 703. Eine nähere Begründung dafür, dass das Besitzunternehmen stets ein inländisches sein müsse, findet sich bei *Wacker* nicht. Erklären lässt sich diese Annahme vom Ergebnis her: Wenn – wie meist – eine inländische Betriebsstätte nicht begründet ist, führt die Annahme der Betriebsaufspaltung regelmäßig zur Steuerfreiheit der gewerblichen Einkünfte (§ 49 Abs. 1 Nr 2 lit. a EStG). Dieses als unbillig empfundene Ergebnis soll dadurch vermieden werden, dass man eine Betriebsaufspaltung nur bei inländischen Besitzunternehmen annimmt. Einen Ausweg bietet indes auch die isolierende Betrachtungsweise gem. § 49 Abs. 2 EStG, dazu s. Rn 648 ff.

Jedoch gibt es keinen Anlass, die Grundsätze der Betriebsaufspaltung nicht auch über die Grenze hinweg anzuwenden[22]. Die Gründe, die der BFH[23] für die Behandlung als gewerbliche Einkünfte anführt, gelten letztlich unabhängig davon, ob es sich um eine inländische oder ausländische Besitzgesellschaft handelt[24]. Das Besitzunternehmen beteiligt sich durch die enge wirtschaftliche und persönliche Verflechtung mit dem Betriebsunternehmen am allgemeinen wirtschaftlichen Verkehr. Durch den einheitlichen geschäftlichen Betätigungswillen bei beiden Unternehmen unterscheidet sich die Tätigkeit des Besitzunternehmens auch dann, wenn es vom Ausland aus geführt wird, von der eines normalen Vermieters und beschränkt sich nicht nur auf bloße Vermögensverwaltung. **636**

Auch unter Berücksichtigung der Tatsache, dass B das Besitzunternehmen von Belgien aus betreibt, führt die Verpachtung der in Deutschland belegenen Grundstücke und Gebäude an die C-GmbH also zunächst zu gewerblichen Einkünften. **637**

3. Weitere Voraussetzungen des § 49 Abs. 1 Nr 2 lit. a EStG

Die von B erzielten gewerblichen Einkünfte unterliegen gem. § 49 Abs. 1 Nr 2 lit. a EStG nur dann als inländische Einkünfte der beschränkten Steuerpflicht, wenn für den Gewerbebetrieb im Inland eine Betriebsstätte unterhalten wird oder ein ständiger Vertreter bestellt ist[25]. **638**

a) Betriebsstätte (§ 12 AO)

Die von B an die C-GmbH verpachteten Gebäude könnten eine inländische Betriebsstätte sein. Betriebsstätte ist gem. § 12 AO jede feste Geschäftseinrichtung oder Anlage, die der Tätigkeit eines Unternehmens dient. Eine Geschäftseinrichtung oder Anlage ist jeder körperliche Gegenstand oder jede Zusammenfassung von körperlichen Gegenständen, die Grundlage einer Unternehmenstätigkeit sein können[26]. Bei einer aus mehreren Gegenständen bestehenden Anlage müssen diese funktional aufeinander bezogen sein; eine Geschäftseinrichtung setzt dies nicht voraus[27]. Eine Anlage hat eher eine technische, eine Geschäftseinrichtung eher eine kaufmännische Zweckbestimmung. Eine Anlage wird deshalb als Unterfall einer Geschäftseinrichtung angesehen[28]. Sowohl Geschäftseinrichtung als auch Anlage müssen fest sein, dh für eine gewisse Dauer einen Bezug zu einem Teil der Erdoberfläche aufweisen[29]. Gebäude und Räume sind körperliche Gegenstände, die eine Beziehung zu einem Punkt der Erdoberfläche haben. Demnach sind Fabrik- und Ladengebäude des B Gegenstände, die eine feste Geschäftseinrichtung iSd § 12 AO bilden. **639**

---

22 Davon ausgehend FG Düsseldorf, IX 694/77 G, EFG 1980, 34 (35); *Günkel/Kussel*, FR 1980, 553 (554); *Ruf*, IStR 2006, 232 (234); *Haverkamp*, IStR 2008, 165 (166).
23 BFH, GrS 2/71, BStBl II 1972, 63 (65).
24 *Günkel/Kussel*, FR 1980, 553 (554).
25 Vgl zur Betriebsstätte *Birk/Desens/Tappe*, Steuerrecht, Rn 1460.
26 *Musil*, in: Hübschmann/Hepp/Spitaler, § 12 AO Rn 8.
27 *Frotscher*, in: Schwarz, § 12 AO Rn 8.
28 *Musil*, in: Hübschmann/Hepp/Spitaler, § 12 AO Rn 8.
29 *Musil*, in: Hübschmann/Hepp/Spitaler, § 12 AO Rn 11 mwN.

640 Eine Geschäftseinrichtung oder Anlage begründet darüber hinaus aber nur dann eine Betriebsstätte, wenn der Unternehmer über sie nicht nur vorübergehend Verfügungsmacht hat. Dabei ist die Alleinverfügungsmacht des Unternehmers nicht erforderlich, er muss aber in der Lage sein, die Einrichtung oder die Anlage nach den Bedürfnissen seines Unternehmens zu nutzen und die dafür erforderlichen Entscheidungen zu treffen[30]. Benutzung zu unternehmerischen Zwecken bedeutet unternehmensbezogenes Tätigwerden in, an oder mit der Geschäftseinrichtung[31]. Es genügt aber nicht, wenn die Einrichtung oder Anlage dem Unternehmen nur mittelbar dient. An einer unmittelbaren Nutzung für den Unternehmenszweck fehlt es etwa dann, wenn Wirtschaftsgüter nur der Vermögensanlage dienen. Bloße Verpachtung von Gebäuden und Räumen begründet daher keine Betriebsstätte des Unternehmens, und zwar auch dann nicht, wenn die Verpachtung zum Unternehmenszweck gehört[32].

641 Im vorliegenden Fall nutzt B die mit den Fabrik- und Ladengebäuden bebauten Grundstücke insoweit, als er durch deren Verpachtung Einkünfte erzielt. Er betreibt in den Gebäuden aber keine *eigene* gewerbliche Tätigkeit. Die Verpachtung einer Geschäftseinrichtung begründet grundsätzlich nur eine Betriebsstätte des die Geschäftseinrichtung nutzenden Pächters. Eine Betriebsstätte des Verpächters liegt hingegen nicht vor. Dass der Verpächter die sich aus der Verpachtung ergebenden Handlungen (Kontrolle der Anlage, Einziehung des Pachtzinses) vornimmt, führt nicht zu einer Betriebsstätte des Verpächters, da diese keine betrieblichen, sondern aus dem Pachtvertrag folgenden Handlungen darstellen[33].

642 Auch die Annahme einer Betriebsaufspaltung führt nicht zu einer gegenteiligen Bewertung. Zwar nimmt B wegen der sachlichen und personellen Verflechtung mit der C-GmbH, die ihrerseits gewerblich tätig ist, mit seinem (Einzel-)Besitzunternehmen am allgemeinen wirtschaftlichen Verkehr teil. Jedoch ist die Entscheidung, ob eine ausländische Besitzgesellschaft im Inland eine Betriebsstätte unterhält, allein nach den Gegebenheiten des Besitzunternehmens zu treffen. Die gewerblich tätige inländische Betriebsgesellschaft begründet regelmäßig keine Betriebsstätte für das Besitzunternehmen[34]. Eine solche Annahme würde dem Wesen der Betriebsaufspaltung nicht gerecht. Nach der Rspr führt die Annahme der Betriebsaufspaltung nicht zu einem einheitlichen Unternehmen; vielmehr ist vom Vorliegen zweier (selbstständiger) Unternehmen auszugehen. Die Betriebsaufspaltung beruht also nicht auf dem Gedanken, dass im Rahmen einer Betriebsaufspaltung Wirtschaftsgüter des einen Unternehmens dem anderen Unternehmen zwangsläufig zuzurechnen sind. Das gilt auch für Betriebsstätten beider Unternehmen[35]. Daher stellen verpachtete Grundstü-

---

30 *Frotscher*, in: Schwarz, § 12 AO Rn 13 mwN.
31 *Hidien*, in: Kirchhof/Söhn/Mellinghoff, § 49 EStG Rn D 671 mwN.
32 *Frotscher*, in: Schwarz, § 12 AO Rn 20.
33 *Musil*, in: Hübschmann/Hepp/Spitaler, § 12 AO Rn 18 mwN.
34 BFH, VI B 31/63, BStBl III 1966, 598 (599) bezüglich eines innerstaatlichen Sachverhalts; BFH, I R 98/88, BStBl II 1992, 246 (247); FG Bad.-Württ., 12 K 252/00, IStR 2005, 172 (173); *Haverkamp*, IStR 2008, 165 (167).
35 BFH, I R 196/79, BStBl II 1983, 77 (80).

cke, Fabrik- und Ladengebäude keine Betriebsstätte des B nach § 12 Satz 1 AO dar. B unterhält somit im Inland keine Betriebsstätte iSd § 12 AO.

b) Ständiger Vertreter nach § 13 AO

Die Pachtgesellschaft bzw der Bekannte des B, der die Geschäftsführung der C-GmbH 643 übernommen hat, könnten jedoch ständige Vertreter des B sein. Gem. § 13 Satz 1 AO handelt es sich bei einem „ständigen Vertreter" um eine Person, die nachhaltig die Geschäfte eines Unternehmens besorgt und dabei dessen Sachweisungen unterliegt. Sachweisungen unterliegt der Bekannte des B aber nur hinsichtlich seiner Tätigkeit als Geschäftsführer der C-GmbH. Diese nutzt die verpachteten Flächen und Gebäude aber nur. Über ihre Pächterpflichten hinaus nimmt sie keine Aufgaben hinsichtlich der Erhaltung, Erneuerung oder Erweiterung der Betriebseinrichtungen wahr. Diese fallen weiterhin in den betrieblichen Bereich des Verpächters[36]. B setzt für die Verwaltung der verpachteten Grundstücke und Gebäude kein Personal ein, sondern verwaltet diese von Belgien aus selbst. Es kann darum kein ständiger Vertreter des B gem. § 13 AO angenommen werden. Eine Steuerpflicht nach § 49 Abs. 1 Nr 2 lit. a EStG scheidet daher aus.

4. Gewerbliche Einkünfte nach § 49 Abs. 1 Nr 2 lit. f EStG

Für solche Einkünfte aus der Vermietung von inländischem unbeweglichen Vermögen, 644 die grundsätzlich den gewerblichen Einkünften iSd § 49 Abs. 1 Nr 2 EStG zuzuordnen wären, für die aber die Voraussetzungen des lit. a (Betriebsstätte oder ständiger Vertreter) nicht vorliegen, bestimmt § 49 Abs. 1 Nr 2 lit. f Doppelbuchstabe aa EStG, dass sie als gewerblich anzusehen sind. Die Anwendung des § 49 Abs. 1 Nr 6 EStG ist insoweit subsidiär.

Die Einkünfte des B aus der Verpachtung der Gebäude und Grundstücke an die C-GmbH iHv 1,5 Mio € unterliegen daher in Deutschland gem. § 49 Abs. 1 Nr 2 lit. f EStG der beschränkten Einkommensteuerpflicht.

B. Einkünfte aus der Ausschüttung der C-GmbH an B

I. Einkünfte aus Kapitalvermögen, § 49 Abs. 1 Nr 5 lit. a EStG iVm § 20 Abs. 1 Nr 1 EStG

Die Einkünfte aus der Ausschüttung der C-GmbH an B könnten gem. § 49 Abs. 1 Nr 5 645 lit. a EStG als Einkünfte aus Kapitalvermögen beschränkt steuerpflichtig sein. Eine Steuerpflicht nach § 49 Abs. 1 Nr 5 lit. a EStG setzt wiederum voraus, dass Einkünfte aus Kapitalvermögen iSd § 20 EStG vorliegen, die aber gem. § 20 Abs. 8 EStG gegenüber solchen aus Gewerbebetrieb subsidiär sind.

---

36 FG Bad.-Württ., 12 K 252/00, IStR 2005, 172 (173); BFH, I R 136/77, BStBl II 1978, 494.

II. Einkünfte aus Gewerbebetrieb, § 49 Abs. 1 Nr 2 lit. a iVm § 15 Abs. 1 Satz 1 Nr 1 Satz 1 EStG

646 B könnte aufgrund der Ausschüttung der C-GmbH Einkünfte aus Gewerbebetrieb iSd § 49 Abs. 1 Nr 2 lit. a EStG erzielen, wenn diese als „Einkünfte aus gewerblichen Unternehmen" (§ 15 Abs. 1 Satz 1 Nr 1 Satz 1 EStG) anzusehen wären. Dies wäre wiederum der Fall, wenn B die Anteile in seinem Betriebsvermögen hielte. Wertet man das Besitzunternehmen des B in Folge der Betriebsaufspaltung als gewerblich tätiges Unternehmen, das sich wegen der sachlichen und personellen Verflechtung mit der C-GmbH am allgemeinen wirtschaftlichen Verkehr beteiligt, so dass die Tätigkeit nach der Verkehrsanschauung den Bereich der privaten Vermögensverwaltung überschreitet[37], dann stellt die Beteiligung des B an der Betriebsgesellschaft notwendiges Betriebsvermögen dar. Erst die 100 %-Beteiligung an der C-GmbH ermöglicht B die Beherrschung der Betriebsgesellschaft; die personelle Verflechtung ist durch die GmbH-Beteiligung bedingt.

647 Wie im Fall der Einkünfte aus der Verpachtung der Grundstücke hat B jedoch auch in Bezug auf die Kapitaleinkünfte keine Betriebsstätte in Deutschland begründet und verfügt auch nicht über einen ständigen Vertreter in Deutschland, so dass eine beschränkte Steuerpflicht gem. § 49 Abs. 1 Nr 2 lit. a EStG ausscheidet. Da es sich bei den Ausschüttungen selbst nicht um Einkünfte aus VuV handelt, besteht auch keine beschränkte Steuerpflicht gem. § 49 Abs. 1 Nr 2 lit. f Doppelbuchstabe aa EStG.

III. Einkünfte aus Kapitalvermögen, § 49 Abs. 1 Nr 5 lit. a EStG iVm § 49 Abs. 2, § 20 Abs. 1 Nr 1 EStG

648 Die Einkünfte des B aus der Gewinnausschüttung der C-GmbH könnten aber, gerade weil keine inländischen Einkünfte nach § 49 Abs. 1 Nr 2 lit. a EStG vorliegen, wiederum als Einkünfte aus Kapitalvermögen gem. § 49 Abs. 1 Nr 5 lit. a EStG anzusehen sein. Die Subsidiarität gem. § 20 Abs. 8 EStG, die auch im Rahmen des § 49 Abs. 1 Nr 5 EStG Anwendung findet, könnte gem. § 49 Abs. 2 EStG entfallen, weil die Ausschüttungen vorliegend nur aufgrund der Betriebsaufspaltung als gewerbliche Einkünfte zu qualifizieren sind, aber nicht zu inländischen Einkünften führen.

649 Gem. § 49 Abs. 2 EStG bleiben im Ausland gegebene Besteuerungsmerkmale außer Betracht, soweit bei ihrer Berücksichtigung inländische Einkünfte iSd § 49 Abs. 1 EStG nicht angenommen werden könnten (sog. *isolierende Betrachtungsweise*)[38]. Wenn die Prüfung ohne Beachtung des § 49 Abs. 2 EStG ergibt, dass eine deutsche Steuerpflicht nicht besteht, dann ist § 49 Abs. 2 EStG zu prüfen, um eine Steuerpflicht zu begründen, wenn die Voraussetzungen im Übrigen vorliegen. Der Sachverhalt wird insoweit der (gewünschten) Rechtsfolge angepasst[39].

---

37 S. hierzu bereits oben, Rn 630.
38 Zur isolierenden Betrachtungsweise vgl *Haase*, Internationales und Europäisches Steuerrecht, Rn 388 ff.
39 *Piltz*, DB 1981, 2044 (2046).

1. „soweit inländische Einkünfte nicht angenommen werden können"

Im Fall können einerseits wegen des Fehlens einer Betriebsstätte (§ 12 AO) bzw eines ständigen Vertreters (§ 13 AO) keine beschränkt steuerpflichtigen Einkünfte aus Gewerbebetrieb iSd § 49 Abs. 1 Nr 2 lit. a EStG angenommen werden. Andererseits liegen wegen der Annahme einer Betriebsaufspaltung keine Einkünfte aus Kapitalvermögen iSd § 49 Abs. 1 Nr 5 EStG vor. Grundsätzlich können daher hier aufgrund der „Betriebsaufspaltung über die Grenze" keine inländischen Einkünfte iSd § 49 Abs. 1 EStG angenommen werden (§ 49 Abs. 2 EStG). 650

2. „im Ausland gegebene Besteuerungsmerkmale"

Für die Anwendung des § 49 Abs. 2 EStG müsste es sich bei der Betriebsaufspaltung, die hier die Annahme inländischer Einkünfte ausschließt, um ein „im Ausland gegebenes Besteuerungsmerkmal" handeln. 651

Wie bereits gezeigt, setzt die Betriebsaufspaltung voraus, dass Wirtschaftsgüter des Anlagevermögens von einer Person oder Personengruppe an eine Personen- oder Kapitalgesellschaft verpachtet werden und das verpachtende (Einzel-)Unternehmen (Besitzunternehmen) mit dem pachtenden Unternehmen (Betriebsunternehmen) *sachlich* und *personell verflochten* ist[40]. 652

Jedenfalls die *sachliche Verflechtung* ist vorliegend ein nicht im Ausland, sondern nur im *Inland* gegebenes Besteuerungsmerkmal. Sowohl die verpachteten Wirtschaftsgüter (hier: die Gebäude und Grundstücke) als auch das Betriebsunternehmen selbst, für das die Wirtschaftsgüter wesentliche Betriebsgrundlagen darstellen, liegen im Inland. 653

a) Einheitlicher Betätigungswille im Ausland

Allerdings könnte es sich bei der *personellen Verflechtung* um ein im Ausland gegebenes Besteuerungsmerkmal handeln. Die personelle Verflechtung setzt voraus, dass Besitz- und Betriebsunternehmen von einem einheitlichen geschäftlichen Betätigungswillen getragen werden. Dieser Betätigungswille wird am Ort der Geschäftsleitung des Besitzunternehmens gebildet und scheint somit ein im Ausland (am Wohnsitz des B in Belgien) gegebenes Besteuerungsmerkmal zu sein[41], das aufgrund der isolierenden Betrachtungsweise außer Betracht zu bleiben hat. 654

b) Beteiligungsverhältnisse im Inland

Indes könnte man die personelle Verflechtung auch als ein nicht im Ausland gegebenes Besteuerungsmerkmal ansehen, wenn man maßgeblich auf die Beteiligungsidentität abstellt, die anhand der Beteiligungsverhältnisse an der im Inland ansässigen C-GmbH (etwa mit Hilfe des deutschen Handelsregisters) ermittelt werden kann. Lässt man die *Möglichkeit* der Durchsetzung des Willens des Besitzunternehmers bei der Betriebskapi- 655

---

40 *Birk/Desens/Tappe*, Steuerrecht, Rn 706 f.
41 So *Piltz*, DB 1981, 2044 (2046); *Haverkamp*, IStR 2008, 165 (167).

talgesellschaft für den einheitlichen geschäftlichen Betätigungswillen ausreichen[42], so wäre in diesen Fällen das maßgebende Besteuerungsmerkmal auch im Inland gegeben[43].

c) Beteiligung als Betriebsvermögen des Besitzunternehmens

656 Vergegenwärtigt man sich indes, dass es mit Hinblick auf den objektsteuerartigen Charakter der beschränkten Steuerpflicht Sinn und Zweck der isolierenden Betrachtungsweise ist, die Zuordnung von Einkünften nach den Verhältnissen im Inland zu beurteilen[44], so ist davon auszugehen, dass jedenfalls der – obwohl durch die Betriebsaufspaltung nach deutschem Recht begründete – *gewerbliche Charakter* des im Ausland ansässigen Besitzunternehmens, der letztlich zu einer Umqualifizierung der Einkünfte aus Kapitalvermögen führt, außer Acht zu lassen ist[45]. Die Gewerblichkeit wird hier durch das im Ausland ansässige Besitzunternehmen des B vermittelt, über den erst der Bezug zwischen Betriebs- und Besitzunternehmen herzustellen ist. Die isolierende Betrachtungsweise zielt typischerweise auf Fälle, in denen Überschusseinkünfte in gewerbliche Einkünfte umqualifiziert würden, etwa weil es sich bei dem beschränkt Steuerpflichtigen um eine ausländische Kapitalgesellschaft handelt[46]. Aus rein inländischer Perspektive fließen B Gewinnanteile zu. Erst der Blick auf das gewerblich „infizierte" ausländische Besitzunternehmen des B führt zur Umqualifizierung, so dass ein im Ausland gegebenes Besteuerungsmerkmal vorliegt und gem. § 49 Abs. 2 EStG dieser Aspekt außer Betracht bleiben muss. Bei Anwendung des § 49 Abs. 2 EStG liegen also Einkünfte aus Kapitalvermögen iSd § 20 EStG vor.

657 Die Eigenschaft der 100 %-Beteiligung als notwendiges Betriebsvermögen ist daher als ein im Ausland gegebenes Besteuerungsmerkmal anzusehen, bei dessen Außerachtlassung inländische Einkünfte iSd § 49 Abs. 1 Nr 5 EStG angenommen werden können. Gewinnanteile aus Anteilen an Gesellschaften mit beschränkter Haftung (§ 20 Abs. 1 Nr 1 EStG) sind gem. § 49 Abs. 1 Nr 5 lit. a Var. 1 EStG beschränkt steuerpflichtig, wenn der Schuldner Wohnsitz, Geschäftsleitung oder Sitz im Inland hat. Den Sitz hat eine Körperschaft an dem Ort, der durch Gesetz, Gesellschaftsvertrag, Satzung, Stiftungsgeschäft oder dergleichen bestimmt ist (§ 11 AO); die C-GmbH hat ihren Sitz in Deutschland.

658 Die Einkünfte aus der Gewinnausschüttung dieser GmbH sind daher für B gem. § 49 Abs. 1 Nr 5 lit. a EStG iHv 50 000 € beschränkt steuerpflichtig.

Sie unterliegen gem. § 43 Abs. 1 Satz 1 Nr 1 Satz 1, Abs. 3 Satz 1 HS 1 EStG dem Steuerabzug vom Kapitalertrag (in voller Höhe, § 43 Abs. 1 Satz 3 EStG). Gem. § 43a Abs. 1 Satz 1 Nr 1 EStG beträgt die Kapitalertragsteuer 25 % des Kapitalertrags; zudem gilt die ESt für die Einkünfte aus Kapitalvermögen durch den Steuerabzug als abgegolten (§ 50 Abs. 2 Satz 1 EStG)[47].

---

42 Vgl *Becker/Günkel*, in: FS Schmidt, 1993, S. 483 (491).
43 IdS etwa *Becker/Günkel*, in: FS Schmidt, 1993, S. 483 (491).
44 BFH, I R 140/66, BStBl II 1970, 428 (430).
45 Wie hier *Clausen*, in: Herrmann/Heuer/Raupach, EStG, § 49 Rn 1256 für die Rechtslage bis VZ 2008; *Ruf*, IStR 2006, 232 (234).
46 *Clausen*, in: Herrmann/Heuer/Raupach, § 49 EStG Rn 1256.
47 S. hierzu *Birk/Desens/Tappe*, Steuerrecht, Rn 1462.

Zur Wiederholung

Übersicht 11: Betriebsstätte nach § 12 AO

Der Betriebsstättenbegriff des § 12 AO entscheidet bei gewerblichen Einkünften iVm § 49 I Nr 2 lit. a EStG über die Steuerpflicht nach nationalem Recht.

659

Grundtatbestand nach § 12 S. 1 AO:
- Geschäftseinrichtung oder Anlage (diese bestehen aus einem oder mehreren körperlichen Gegenständen),
- feste Beziehung der Geschäftseinrichtung oder Anlage zur Erdoberfläche,
- gewisse Dauerhaftigkeit der Geschäftseinrichtung oder Anlage,
- nicht nur vorübergehende Verfügungsmacht des Stpfl über die Geschäftseinrichtung oder Anlage,
- Geschäftseinrichtung oder Anlage dienen der Tätigkeit eines Unternehmens.

Betriebsstättenbeispiele nach § 12 S. 2 AO:
- Nach einer Auffassung stellen die aufgezählten Formen einer Betriebsstätte in § 12 S. 2 AO lediglich Regelbeispiele dar[48]. Aus diesem Grund ist hiernach bei jedem dieser Beispiele das Vorliegen der Grundtatbestandsmerkmale zu prüfen[49].
- Nach einer anderen Ansicht enthält die Aufzählung in § 12 S. 2 AO eine Definitionserweiterung hinsichtlich des Grundtatbestandes in § 12 S. 1 AO, so dass es bzgl der in § 12 S. 2 AO ausdrücklich genannten Einrichtungen auf die Tatbestandsmerkmale des § 12 S. 2 AO ankommt, ohne dass alle Merkmale des § 12 S. 1 AO erfüllt sein müssen[50].

---

48 *Roth*, in: Herrmann/Heuer/Raupach, § 49 EStG Rn 205.
49 *Jacobs*, Internationale Unternehmensbesteuerung, 8. Aufl 2016, S. 305-306 wobei die Grundtatbestandsmerkmale im Regelfall gegeben seien.
50 BFH, I R 15/93, BStBl II 1994, 148 (149); *Musil*, in: Hübschmann/Hepp/Spitaler, § 12 AO Rn 25; wohl auch *Wied*, in: Blümich, § 49 EStG Rn 65 (mit Ausnahme Nr 6 unter Verweis auf BFH, I R 12/02, BStBl II 2004, 396); *Kruse*, in: Tipke/Kruse, § 12 AO Rn 23.

Fall 12

Der wackere Bäckermeister

Schwerpunkt: **Umsatzsteuerrecht:** Entgelt von dritter Seite (LB § 10 Rn 1653); Leistungsbegriff (LB § 10 Rn 1648–1652); Abgrenzung zu nichtsteuerbarem Schadensersatz (LB § 10 Rn 1656); Verzicht auf Vertragsdurchführung als Leistung.

Schwierigkeitsgrad: eher hoch, Bearbeitungszeit: 3 Stunden

660 Bäckermeister B hat einen Bäckereibetrieb mit zwei Filialen.

1. B zieht im Mai 02 einen Großauftrag an Land. Er soll diverse Kantinen mit Backwaren im Wert von 107 000 € beliefern. Da sein Vertragspartner aber eine GmbH ist, schließt B vorsichtshalber eine Versicherung gegen einen eventuellen Forderungsausfall ab. Nachdem er die Waren am 15.5.02 ausgeliefert hat, erhält er von der in Zahlungsschwierigkeiten geratenen GmbH nur noch 10 700 €. Ende Juni wird das Insolvenzverfahren eröffnet, bei dem B leer ausgeht. Zu seinem Glück greift aber die Versicherung ein und zahlt am 1.10.02 den noch offenen Betrag iHv 96 300 € an B aus. Einen Antrag nach § 20 UStG hat B nicht gestellt. Der Voranmeldungszeitraum ist der Kalendermonat.

Aufgabe 1: Wie hoch ist die endgültige Umsatzsteuerschuld des B?

2. B erhält eines Tages vom Kunden K Besuch, der Brotwaren zum Preis von 10,70 € kauft. Zur gleichen Zeit stiehlt D in der anderen Filiale Backwaren, die ansonsten für 10,70 € verkauft würden, und verzehrt sie. B beauftragt seinen Rechtsanwalt R mit der Geltendmachung von Schadensersatz iHv 10,70 €. D hält diesen für zu hoch und will nur 10 € zahlen.

Aufgabe 2: In welcher Höhe kann B Schadensersatz verlangen?

3. B hatte sich in 01 eine Teigknetmaschine von dem befreundeten Bäcker V für 100 € im Monat und einen Zeitraum von drei Jahren gemietet. Da die Geschäfte des V wider Erwarten besser laufen, benötigt dieser seine Teigknetmaschine vorzeitig zurück. Nachdem V dem B eine „Entschädigung" von „500 € zzgl. ggf anfallender Umsatzsteuer" anbietet, verzichtet B auf die weitere Vertragsdurchführung und gibt die Maschine an V zurück.

Aufgabe 3: Wie hoch ist die „Entschädigung", die B von V zu erhalten hat?

Vorüberlegungen

Der Klausur liegen Grundprobleme des Umsatzsteuerrechts zugrunde, die bislang selbst in der Rspr noch nicht endgültig dogmatisch durchdrungen sind. **661**

So ist im ersten Teil zwischen der Zahlung von Geld durch einen Dritten für eine Leistung (sog. Leistungsaustausch) eines anderen und der Zahlung für keine Leistung (umsatzsteuerrechtlich irrelevante Geldzahlung) zu unterscheiden.

Im zweiten Teil ist eine der grundsätzlichen Fragen des Umsatzsteuerrechtes zu bearbeiten, nämlich die genaue Bestimmung des Leistungsbegriffs anhand von Schadensersatzleistungen. Die hM geht hier von einer Nichtsteuerbarkeit aus. Legt man den umsatzsteuerrechtlichen Leistungsbegriff jedoch im Rahmen einer teleologischen Auslegung iSd Belastungsgrundes der Umsatzsteuer aus, die als indirekte Verbrauchsteuer gerade den Endverbraucher belasten will, kann hier ebenso überzeugend gegen die hM argumentiert werden. Wenn man die entgegenstehende hM kennt, gehört zu einer solchen Argumentation durchaus Mut. Oftmals ist es aber so, dass man diese gar nicht kennt. Hier muss der Klausurschreiber anhand des Gesetzes unter Heranziehung anerkannter Auslegungsmethoden (Wortlaut, Historie, Systematik, Sinn und Zweck) argumentieren. Ist eine solche Argumentation dann schlüssig und setzt sich auch mit erdachten Gegenauffassungen auseinander, wird die Klausur oftmals besser als bei einer stumpfen Wiedergabe der sog. hM. **662**

Auch die Frage nach der Umsatzsteuerpflicht von Verzichtsleistungen im dritten Teil ist innerhalb des Schrifttums und der Rspr (noch) nicht abschließend geklärt. Hier gilt es zu erkennen, dass im Umsatzsteuerrecht zwischen der umsatzsteuerrechtlich relevanten Geldzahlung für eine Leistung und der umsatzsteuerrechtlich irrelevanten Geldzahlung für eine Nichtleistung zu trennen ist, selbst wenn beide Zahlungen aufgrund eines gegenseitigen (zivilrechtlichen) Vertrages erfolgen. **663**

Gliederung

664 **Aufgabe 1: Forderungsausfallversicherung**
    I. Uneinbringlichkeit der Gegenleistung
    II. Nachträgliche Vereinnahmung der Gegenleistung
    III. Ergebnis

Aufgabe 2: Höhe des Schadensersatzes
    I. Grundsatz der Naturalrestitution
    II. Vorliegen eines steuerbaren Umsatzes
        1. Vorliegen einer Leistung iSd UStG
            a) Notwendigkeit eines Leistungswillens?
                aa) Belastungsgrund der Umsatzsteuer
                bb) Definition des Leistungsbegriffs
            b) Folgerungen
        2. Leistung gegen Entgelt
    III. Ergebnis

Aufgabe 3: Vertragsauflösung
    I. Allgemeines
    II. Umsatzsteuerrechtliche Behandlung des Verzichts des zur Sachleistung Verpflichteten
    III. Umsatzsteuerrechtliche Behandlung des Verzichts des zur Sachleistung Berechtigten
        1. Verschaffung der Vertragsfreiheit?
        2. Verschaffung der Nutzungsmöglichkeit
    IV. Ergebnis

Musterlösung

Aufgabe 1: Forderungsausfallversicherung

Gefragt ist nach der Höhe der von B geschuldeten Umsatzsteuer. Dies setzt zunächst einen steuerbaren und steuerpflichtigen Umsatz gem. § 1 Abs. 1 Nr 1, § 3 UStG voraus. Ein solcher liegt mit der Lieferung der Backwaren vor. Die Steuer entsteht außerhalb der Ausnahme des § 20 UStG gem. § 13 Abs. 1 Nr 1 lit. a iVm § 16 Abs. 1 Satz 1 UStG mit Ablauf des Voranmeldungszeitraumes, in dem die Leistung ausgeführt worden ist (sog. Soll-Versteuerung). Damit ist die Steuer mit Ablauf des Monats Mai 02 entstanden. Gem. § 12 Abs. 1 UStG beträgt die Höhe der Steuer grundsätzlich 19 % der Bemessungsgrundlage iSd § 10 UStG. Gem. § 12 Abs. 2 UStG iVm Anlage 2 Nr 31 ermäßigt sich die Steuer auf 7 % der Bemessungsgrundlage. Gem. § 16 UStG ist außerhalb des Anwendungsbereiches des § 20 UStG dafür das vereinbarte Entgelt (gemeint ist die Gegenleistung), hier die 107 000 € maßgebend. B schuldete (§ 13a Abs. 1 Nr 1 UStG) damit zunächst 7000 €.

I. Uneinbringlichkeit der Gegenleistung

Allerdings hat B von der GmbH nur 10 700 € der gesamten Forderung erhalten. Gem. § 17 Abs. 2 Nr 1 iVm § 17 Abs. 1 UStG könnte der geschuldete Steuerbetrag zu berichtigen sein. Dies setzt voraus, dass die Forderung uneinbringlich geworden ist.

Uneinbringlichkeit liegt grundsätzlich erst dann vor, wenn bei objektiver Betrachtung feststeht, dass die Forderung rechtlich (zB aufgrund einer Insolvenzeröffnung) oder tatsächlich nicht durchsetzbar ist[1]. Da die Eröffnung des Insolvenzverfahrens im Juni 02 erfolgte, war die Steuerschuld des B spätestens für Juni auf 700 € wegen Uneinbringlichkeit der Restforderung zu berichtigen.

II. Nachträgliche Vereinnahmung der Gegenleistung

Fraglich ist aber, ob aufgrund der Versicherungszahlung nicht eine nachträgliche Vereinnahmung iSv § 17 Abs. 2 Nr 1 Satz 2 UStG vorliegt, so dass der Steuerbetrag erneut zu berichtigen wäre. Dies setzt voraus, dass die Zahlung der Versicherung ein „Entgelt" für die Backwarenlieferung darstellt. Nach § 10 Abs. 1 Satz 2 UStG ist Entgelt alles das, was der Leistungsempfänger aufwendet, um die Leistung zu erhalten, abzgl. der Umsatzsteuer. Leistungsempfänger, also Empfänger des verbrauchbaren Nutzens in Form der Backwaren war die GmbH. Diese hat aber lediglich 10 700 € aufgewandt. Die Versicherung hat auch nicht für die insolvente GmbH gezahlt[2], so dass § 10 Abs. 1 Satz 2 UStG nicht eingreift. Allerdings gehört gem. § 10 Abs. 1 Satz 3 UStG zum Ent-

---

1 BFH, V R 59/79, BStBl II 1987, 226; V R 36/01, UR 2003, 497; V R 21/04, BFH/NV 2005, 928; *Ruppe/Achatz*, öUStG, 5. Aufl 2018, § 16 Rn 76 („Uneinbringlichkeit feststeht"); aA *Stadie*, UStG, § 17 Rn 52-53: Uneinbringlichkeit bei Nichtzahlung der Gegenleistung im Moment der Fälligkeit der Steuer (= zehn Tage nach Entstehung); vgl auch Art. 90 MwStSystRL.
2 Insb wird die GmbH auch nicht von ihrer Zahlungspflicht gegenüber B frei.

gelt auch das, was ein anderer als der Leistungsempfänger für die Leistung gewährt. In Betracht kommt hier die Zahlung der Versicherung iHv 96 300 €.

669 Fraglich ist aber, ob die Versicherung die Zahlung „für die Leistung" erbracht hat. § 10 Abs. 1 Satz 3 UStG ist grundsätzlich für die Fälle konzipiert, in denen ein Dritter Geld an den Leistenden zahlt, damit oder weil der Leistungsempfänger in den Genuss der Leistung kommt bzw gekommen ist. Es soll nach der Intention des Gesetzes keinen Unterschied machen, ob nur der Leistungsempfänger oder ein anderer die in Geld bestehende Gegenleistung aufwendet. Folglich setzt § 10 Abs. 1 Satz 3 UStG eine Begünstigung des Leistungsempfängers durch den Dritten immanent voraus[3].

670 Hier zahlt die Versicherung aber nicht, damit oder weil die GmbH die Backwaren erhält bzw erhalten hat[4], sondern weil die GmbH nicht gezahlt hat und deshalb der Versicherungsfall eingetreten ist. Folglich erfolgt die Zahlung allein, um einer eigenen Verpflichtung gegenüber B Genüge zu tun (keine Zahlungsidentität). Eine Begünstigung der GmbH wird mit der Zahlung nicht erreicht. Insb ist ein eigenes Interesse der Versicherung am Leistungsgegenstand (Backwaren) nicht ersichtlich. Damit liegt keine Zahlung eines Dritten für die Leistung vor, so dass die Bemessungsgrundlage für die Lieferung der Backwaren davon nicht berührt wird.

III. Ergebnis

671 Daher bleibt es bei dem durch die GmbH aufgewendeten Betrag von 10 700 €. Davon ist die darin enthaltene Umsatzsteuer iHv 7/107 von 10 700 € und damit 700 € abzuziehen, so dass die Bemessungsgrundlage 10 000 € beträgt. Die Umsatzsteuerschuld des B (§ 13a Abs. 1 Nr 1 UStG) beträgt dann 7 % von 10 000 € und damit 700 €.

Aufgabe 2: Höhe des Schadensersatzes

I. Grundsatz der Naturalrestitution

672 Fraglich ist, in welcher Höhe B Schadensersatz von D verlangen kann. Nach § 823 Abs. 1, Abs. 2 BGB iVm § 242 StGB hat D den Schaden zu ersetzen, der B entstanden ist. Laut § 249 BGB hat D dabei den Zustand wiederherzustellen, der bestehen würde, wenn der zum Ersatz verpflichtende Umstand nicht eingetreten wäre (grundsätzlich durch Naturalrestitution). Da eine Wiederherstellung der Backwaren nicht möglich ist, hat D den B gem. § 251 BGB in Geld zu entschädigen. Folglich ist der Wert der Backwaren zu ersetzen. Fraglich ist, ob dabei der Verkaufspreis iHv 10,70 € oder der sog. Nettowert von 10 € maßgebend ist. Dies ist davon abhängig, ob B von dem Schadensersatz noch Umsatzsteuer abführen müsste, mithin ob der Schadensersatz ein Entgelt im Rahmen eines steuerpflichtigen Umsatzes darstellt.

---

3 *Stadie*, Umsatzsteuerrecht, 2005, Rn 11.31, 12.66; ähnlich *Ruppe/Achatz*, öUStG, 5. Aufl 2018, § 4 Rn 110, wenn diese davon sprechen, dass ein Abgeltungszusammenhang bestehen müsse; aA BFH, V R 48/00, BStBl II 2003, 210.
4 Dies wäre zB der Fall, wenn die GmbH für den Backwarentransfer ein Darlehen bei der Versicherung aufgenommen hätte und die Versicherung den Darlehensbetrag gleich an B weitergeleitet hätte.

II. Vorliegen eines steuerbaren Umsatzes

Dies setzt voraus, dass gem. § 1 Abs. 1 Nr 1 Satz 1 UStG eine Leistung eines Unternehmers gegen Entgelt im Inland vorliegt. Das Merkmal „im Inland" läge unabhängig von der Frage vor, ob eine Lieferung oder sonstige Leistung gegeben ist (vgl § 3 Abs. 6 Satz 1, § 3a Abs. 2 UStG). B ist als Bäckermeister auch Unternehmer gem. § 2 UStG. Fraglich ist aber, ob mit der Wegnahme und der Zahlung von Schadensersatz eine Leistung gegen Entgelt gegeben ist. 673

1. Vorliegen einer Leistung iSd Umsatzsteuergesetzes

Ob eine Leistung iSd UStG vorliegt, ist von der Definition des Leistungsbegriffs abhängig. Das UStG erläutert zwar die Begriffe der Lieferung (§ 3 Abs. 1 UStG) und der sonstigen Leistung (§ 3 Abs. 9 UStG). Den dabei vorausgesetzten Oberbegriff der Leistung beschreibt es aber nicht. 674

a) Notwendigkeit eines Leistungswillens?

Allerdings spricht § 1 Abs. 1 Nr 1 UStG von Umsätzen, die der Unternehmer ausführt. Fraglich ist, ob ein „Ausführen" durch den Unternehmer auch dann vorliegt, wenn sich der Endverbraucher selbst – ohne oder sogar gegen den Willen des Unternehmers – den verbrauchbaren Nutzen verschafft. 675

Während es auf die Freiwilligkeit schon wegen § 1 Abs. 1 Nr 1 Satz 2 UStG nicht ankommen kann, schließen die Rspr[5] und die hM[6] aus der Verwendung der Begriffe „ausführen" und „Leistung", dass für die Bejahung einer Leistung iSv § 1 UStG ein Wille des Leistenden notwendig sei. Schon der Leistungsbegriff selbst impliziere ein Verhalten, das vom Entschluss des Leistenden gedeckt sei. Daher liege keine Leistung bei Vermögenseinbußen vor, die ohne Kenntnis oder gegen den Willen erfolgten[7]. Die Notwendigkeit eines Leistungswillens wird vor allem bei der Behandlung von Schadensersatzzahlungen behauptet und verteidigt. Da ein Schaden gegen den Willen des Geschädigten erfolge, habe dieser das geschädigte Verbrauchsgut nicht geleistet[8]. 676

Die Gegenauffassung[9] verneint wegen der Belastungsentscheidung der Umsatzsteuer als allgemeine Verbrauchsteuer, den Endverbrauch zu besteuern, die Notwendigkeit eines Leistungswillens. Für die notwendige Auslegung stellt sich daher die Frage, wie der Leistungsbegriff im Umsatzsteuerrecht auszulegen ist, was im Rahmen einer teleologischen Auslegung vom Belastungsgrund der Umsatzsteuer abhängt. 677

---

5 BFH, XI R 66/07, BFH/NV 2009, 616; V R 20/91, BStBl II 1994, 54 (55); V R 129/75, BStBl II 1987, 465 (467).
6 *Beiser*, ÖStZ 2007, 297 (298); *Giesberts*, UR 1976, 61 (69); *Nieskens*, in: Rau/Dürrwächter, UStG, § 3 Rn 521; *Nieskens*, in: Rau/Dürrwächter, UStG, § 1 Rn 435 ff; *Ruppe/Achatz*, öUStG, 5. Aufl 2018, § 1 Rn 20; *Jakob*, Umsatzsteuer, Rn 183.
7 So ausdrücklich *Ruppe/Achatz*, öUStG, 5. Aufl 2018, § 1 Rn 20; *Husmann*, in: Rau/Dürrwächter, UStG, § 1 Rn 436.
8 *Giesberts*, UR 1976, 61 (69); *Nieskens*, in: Rau/Dürrwächter, UStG, § 1 Rn 435 ff; *Kirchhof*, Bundessteuergesetzbuch, 2011, § 101 Rn 38.
9 *Stadie*, UStG, § 1 Rn 44 ff; *Hummel*, UR 2008, 569 (572).

aa) Belastungsgrund der Umsatzsteuer

678 Das UStG knüpft an die Umsätze des Unternehmers (§ 13 Abs. 2 UStG) an, die idR auf vertraglichen Leistungsbeziehungen beruhen. Einigkeit besteht aber, dass nicht der Unternehmer, sondern der Verbraucher besteuert werden soll. Umstritten ist nun, welche der beiden Aspekte den Belastungsgrund der Umsatzsteuer bestimmen.

679 Die Verfechter des Verkehrsteuergedankens[10] stellen darauf ab, dass die verfahrensrechtliche Ausgestaltung auch den Belastungsgrund der Umsatzsteuer prägt. Die Vornahme eines Verkehrsaktes in Form der Ausführung eines synallagmatischen Vertrages manifestiere den Typus der Einkommensverwendung, den der Gesetzgeber besteuern will. Für eine zivilrechtliche bzw verkehrsteuerrechtliche Auslegung spräche auch die Nähe des Leistungsbegriffs in § 1 Abs. 1 Nr 1 UStG zu dem des § 241 BGB.

680 Dagegen führen die Anhänger des Verbrauchsteuergedankens[11] an, dass die technische Anknüpfung an die Umsätze des Unternehmers ebenso wenig maßgebend sei, wie die Verwendung identischer Begriffe in unterschiedlichen Rechtsgebieten.

681 Dieser Ansicht ist zuzustimmen. Der Belastungsgrund kann sich nur aus der wirtschaftlichen Wirkung der Steuer erschließen. Gerade die im UStG vorausgesetzte Überwälzung der Umsatzsteuer auf den Verbraucher und die Entlastung des Unternehmers über den Vorsteuerabzug (§ 15 UStG) zeigen, dass der Unternehmer als Steuerschuldner nur Steuereinsammler sein soll, nicht aber der materielle Träger der Umsatzsteuer. Die Anknüpfung an die Leistung ist nur das technische Mittel, um den Verbrauch von Gütern und Dienstleistungen nach Maßgabe des dafür aufgewendeten Vermögens zu besteuern. Entscheidend ist, dass über die Anknüpfung an den rechtlich erfassbaren Umsatz des Unternehmers die Leistungsfähigkeit besteuert wird, die sich in dem Aufwand für die Verschaffung eines verbrauchbaren Nutzens zeigt. Dies bestätigen auch die Regelungen der § 3 Abs. 1b und § 3 Abs. 9a UStG, die jenseits eines Verkehrsaktes den „Eigenverbrauch" des Unternehmers erfassen. Aus diesen Gründen ist die Umsatzsteuer als eine allgemeine Verbrauchsteuer zu qualifizieren, die folglich auch anhand dieser Belastungsentscheidung auszulegen ist.

bb) Definition des Leistungsbegriffs

682 Auszugehen ist daher von einem Leistungsbegriff des UStG, der aus seiner Verbindung zum Schuldverhältnis losgelöst ist[12]. Angesichts der Tatsache, dass das UStG andere Ziele als das BGB verfolgt, ist für die zutreffende Besteuerung des Letztverbrauches die zivilrechtliche Ausgestaltung und Bezeichnung des Schuldverhältnisses und der

---

10 BFH, V R 47/76, BStBl II 1981, 495 (496); X R 40/82, BStBl II 1988, 1017 (1019); V B 48/88, BStBl II 1989, 580 (582); *Weiß*, UR 1988, 277 (279); *v. Groll*, FR 2007, 540 (541); *Jatzke*, System des deutschen Verbrauchsteuerrechts, 1997, S. 53.
11 EuGH, C-283/06, C-312/06, Slg. 2007, I-8463-8490 *(Kögaz)*; *Englisch*, in: Tipke/Lang, § 17 Rn 10; *Stadie*, in: Rau/Dürrwächter, UStG, Einf Rn 141 f; *Kirchhof*, DStR 2008, 1 (3); *Schaumburg*, Internationales Steuerrecht, 4. Aufl 2017, Rn 10.1; *Hummel*, Bauten auf fremdem Grund und Boden, 2009, S. 50 ff.
12 Zutreffend *Achatz*, Umsatzsteuer und Schadensersatz, 1992, S. 12 f; *Reiß*, DStJG 13 (1990), 3 (28); *Stadie*, in: Rau/Dürrwächter, UStG, Einf Rn 158 ff; *Hummel*, UR 2006, 614 (616).

darauf erfolgenden Zahlungen nur ein Indiz. Entscheidend ist vielmehr die wirtschaftliche Betrachtung des Vorgangs. Ergibt diese, dass der Leistungsempfänger einen verbrauchbaren Nutzen erhalten hat, dann ist das Vorliegen einer Leistung zu bejahen, auch wenn es an einer (wirksamen oder unwirksamen) vertraglichen Beziehung fehlt. Für die Bejahung einer Leistung von B an D kommt es damit allein darauf an, ob D ein Verbrauchsgut iwS erhalten hat.

b) Folgerungen

Versteht man die Umsatzsteuer materiell als eine Verbrauchsteuer, so ist die Differenzierung zwischen willentlichen und unwillentlichen Verbrauchsvorgängen inkonsequent. Denn ein Konsumguttransfer wird nicht dadurch negiert, dass die Beteiligten ihn eigentlich nicht wollten oder von ihm nichts wussten. Insb müsste es einen rechtfertigenden Grund geben, einen stattgefundenen Verbrauchsakt gegen den Willen des Berechtigten anders zu behandeln als einen stattgefundenen Verbrauchsakt mit einem entsprechenden Willen. Denn wer sich einen verbrauchbaren Nutzen eigenmächtig verschafft, kann nicht ohne Grund umsatzsteuerrechtlich demjenigen gegenüber privilegiert werden, der sich mit dem Willen des Berechtigten einen verbrauchbaren Nutzen verschaffen lässt. Das tatsächliche Ergebnis, die Erlangung eines verbrauchbaren Gutes, ist dasselbe. Ein solcher rechtfertigender Grund ist aber nicht ersichtlich. **683**

Ganz deutlich wird dies bei der Steuerschuldverlagerung auf den Leistungsempfänger nach § 13b UStG. Hier würde – zB bei einem ausländischen Bäcker, der seine Waren an der deutsch-französischen Grenze auf einem Markt anbietet – die eigenmächtige Verschaffung der Waren durch einen anderen Unternehmer bei diesem keine Steuerschuld auslösen, die einverständliche Verschaffung durch einen Unternehmer hingegen schon. **684**

Das Abstellen auf subjektive Momente des Verbrauchsgutinhabers erschwert dabei nicht nur unnötig die Feststellung einer Leistung, sondern widerspricht auch dem Ziel der Umsatzsteuer[13], den (gesamten und objektiven) Letztverbrauch zu besteuern. Dies unterstreicht auch der Vergleich zum Kunden K. Dessen Einkauf ist unstreitig ein steuerbarer Umsatz. Im wirtschaftlichen Ergebnis besteht nach dem Verzehr der Backwaren zwischen K als rechtstreuen Endverbraucher mit seiner vertraglichen Zahlungspflicht (unterstellt, er hätte noch nicht gezahlt) und D als diebischen Endverbraucher und seiner Schadensersatzpflicht kein Unterschied. Beide haben denselben Konsumgüterverbrauch[14] gehabt und müssen dafür etwas aufwenden. Dies ist die Leistungsfähigkeit, an die das Umsatzsteuergesetz anknüpft. **685**

Auch aus § 1 Abs. 1 Nr 1 Satz 2 UStG, der die Steuerbarkeit nicht entfallen lässt, wenn Umsätze aufgrund gesetzlicher oder behördlicher Anordnung ausgeführt werden, kann die Beachtlichkeit eines Willens nicht hergeleitet werden. Erstens ist ein solcher „Umkehrschluss" nicht zwingend. Zweitens handelt es sich um eine gesetzliche Formulierung, die aus dem frühen 20. Jahrhundert stammt. Im Wandel der Zeit hat sich vor **686**

---

13 *Stadie*, UStG, § 1 Rn 10; *Hummel*, UR 2006, 614 (616).
14 Dies zeigt sich ganz deutlich, wenn der „Sättigungseffekt" beider betrachtet wird.

Fall 12 *Der wackere Bäckermeister*

allem der Belastungsgrund der Umsatzsteuer deutlicher herauskristallisiert, der gegen einen solchen Umkehrschluss spricht. Daher kann § 1 Abs. 1 Nr 1 Satz 2 UStG nicht als Ausnahme eines grundsätzlich nötigen Leistungswillens, sondern nur als eine deklaratorische Vorschrift verstanden werden[15].

687 Damit stellt die eigenmächtige Verschaffung der Backwaren durch D nicht das Vorliegen einer Verschaffung eines verbrauchbaren Nutzens und damit einer Leistung des B an D in Frage[16].

Hinweis: Eine aA ist natürlich vertretbar, sofern sich mit den Argumenten der gegenteiligen Ansicht auseinandergesetzt wird.

2. Leistung gegen Entgelt

688 Fraglich ist aber, ob diese Leistung „gegen Entgelt" (§ 1 Abs. 1 Nr 1 UStG meint dabei nicht das Entgelt iSv § 10 UStG, sondern die Gegenleistung in Geld) erfolgt ist. Dies liegt unstreitig vor, sofern die Gegenleistung im Rahmen eines synallagmatischen Vertrages erfolgte. Hier will D die Gegenleistung aber nicht erbringen, um die Backwaren zu erhalten, sondern er muss gegen seinen Willen Schadensersatz für die gestohlenen Backwaren zahlen. Seine Zahlungspflicht ist damit nur kausal und erfolgte nicht final. Fraglich ist, ob das ausreicht.

689 Der Wortlaut („gegen") ist insoweit neutral, da auch bei einer (nur) kausalen Zahlung eine Verknüpfung zwischen Zahlung und Leistung vorliegt. Dass insoweit die Anhänger des Verkehrsteuergedankens auf einer finalen Verknüpfung bestehen[17], ist konsequent, aber aus den oben genannten Gründen abzulehnen. Warum aber auch teilweise die Rspr und ein Teil der Literatur trotzdem eine finale Beziehung verlangen[18], bleibt offen. Vielmehr ist der Ansicht zu folgen, die ausgehend vom Verbrauchsteuerprinzip allein darauf abstellt, ob für einen Konsumguttransfer kausal Geld aufgewendet wird[19]. Die Motive des Einzelnen (freiwillige Zahlung, Mitleid, gerichtlich erzwungene Zahlung etc) sind für eine objektive Verbrauchsbesteuerung unerheblich. Es kann keinen Unterschied machen, ob D die Waren kauft und bezahlt oder ob er sie stiehlt und anschließend Schadensersatz zahlen muss.

690 Folglich genügt eine kausale Verknüpfung zwischen der in Geld bestehenden Gegenleistung und der umsatzsteuerrechtlichen Leistung. Mit dem Diebstahl und der daraus resultierenden Schadensersatzpflicht liegt damit eine Leistung gegen Entgelt vor.

---

15 *Stadie*, UStG, § 1 Rn 45 ff; *Hummel*, UR 2006, 614 (616).
16 Der genaue Leistungsgegenstand dürfte in der zwangsweisen Duldung der Wegnahme bzw des Verzehrs liegen, denn darauf bezieht sich die Schadensersatzpflicht im Ergebnis.
17 Vgl *Weiß*, UR 1980, 220 (222).
18 BFH, V R 51/96, UR 1999, 450; X R 16/82, BStBl II 1988, 640; *Ruppe/Achatz*, öUStG, 5. Aufl 2018, § 1 Rn 67; *Beiser*, UR 1999, 49 (50 f).
19 BGH, X ZR 71/99, UR 2001, 535; BFH, V R 60/05, BStBl II 2009, 486; *Stadie*, UStG, § 1 Rn 56 f und 75; *Englisch*, in: Tipke/Lang, § 17 Rn 122; *Hummel*, UR 2008, 569 (572); *Hicks*, UVR 1995, 197 f; *Tehler*, DStR 1983, 215 (218); *Nieskens*, in: Rau/Dürrwächter, UStG, § 1 Rn 821 ff.

III. Ergebnis

Folglich liegt ein steuerbarer Umsatz vor. Dieser ist mangels eingreifender Steuerbefreiungen auch steuerpflichtig. Der Steuersatz liegt gem. § 12 Abs. 2 Nr 1 UStG iVm Nr 31 der Anlage 2 zum Umsatzsteuergesetz bei 7 %, so dass B von dem erhaltenen Schadensersatz noch 7/107 abzuführen hat und seinem Restitutionsinteresse erst mit 10,70 € vollumfänglich Genüge getan wird. Damit beläuft sich der nach § 823 iVm § 249 BGB zu verlangende Schadensersatz entgegen der Ansicht des D auf 10,70 €.

Aufgabe 3: Vertragsauflösung

I. Allgemeines

Die Höhe der „Entschädigung" richtet sich ausweislich der vertraglichen Übereinkunft danach, ob zu den 500 € noch Umsatzsteuer hinzuzurechnen ist. Dies setzt zunächst voraus, dass der Verzicht auf die weitere Vertragsdurchführung gegen die Zahlung von einer Entschädigung iHv 500 € einen steuerbaren Umsatz darstellt.

Voraussetzung für einen steuerbaren Umsatz ist wiederum das Vorliegen einer Leistung iSd § 1 Abs. 1 Nr 1 Satz 1 UStG. Bei einer vorzeitigen Vertragsauflösung ist das Vorliegen einer Leistung umstritten[20]. Der BFH[21] differenzierte zunächst, ob der zur Sachleistung Berechtigte gegen Entgelt verzichtet hat oder der zur Sachleistung Verpflichtete. Später wurde diese Differenzierung vom BFH aber wieder aufgegeben, der in der vorzeitigen Auflösung eines Vertrages nun stets eine Leistung sieht[22]. Diese Entscheidung ist in weiten Teilen der Literatur auf Widerspruch bzw Kritik gestoßen[23]. Auch der EuGH vertritt zutreffend die Auffassung, dass eine Geldzahlung, die wegen einer Vertragskündigung trotz Nichtleistung durch den Leistenden einbehalten werden darf (sog. Angeld), nicht die Gegenleistung für eine Leistung darstellt, selbst wenn sie in einem gegenseitigen Vertrag vereinbart ist[24].

Richtigerweise ist allein maßgebend, ob mit der Vertragsauflösung dem anderen Teil eine Leistung gem. § 1 UStG erbracht wird. Stimmt man der Auffassung zu, dass die Umsatzsteuer ihrem Charakter nach den potenziell stattfindenden Verbrauch besteuern will, dann kann eine Leistung iSd UStG auch nur vorliegen, wenn eine Verschaffung von verbrauchbaren Vorteilen, dh solchen Vorteilen, die potenziell verbrauchbar sind, gegeben ist. Eine Leistung ist daher als jedwede Verschaffung eines verbrauchbaren

---

20 RFH, II A 319, RStBl 1921, 104 (104) hat dazu zuerst die Ansicht vertreten, dass die bloße Abstandnahme von einer Leistung keine neue Leistung sei. Später nahm RFH, V A 488/36, RStBl 1937, 999 an, dass die entgeltliche Verzichtsleistung auf die Rechte aus einem Vertrag steuerpflichtig sei.
21 BFH, V 263/58 U, BStBl III 1961, 300; V R 130/66, BStBl II 1970, 856 (857); V R 159/66, BStBl II 1971, 6 (8); V R 52/67, BStBl II 1971, 38 (39).
22 BFH, V R 8/70, BStBl II 1973, 171 (172); XI B 73/97, BFH/NV 1998, 1381 (1382); V R 34/03, BStBl II 2007, 66; V B 103/09, UR 2011, 341 mit kritischer Anm. *Hummel*.
23 Vgl insoweit *Stadie*, UStG, § 1 Rn 49; *Englisch*, in: Tipke/Lang, § 17 Rn 134; *Lipross*, Stbg 2006, 577.
24 Vgl EuGH, C-277/05, UR 2007, 643 *(Societe thermale d'Eugenie-les-Bains)*.

Nutzens zu definieren[25]. Entscheidend ist daher zunächst, worin der dem V verschaffte verbrauchbare Nutzen liegen kann. Bei Geldzahlungen im Rahmen einer vorzeitigen Beendigung von Verträgen ist dabei zu unterscheiden, ob der aus dem Vertrag zur Sachleistung Berechtigte oder der zur Sachleistung Verpflichtete auf die Vertragsdurchführung gegen eine Abstandszahlung verzichtet.

II. Umsatzsteuerrechtliche Behandlung des Verzichts des zur Sachleistung Verpflichteten

695 Verzichtet der zur Sachleistung Verpflichtete, dann bezieht sich der Verzicht nicht auf die Sachleistung, sondern lediglich auf die in Geld bestehende Gegenleistung. Ist zB der Vermieter mit einer vorzeitigen Vertragsauflösung einverstanden und zahlt der Mieter als der zur Sachleistung Berechtigte eine Abstandszahlung, so verschafft der Vermieter diesem nur den Erlass einer umfangreicheren, idR aber erst später zu zahlenden Geldforderung gegen die sofortige Zahlung einer geringeren Geldforderung. Der verbrauchbare Nutzen liegt damit nicht in einem Verzicht auf die Vertragsdurchführung, sondern nur in dem Verzicht auf seinen Anspruch auf die in Geld bestehende Gegenleistung. Damit wendet er dem (zur Sachleistung) Berechtigten den Vorteil des Freiwerdens von der Pflicht zur Geldzahlung zu. Der Vorteil des Berechtigten liegt folglich nur in dem Sparen von Geld, welches ebenso wie die Zahlung von Geld keine Leistung darstellt[26], da auch hier kein verbrauchbarer Vorteil verschafft wird, sondern nur die Möglichkeit, sich mit dem gesparten Geld ein Konsumgut iwS anderweitig zu verschaffen.

III. Umsatzsteuerrechtliche Behandlung des Verzichts des zur Sachleistung Berechtigten

696 Hier war B aber nicht verpflichtet, die Teigknetmaschine einem Dritten zur Nutzung zu überlassen, sondern er war selbst zur Nutzung berechtigt. Damit hat B aber nicht als der zur Sachleistung Verpflichtete, sondern als der zur Sachleistung Berechtigte auf die weitere Vertragsdurchführung und mit der Rückgabe der Maschine auf den Besitz an der Teigknetmaschine verzichtet. Zu klären ist hier, ob der Verzicht des zur Sachleistung Berechtigten B dem zur Sachleistung verpflichteten V einen verbrauchbaren Nutzen verschafft hat.

1. Verschaffung der Vertragsfreiheit?

697 Allerdings kommt die „wiedererlangte" Vertragsfreiheit des Verpflichteten nicht als Leistung in Betracht, denn die allgemeine Vertragsfreiheit stellt keinen verbrauchbaren Nutzen dar. Insb stand es V auch schon ohne die Vertragsauflösung frei, andere Verträge zu

---

25 *Stadie*, in: Rau/Dürrwächter, UStG, Einf Rn 143 ff, 164 ff; *Hummel*, UR 2008, 569 (571).
26 Zutreffend *Reiß*, BB 1986, 1407 (1409); *Stadie*, UStG, 2009, § 1 Rn 28; *Giesberts*, UR 1988, 137 (139); nun auch BFH, XI R 6/09, BStBl II 2011, 831 – das zugewendete Geld dient nur der Möglichkeit, sich einen verbrauchbaren Nutzen zu verschaffen, es ist aber nicht selbst ein solcher.

schließen. Allein die Entlassung aus einem schuldrechtlichen Vertrag kann daher keine Vertragsfreiheit und folglich auch keinen verbrauchbaren Vorteil verschaffen.

2. Verschaffung der Nutzungsmöglichkeit

Wenn der Mieter aber – wie im Fall – die Mietsache schon in Besitz genommen hat[27] und den Besitz vorzeitig gegen eine Abstandszahlung wieder auf den Vermieter überträgt, dann verzichtet der Mieter auf den Besitz an der Mietsache. Über die dingliche Wirkung des Besitzes aus §§ 854 ff BGB kann der Besitzer eine Verwendung durch jeden Dritten und damit auch eine vertragswidrige Verwendung durch seinen Vertragspartner verhindern. Wenn er aber die anderweitige Nutzung der vertraglich vereinbarten Leistung verhindern kann, dann leistet er durch seinen Verzicht auf seinen Besitz auch die Nutzungsmöglichkeit über den Vertragsgegenstand. B verschafft folglich V aufgrund seines Verzichts die (vorzeitige) Nutzungsmöglichkeit an der Teigknetmaschine. Die (vorzeitige) Nutzungsmöglichkeit einer Sache ist anders als die Ersparnis von Geld aber ein verbrauchbarer Vorteil. Dass die Zahlung als Entschädigungszahlung bezeichnet wurde, ist dabei unschädlich[28].

698

IV. Ergebnis

Folglich liegt bei einer vorzeitigen Vertragsauflösung im Interesse des V eine Leistung des B in Form der Besitzverschaffung an der Maschine vor. B verschafft V die vorzeitige Nutzungsmöglichkeit gegen die Zahlung von Geld. Damit hat B dem V einen verbrauchbaren Vorteil verschafft. Eine Leistung und damit ein steuerbarer Umsatz iSd § 1 Abs. 1 Nr 1 Satz 1 UStG liegt vor, so dass Umsatzsteuer „anfällt" und aufgrund der vertraglichen Abrede V dem B eine „Entschädigung" iHv 595 € schuldet.

699

---

27 Ohne den Besitz würde die Vertragsauflösung dem anderen auch nur Geld in Form von zukünftigen Schadensersatzansprüchen ersparen und auch keinen verbrauchbaren Vorteil verschaffen.
28 Zutreffend BFH, V R 34/03, BStBl II 2007, 66; V R 40/02, BStBl II 2004, 854; *Hummel*, UR 2008, 569 (572).

Fall 12   *Der wackere Bäckermeister*

Zur Wiederholung

Übersicht 12: Prüfungsschema Umsatzsteuer

700
I. **Steuerbarer Umsatz**
   - Lieferung oder sonstige Leistung gegen Entgelt, § 1 I Nr 1 UStG
   - Einfuhrumsatzsteuer, § 1 I Nr 4 UStG
   - innergemeinschaftlicher Erwerb, § 1 I Nr 5 UStG
   - Sondertatbestände, zB § 3 Ib, IXa UStG

II. **Unternehmer, § 2 UStG**
III. **Ort der Leistung im Inland (§ 3a, § 3 VI, VII UStG)**
IV. **Nicht steuerfreier Umsatz, § 4 UStG (ggf mit § 9 UStG)**
V. **Zeitpunkt der Entstehung der Steuerschuld, § 13, § 20 UStG**
   - Regelbesteuerung: Sollbesteuerung
   - Ausnahme: Istbesteuerung

VI. **Steuerschuldner, § 13a, § 13b UStG**
VII. **Bemessungsgrundlage, § 10, § 11 UStG**
VIII. **Steuersatz, § 12 UStG**

Fall 13

Stereoanlagen und Umsatzsteuer

Schwerpunkt: **Umsatzsteuerrecht:** Umsatzsteuerberichtigung (LB § 10 Rn 1710–1712); Bemessungsgrundlage (LB § 10 Rn 1681–1685); Abgrenzung Lieferung/sonstige Leistung (LB § 10 Rn 1651–1652); Entschädigung und Umsatzsteuer (LB § 10 Rn 1656)

Schwierigkeitsgrad: leicht, Bearbeitungszeit: 2 Stunden

R betreibt in Trier einen Handel mit Stereoanlagen. Sein Umsatz in 01 betrug 5 Mio Euro. Er ist zur Bilanzierung verpflichtet; das Wirtschaftsjahr ist das Kalenderjahr.

701

Dem Kunden K aus Köln hat R im Mai 02 eine High-End Stereoanlage für 119 000 € unter Eigentumsvorbehalt verkauft und übergeben. Der Kaufpreis sollte in zehn Monatsraten von jeweils 11 900 € zu entrichten sein. Nachdem K nach Zahlung der ersten Kaufpreisrate die weiteren Zahlungen eingestellt hatte, trat R vom Vertrag zurück und holte im August 02 die Anlage bei K in Köln ab. Im Kaufvertrag ist vereinbart, dass R im Falle des Rücktritts die erste Kaufpreisrate als Entschädigung behalten darf. R vertritt die Ansicht, dass es schon wegen des fehlenden Eigentumsübergangs auf K an einem Umsatz fehle. § 39 AO sei im Umsatzsteuerrecht gerade nicht anwendbar. Jedenfalls sei die einbehaltene Kaufpreisrate als Schadensersatz zu behandeln.

Aufgabe:

Stellen Sie die umsatzsteuerrechtlichen Auswirkungen des geschilderten Sachverhaltes für R im Jahre 02 dar.

Bearbeitervermerk: Es ist einheitlich das momentan geltende Recht anzuwenden. Als betriebsgewöhnliche bzw tatsächliche Nutzungsdauer der Wirtschaftsgüter sind 20 Jahre zu unterstellen. Soweit sich aus dem Sachverhalt nichts Gegenteiliges ergibt, ist in allen Fällen davon auszugehen, dass ordnungsgemäße Rechnungen iSd UStG vorliegen.

Fall 13 *Stereoanlagen und Umsatzsteuer*

Vorüberlegungen

702 Der Fall beinhaltet verschiedene Problemkreise aus dem Umsatzsteuerrecht. Es bietet sich an, zunächst zu prüfen, ob hinsichtlich der Stereoanlage ein Umsatz, genauer eine steuerbare Lieferung vorliegt. Hier stellt sich die Frage nach der Anwendbarkeit des § 39 AO im Umsatzsteuerrecht, weil eine Lieferung die Erlangung der Verfügungsmacht voraussetzt. Daran schließt sich die Frage an, wie die einbehaltene „Entschädigung" zu behandeln ist, wobei sich an dieser Stelle eine der Grundfragen des Umsatzsteuerrechts nach dem Vorliegen einer Leistung und dem konkreten Leistungsinhalt stellt.

Gliederung

703 **A. Verkauf der Stereoanlage**
    I. Steuerbarer und steuerpflichtiger Umsatz
    II. Bemessungsgrundlage und Steuersatz

B. Abholung der Anlage
    I. Wegfall der Lieferung
    II. Berichtigung der Umsatzsteuerschuld

C. Einbehalten der Kaufpreisrate
    I. Steuerpflichtiger Umsatz
    II. Ergebnis

Musterlösung

A. Verkauf der Stereoanlage

Der unter Eigentumsvorbehalt erfolgte Verkauf der Stereoanlage könnte der Umsatzsteuer unterliegen. 704

I. Steuerbarer und steuerpflichtiger Umsatz

Gem. § 1 Abs. 1 Nr 1 Satz 1 UStG setzt dies eine Lieferung oder sonstige Leistung voraus, die ein Unternehmer im Inland gegen Entgelt im Rahmen seines Unternehmens ausführt. 705

Die Übergabe der Stereoanlage könnte eine Lieferung gegen Entgelt darstellen. Gem. § 3 Abs. 1 UStG sind Lieferungen Leistungen, durch die der Unternehmer den Abnehmer befähigt, im eigenen Namen über einen Gegenstand zu verfügen (Verschaffung der Verfügungsmacht). Art. 14 Abs. 1 MwStSystRL verlangt für eine Lieferung, dass die Befähigung übertragen wird, „wie ein Eigentümer über einen körperlichen Gegenstand zu verfügen". K erhielt den Besitz an der Stereoanlage, jedoch behielt sich R das Eigentum vor. Fraglich ist, ob K damit schon die Verfügungsmacht iSd § 3 Abs. 1 UStG erhalten hat. 706

Nach hM[1] liegt eine Lieferung grundsätzlich vor, wenn das Eigentum an einem Gegenstand übertragen wird. Dies ist hier nicht erfolgt. Ausnahmsweise könne aber auch ohne Eigentumsübertragung dem Leistungsempfänger schon die Verfügungsmacht verschafft worden sein. 707

Für die Annahme der Verfügungsmacht iSd UStG sollen nach einer Meinung[2] die nationalen ertragsteuerrechtlichen Zurechnungsregelungen[3] maßgebend sein. Dies erscheint zweifelhaft, da das Einkommen- und das Umsatzsteuerrecht selbstständige Steuerrechtsgebiete darstellen, die unterschiedliche Besteuerungsziele verfolgen. Das Einkommensteuerrecht erfasst die finanzielle Leistungsfähigkeit, die sich im Hinzuerwerb von Vermögen zeigt. Die Umsatzsteuer ist dagegen eine (allgemeine) Verbrauchsteuer[4], die die Leistungsfähigkeit besteuert, die sich in den Vermögensaufwendungen für verbrauchbare Vorteile zeigt. 708

Weder die Entstehungsgeschichte, der Wortlaut noch der Sinn und Zweck erfordern eine Anwendung der ertragsteuerrechtlichen Zurechnungsvorschriften auf das Umsatz- 709

---

1 Vgl BFH, V R 22/03, BStBl II 2006, 727; V R 80/87, BFH/NV 1993, 634 (635); BMF v. 15.1.2007, DB 2007, 257; *Stadie*, UStG, § 3 Rn 16.
2 BFH, V R 49/70, BStBl II 1971, 34 (35); FG Berlin, 7 B 7047/02, EFG 2002, 789 (790); *Leonard*, in: Bunjes, UStG, § 3 Rn 76 zum Leasing; aA *Reiß*, StuW 1987, 122 (124); *Stadie*, UStG, § 3 Rn 37; *Lange*, UR 2004, 574 (576); *Hummel*, UR 2007, 757 (758).
3 Mag diese sich aus § 39 AO oder § 5 Abs. 1 EStG, § 242 HGB iVm den Grundsätzen ordnungsgemäßer Buchführung ergeben – vgl zum Meinungsstreit *Weber-Grellet*, in: Schmidt, EStG, § 5 Rn 150 ff.
4 EuGH, C-283/06, C-312/06, Slg. 2007, I-8463–8490 *(Kögaz)*; *Englisch*, in: Tipke/Lang, § 17 Rn 10; *Stadie*, in: Rau/Dürrwächter, UStG, Einf Rn 141 f; *Hummel*, Bauten auf fremdem Grund und Boden, 2009, S. 50 ff.

steuerrecht. Vielmehr ergeben sich die notwendigen Kriterien – mögen sie auch weitestgehend mit denen des § 39 Abs. 2 AO identisch sein – schon aus dem Verbrauchsteuercharakter der Umsatzsteuer. Sie können daher originär aus dem UStG entwickelt werden[5]. Ein unmittelbarer Rückgriff auf ertragsteuerrechtliche Zurechnungsvorschriften (§ 39 AO oder § 5 Abs. 1 EStG, § 242 HGB iVm den GoB) ist daher nicht erforderlich[6].

710 Es sind daher die entscheidenden Merkmale einer umsatzsteuerrechtlichen Verfügungsmacht zu klären, um „wie ein Eigentümer" über einen Gegenstand verfügen zu können (Art. 14 Abs. 1 MwStSystRL). Das Eigentum zeichnet sich dadurch aus, dass der Inhaber die betreffende Sache wirtschaftlich nutzen, verbrauchen (Ertragszugriff) oder auch zerstören (Substanzzugriff) kann[7]. Es genügt daher, wenn unter der Verfügungsmacht die Übertragung der Substanz in Form der materiellen Bestandteile des Eigentums verstanden wird.

711 Beim Verkauf unter Eigentumsvorbehalt verbleibt das Wirtschaftsgut idR, dh bei der normalen Vertragsabwicklung, beim Käufer. Dieser allein hat es in der Hand, durch Zahlung der Raten den endgültigen Übergang des Eigentums herbeizuführen (vgl § 158 Abs. 1 BGB). Folglich kann der Käufer den Verkäufer von der Einwirkung auf die Stereoanlage ausschließen. Darüber hinaus trägt er ab Übergabe gem. § 446 Satz 1 BGB die Gefahr des zufälligen Untergangs und einer zufälligen Verschlechterung der Stereoanlage. Ihm gebühren die Nutzungen und er hat die Lasten zu tragen. Mithin hat der Käufer bereits ab Besitzverschaffung die Verfügungsmacht iSv § 3 Abs. 1 UStG an der Stereoanlage erhalten. Damit liegt beim Verkauf unter Eigentumsvorbehalt eine Lieferung nicht erst bei Eigentumsübertragung, sondern bereits beim Gefahrübergang aufgrund der Besitzverschaffung vor.

712 *Alternative, wenn die Anwendbarkeit von § 39 AO bejaht wird:*

Dem Vorbehaltskäufer könnte die Sache gem. § 39 Abs. 2 Nr 1 Satz 1 AO bereits ab Besitzverschaffung zuzurechnen sein. Nach § 39 Abs. 2 Nr 1 Satz 1 AO ist demjenigen das Wirtschaftsgut zuzurechnen, der die tatsächliche Herrschaft über das Wirtschaftsgut in der Weise ausübt, dass er den Eigentümer im Regelfall für die gewöhnliche Nutzungsdauer von der Einwirkung auf das Wirtschaftsgut ausschließen kann. Beim Verkauf unter Eigentumsvorbehalt verbleibt das Wirtschaftsgut idR, dh bei der normalen Vertragsabwicklung, beim Käufer. Dieser allein hat es in der Hand, durch Zahlung der Raten den endgültigen Übergang des Eigentums herbeizuführen (vgl § 158 Abs. 1 BGB). Folglich kann der Käufer den Verkäufer im Regelfall für die gewöhnliche Nutzungsdauer von der Einwirkung auf die Stereoanlage ausschließen. Darüber hinaus trägt er

---

5 BFH, V 176/64, BStBl II 1969, 451 (452); *Hummel*, UR 2007, 757 (759); ohne Rückgriff auf § 39 AO auch BFH, V R 22/03, BStBl II 2006, 727.
6 FG München, 3 V 560/00, UVR 2000, 461 (461); *Schön*, UStKongrB 1991/92, S. 117 (133); *Drüen*, in: Tipke/Kruse, § 39 AO Rn 18; aA *Vosseler*, DStR 2007, 188 (189); *Tehler*, UVR 1991, 359 (361).
7 *Bassenge*, in: Palandt, BGB, 77. Aufl 2018, § 903 Rn 5; *Junker*, AcP 193 (1993), 348 ff; *Seiler*, in: Staudinger, BGB, Neubearbeitung 2016, § 903 Rn 10; *Baur*, in: Soergel, BGB, 13. Aufl 2002, § 903 Rn 33 „sonstige Nutzungen".

ab Übergabe gem. § 446 Abs. 1 BGB die Gefahr des zufälligen Untergangs und einer zufälligen Verschlechterung der Anlage. Ihm gebühren die Nutzungen und er hat die Lasten zu tragen. Mithin ist dem Käufer gem. § 39 Abs. 2 Nr 1 Satz 1 AO bereits ab Besitzverschaffung die Stereoanlage zuzurechnen. Damit liegt beim Verkauf unter Eigentumsvorbehalt eine Lieferung nicht erst bei Eigentumsübertragung, sondern bereits mit Besitzverschaffung vor.

Im Vertrag ist eine Gegenleistung von 119 000 € vereinbart. Mithin erfolgt die Lieferung auch gegen Entgelt. Wie § 16 Abs. 1 Satz 1 UStG zeigt, ist die tatsächliche Zahlung zunächst unerheblich. 713

II. Bemessungsgrundlage und Steuersatz

Die Höhe der Umsatzsteuer richtet sich nach der Bemessungsgrundlage und dem Steuersatz. Gem. § 10 Abs. 1 Satz 1, 2 UStG ist Bemessungsgrundlage das Entgelt, dh alles, was der Leistungsempfänger aufwendet, um die Leistung zu erhalten, jedoch abzgl. der Umsatzsteuer. Gem. § 16 Abs. 1 Satz 1 UStG ist hierbei das vereinbarte Entgelt (gemeint ist die Gegenleistung, wie auch bei § 1 Abs. 1 Satz 1 Nr 1 UStG) maßgeblich. Der Steuersatz beträgt gem. § 12 Abs. 1 UStG 19 %. Bei einem Kaufpreis von 119 000 € (und damit einer Bemessungsgrundlage von 100 000 €) ergibt sich mithin eine Umsatzsteuer von 19 000 €. 714

B. Abholung der Anlage

Fraglich ist jedoch, wie sich der Rücktritt vom Vertrag und die Abholung der Stereoanlage umsatzsteuerrechtlich auswirken. 715

I. Wegfall der Lieferung

Die Umsatzsteuerpflicht könnte weggefallen sein, indem der steuerbare Umsatz in Form der Lieferung gem. § 1 Abs. 1 Nr 1 UStG rückgängig gemacht wurde. Die **Rückgängigmachung ist von der Rücklieferung** zu unterscheiden, die eine neue Lieferung darstellt. Eine Rückgängigmachung liegt vor, wenn das zugrunde liegende Kausalgeschäft (Umsatzgeschäft) rückabzuwickeln ist und die Beteiligten sich deshalb die erhaltenen Leistungen zurück gewähren. Eine Rücklieferung liegt demgegenüber vor, wenn die Rückgabe der Sache an den Lieferer auf einem neuen Entschluss beruht, der in keinem Zusammenhang mit dem ursprünglichen Umsatzgeschäft steht[8]. 716

Gem. § 449 Abs. 2 iVm § 323 BGB kann der Verkäufer bei einem Kauf mit Eigentumsvorbehalt und ausstehenden Raten ein Rücktrittsrecht ausüben. Bei Ausübung des Rücktritts verwandelt sich das Schuldverhältnis in ein Rückabwicklungsverhältnis gem. § 346 Abs. 1 BGB. Daran ändert auch die Vereinbarung einer Entschädigung nichts. Die Abholung der Maschine stellt sich daher als Rückgängigmachung des ursprünglichen 717

---

8 BFH, V R 27/94, BStBl II 1995, 756 (757 f); *Stadie*, UStG, § 17 Rn 74.

Umsatzgeschäftes dar. Mit Abholung entfällt daher der steuerbare Umsatz, so dass der Vorgang nicht mehr der Umsatzsteuer unterliegt.

II. Berichtigung der Umsatzsteuerschuld

718 Fraglich ist jedoch, wie das Entfallen des steuerbaren Umsatzes zu berücksichtigen ist. In Betracht kommt eine (rückwirkende) Berichtigung gem. § 175 Abs. 1 Nr 2 AO. Diese Norm wird jedoch durch den spezielleren § 17 Abs. 2 Nr 3 iVm § 17 Abs. 1 Satz 7 UStG verdrängt, wonach die Berichtigung erst zu erfolgen hat, wenn der steuerbare Umsatz rückgängig gemacht worden ist. Somit erfolgt erst für diesen Voranmeldungszeitraum (es wäre hier der August 02) eine Berichtigung der Umsatzsteuer bzgl der Lieferung der Stereoanlage gem. § 17 Abs. 2 Nr 3 iVm § 17 Abs. 1 Satz 1 UStG auf „Null".

C. Einbehalten der Kaufpreisrate

719 Es könnte jedoch insoweit Umsatzsteuer angefallen sein, als R eine Kaufpreisrate als Entschädigung einbehalten hat.

I. Steuerpflichtiger Umsatz

720 Voraussetzung ist ein steuerbarer Umsatz gem. § 1 Abs. 1 Nr 1 UStG, der nicht steuerfrei und damit steuerpflichtig ist.

In Betracht kommt eine sonstige Leistung. Sonstige Leistungen sind gem. § 3 Abs. 9 Satz 1 UStG Leistungen, die keine Lieferungen sind. Oberbegriff ist demzufolge die Leistung. Unter Leistung versteht man die Verschaffung eines verbrauchbaren Vorteils (Nutzens), für den im Wirtschaftsleben üblicherweise etwas gezahlt wird[9]. Die temporäre Nutzungsmöglichkeit der Stereoanlage ist ein solcher verbrauchbarer Vorteil.

721 Daran ändert auch die Bezeichnung der einbehaltenen ersten Kaufpreisrate als Entschädigung nichts. Zum einen kommt es nach zutreffender Ansicht des BFH[10] nicht auf die Bezeichnung der in Geld bestehenden Gegenleistung an, so dass auch als „Entschädigung" oder „Aufwendungsersatz" bezeichnete Zahlungen Gegenleistungen (Entgelt iSv § 1 Abs. 1 Nr 1 Satz 1 UStG) für eine Leistung sein können. Zum anderen liegt eine nicht steuerbare Entschädigungszahlung nicht vor.

722 Rspr[11] und die hM[12] begründen die Nichtsteuerbarkeit dabei mit der Notwendigkeit eines Leistungswillens. So soll keine Leistung bei Vermögenseinbußen vorliegen, wenn diese ohne Kenntnis oder gegen den Willen erfolgt seien[13]. Weil aber R dem K die Nut-

---

9 Vgl *Birk/Desens/Tappe*, Steuerrecht, Rn 1648.
10 BFH, V R 69/05, UR 2007, 448 (450); V R 40/02, BStBl II 2004, 854 (865).
11 BFH, XI R 66/07, BFH/NV 2009, 616; V R 20/91, BStBl II 1994, 54 (55); V R 129/75, BStBl II 1987, 465 (467).
12 *Beiser*, ÖStZ 2007, 297 (298); *Giesberts*, UR 1976, 61 (69); *Nieskens*, in: Rau/Dürrwächter, UStG, § 3 Rn 521; *Nieskens*, in: Rau/Dürrwächter, UStG, § 1 Rn 435 ff; *Ruppe/Achatz*, öUStG, 5. Aufl 2018, § 1 Rn 20; *Jakob*, Umsatzsteuer, Rn 183.
13 *Ruppe/Achatz*, öUStG, 5. Aufl 2018, § 1 Rn 20; *Nieskens*, in: Rau/Dürrwächter, UStG, § 1 Rn 435 ff.

zungsmöglichkeit der Stereoanlage willentlich verschaffte (nach seiner Ansicht sollte sie sogar endgültig verschafft werden), liegt auch nach dieser Ansicht hier eine (sonstige) Leistung vor.

Zunächst verschaffte R vereinbarungsgemäß dem Käufer die Verfügungsmacht an der Stereoanlage, es lag also eine Lieferung iSd § 3 Abs. 1 UStG vor. Diese ist – wie gezeigt – rückwirkend mit Rückabwicklung des Vertrages entfallen. Zwar ordnet § 17 Abs. 1 Satz 7, Abs. 2 UStG an, dass die Konsequenzen der Rückgängigmachung der Lieferung erst im Moment der Rückabwicklung Berücksichtigung finden. Dies schließt jedoch nicht aus, dass im Rahmen der zivilrechtlichen Gestaltung (§ 185 Abs. 1 BGB) eine – weitere, nunmehr auflebende – sonstige Leistung iSd § 3 Abs. 9 UStG (Nutzungsmöglichkeit der Anlage bis zur Rückgewähr) anzunehmen ist. 723

Es liegt somit ein steuerbarer Umsatz gem. § 1 Abs. 1 Nr 1 UStG vor. Eine Steuerbefreiung ist nicht ersichtlich, so dass ein steuerpflichtiger Umsatz vorliegt. Bemessungsgrundlage sind gem. § 10 Abs. 1 Satz 1 und 2 UStG 11 900 € abzüglich darin enthaltener Umsatzsteuer iHv 1900 €. 724

II. Ergebnis

R schuldet 1900 € Umsatzsteuer aufgrund der Nutzungsüberlassung der Stereoanlage. 725

Zur Wiederholung

Siehe Übersicht 12 (Rn 694). 726

Fall 14

Schenkerlaune

Schwerpunkte: **Erbschaft- und Schenkungsteuerrecht:** Schenkung unter Lebenden (LB § 8 Rn 1522–1528); mittelbare Schenkung (LB § 8 Rn 1527–1528); Schenkung unter Auflage (LB § 8 Rn 1548); Kettenschenkung

Schwierigkeitsgrad: eher leicht, Bearbeitungszeit: 2 Stunden

727 V möchte sein Vermögen noch zu Lebzeiten auf seine beiden Söhne S und U sowie seine Tochter T übertragen. Nach reiflichem Überlegen glaubt er, eine sinnvolle Regelung gefunden zu haben:

Der älteste Sohn (S) hat bereits selbst eine Familie gegründet und plant den Bau eines Einfamilienhauses. Ein Grundstück hatte V ihm bereits vor elf Jahren übertragen. Als „Zuschuss" zum Hausbau überweist V ihm nunmehr 800 000 € auf sein Girokonto. Laut einer Klausel im notariell beglaubigten Schenkungsvertrag darf S das Geld ausschließlich zum Bau des geplanten Hauses verwenden; anderenfalls ist er zur sofortigen Rückzahlung des kompletten Betrags verpflichtet. Der Bau des Hauses wird noch im Jahr der Schenkung abgeschlossen. Die Baukosten belaufen sich insgesamt auf 1 000 000 €. Der Vergleichswert des bebauten Grundstücks beträgt 850 000 €, wovon 250 000 € auf das Grundstück entfallen.

U bekommt von V ein Grundstück samt Villa auf Sylt mit einem Vergleichswert von 1 500 000 € übertragen. Damit S und T sich nicht übervorteilt sehen und weil V seinen Lebensabend standesgemäß verbringen möchte, muss U sich verpflichten, an V eine Rente von insgesamt 200 000 € zu zahlen. Zusätzlich hat er der rheumakranken Großtante G ein lebenslanges Wohnrecht (Kapitalwert 150 000 €) zu bestellen. Außerdem hat U die im Zusammenhang mit dem Erwerb entstandenen Kosten für Notar und Grundbuchamt (Erwerbsnebenkosten) iHv 15 000 € zu tragen.

T hat bereits im vergangenen Jahr 800 000 € von V ausgezahlt bekommen und soll nun weitere 600 000 € erhalten. „Um Steuern zu sparen", überträgt V die 600 000 € zunächst an seine Ehefrau F. Entsprechend einer mündlichen Abrede zwischen V und F überträgt F das Geld noch im selben Jahr weiter an T. Eine entsprechende Klausel enthält der notariell beglaubigte Schenkungsvertrag zwischen V und F indes nicht.

Wie sind die einzelnen Vorgänge erbschaft- bzw schenkungsteuerrechtlich zu beurteilen?

Bearbeitervermerk: Alle rechtsgeschäftlichen Vorgänge sind zivilrechtlich wirksam.

Vorüberlegungen

Der eher einfache Fall behandelt verschiedene Problemkreise aus dem Erbschaft- und Schenkungsteuerrecht. Zu untersuchen sind drei voneinander unabhängig zu begutachtende Schenkungsakte. Die darin auftretenden Standardprobleme dürften keine allzu großen Schwierigkeiten bereiten. Der Fall soll vor allem ein Verständnis für die Systematik des Erbschaft- und Schenkungsteuerrechts vermitteln.

Im ersten Teil geht es um die schenkungsteuerrechtliche Behandlung einer sog. *mittelbaren Schenkung*. Wendet der Schenker dem Beschenkten einen Geldbetrag zu, damit dieser davon einen bestimmten Gegenstand erwerben soll, stellt sich die Frage, was als *Gegenstand der Zuwendung* anzusehen ist: der Geldbetrag oder der erworbene Gegenstand. Bei Grundstücksschenkungen kann es uU günstiger sein, das Grundstück als Gegenstand der Zuwendung anzusehen. Dies ist dann der Fall, wenn der nach § 12 Abs. 3 ErbStG iVm §§ 157 ff BewG für die Bemessungsgrundlage maßgebliche *Grundbesitzwert* niedriger ist als der zugewendete Geldbetrag. Bei bebauten Grundstücken richtet sich der Grundbesitzwert entweder nach dem Vergleichswertverfahren (§ 182 Abs. 2, § 183 BewG), dem Ertragswertverfahren (§ 182 Abs. 3, §§ 184–188 BewG) oder dem Sachwertverfahren (§ 182 Abs. 4, §§ 189–191 BewG). Bei der Übertragung von Ein- und Zweifamilienhäusern ist nach § 182 Abs. 2 Nr 3 BewG der *Vergleichswert* entscheidend. Dieser entspricht im Wesentlichen dem Verkehrswert des Grundstücks und wird unter Heranziehung der Kaufpreise vergleichbarer Grundstücke gesondert festgestellt (§ 151 Abs. 1 Satz 1 Nr 1, § 157 Abs. 1, § 182 Abs. 2 Nr 3 BewG).

Der zweite Vorgang betrifft die Thematik der sog. *gemischten Schenkung* sowie der *Schenkung unter Duldungs- oder Nutzungsauflage*. Beiden ist gemeinsam, dass der Zuwendungsgegenstand nicht vollständig ohne Gegenleistung, sondern im Gegenzug für ein Versprechen des Erwerbers, hingegeben wird. Hier ist insb darauf zu achten, dass die Bereicherung des Erwerbers an zwei Stellen im Lösungsaufbau zu prüfen ist. Zum einen verlangt der Tatbestand des § 7 Abs. 1 Nr 1 ErbStG eine *objektive Bereicherung* des Erwerbers. Diese richtet sich im Wesentlichen nach den Vorschriften des BGB. Zum anderen ist für die steuerliche *Bemessungsgrundlage* der *Wert der Bereicherung* zu ermitteln, der nach steuerrechtlichen Bewertungsvorschriften, nämlich denen des BewG, zu bestimmen ist *(steuerlicher Bereicherungsbegriff)*. Dieser Wert ist nicht zwangsläufig identisch mit der objektiven Bereicherung des Erwerbers. Man sollte also darauf achten, in der Falllösung sauber zwischen der objektiven Bereicherung als Tatbestandsmerkmal und der Bereicherung im Zusammenhang mit der Ermittlung der Bemessungsgrundlage zu unterscheiden.

Im dritten Teil hat sich der Bearbeiter mit der schenkungsteuerrechtlichen Behandlung einer sog. *Kettenschenkung* zu befassen. Immer wenn eine Zuwendung nicht direkt, sondern über eine Mittelsperson auf den letztlich Begünstigten übertragen wird, stellt sich die Frage, ob von zwei einzelnen oder von nur einer einheitlichen Schenkung auszugehen ist. Häufig tut sich diese Problematik bei Zuwendungen innerhalb der Familie auf, so zB, wenn ein größerer Geldbetrag, der einem Kind des Schenkers zugewendet werden soll, (zu einem Teil) zunächst an den Ehepartner übertragen wird, der diesen Betrag dann seinerseits auf das Kind überträgt, um so ein zweites Mal in den Genuss des Freibetrags nach § 16 Abs. 1 Nr 2 ErbStG zu gelangen. Fraglich ist in dieser Konstellation einer bewussten „Erschleichung" eines zweiten Freibetrags, ob dieser Freibetrag tatsächlich zweimal oder nur einmal zu gewähren ist.

Gliederung

732 **A. Geldschenkung an S**
    I. Persönliche Steuerpflicht, § 2 Abs. 1 Nr 1 Sätze 1, 2 lit. a ErbStG
    II. Sachliche Steuerpflicht, § 1 Abs. 1 Nr 2 ErbStG
        1. Objektive Bereicherung
        2. Auf Kosten des Zuwendenden
        3. Wille zur Freigebigkeit
    III. Steuerbemessungsgrundlage
    IV. Berechnung der Steuer
    V. Entstehen der Steuer, § 9 Abs. 1 Nr 2 ErbStG
    VI. Steuerschuldner, § 20 Abs. 1 Satz 1 ErbStG

B. Schenkung des Hausgrundstücks an U
    I. Persönliche Steuerpflicht, § 2 Abs. 1 Nr 1 Sätze 1, 2 lit. a ErbStG
    II. Sachliche Steuerpflicht, § 1 Abs. 1 Nr 2 ErbStG
        1. Objektive Bereicherung
        2. Auf Kosten des Zuwendenden
        3. Wille zur Freigebigkeit
    III. Steuerbemessungsgrundlage
    IV. Berechnung der Steuer
    V. Entstehen der Steuer, § 9 Abs. 1 Nr 2 ErbStG
    VI. Steuerschuldner, § 20 Abs. 1 Satz 1 ErbStG

C. Geldschenkung an F
    I. Persönliche Steuerpflicht, § 2 Abs. 1 Nr 1 Sätze 1, 2 lit. a ErbStG
    II. Sachliche Steuerpflicht, § 1 Abs. 1 Nr 2 ErbStG

D. Geldschenkung an T

E. Ergebnis

Musterlösung

Die einzelnen Vorgänge sind getrennt voneinander daraufhin zu untersuchen, ob sie Erbschaft- bzw Schenkungsteuer auslösen.

733

A. Geldschenkung an S

Zunächst könnte die Geldschenkung an S eine nach dem ErbStG steuerbare Zuwendung sein.

734

I. Persönliche Steuerpflicht, § 2 Abs. 1 Nr 1 Sätze 1, 2 lit. a ErbStG

Mangels anderer Angaben ist davon auszugehen, dass sowohl V als Zuwendender als auch S als Erwerber im Inland ansässig sind. Die Voraussetzungen der unbeschränkten Steuerpflicht nach § 2 Abs. 1 Nr 1 Sätze 1, 2 lit. a ErbStG, § 8 AO liegen daher vor.

735

II. Sachliche Steuerpflicht, § 1 Abs. 1 Nr 2 ErbStG

Die Zuwendung könnte nach § 1 Abs. 1 Nr 2 ErbStG als Schenkung unter Lebenden steuerbar sein. Als Schenkung unter Lebenden gilt nach § 7 Abs. 1 Nr 1 ErbStG jede freigebige Zuwendung unter Lebenden, soweit der Bedachte durch sie auf Kosten des Zuwendenden bereichert wird.

736

1. Objektive Bereicherung

Voraussetzung ist zunächst eine objektive Bereicherung des Bedachten. Erst einmal ist S um den Geldwert der Zuwendung, also um 800 000 €, bereichert. Hier besteht jedoch die Besonderheit, dass S mit dem Geld nicht nach Belieben verfahren konnte. Nach der eindeutigen Zweckbestimmung durfte er das Geld ausschließlich zum Bau des Hauses verwenden. Stattdessen könnte daher auch das Haus als Zuwendungsgegenstand anzusehen sein.

737

Was Gegenstand der Zuwendung ist, bestimmt sich nicht nur nach zivilrechtlichen Grundsätzen[1]. Der BGH nimmt in Fällen, in denen dem Schenkungsempfänger Geld zugewendet wird, das dieser zum Erwerb eines bestimmten Gegenstands einsetzen soll, an, dass nicht das Geld, sondern der erworbene Gegenstand zugewendet wird (sog. mittelbare Schenkung)[2]. Der BFH hat sich dieser Rspr angeschlossen. Auch für erbschaft- und schenkungsteuerrechtliche Zwecke ist also keine Identität von Entreicherungs- und Bereicherungsgegenstand zu verlangen[3]. Steuerlich anzuerkennen ist die mittelbare Schenkung, wenn der Wille der Parteien nach außen erkennbar ist und tatsächlich vollzo-

738

---

1 *Birk/Desens/Tappe*, Steuerrecht, Rn 1526.
2 BGH, IV ZR 167/51, NJW 1952, 1171; V ZR 134/69, NJW 1972, 247 (248); vgl auch zur mittelbaren Grundstücksschenkung, *Birk/Desens/Tappe*, Steuerrecht, Rn 1527 f; *Schulte/Birnbaum*, Erbschaftsteuerrecht, Rn 251.
3 BFH, II R 19/84, BStBl II 1985, 382; II R 26/13, BStBl II 2015, 239.

gen wird⁴. Bereits aus dem notariell beglaubigten Schenkungsvertrag zwischen V und S ergibt sich eindeutig, dass das Geld nur zu einem ganz bestimmten Zweck, nämlich dem Hausbau, dient. Zudem hat S das Haus noch im selben Jahr tatsächlich gebaut und so die Zweckbestimmung erfüllt. Ein weiteres Indiz für den auf Zuwendung des Hauses gerichteten Parteiwillen ist die Tatsache, dass V dem S bereits zuvor das Grundstück übertragen hatte, auf dem nunmehr das Haus gebaut wurde. Nach alledem ist S daher nicht um 800 000 €, sondern um einen Teil des von ihm errichteten Gebäudes bereichert. Die Gesamtkosten für die Errichtung des Hauses belaufen sich auf 1 000 000 €. Da V dem S nur 800 000 € zugewendet hat, ist ein gedachter Anteil von 4/5 an dem Haus als Zuwendungsgegenstand anzusehen.

2. Auf Kosten des Zuwendenden

739 Die Zuwendung ist auch auf Kosten des Zuwendenden V erfolgt. Der Vermögensmehrung bei S steht eine Entreicherung bei V gegenüber⁵.

3. Wille zur Freigebigkeit

740 V wollte S bereichern und war sich auch bewusst, dass diese Bereicherung unentgeltlich geschah. Schließlich erfolgte die Zuwendung nach seinem Willen schenkweise. V hatte daher den erforderlichen Willen zur Freigebigkeit⁶.

III. Steuerbemessungsgrundlage

741 Die Bemessungsgrundlage der Erbschaftsteuer ist nach § 10 ErbStG der steuerpflichtige Erwerb. Gem. § 10 Abs. 1 Satz 1 ErbStG gilt als solcher die Bereicherung des Erwerbers, soweit sie nicht steuerfrei ist. Wie der Wert der Bereicherung in den Fällen der Schenkung unter Lebenden zu ermitteln ist, regelt das ErbStG nicht ausdrücklich. Für Erwerbe von Todes wegen (vgl § 3 ErbStG) enthält § 10 Abs. 1 Satz 2 ErbStG eine Regelung. Entgegen ihrem Wortlaut ist die Vorschrift nach der gesetzlichen Konzeption auch auf Schenkungen unter Lebenden anwendbar. Eine gesonderte Regelung ist entbehrlich, weil gem. § 1 Abs. 2 ErbStG die Vorschriften über Erwerbe von Todes wegen grundsätzlich auch für Schenkungen unter Lebenden gelten⁷. Nach § 10 Abs. 1 Satz 2 ErbStG gilt als Bereicherung der Betrag, der sich ergibt, wenn von dem Wert des gesamten Vermögensanfalls die Abzugsposten des § 10 Abs. 3–9 ErbStG abgezogen werden.

742 Der Wert der Bereicherung bestimmt sich nach § 12 ErbStG iVm den Vorschriften des BewG. Hier ist das Haus Gegenstand der Bereicherung (s. Rn 738). Bei mit Ein- oder Zweifamilienhäusern bebauten Grundstücken kommt es nach § 12 Abs. 3 ErbStG iVm

---

4 *Moench/Hübner*, Erbschaftsteuer, 3. Aufl 2012, Rn 546 ff.
5 Vgl *Brüggemann/Claßen*, Erbschaftsteuerrecht, 3. Aufl 2004, S. 68; *Birk/Desens/Tappe*, Steuerrecht, Rn 1522.
6 Zu den Voraussetzungen des Bereicherungswillens iE: *Meincke*, ErbStG, 17. Aufl 2018, § 7 Rn 78 ff; *Moench/Hübner*, Erbschaftsteuer, 3. Aufl 2012, Rn 154, 195 f.
7 *Meincke*, ErbStG, 17. Aufl 2018, § 10 Rn 18.

§ 151 Abs. 1 Satz 1 Nr 1, § 182 Abs. 1, 2 Nr 3 BewG auf den Vergleichswert an. Allerdings besteht hier die weitere Besonderheit, dass das Grundstück bereits zuvor S gehörte. Es ist daher der auf das Grundstück entfallende Anteil abzuziehen: 850 000 € ./. 250 000 € = 600 000 €. Außerdem ist zu berücksichtigen, dass V nicht die gesamten Kosten getragen hat, sondern nur 4/5. Die Bereicherung des S beträgt also 480 000 €. Abzugsfähige Positionen iSd § 10 Abs. 3–9 ErbStG sind nicht ersichtlich.

Von diesem Betrag ist gem. § 16 Abs. 1 Nr 2 iVm § 15 Abs. 1 Nr 2 ErbStG ein Freibetrag von 400 000 € abzuziehen, so dass 80 000 € als steuerpflichtiger Erwerb verbleiben.

Die Schenkung des Grundstücks liegt bereits mehr als 10 Jahre zurück und ist daher nicht nach § 14 Abs. 1 Satz 1 ErbStG als früherer Erwerb dem steuerpflichtigen Erwerb hinzuzurechnen.

IV. Berechnung der Steuer

Auf den steuerpflichtigen Erwerb von 80 000 € ist gem. § 19 Abs. 1, § 15 Abs. 1 Nr 2 **743** ErbStG ein Steuersatz von 11 % anzuwenden. Die festzusetzende Steuer würde daher eigentlich 8800 € betragen. Möglicherweise ist hier allerdings nach § 19 Abs. 3 ErbStG ein sog. Härteausgleich vorzunehmen. Dabei ist zunächst die Steuer zu ermitteln, die sich berechnen würde, wenn der Erwerb die vorhergehende Wertgrenze iSd § 19 Abs. 1 ErbStG nicht überstiegen hätte: 75 000 € × 7 % = 5250 €. Die Differenz zwischen diesem Betrag und der ohne § 19 Abs. 3 ErbStG festzusetzenden Steuer ergibt die Steuer, die durch das Überschreiten der Wertgrenze des § 19 Abs. 1 ErbStG mehr anfällt: 8800 € ./. 5250 € = 3550 €. Der Mehrerwerb (80 000 € ./. 75 000 € = 5000 €) ist nunmehr gem. § 19 Abs. 3 lit. a ErbStG um 1/2 zu kürzen: 5000 € × 1/2 = 2500 €. Da die Mehrsteuer diesen Betrag übertrifft (3550 € > 2500 €), ist ein Härteausgleich vorzunehmen[8]. Die festzusetzende Steuer beträgt daher: 5250 € + 2500 € = 7750 €.

V. Entstehen der Steuer, § 9 Abs. 1 Nr 2 ErbStG

Gem. § 9 Abs. 1 Nr 2 ErbStG entsteht die Steuer mit dem Zeitpunkt der Ausführung der **744** Zuwendung. Bei der mittelbaren Grundstücksschenkung ist dieser anzunehmen, sobald der Zuwendungsempfänger Eigentümer des Grundstücks geworden, der Leistungserfolg also eingetreten ist[9]. Hier ist daher davon auszugehen, dass die Steuer unmittelbar nach der Errichtung des Hauses entstanden ist.

VI. Steuerschuldner, § 20 Abs. 1 Satz 1 ErbStG

Gem. § 20 Abs. 1 Satz 1 ErbStG sind bei einer Schenkung sowohl der Erwerber als auch **745** der Schenker Steuerschuldner. V und S schulden die Steuer also gesamtschuldnerisch nach § 44 Abs. 1 AO.

---

8 Abweichende Berechnung des Härteausgleichs bei *Meincke*, ErbStG, 17. Aufl 2018, § 19 Rn 9.
9 *Meincke*, ErbStG, 17. Aufl 2018, § 9 Rn 45.

B. Schenkung des Hausgrundstücks an U

746 Auch bei der Übertragung des Hausgrundstücks an U könnte es sich um einen nach dem ErbStG steuerbaren Vorgang handeln.

I. Persönliche Steuerpflicht, § 2 Abs. 1 Nr 1 Sätze 1, 2 lit. a ErbStG

747 Die Voraussetzungen der unbeschränkten Steuerpflicht nach § 2 Abs. 1 Nr 1 Sätze 1, 2 lit. a ErbStG, § 8 AO liegen vor.

II. Sachliche Steuerpflicht, § 1 Abs. 1 Nr 2 ErbStG

748 Die Übertragung des Hauses könnte wiederum als freigebige Zuwendung unter Lebenden iSd § 7 Abs. 1 Nr 1 ErbStG anzusehen sein.

1. Objektive Bereicherung

749 U müsste zunächst objektiv bereichert sein. Die Frage der Bereicherung ist zunächst anhand der gemeinen Werte (Verkehrswerte) der Zuwendungsgegenstände und der ggf vom Bedachten zu erfüllenden Gegenleistungen und Auflagen zu beurteilen[10]. U ist um das Grundstück (Wert: 1 500 000 €) bereichert worden. Im Gegenzug hat er allerdings die Verpflichtung zu einer Rentenzahlung von 200 000 € übernommen. V hat U das Grundstück nur unter der Auflage übertragen, dass dieser sich seinerseits zu dieser Leistung an ihn verpflichtet. Die Leistungsverpflichtung des U steht also zu einem Teil in einem Synallagma zur Grundstücksübertragung. Die Fälle der Schenkung unter Leistungsauflage behandelt die Rspr wie die der gemischten Schenkung[11]. Immer, wenn eine Vereinbarung neben Elementen freigebiger Zuwendung auch Elemente eines Austauschvertrages enthält, ist nur der die Gegenleistung übersteigende Wert der gemischten Zuwendung schenkungsteuerrechtlich relevant[12]. Soweit die Zuwendung entgeltlich erfolgt, fehlt es dagegen schon an einer objektiven Bereicherung des Erwerbers. Der Zuwendungsgegenstand ist deshalb in einen entgeltlichen und einen unentgeltlichen (= freigebigen) Teil aufzuteilen; der Schenkungsteuer unterliegt nur der unentgeltliche Teil. Unentgeltlich ist ein Erwerb, soweit er nicht rechtlich abhängig ist von einer den Erwerb ausgleichenden Gegenleistung, die sowohl nach Art eines gegenseitigen Vertrags als auch durch Setzen einer Auflage oder Bedingung begründet sein kann[13]. Es ist hier davon auszugehen, dass der Verkehrswert dem angegebenen Vergleichswert iSd § 182 Abs. 2, § 183 BewG entspricht. Die Bereicherung von U beträgt daher 1 500 000 € ./. 200 000 € = 1 300 000 €.

750 Fraglich ist noch, ob und inwieweit das zugunsten der G bestellte Nutzungsrecht steuerlich zu berücksichtigen ist. Infolge der Nutzungsauflage kann U das Haus zumindest zeitweise nicht vollumfänglich nutzen. Im Gegensatz zur Leistungsauflage besteht die

---

10 R E 7.1 Abs. 2 Satz 2 ErbStR 2011.
11 BFH, II R 37/87, BStBl II 1989, 524; R E 7.4 Abs. 1 Satz 1 ErbStR 2011; *Schulte/Birnbaum*, Erbschaftsteuerrecht, Rn 523.
12 BFH, II R 37/87, BStBl II 1989, 524 (526).
13 R E 7.1 Abs. 2 Satz 3 ErbStR 2011.

Gewährung des Nutzungsrechts jedoch nicht in einer entgeltlichen Verpflichtung. Mangels eigener Aufwendungen des Zuwendungsempfängers liegt keine Gegenleistung vor[14]. Vielmehr ist lediglich der Nutzungswert eingeschränkt. Den Charakter der Zuwendung als einheitliche freigebige Leistung hindert eine Duldungs- oder Nutzungsauflage aber nicht[15]. Die Rspr behandelt daher die Fälle sog. Duldungs- oder Nutzungsauflagen anders als die der Leistungsauflage[16]. Als steuerrechtliche Bereicherung ist zunächst der gesamte Vermögensanfall anzusehen. Die Belastung durch die Duldungs- bzw Nutzungsauflage ist erst bei der steuerlichen Bemessungsgrundlage zu berücksichtigen. Das zu Gunsten der G bestellte Nutzungsrecht wirkt sich also nicht auf die objektive Bereicherung des U aus.

2. Auf Kosten des Zuwendenden

Auf Seiten des V steht der bei U eingetretenen Vermögensmehrung eine Entreicherung gegenüber. Die Bereicherung geschah demnach auf Kosten des Zuwendenden. **751**

3. Wille zur Freigebigkeit

Auch hinsichtlich der Schenkung des Hausgrundstücks an U handelte V in dem Bewusstsein der Unentgeltlichkeit und mit Bereicherungswillen. Zudem erfolgte die Zuwendung nach seinem Willen schenkweise. Folglich hatte V den Willen zur Freigebigkeit. **752**

III. Steuerbemessungsgrundlage

Der für die Bestimmung des steuerpflichtigen Erwerbs nach § 10 Abs. 1 Satz 1 ErbStG maßgebliche Wert der Bereicherung bestimmt sich nach § 12 ErbStG iVm den Vorschriften des BewG. Da es sich bei dem Zuwendungsgegenstand um ein mit einem Einfamilienhaus bebautes Grundstück handelt, kommt es also wiederum auf den Vergleichswert (§ 12 Abs. 3 ErbStG iVm § 151 Abs. 1 Satz 1 Nr 1, § 182 Abs. 1, 2 Nr 3 BewG) an, der mit 1 500 000 € angegeben ist. Es sind aber noch die Verpflichtungen zu berücksichtigen, die U im Gegenzug für die Übertragung des Grundstücks gegenüber V eingehen musste. **753**

U hat sich zu der Rentenzahlung an V verpflichtet, so dass zunächst ein steuerpflichtiger Erwerb iHv 1 300 000 € (= 1 500 000 € ./. 200 000 €) verbleibt.

Ferner ist noch das Nutzungsrecht zu Gunsten der G zu berücksichtigen. Gem. § 10 Abs. 1 Satz 2, Abs. 5 Nr 2 ErbStG sind von dem ermittelten Wert Verbindlichkeiten aus Auflagen abzuziehen. Somit ist nunmehr der Kapitalwert (§ 12 Abs. 1 ErbStG iVm § 14 Abs. 1 BewG) der Nutzungs- bzw Duldungsauflage in Abzug zu bringen[17]. Allerdings **754**

---

14 *Birk/Desens/Tappe*, Steuerrecht, Rn 1548.
15 BFH, II R 72/99, BStBl II 2002, 25 (27).
16 BFH, II R 37/87, BStBl II 1989, 524 (526); II R 27/09, BStBl II 2011, 730.
17 BFH, II R 37/87, BStBl II 1989, 524 (526); II R 114/89, BFH/NV 1993, 298 (299); II R 72/99, BStBl II 2002, 25 (26).

bezieht sich die Nutzungsauflage auf den gesamten Zuwendungsgegenstand. Deshalb ist nur der auf den freigebigen Teil der Zuwendung entfallende Kapitalwert abzugsfähig[18]: 1 170 000 € (= 1 300 000 € ./. 130 000 €).

755 Ferner könnten auch die 15 000 € Erwerbsnebenkosten, die U zu tragen hatte, bei der Bemessungsgrundlage zu berücksichtigen sein. Nach § 10 Abs. 1 Satz 2, Abs. 5 Nr 3 Satz 1 ErbStG sind ua die Kosten von dem steuerpflichtigen Erwerb abzugsfähig, die unmittelbar im Zusammenhang mit dem Erwerb stehen. Gem. § 1 Abs. 2 ErbStG findet die Vorschrift auch auf Schenkungen Anwendung. Die Kosten für Notar und Grundbuchamt stehen in einem direkten Zusammenhang mit dem Erwerb des Grundstücks. Aus Vereinfachungsgründen sind die Erwerbsnebenkosten unbeschränkt abzugsfähig[19]. Es ist daher ein Betrag von 15 000 € in Abzug zu bringen: 1 155 000 € (= 1 170 000 € ./. 15 000 €).

Von diesem Betrag ist nach § 16 Abs. 1 Nr 2 iVm § 15 Abs. 1 Nr 2 ErbStG ein Freibetrag von 400 000 € abzuziehen.

IV. Berechnung der Steuer

756 Auf den verbleibenden Betrag von 755 000 € ist nach § 19 Abs. 1, § 15 Abs. 1 Nr 2 ErbStG ein Steuersatz von 19 % anzuwenden. Die festzusetzende Steuer beträgt damit zunächst 143 450 €. Fraglich ist noch, ob ein Härteausgleich nach § 19 Abs. 3 ErbStG stattfindet. Bei Nichtüberschreiten der vorhergehenden Wertgrenze iSd § 19 Abs. 1 ErbStG hätte die Steuer 600 000 € × 15 % = 90 000 € betragen. Der Mehranfall durch das Überschreiten der Wertgrenze des § 19 Abs. 1 ErbStG beträgt damit 53 450 € (= 143 450 € ./. 90 000 €). Der hälftige Mehrerwerb (§ 19 Abs. 3 lit. a ErbStG) liegt bei 77 500 € (= 1/2 × [755 000 € ./. 600 000 €]). Da die Mehrsteuer diesen Betrag nicht übertrifft (53 450 € < 77 500 €), ist kein Härteausgleich vorzunehmen. Die festzusetzende Steuer beträgt daher 143 450 €.

V. Entstehen der Steuer, § 9 Abs. 1 Nr 2 ErbStG

757 Die Steuer ist mit Übertragung des Eigentums an dem Grundstück auf U entstanden.

VI. Steuerschuldner, § 20 Abs. 1 Satz 1 ErbStG

758 Gem. § 20 Abs. 1 Satz 1 ErbStG sind sowohl V als auch U Steuerschuldner.

C. Geldschenkung an F

759 Fraglich ist, ob auch die Schenkung der 600 000 € von V an F einen nach dem ErbStG steuerbaren Vorgang darstellt.

---

18 Vgl BFH, II R 18/93, BStBl II 1996, 243 (245); II R 114/89, BFH/NV 1993, 298.
19 R E 7.4 Abs. 4 Satz 1 ErbStR 2011.

I. Persönliche Steuerpflicht, § 2 Abs. 1 Nr 1 Sätze 1, 2 lit. a ErbStG

Die Voraussetzungen der § 2 Abs. 1 Nr 1 Sätze 1, 2 lit. a ErbStG, § 8 AO liegen vor. **760**

II. Sachliche Steuerpflicht, § 1 Abs. 1 Nr 2 ErbStG

Es müsste sich bei der Schenkung um eine freigebige Zuwendung unter Lebenden iSd **761**
§ 7 Abs. 1 Nr 1 ErbStG handeln. Dazu müsste F zunächst objektiv bereichert sein.

Nach der Rspr des BFH liegt in Fällen, in denen der Zuwendungsempfänger die Zuwendung entsprechend einer vertraglichen Verpflichtung vollumfänglich an einen Dritten weitergibt, keine objektive Bereicherung der Mittelsperson aus dem Vermögen des Zuwendenden vor. Stattdessen ist für schenkungsteuerliche Zwecke lediglich eine (einheitliche) Zuwendung unmittelbar an den Dritten anzunehmen[20]. Verbleibt dem zunächst Bedachten jedoch eine eigene Entscheidungsmöglichkeit hinsichtlich der Verwendung der Zuwendung, so ist die Kettenschenkung schenkungsteuerlich anzuerkennen[21]. Der Schenkungsvertrag zwischen V und F schränkt die Dispositionsbefugnis der F über das Geld nicht ausdrücklich ein. So enthält der Vertrag nicht etwa eine Abrede, wonach F verpflichtet ist, das Geld unmittelbar an T weiterzuleiten. Allerdings kommt es auch nicht allein darauf an, ob der Schenkungsvertrag zwischen dem Zuwendenden und der Durchgangs- oder Mittelsperson ausdrückliche Absprachen hinsichtlich der Verwendung des Zuwendungsgegenstands trifft, sondern vielmehr auf den Gesamtplan und die subjektiven Vorstellungen der Parteien[22]. Abzustellen ist dabei auch auf die äußeren Umstände des Vertragsschlusses und seiner Durchführung[23].

V, F und T gingen erkennbar übereinstimmend davon aus, dass T die allein wirtschaftlich Begünstigte sein sollte. Zunächst spricht der enge zeitliche Zusammenhang zwischen beiden Schenkungsvorgängen für eine Zuwendung unmittelbar von V an T[24]. Zudem schaltete V die F als Mittelsperson einzig in der Absicht ein, Steuern zu sparen. Diese Absicht kommt auch nach außen erkennbar zum Ausdruck: V hatte der T bereits im vergangenen Jahr 800 000 € zugewendet. Dieser frühere Erwerb wäre gem. § 14 Abs. 1 Satz 1 ErbStG bei dem nachfolgenden Erwerb zu berücksichtigen. Das führt dazu, dass im Verhältnis V zu T der Freibetrag nach § 16 Abs. 1 Nr 2 ErbStG bereits „verbraucht" ist. Im Verhältnis zu F dagegen steht T der Freibetrag noch zu; die Zuwendung von V an F wäre nach § 16 Abs. 1 Nr 1 ErbStG iHv 500 000 € steuerbefreit, so dass die Gesamtsteuerbelastung bei einem Zwischenerwerb der F niedriger ausfallen würde. Andere, außersteuerliche Motive sind für die Zwischenschaltung der F nicht erkennbar. Auch dies spricht erheblich gegen eine eigene Dispositionsbefugnis der F und damit für eine Zuwendung unmittelbar von V an T. **762**

---

20 BFH, II R 92/91, BStBl II 1994, 128.
21 BFH, II R 92/91, BStBl II 1994, 128 (129); II R 54/03, BStBl II 2005, 412 (413); Hess. FG, 1 K 268/04, EFG 2008, 472 (rkr); vgl auch *Schulte/Birnbaum*, Erbschaftsteuerrecht, Rn 256.
22 Hess. FG, 1 K 268/04, EFG 2008, 472 (rkr).
23 BFH, II R 92/91, BStBl II 1994, 128 (129).
24 Vgl BFH, II R 92/91, BStBl II 1994, 128 (129).

763 Demnach ist die Zuwendung des V an F schenkungsteuerrechtlich unbeachtlich, da F mangels eigener Dispositionsmöglichkeit hinsichtlich der 600 000 € nicht objektiv bereichert ist. Für schenkungsteuerliche Zwecke ist der gesamte Vorgang als nur eine Schenkung, nämlich von V an T, anzusehen.

Auf die Frage, ob in der vertraglichen Ausgestaltung der Schenkung außerdem ein Gestaltungsmissbrauch iSd § 42 AO oder ein Fall des Gesamtplans vorliegt[25] und die Kettenschenkung aus diesem Grund nicht anzuerkennen ist, kommt es nicht mehr an[26].

Die Zuwendung der 600 000 € von V an F begründet keine Steuerpflicht nach dem ErbStG.

D. Geldschenkung an T

764 Jedoch könnte die Zuwendung der 600 000 € über F an T im Verhältnis V zu T eine nach dem ErbStG steuerbare Schenkung darstellen.

Die Voraussetzungen der persönlichen Steuerpflicht nach § 2 Abs. 1 Nr 1 Sätze 1, 2 lit. a ErbStG, § 8 AO liegen vor.

Ferner ist T objektiv bereichert. Die Bereicherung geschah auch nicht auf Kosten der F, da diese mangels eigener Dispositionsmöglichkeit über das Geld niemals selbst bereichert war (s. Rn 763). Vielmehr ist die Bereicherung als solche auf Kosten des V anzusehen, da ihr eine Entreicherung bei diesem gegenübersteht. Schließlich lassen die Umstände darauf schließen, dass V auch den erforderlichen Bereicherungs- und Schenkungswillen hatte und sich der Unentgeltlichkeit bewusst war, so dass die Zuwendung als freigebige Zuwendung unter Lebenden nach § 7 Abs. 1 Nr 1 ErbStG anzusehen ist.

765 Steuerpflichtiger Erwerb ist nach § 10 Abs. 1 Satz 1 ErbStG die Bereicherung des Erwerbers, soweit diese nicht steuerfrei ist. T ist um 600 000 € bereichert. T hat jedoch schon im vergangenen Jahr 800 000 € von V ausgezahlt bekommen. Gem. § 14 Abs. 1 Satz 1 ErbStG[27] ist diese Schenkung als früherer Erwerb dem nun steuerpflichtigen Erwerb hinzuzurechnen. Daher ist für die Steuerberechnung nicht von einem Erwerb in Höhe von 600 000 €, sondern von einem Erwerb iHv 1 400 000 € (= 600 000 € + 800 000 €) auszugehen.

766 Nach Abzug des Freibetrags von 400 000 € gem. § 16 Abs. 1 Nr 2, § 15 Abs. 1 Nr 2 ErbStG verbleibt ein Betrag von 1 000 000 € (= 1 400 000 € ./. 400 000 €). Bei einem Steuersatz von 19 % gem. § 19 Abs. 1, § 15 Abs. 1 Nr 2 ErbStG ergibt sich eine Steuer von 190 000 €. Abzuziehen ist gem. § 14 Abs. 1 Satz 2 ErbStG die (fiktive) Steuer, die für den früheren Erwerb nach den persönlichen Verhältnissen des Erwerbers und auf der Grundlage der geltenden Vorschriften zur Zeit des letzten Erwerbs zu erheben gewesen wäre. Für den früheren Erwerb der 800 000 € wäre bei Abzug eines Freibetrags von

---

25 Dazu *Birk/Desens/Tappe*, Steuerrecht, Rn 330.
26 Vgl dazu *Weinmann*, in: Moench/Weinmann, ErbStG, § 7 Rn 147.
27 Zur Berücksichtigung früherer Erwerbe nach § 14 ErbStG *Birk/Desens/Tappe*, Steuerrecht, Rn 1597.

400 000 € nach § 16 Abs. 1 Nr 2, § 15 Abs. 1 Nr 2 ErbStG und bei Anwendung eines Steuersatzes von 15 % gem. § 19 Abs. 1, § 15 Abs. 1 Nr 2 ErbStG auf den verbleibenden Betrag von 400 000 € eine Steuer von 60 000 € zu zahlen gewesen. Eine Veränderung der persönlichen Verhältnisse oder der gesetzlichen Vorschriften ist nicht eingetreten, so dass es einer Korrektur dieser Abzugsteuer gem. § 14 Abs. 1 Satz 3 oder Satz 4 ErbStG nicht bedarf.

Die geschuldete Steuer für den Erwerb der 600 000 € beträgt also 130 000 € (= 190 000 € ./. 60 000 €).

Die Steuer ist nach § 9 Abs. 1 Nr 2 ErbStG mit Ausführung der Schenkung, also im Zeitpunkt der Überweisung des Geldes von F an T, entstanden und wird gem. § 20 Abs. 1 Satz 1 ErbStG von V und T gemeinsam geschuldet.

E. Ergebnis

Alle drei Zuwendungen des V an seine Kinder stellen sich als freigebige Zuwendungen unter Lebenden dar und begründen eine Steuerpflicht nach dem ErbStG. Insgesamt beträgt die Steuerbelastung 7750 € + 143 450 € + 130 000 € = 281 200 €.

767

Zur Wiederholung

Übersicht 14: Überblick über das ErbStG

Das ErbStG regelt sowohl die Erbschaft- als auch die Schenkungsteuer. § 1 II ErbStG stellt Schenkungen und Zweckzuwendungen den Erwerben von Todes wegen in steuerlicher Hinsicht grundsätzlich gleich.

768

I. Persönliche Steuerpflicht, § 2 ErbStG
- **Erwerb von Todes wegen:** § 2 I Nr 1a ErbStG: Erblasser ist Inländer
- **Schenkung unter Lebenden:** Schenker oder Erwerber hat zum Zeitpunkt der Entstehung der Steuer (§ 9 ErbStG) Wohnsitz oder gewöhnlichen Aufenthalt im Inland

II. Erwerbstatbestände

Erwerb von Todes wegen, § 1 I Nr. 1; § 3 ErbStG: Bereicherung des Erwerbers, soweit diese nicht steuerbefreit ist, § 10 I 1 ErbStG: • Bereicherung: gem. § 10 I 2 ErbStG der Wert des Vermögensanfalls abzgl. der Nachlassverbindlichkeiten iSd § 10 III–IX ErbStG • Bewertung des Vermögensanfalls und der Nachlassverbindlichkeiten gem. § 12 ErbStG nach den Vorschriften des BewG • Steuerbefreiungen: persönliche (§ 16, § 17 ErbStG) und sachliche (§ 5, § 13, § 13a, § 13c, § 18 ErbStG) • Steuerpflichtiger Erwerb gem. § 10 I 6 ErbStG auf volle 100 € abzurunden	**Schenkung unter Lebenden, § 1 I Nr 2; § 7 ErbStG** **Grundtatbestand:** § 7 I Nr 1 ErbStG: freigebige Zuwendung, soweit Beschenkter auf Kosten des Schenkers bereichert wird: • Objektive Bereicherung beim Bedachten • Auf Kosten des Zuwendenden • Wille zur Freigebigkeit
Ferner: **Zweckzuwendungen**, § 1 I Nr 3; § 8 ErbStG „Ersatzerbschaftsteuer": Besteuerung des Vermögens von **Familienstiftungen** unter den Voraussetzungen des § 1 I Nr 4 ErbStG	

III. Bemessungsgrundlage der Steuer: steuerpflichtiger Erwerb, § 10 ErbStG

Erwerb von Todes wegen: Bereicherung des Erwerbers, soweit diese nicht steuerbefreit ist, § 10 I 1 ErbStG: • Bereicherung: gem. § 10 I 2 ErbStG der Wert des Vermögensanfalls abzgl. der Nachlassverbindlichkeiten iSd § 10 III–IX ErbStG • Bewertung des Vermögensanfalls und der Nachlassverbindlichkeiten gem. § 12 ErbStG nach den Vorschriften des BewG • Steuerbefreiungen: persönliche (§ 16, § 17 ErbStG) und sachliche (§ 5, § 13, § 13a, § 13c, § 18 ErbStG) • Steuerpflichtiger Erwerb gem. § 10 I 6 ErbStG auf volle 100 € abzurunden	**Schenkungen unter Lebenden:** Keine Sondervorschriften; wegen § 1 II ErbStG Anwendbarkeit der Regeln über Erwerbe von Todes wegen: • Begriff der Bereicherung in § 10 I 1 ErbStG anders zu verstehen als Bereicherung iSd § 7 I Nr 1 ErbStG **Sonderfall:** gemischte Schenkung/Schenkung unter Leistungsauflage

IV. Bewertung § 12 ErbStG

Grundvermögen	Betriebsvermögen	Kapitalgesellschaftsanteile
§ 12 III ErbStG iVm § 151 I Nr 1 BewG beachte:	§ 12 V ErbStG iVm § 151 I 1 Nr 2 BewG beachte:	§ 12 II ErbStG iVm § 151 I 1 Nr 3 BewG beachte:
Steuerbefreiung § 13 Nr 4a, b, c ErbStG	Steuerbefreiung § 13a ErbStG	

	Option 1 § 13a I ErbStG	Option 2 § 13a X ErbStG
Voraussetzung für Verschonung (§ 13a I 1 ErbStG)	Wert des erworbenen begünstigten Vermögens darf 26 Mio. € nicht übersteigen → ggf. Abschmelzmodell (§ 13c I ErbStG) Antrag auf Erlass (§ 28a I ErbStG)	
Steuerverschonung	85 %	100 %
Bei Verwaltungs-vermögen (§ 13b II 1 u. 2 ErbStG) „Netto-Verwaltungs-vermögen" (§ 13b VI ErbStG)	bis zu 90 %	bis zu 20 %
		Begünstigung nur insoweit, als das Vermögen kein Verwaltungsvermögen darstellt (Abschaffung des Alles-oder-Nichts-Prinzips)
		Investitionsklausel beim Erwerb von Todes wegen (§ 13b V ErbStG)
Betriebsfortführung (§ 13a VI ErbStG)	fünf Jahre	sieben Jahre
Lohnsumme (§ 13a III 1 ErbStG)	nach fünf Jahren 400 % der Lohnsumme zum Erbzeitpunkt	nach sieben Jahren 700 % der Lohnsumme zum Erbzeitpunkt

Ausnahmen (§ 13a III 3 ErbStG):
- Nr. 1: Ausgangslohnsumme = 0 €
- Nr. 2: < 5 Beschäftigte

Abstufung der Mindestlohnsumme (§ 13a III 4 ErbStG), wenn:
- \> 5 und < 10 Beschäftigte: 250 % bzw. 500 % (Option 2)
- \> 10 und < 15 Beschäftigte: 300 % bzw. 565 % (Option 2)

§ 13a VI ErbStG: bei vorzeitigen Verkauf anteiliger Wegfall des Verschonungsabschlags

V. Steuerberechnung

- § 15 ErbStG: drei **Steuerklassen** (I, II und III) abhängig vom Grad der verwandtschaftlichen Beziehung zum Erblasser (Schenker)
- **Steuersatz**, § 19 I ErbStG: Stufentarif: Steuerbelastung richtet sich sowohl nach dem Wert des steuerpflichtigen Erwerbs als auch nach der Steuerklasse
- Bei steuerpflichtigem Erwerb in den Steuerklassen II und III Tarifbegrenzung nach § 19a ErbStG möglich
- Progressiver Tarif: Steuersätze zwischen 7% und 50%
- Steuersatz gilt grundsätzlich für den gesamten steuerpflichtigen Erwerb und nicht nur für den Teil, der die vorhergehende Wertstufe überschreitet; aber ggf gem. § 19 III ErbStG **Härteausgleich**
- Berücksichtigung **früherer Erwerbe** gem. § 14 ErbStG

3. Teil
Musterseminararbeit

Anne Maria Weiske
Leipzig
Matrikelnummer:
11. Fachsemester

Europäisches Steuerrecht

Seminar beim Europäischen Gerichtshof in Luxemburg

Prüfungsseminararbeit zum Thema:

„Verbindliche Auskünfte als Beihilfe?"

Prof. Dr. Marc Desens

Sommersemester 2017

Betreuer: Dr. David Hummel

I

Gliederung

A. Einführung 1

B. Das Wesen der verbindlichen Auskunft gemäß § 89 Abs. 2 AO 2
    I. Regelungszweck 3
    II. Ausgestaltung 3
    III. Zunehmende Relevanz 6

C. Das Beihilferecht der Union gemäß Art. 107 ff. AEUV 7
    I. Regelungszweck 5
    II. Der Tatbestand des Art. 107 AEUV 7
        1. Vorteilsgewährung 8
        2. Staatliche oder aus staatlichen Mitteln stammende Zuwendung 9
        3. Wettbewerbsverfälschung 10
        4. Beeinträchtigung des zwischenstaatlichen Handels 10
        5. Selektivität des Vorteils 11

D. Subsumtion der verbindlichen Auskunft gemäß § 89 Abs. 2 AO unter den Tatbestand des Art. 107 Abs. 1 AEUV 12
    I. Vorteilsgewährung 12
    II. Staatliche oder aus staatlichen Mitteln stammende Zuwendung 14
    III. Wettbewerbsverfälschung und Beeinträchtigung des zwischenstaatlichen Handels 15
    IV. Selektivität des Vorteils 16
        1. Selektivität der verbindlichen Auskunft als solcher 16
        2. Selektivität aufgrund des Entschließungsermessens 18
        3. Selektivität aufgrund Interpretations- oder Beurteilungsspielräume 20
        4. Selektivität aufgrund der nur einseitigen Bindungswirkung und Nichtveröffentlichung 22
        5. Selektivität aufgrund der föderal aufgebauten Finanzverwaltung 23
    V. Ergebnis 24

E. Fazit 25

II

Literaturverzeichnis

Bartosch, Andreas	Transferpreisvereinbarungen im international operierenden Konzern als unerlaubte Beihilfen - ein Paradigmenwechsel in der EU-Wettbewerbskontrolle?, BB 2015, 34
Bergan, Maik / Martin, Sascha	Verbindliche Auskunft; Negativauskunft; Rechtsschutz, DStR 2012, 2164
Birk, Dieter	Die Finanzverwaltung als steuerlicher Berater – verbindliche Auskunft als kostenpflichtige Hilfestellung bei der Steuerplanung, FS P+P Pöllath + Partners 2008, 161
Birk, Dieter / Desens, Marc / Tappe, Henning	Steuerrecht, 19. Auflage, 2016 Heidelberg
Callies, Christian / Ruffert, Matthias	EUV/AEUV Kommentar, 5. Auflage, 2016 München
Cordewener, Axel / Henze, Thomas	EU-Beihilfeverbot und nationale Unternehmensbesteuerung, FR 2016, 756
Dalichau, Beatrice	Auskünfte und Zusagen der Finanzverwaltung, 2003 Berlin

III

de Weerth, Jan	Neues zur „Selektivität im EU-Beihilferecht, DB 2017, 275
Demleitner, Andreas	Beihilferecht: Deutsche Steuernormen im Fokus des europäischen Beihilferechts, ISR 2016, 328
Dißars, Ulf-Christian / Bürkle, Michael	Verordnung zu § 89 Abs. 2 AO und ergänzende Regelungen zur verbindlichen Auskunft im AO-Anwendungserlass, StB 2008, 123
Eilers, Stephan / Dorenkamp, Carolin	Weiltweite Produktionsexpansion: Local Taxation vs. Global Production, ISR 2014, 207
Eilers, Stephan / Nosthoff-Horstmann, Max	Verbindliche Auskunft – ein Werkstattbericht, FR 2014, 170
Gabert, Isabell	Protokoll zum Bochumer Steuerseminar für Praktiker und Doktoranden vom 09. Juli 2010, Regierungskoalition und Steuerreform – kritische Bestandsaufnahme und Zukunftsaussichten Referenten: Drüen, Schneider, Seer
Grabitz, Eberhard / Hilf, Meinhard / Nettesheim, Martin	Das Recht der Europäischen Union, 60. Auflage, 2016 München

IV

Grotherr, Siegfried	Verbindliche Auskunft und Auskunftsverfahren im Konflikt mit dem EU-Beihilfenrecht?, EWS 2015, 67
Hey, Johanna	Steuerplanungssicherheit als Rechtsproblem, 2002 Köln
Hierstetter, Felix	BFH: Überprüfung einer verbindlichen Auskunft, BB 2014, 1318
Horst, Julian	Die verbindliche Auskunft nach § 89 AO, 2010 Aachen
Hübschmann, Walter / Hepp, Ernst / Spitaler, Armin	Abgabenordnung Finanzgerichtsordnung Kommentar, 2016 Köln
Klein, Friedrich	Abgabenordnung Kommentar, 13. Auflage, 2016 München
Koenig, Ulrich	Beck'sche Steuerkommentare – Abgabenordnung, 3. Auflage, 2014 München
Krumm, Marcel	Verbindliche Auskunft und gerichtliche Kontrolle – Zu den Voraussetzungen und Grenzen einer administrativen Letztentscheidungskompetenz bei verbindlichen Auskünften, DStR 2011, 2429

[Handschriftliche Anmerkung bei Hübschmann/Hepp/Spitaler: "Stand? Zit.: Autor?"]

V

| Leible, Stefan / Terhechte, Jörg Philipp | Enzyklopädie Europarecht: Europäisches Rechtsschutz- und Verfahrensrecht, 2014 Baden-Baden |

| Linn, Alexander | Die Beihilfeverfahren in Sachen Amazon, Apple, Fiat und Starbucks – Eine neue Dimension der Selektivität?, IStR 2015, 114 |

| Maurer, Hartmut | Allgemeines Verwaltungsrecht, 18. Auflage, 2011 München |

| Schaumburg, Harald / Englisch, Joachim | Europäisches Steuerrecht, 2. Auflage, 2015 Köln |

| Schulze, Reiner / Zuleeg, Manfred / Kadelbach, Stefan | Europarecht – Handbuch für die deutsche Rechtspraxis, 3. Auflage, 2015 Baden-Baden |

| Schwarze, Jürgen / Becker, Ulrich / Hatje, Armin / Schoo, Johann | EU-Kommentar, 3. Auflage, 2012 Baden-Baden |

| Seer, Roman | Verbindliche Auskunft, FR 2017, 161 |

| Seer, Roman | Chancen und Risiken von verbindlichen Auskünften, StbJb 2012/2013, 557 |

Tipke, Klaus / Kruse, Heinrich Wilhelm	Abgabenordnung Finanzgerichtsordnung Kommentar, 2016 Köln
Tipke, Klaus / Lang, Joachim	Steuerrecht, 22. Auflage, 2015 Köln
von der Groeben, Hans / Schwarze, Jürgen / Hatje, Armin	Europäisches Unionsrecht, 7. Auflage, 2015 Baden-Baden
Werder, Alexander / Dannecker, Achim	Entwicklungen bei der verbindlichen Auskunft, BB 2015, 1687
Werder, Alexander / Dannecker, Achim	Entwicklungen bei der verbindlichen Auskunft, BB 2014, 926
Ylinen, Johannes	Neue Argumente der Kommission gegen fiskalische Beihilfen – die Ungarn- Entscheidungen der Kommission, IStR 2017, 100

A. Einführung

Investitionen erfordern Planungssicherheit. Diese ist jedoch aufgrund der Komplexität des Steuerrechts trotz großem Beratungsaufwand meist nicht zu erlangen. Steuerlich relevante Sachverhalte werden erst nach ihrer Verwirklichung durch die Finanzämter gewürdigt. Hierdurch besteht die Gefahr eines investitionsfeindlichen Klimas, da das Bewertungsrisiko allein auf den Steuerpflichtigen abgewälzt wird. Dem soll das Instrument der verbindlichen Auskunft, geregelt in § 89 Abs. 2 AO, entgegenwirken. Auf Antrag kann der Steuerpflichtige vorab Auskunft über die steuerliche Bewertung eines bestimmten Sachverhalts erlangen. An diese Auskunft ist die Behörde gebunden, soweit sich der Sachverhalt tatsächlich realisiert. Hierdurch werden Steuern zu einer kalkulierbaren Größe und können in die Entscheidung über bestimmte Dispositionen mit einbezogen werden. Die Erteilung verbindlicher Auskünfte schafft Rechtssicherheit.

Allerdings sind in den letzten Jahren insbesondere die Besteuerung von multinational tätigen Unternehmen und die Bekämpfung von unlauteren Steuerveranlagungen in den Fokus der Europäischen Union gerückt. Vor allem verstärkte die Europäische Kommission die Beihilfekontrolle staatlicher Maßnahmen, wofür von der Generaldirektion Wettbewerb eine eigene „Task Force Tax Planning Practices" geschaffen wurde. In diesem Zusammenhang konzentriert sich die Kommission auch zunehmend auf sog. Tax Rulings, also Steuervorentscheidungen, welche von den Steuerbehörden der einzelnen Mitgliedstaaten multinational tätigen Unternehmen erteilt werden, wie es in Deutschland durch die Auskunftspraxis geschieht.

Mittlerweile hat die Kommission vier Prüfverfahren gegen Irland, Luxemburg und die Niederlande eröffnet, in denen sie sich erstmalig an die beihilferechtliche Würdigung von Tax Rulings wagt. Die Beihilfeverfahren betreffen unilaterale Advance Pricing Agreements (APA). Dabei wurden im Rahmen von Vorabzusagen Verrechnungspreise zwischen verbundenen Unternehmen für konzerninterne Lieferungen und Leistungen gebilligt, welche nicht den Marktbedingungen entsprachen.[1] In denen Apple, Fiat Finance and Trade, Amazon und Starbucks gewährten Rulings wird von der Kommission eine unzulässige Beihilfe gesehen.

Der Ausgang dieser Verfahren spielt auch für das nationale Steuerrecht und die Auskunftspraxis eine enorme Rolle, gewinnt die Erteilung verbindlicher Auskünfte und die Erlangung von Rechtssicherheit doch zunehmende Relevanz. Besondere Brisanz erhält das Thema auch durch die möglicherweise drohenden Rechtsfolgen. Während dem Steuerpflichtigen, der infolge einer verbindlichen Auskunft Dispositionen getroffen hat, nach nationalem Recht Vertrauensschutz gewährt wird, würde diesem bei Feststellung der Unionsrechtswidrigkeit zugunsten der Effektivität des Unionsrechts der Vertrauensschutz entzogen und etwaige Zahlungen zurückgefordert werden.[2]

Fraglich und Kern dieser Arbeit ist im folgenden, ob die Erteilung verbindlicher Auskünfte Anlass für beihilferechtliche Bedenken gibt, oder ob die Kommission den Beihilfebegriff durch die Anwendung auf Tax Rulings zu weit ausdehnt.

B. Das Wesen der verbindlichen Auskunft gemäß § 89 Abs. 2 AO

Um feststellen zu können, ob die Erteilung von Steuervorentscheidungen Anlass gibt, hierin eine unzulässige Beihilfe zu sehen, ist zunächst das Wesen der verbindlichen Auskunft näher zu betrachten. Gemäß § 89 Abs. 2 S. 1 AO können „die Finanzämter und das Bundeszentralamt für Steuern auf Antrag verbindliche Auskünfte über die steuerliche Beurteilung von genau bestimmten, noch nicht verwirklichten Sachverhalten erteilen, wenn daran im Hinblick auf die erheblichen steuerlichen Auswirkungen ein besonderes Interesse besteht". Die wesentlichen Entscheidungen zu Form, Inhalt, Antragsvoraussetzungen und Reichweite sind in der Steuer-Auskunftsverordnung und in den Verwaltungsvorschriften der AEAO zu § 89 näher bestimmt.

---

[1] Indem Erträge angesetzt wurden, die nicht mit dem Fremdvergleichsgrundsatz im Einklang stehen oder ein unangemessenes Verfahren zur Ermittlung des Verrechnungspreises gestattet wurde.

[2] *Hindelang*, in: Leible/Terhechte, Europäisches Rechtsschutz- und Verfahrensrecht, § 33 Rn. 62; *Werder/Dannecker*, BB 2015, 1687 (1693).

I. Regelungszweck

Das Steuerrecht enthält trotz des Legalitätsprinzips in seinen Gesetzen eine Fülle von unbestimmten Rechtsbegriffen, die der Konkretisierung bedürfen und es dem Steuerpflichtigen nicht ermöglichen, die geschuldete Steuer aus dem Gesetz ablesen und berechnen zu können.[3] Steuerlich relevante Sachverhalte werden erst nach ihrer Verwirklichung von den Finanzämtern gewürdigt. Dies kann insbesondere für Unternehmen zu Unsicherheiten bei der Investitionsplanung führen. Um die nach Art. 12 Abs. 1, 14 Abs. 1, 2 Abs. 1 GG verfassungsrechtlich garantierte Handlungsfreiheit auf vermögensrechtlichem Gebiet tatsächlich entfalten zu können, bedarf der Steuerpflichtige der nötigen Planungs- und Entscheidungssicherheit.[4] Die durch die steuerliche Belastung ausgehende freiheitsbeschränkende Wirkung wird für den einzelnen Marktteilnehmer nur dann erträglich, wenn Steuern zu einer voraussehbaren Kalkulationsgröße werden, auf die er seine erwerbswirtschaftlichen Dispositionen einstellen kann.[5] Das Instrument der verbindlichen Auskunft als behördenseitige Selbstverpflichtung soll das steuerrechtliche Defizit an Genehmigungstatbeständen kompensieren, indem dem Steuerpflichtigen bereits bei Vornahme steuerlich relevanter Dispositionen Gewissheit über die spätere Behördenentscheidung verschafft wird.[6] Sie dient vor allem der Schaffung von Rechts-, Planungs- und Entscheidungssicherheit – ausschließlich zum Schutz des Steuerpflichtigen; insoweit bindet sie nur zu dessen Gunsten.

II. Ausgestaltung

Inhalt einer verbindlichen Auskunft ist die steuerliche Bewertung eines zur Prüfung gestellten, zukünftigen bzw. hypothetischen Sachverhalts aus Sicht des Finanzamtes bei Antragstellung des Steuerpflichtigen, vgl. Nr. 3.5.7 AEAO zu § 89. Zulässig sind nur solche Anträge,

---

[3] *Seer*, FR 2017, 161 (161).
[4] *Söhn*, in: Hübschmann/Hepp/Spitaler, AO, § 89 Rn. 179; *Seer*, in: Tipke/Kruse, AO, § 89 Rn. 23; *Seer*, in: Tipke/Lang, Steuerrecht, § 21 Rn. 12; *Hey*, Steuerplanungssicherheit, S. 133 ff.; *Birk*, FS P+P, 161 (164f.).
[5] *Seer*, in: Tipke/Kruse, AO, § 89 Rn. 23.
[6] *Seer*, in Tipke/Lang, Steuerrecht, § 21 Rn. 12; *Seer*, in: Tipke/Kruse, AO, § 89 Rn. 23.

die einen konkreten Sachverhalt zur Beurteilung stellen; das Instrument der verbindlichen Auskunft dient nicht dazu, allgemeine Rechtsfragen vorab zu klären. Voraussetzung für die Erteilung einer verbindlichen Auskunft ist ein Dispositionsinteresse des Antragstellers, welches dann gegeben ist, wenn von der beantragten Auskunft wirtschaftliche Dispositionen abhängig sind und in rechtlicher Hinsicht Unsicherheit besteht, die eine Vorabklärung durch die Finanzbehörde rechtfertigt.[7] Der Auskunftsantrag ist bei dem Finanzamt zu stellen, welches hypothetisch auch für die spätere Sachentscheidung sachlich und örtlich zuständig ist[8], vgl. § 1 Abs. 1 StAuskV i.V.m. § 89 Abs. 2 S. 2 AO. Nur dann, wenn kein Finanzamt nach §§ 18 bis 21 AO zuständig ist, liegt die Zuständigkeit für die Erteilung der verbindlichen Auskunft beim Bundeszentralamt für Steuern.[9]

Durch die verbindliche Auskunft wird der zukünftige Steuerbescheid nicht ersetzt. Es handelt sich hierbei vielmehr um einen eigenständigen Verwaltungsakt[10], der jedoch einen Rechtsgrund für den nachfolgenden Steuerverwaltungsakt insoweit bildet, als dass die verbindliche Auskunft als behördliche Zusage dem Empfänger einen gegen die Verwaltung gerichteten, durch die Sachverhaltsverwirklichung aufschiebend bedingten Erfüllungsanspruch gibt.[11]

Als Verwaltungsakt und Zusage bietet die verbindliche Auskunft kraft ihrer Rechtsform abstrakten Vertrauensschutz und entfaltet Bindungswirkung.[12] Diese Bindungswirkung entsteht jedoch aufgrund der begrenzten Reichweite der erteilten Auskunft nur dann, wenn sich der im Antrag dargestellte Sachverhalt tatsächlich verwirklicht (sog. Merkmal der Sachverhaltsidentität), vgl. § 2 Abs. 1 S. 1 StAuskV. Die Bindungswirkung besteht auch dann, aber nur zugunsten des Steuer-

---

[7] *Söhn*, in: Hübschmann/Hepp/Spitaler, AO, § 89 Rn. 202; *Seer*, in: Tipke/Kruse, AO, § 89 Rn. 32; *Dißars/Bürkle*, StB 2008, 123 (123).
[8] *Wünsch*, in: Koenig, AO, § 89 Rn. 33; *Seer*, in: Tipke/Kruse, AO, § 89 Rn. 34; *Söhn*, in: Hübschmann/Hepp/Spitaler, AO, §89 Rn. 206.
[9] Dies ist insb. relevant für ausländische Investoren, die noch nicht im Geltungsbereich der AO steuerpflichtig sind.
[10] Vgl. Nr. 3.5.5 AEAO zu § 89; BFH v. 29.02.2012 – IX R 11/11, BStBl. II 2012, 651 (652); *Seer*, in Tipke/Lang, Steuerrecht, § 21 Rn. 14; *Wünsch*, in: Koenig, AO, § 89 Rn. 24; *Rätke*, in: Klein, AO § 89 Rn. 27.
[11] *Seer*, in: Tipke/Kruse, AO, §89 Rn. 52.
[12] *Seer*, in: Tipke/Lang, Steuerrecht, § 21 Rn. 14; *Dalichau*, Auskünfte und Zusagen der Finanzverwaltung, 2003, S. 222 ff.; *Horst*, Die verbindliche Auskunft nach § 89 AO, 2010, S. 107 ff.; *Hey*, Steuerplanungssicherheit, S. 714 ff.

pflichtigen fort, wenn sich nach der Verwirklichung herausstellt, dass die erteilte Auskunft rechtswidrig ist.[13] § 2 Abs. 3 StAuskV verweist auf die §§ 129 bis 131 AO als Korrekturvorschriften, unter deren Voraussetzungen die Berichtigung, die Rücknahme oder der Widerruf einer verbindlichen Auskunft erfolgen darf, und ermöglicht darüber hinaus die Aufhebung oder Änderung für die Zukunft, wenn sich herausstellt, dass die erteilte Auskunft unrichtig war. Allerdings wird dem Empfänger der verbindlichen Auskunft Vertrauensschutz gewährt, wenn dieser aufgrund der verbindlichen Auskunft schon Dispositionen getroffen hat.[14]

Nach inzwischen gefestigter Rechtsprechung des BFH hat der Steuerpflichtige allerdings keinen Anspruch auf eine materiell-rechtlich zutreffende verbindliche Auskunft.[15] § 89 Abs. 2 S. 1 AO legt die Erteilung der beantragten verbindlichen Auskunft in das pflichtgemäße Ermessen der Finanzbehörde.[16] Jedoch reduziert sich das Ermessen regelmäßig auf null i.S. eines Rechtsanspruchs auf Erteilung der Auskunft, wenn der Steuerpflichtige sein freiheitsgrundrechtlich fundiertes Dispositionsinteresse durch einen ordnungsgemäßen Antrag dargetan hat und keine Anhaltspunkte bestehen, dass er die Gebühr nach § 89 Abs. 3 AO nicht zahlen wird.[17] Die Gebühr gemäß § 89 Abs. 3 AO hat zum einen Kostenausgleichsfunktion für den zusätzlichen Behördenaufwand, zum anderen Vorteilsausgleichsfunktion für den Wert, den die verbindliche Auskunft für den Steuerpflichtigen besitzt.[18]

Soweit das Finanzamt die beantragte Auskunft ablehnt oder vom Rechtsstandpunkt des Antragstellers abweicht (sog. Negativauskunft), unterliege dies nach Ansicht des BFH allerdings nur der eingeschränk-

---

[13] *Seer*, in: Tipke/Kruse, AO, § 89 Rn. 54; *Werder/Dannecker*, BB 2014, 926 (928).
[14] Zum Vertrauensschutz siehe AEAO zu § 89 Nr. 3.6.6 ff.; FG Sachsen-Anhalt, Urteil v. 18.9.2014 – 1 K 1422/11, juris.
[15] Vgl. Nr. 3.5.7 AEAO zu § 89; BFH v. 29.02.2012 – IX R 11/11, BStBl. II 2012, 651 (652 f.); BFH v. 27.02.2014 – VI R 23/13, BStBl. II 2014, 894 (895 f.); *Werder/Dannecker*, BB 2015, 1687 (1687).
[16] *Seer*, in: Tipke/Kruse, AO, § 89 Rn. 40; *Söhn*, in: Hübschmann/Hepp/Spitaler, AO, § 89 Rn. 236; *Wünsch*, in: Koenig, AO, § 89 Rn. 27.
[17] *Rätke*, in: Klein, AO, § 89 Rn. 26; *Seer*, in Tipke/Kruse, AO, § 89 Rn. 40.
[18] *Seer*, in: Tipke/Kruse, AO, § 89 Rn. 63; *Wünsch*, in: Klein, AO, § 89 Rn. 51; BFH v. 30.03.2011 – I R 61/10, BStBl. II 2011, 536 (537); *Werder/Dannecker*, BB 2015, 1687 (1691).

ten gerichtlichen Kontrolle.[19] Die Auskunft müsse demnach nur den Anforderungen eines fairen Verwaltungsverfahrens genügen. Dies sei dann der Fall, wenn der Sachverhalt zutreffend erfasst wurde und die Beständigkeit der Auskunft nicht von vornherein in Frage steht, mithin die rechtliche Einordnung des zu beurteilenden Sachverhalts in sich schlüssig und nicht evident rechtsfehlerhaft ist.[20]

III. Zunehmende Relevanz

Die Bedeutung der Erteilung verbindlicher Auskünfte in der Steuerpraxis steigt stetig und wird zunehmend ein integraler Bestandteil der unternehmerischen Steuerplanung. Die Gründe hierfür sind vielfältig und vor allem auf die aktuellen Entwicklungen in Politik und Wirtschaft zurückzuführen: Zum einen ist hier der schnell vorangetriebene BEPS-Prozess zu nennen, dessen Vielzahl an Regelungen auf Ebene der OECD, der EU und des nationalen Rechts eine zunehmend unüberschaubare Ansammlungen von Normen für den Steuerpflichtigen bilden und zu Rechtsunsicherheit führen.[21] Zudem ist in der Wirtschaft ein Trend zum Aufbau globaler Produktionskapazitäten zu verzeichnen, welcher ein steigendes Bedürfnis nach Planungssicherheit auslöst und dessen Fragestellungen meist einer genauen Einzelfallbewertung bedürfen.[22] Weiterhin führen die zunehmende Bedeutung von Compliance im Rahmen der Corporate Governance und der Rückgang der Bereitschaft zu informellen Absprachen zu vermehrten Auskunftsanfragen.[23] Es ist abzusehen, dass auch in Zukunft die Zahl und Bedeutung von Auskunftsanträgen weiterhin steigen wird.

---

[19] BFH v. 05.02.2014 – I R 34/12, BB 2014, 1318 (1318); BFH v. 29.2.2012 – IX R 11/11 BStBl. II 2012, 651 (652 f.).
[20] Sog. Evidenzkontrolle, vgl. *Seer*, in: Tipke/Lang, Steuerrecht, § 21 Rn. 19; BFH v. 29.02.2012 – IX R 11/11, BStBl. II 2012, 651 (653).
[21] *Eilers/Nosthoff-Horstmann*, FR 2017, 170 (170).
[22] *Eilers/Dorenkamp*, ISR 2014, 207 (208).
[23] *Eilers/Nosthoff-Horstmann*, FR 2017, 170 (171).

C. Das Beihilferecht der Union gemäß Art. 107 ff. AUEV

Die vorliegende Arbeit beschäftigt sich mit der Frage, ob in der Erteilung verbindlicher Auskünfte eine staatliche Beihilfe liegen kann. Dazu soll zunächst das Beihilferecht der Union allgemein dargestellt werden, um im nächsten Schritt prüfen zu können, ob § 89 Abs. 2 AO hierunter subsumiert werden kann. Das Beihilferecht der Union ist in den Art. 107 bis 109 AEUV geregelt, wobei Art. 107 AEUV den Tatbestand der staatlichen Beihilfe definiert, Art 108 AEUV das Beihilfeverfahren regelt, welches der Beachtung und ordnungsgemäßen Anwendung der materiell-rechtlichen Beihilferegeln dient, und Art. 109 AEUV den Rat zum Erlass von Durchführungsverordnungen ermächtigt. Zuständig für das Beihilfeverfahren ist in erster Linie die Kommission, innerhalb der die Zuständigkeit für die Beihilfekontrolle auf verschiedene Generaldirektionen verteilt ist und hauptsächlich bei der Generaldirektion Wettbewerb liegt.[24]

I. Regelungszweck

Die Art. 107 bis 109 AEUV tragen als Teil des Wettbewerbskapitels zu einem System bei, welches den Wettbewerb innerhalb des Binnenmarktes vor Verfälschungen schützen soll.[25] Durch den in Art. 107 AUEV normierten Erlaubnisvorbehalt sollen ein volkswirtschaftlich schädlicher Subventionswettlauf unter den Mitgliedstaaten und die mit ihm verbundenen Wettbewerbsverzerrungen weitgehend verhindert werden.

II. Der Tatbestand des Art. 107 AEUV

Gemäß Art. 107 Abs. 1 AEUV sind „staatliche oder aus staatlichen Mitteln gewährte Beihilfen gleich welcher Art, die durch die Begünstigung bestimmter Unternehmen oder Produktionszweige den Wettbewerb verfälschen oder zu verfälschen drohen, mit dem Binnenmarkt unvereinbar, soweit sie den Handel zwischen Mitgliedstaaten beeinträchtigen". Art. 107 Abs. 1 AEUV enthält fünf, inzwischen durch eine umfangreiche Rechtsprechung des EuGH konturierte Tatbe-

---

[24] Vgl. *Beljin*, in: Schulze/Zuleeg/Kadelbach, Handbuch Europarecht, § 28 Rn. 170.
[25] *Cremer*, in: Calliess/Ruffert, AEUV, Art. 107 Rn. 1.

standsmerkmale. Dabei müssen alle Voraussetzungen kumulativ erfüllt sein.[26] Entgegen dem ersten Anschein handelt es sich bei Art. 107 AEUV nicht um ein Verbot mitgliedstaatlicher Beihilfen, sondern um ein Verbot mit weitreichendem Erlaubnisvorbehalt[27]: So löst das Vorliegen der Tatbestandsvoraussetzungen die verfahrensrechtlichen Konsequenzen des Art. 108 AEUV aus.

Die Beihilfevorschriften finden jedoch nur dann Anwendung, wenn es sich bei dem Begünstigten einer Maßnahme um ein Unternehmen handelt.[28] Davon umfasst ist jede wirtschaftliche Tätigkeit (hierunter fällt das entgeltliche Angebot von Gütern oder Dienstleistungen am Markt) ausübende Einheit, unabhängig von ihrer Rechtsform und der Art ihrer Finanzierung; es kommt demnach nur auf die Art der Tätigkeit an.[29]

1. Vorteilsgewährung

Zentraler Bestandteil des Beihilfebegriffs ist die Gewährung eines wirtschaftlichen Vorteils. Unter einem Vorteil i.S.d. Art. 107 Abs. 1 AEUV versteht man jede wirtschaftliche Vergünstigung, die ein Unternehmen unter normalen Marktbedingungen, d.h. ohne Eingreifen des Staates, nicht erhalten könnte.[30] Das Eingreifen des Staates kann sowohl in der Gewährung positiver wirtschaftlicher Leistungen, als auch in der Befreiung von wirtschaftlichen Lasten bestehen.[31] Es sind dabei weder der Grund, noch das Ziel oder die Art des staatlichen Eingreifens von Relevanz, sondern allein die Auswirkung der Maß-

---

[26] *Kliemann*, in: von der Groeben/Schwarze/Hatje, AEUV, Art 107 Rn. 17; EuGH, 14.9.1994 – Rs. C-278/92 bis C-280/92, Spanien/Kommission, Slg 1994, I-4103, Rn. 20; EuGH, 16.5.2002 – Rs. C-482/99, Frankreich/Kommission, Slg 2002, I-4397, Rn. 68.

[27] *Kliemann*, in: von der Groeben/Schwarze/Hatje, AEUV, Art. 107 Rn. 1 f.; *Bär-Bouyssiere*, in: Schwarze/Becker/Hatje/Schoo, EU-Kommentar, Art. 107 AEUV, Rn. 2; *Englisch*, in: Schaumburg/Englisch, Europäisches Steuerrecht, Rn. 9.56.

[28] Amtsblatt der EU, 2016/C 262/01, Rn. 6.

[29] *Kliemann*, in: von der Groeben/Schwarze/Hatje, AEUV, Art. 107 Rn. 32; *Beljin*, Handbuch Europarecht, § 28 Rn. 71; *Englisch*, in: Schaumburg/Englisch, Europäisches Steuerrecht, Rn. 9.9; *Cremer*, in: Callies/Ruffert, AEUV, Art. 107 Rn. 25; EuGH, 18.6.1998 – Rs. C-35/96, Kommission/Italien, Slg. 1998, I-3851 Rn. 36; v. 10.1.2006 – Rs. C-222/04, Cassa di Risparmio di Firenze SpA u. a., C-222/04, ECLI:EU:C:2006:8, Rn. 107.

[30] EuGH, 11.7.1996 – Rs. C-39/94, SFEI u. a., ECLI:EU:C:1996:285, Rn. 60; EuGH, 29.4.1999 – Rs. C-342/96, Spanien/Kommission, ECLI:EU:C:1999:210, Rn. 41; Amtsblatt der EU, 2016/C 262/01, Rn. 66.

[31] Amtsblatt der EU, 2016/C 262/01, Rn. 68.

nahme auf das Unternehmen.[32] Soweit die finanzielle Lage des Unternehmens verbessert wird, weil der Staat zu von den normalen Marktbedingungen abweichenden Konditionen eingreift bzw. auf Maßnahmen verzichtet, liegt ein Vorteil vor. Hierzu wurde das Kriterium des marktwirtschaftlich handelnden Wirtschaftsbeteiligten entwickelt, anhand dessen überprüft werden soll, ob sich der Staat bei der Gewährung des Vorteils nicht wie ein marktwirtschaftlich handelnder Wirtschaftsbeteiligter in ähnlicher Lage verhalten hat. Ob eine Maßnahme den Marktbedingungen entspricht, ist ex ante auf Grundlage der zum Entscheidungszeitpunkt verfügbaren Informationen zu prüfen.[33] Bei dieser Prüfung sind alle maßgeblichen Umstände des Einzelfalls zu berücksichtigen.

2. Staatliche oder aus staatlichen Mitteln stammende Zuwendungen

Staatlich sind Beihilfen dann, wenn es sich bei dem Beihilfegeber um einen Hoheitsträger handelt, wozu sowohl die Mitgliedstaaten (Gesamtstaaten), als auch die Länder (Teilstaaten) zählen.[34]

Der Begriff der „aus staatlichen Mitteln gewährten Beihilfe" ist weiter und meint, dass die Vorteilsgewährung unmittelbar oder mittelbar aus staatlichen Mitteln finanziert wird und dem Staat auch zurechenbar ist.[35] Dabei umfassen staatliche Mittel sämtliche Mittel des öffentlichen Sektors.[36] Es spielt keine Rolle, ob die Mittel direkt übertragen werden, z.B. in Form von direkten Zuschüssen oder Darlehen, oder der Staat auf Einnahmen verzichtet.[37] Auch wird eine feste und konkrete Zusage hierzu bereits als Mittelübertragung angesehen.

---

[32] Amtsblatt der EU, 2016/C 262/01, Rn. 67, 68; *Weerth*, DB 2017, 275 (276).
[33] Amtsblatt der EU, 2016/C 262/01, Rn. 78; EuGH, 5.6.2012 – Rs. C-124/10 P, Kommission/EDF, ECLI:EU:C:2012:318, Rn. 83, 84, 85 und 105; EuGH, 16.5.2002 – Rs. C-482/99, Frankreich/Kommission (Stardust), ECLI:EU:C:2002:294, Rn. 7.
[34] *Cremer*, in: Calliess/Ruffert, AEUV, Art. 107 Rn. 29.
[35] *von Wallenberg/Schütte*, in: Grabitz/Hilf/Nettesheim, Das Recht der Europäischen Union, AEUV, Art. 107 Rn. 31; *Cremer*, in: Calliess/Ruffert, AEUV, Art. 107 Rn. 29.
[36] *Cremer*, in: Calliess/Ruffert, AEUV, Art. 107 Rn. 29.
[37] EuGH, 16.5.2000 – Rs. C-83/98 P, Frankreich/Ladbroke Racing Ltd und Kommission, ECLI:EU:C:2000:248, Rn. 48 bis 51.

3. Wettbewerbsverfälschung

Hierdurch muss es zu einer Verfälschung des Wettbewerbs kommen oder eine solche zumindest drohen. Die Tatsache allein, dass ein Unternehmen eine staatliche Leistung ohne oder zumindest ohne marktübliche Gegenleistung erhält, kann allein noch keine Wettbewerbsverfälschung i.S.d. Art. 107 Abs. 1 AEUV begründen. Wettbewerbsverfälschend ist eine Beihilfe nur dann, wenn sie die Stellung des Empfängers auf dem sachlich, räumlich und zeitlich relevanten Markt zulasten der Konkurrenten verbessert.[38] Dabei reicht es aus, dass die staatliche Maßnahme die Wettbewerbsstellung eines Unternehmens stärkt.[39] Das Merkmal der drohenden Wettbewerbsverfälschung bezieht auch potentielle Wettbewerber in den Schutzbereich des Art. 107 Abs. 1 AEUV ein. Jedoch darf die Wahrscheinlichkeit bzw. Möglichkeit einer solchen Wettbewerbsverfälschung nicht rein hypothetischer Natur sein.[40]

4. Beeinträchtigung des zwischenstaatlichen Handels

Des Weiteren muss die Vorteilsgewährung den Handel zwischen den Mitgliedstaaten beeinträchtigen. Eine Handelsbeeinträchtigung liegt dann vor, wenn durch die wettbewerbsverfälschende Begünstigung bestimmter Unternehmen der Handel insoweit beeinflusst wird, dass die Ein- oder Ausfuhr erleichtert bzw. kehrseitig für etwaige Konkurrenten erschwert wird.[41] Da Art. 107 Abs. 1 AEUV nur von dem Handel zwischen den Mitgliedstaaten spricht, werden Auswirkungen auf den rein innerstaatlichen Handel vom Anwendungsbereich ausgeklammert. Es muss nicht festgestellt werden, dass die staatliche Maßnahme tatsächlich Auswirkungen auf den unionsinternen Handel hat, sondern nur, ob sie Auswirkungen auf diesen Handel haben könnte.[42]

---

[38] Amtsblatt der EU, 2016/C 262/01, Rn. 187.
[39] Amtsblatt der EU, 2016/C 262/01, Rn. 189; *Kliemann/Mederer*, in: von der Groeben/Schwarze/Hatje, AEUV, Art. 107 Rn. 57; *Demleitner*, ISR 2016, 328 (331); EuGH, 8.9.2011 – verb. Rs. C-78-80/08, Paint Graphos u.a., ECLI:EU:C:2011:550.
[40] EuGH, 24.7.2003 – Rs. C-280/00, Altmark Trans, ECLI:EU:C:2003:415, Rn.79; *Cremer*, in: Calliess/Ruffert, AEUV, Art. 107 Rn. 34.
[41] *Cremer*, in: Calliess/Ruffert, AEUV, Art. 107 Rn. 38.
[42] Amtsblatt der EU, 2016/C 262/01, Rn. 190; EuGH, 14.1.2015 – Rs. C-518/13, Eventech/The Parking Adjudicator, ECLI:EU:C:2015:9, Rn. 65; EuGH, 8.5.2013 – verb. Rs. C-197/11 und C-203/11,Libert u. a., ECLI:EU:C:2013:288, Rn. 76.

Allerdings darf auch dies nicht bloß hypothetischer Natur sein oder vermutet werden.[43]

5. Selektivität des Vorteils

Zuletzt muss die Vorteilsgewährung auch selektiven Charakter haben. Gemäß Art. 107 Abs. 1 AEUV können nur solche staatlichen Maßnahmen eine unzulässige Beihilfe darstellen, durch die bestimmte Unternehmen oder Produktionszweige begünstigt werden. Somit fallen Maßnahmen von rein allgemeinem Charakter nicht unter Art. 107 Abs. 1 AEUV. Es kann zwischen materieller und regionaler Selektivität unterschieden werden.[44] Unter materieller Selektivität versteht man, dass die Maßnahme nur für bestimmte Unternehmen oder bestimmte Produktionszweige in einem Mitgliedstaat gilt. Die materielle Selektivität kann de jure oder de facto vorliegen, wobei sich eine De-jure-Selektivität unmittelbar aus den rechtlichen Kriterien für die Gewährung einer Maßnahme, die förmlich bestimmten Unternehmen vorbehalten ist, ergibt, die De-facto-Selektivität aus von den einzelnen Mitgliedstaaten auferlegten Bedingungen oder Hindernissen, welche bestimmte Unternehmen davon abhalten, die staatliche Maßnahme in Anspruch zu nehmen. Bezüglich der regionalen Selektivität entziehen sich grundsätzlich nur solche Maßnahmen dem in Art. 107 Abs. 1 AEUV festgelegten Kriterium der Selektivität, die im gesamten Gebiet eines Mitgliedstaates Anwendung finden.

Das Tatbestandsmerkmal der Selektivität wird nach einer gefestigten Judikatur der Unionsgerichte dreistufig geprüft[45]: Auf der ersten Prüfstufe muss zunächst das Bezugs- bzw. Referenzsystem definiert werden. Dabei ist auch zu fragen, ob verschiedene Unternehmen oder Wirtschaftszweige im Rahmen einer bestimmten Regelung unterschiedlich behandelt werden.[46] Auf der zweiten Prüfstufe ist zu ermitteln, ob die konkrete Maßnahme eine Abweichung von diesem Refe-

---

[43] Amtsblatt der EU, 2016/C 262/01, Rn. 195.
[44] *Kliemann*, in: von der Groeben/Schwarze/Hatje, AEUV, Art. 107 Rn. 45.
[45] EuGH, 9.10.2014 – Rs. C-522/13, Ministerio de Defensa/Navantia SA, ECLI:EU:C:2014:2262, Rn. 35 ff.; vgl. dazu *Bartosch*, BB 2015, 34 (35); *Grotherr*, EWS 2015, 67 (70); *Demleitner*, ISR 2016, 328 (330); *Ylinen*, IStR 2017, 100 (102); *Cordewener/Henze*, FR 2016, 756 (759).
[46] *Bartosch*, BB 2015, 34 (35).

renzsystem darstellt, das heißt ob diese zwischen an sich vergleichbaren Wirtschaftsbeteiligten differenziert. Auf der dritten Prüfstufe ist zu hinterfragen, ob die Abweichung vom Referenzsystem möglicherweise aus der Natur oder dem inneren Aufbau des Bezugssystems gerechtfertigt ist.[47] Nur dann, wenn eine ungerechtfertigte Abweichung der staatlichen Maßnahme vom Referenzsystem vorliegt, hat diese auch selektiven Charakter i.S.d. Art. 107 AEUV.

D. Subsumtion der verbindlichen Auskunft gemäß § 89 Abs. 2 AO unter den Tatbestand des Art. 107 Abs. 1 AEUV

Inhalt der weiteren Prüfung ist nun die Frage, ob auch die Erteilung verbindlicher Auskünfte gemäß § 89 Abs. 2 AO eine unzulässige Beihilfe i.S.d. Art. 107 Abs. 1 AEUV darstellen kann, das heißt hierdurch eine staatliche oder aus staatlichen Mitteln stammende, selektive Begünstigung gewährt wird, wodurch der Wettbewerb verfälscht und der innerstaatliche Handel beeinträchtigt wird.

I. Vorteilsgewährung

Dabei ist zunächst fraglich, ob durch die Erteilung verbindlicher Auskünfte den Empfängern ein wirtschaftlicher Vorteil gewährt wird bzw. gewährt werden kann.

Das Vorliegen eines Vorteils wird von der Kommission in Form der Möglichkeit erkannt, anfallende, von multinationalen Unternehmen zu entrichtende Steuern „künstlich" klein zu machen.[48] Diese Sichtweise ist jedoch bedenklich, da das Instrument der verbindlichen Auskunft in seiner Ausprägung nicht dazu dienen soll, steuerliche Absprachen zwischen Unternehmen und der Finanzverwaltung und damit Steuervergünstigungen zu ermöglichen. Dies stellt auch Tz. 3.5.4 AEAO zu § 89 klar, wonach verbindliche Auskünfte in Angelegenheiten, bei denen die Erzielung eines Steuervorteils im Vordergrund steht, gerade

---

[47] St. Rspr.; vgl. EuGH, 8.9.2011 – verb. Rs. C-78/08 bis C-80/08, Paint Graphos u.a., ECLI:EU:C:2011:550, Slg. 2011, I-7611, Rn. 69; EuGH, 8.11.2001 – Rs. C-143/99, Adria-Wien Pipeline und Wietersdorfer & Peggauer Zementwerke, ECLI:EU:C:2001:598; EuGH, 13.2.2003 – Rs. C-409/00, Spanien/Kommission, ECLI:EU:C:2003:92; EuGH, 29.4.2004 – Rs. C-308/01, GIL Insurance, ECLI:EU:C:2004:252.

[48] *Bartosch*, BB 2015, 34 (35).

nicht erteilt werden sollen. Dennoch schließt der Hinweis in Tz. 3.5.4. AEAO nicht aus, dass eine verbindliche Auskunft beihilferechtliche Relevanz besitzt und Unternehmen einen wirtschaftlichen Vorteil gewährt, da dieses Instrument vor allem dann an Bedeutung gewinnt, wenn die Rechtslage unklar ist und sich die im i.R.d. Auskunft getroffene Behördenentscheidung als steuerliche Vergünstigung herausstellt. Ein Vorteil in Form der Verminderung der Steuerbelastung kann insbesondere durch Ermäßigungen beim anzuwendenden Steuersatz, Minderungen der Steuerbemessungsgrundlage, teilweise oder vollständige Steuerbefreiungen, Verlustverrechnungsmöglichkeiten oder Ermäßigungen bei der Entrichtung der Steuerschuld bestehen. Grundsätzlich soll eine beantragte verbindliche Auskunft lediglich die steuerliche Bewertung eines konkreten, im Antrag dargestellten Sachverhalts aus aktueller Sicht des Finanzamtes wiedergeben. Hierdurch wird die nachträgliche Steuerfestsetzung nicht ersetzt, aber dahingehend vorweggenommen, als dass die verbindliche Auskunft auch Bindungswirkung bezüglich des nachfolgenden Steuerbescheids entfaltet. Kritisch ist diese Bindungswirkung, wenn sich im Nachhinein herausstellt, dass die erteilte verbindliche Auskunft rechtswidrig ist. Eine solche Rechtswidrigkeit kann verschiedene Ursachen haben. In Betracht kommen vor allem die Fälle, in denen sich die Rechtslage durch Gesetzesänderungen, neue Verwaltungserlasse oder Änderungen der Rechtsprechung geändert hat, ein Fehler bei der Rechtsanwendung erfolgte oder die Auskunft auf einer fehlerhaften Erfassung des geplanten Sachverhalts basiert. Durch die Bindungswirkung hat dies zur Folge, dass auch die nachträgliche Steuerfestsetzung trotz feststehender Rechtswidrigkeit an die Aussagen der vorab erteilten Auskunft gebunden ist.[49] Diese Bindung besteht nur zugunsten des Steuerpflichtigen, das heißt, wenn die rechtswidrige Auskunft für den Steuerpflichtigen ungünstige Regelungen enthält, ist die Steuerverwaltung hieran nicht gebunden, sondern hat den Sachverhalt i.R.d. Steuerbescheids zutreffend zu würdigen. Dies vermag beihilferechtliche Bedenken auslösen, da die Bindungswirkung nur im Falle von mit dem geltenden Recht unvereinbaren Steuervergünstigungen fortbesteht. In

---

[49] Vgl. oben und Fn. 13.

einem solchen Fall, wenn sich also der Inhalt der erteilten Auskunft im Nachhinein als fehlerhaft und damit rechtswidrig herausstellt und dieser für den Steuerpflichtigen jedoch günstigere Regelungen, mithin eine Steuervergünstigung enthält, könnte eine Vorteilsgewährung und damit eine unzulässige Beihilfe dahingehend liegen, als dass der Steuerpflichtige zumindest teilweise von der Steuerlast befreit wird.
Fraglich ist, ob eine unzulässige Vorteilsgewährung auch schon darin liegen kann, dass die verbindliche Auskunft letztlich eine Einzelfallentscheidung trifft und nur einseitig bindet, sprich Dritte sich nicht auf den Inhalt einer erteilten verbindlichen Auskunft berufen können und keinen Anspruch auf entsprechende steuerliche Behandlung ihres Lebenssachverhalts haben. Insoweit würde grundsätzlich auch von Steuerbescheiden, die ebenso für den Einzelfall erlassen werden, die Gefahr der Vorteilsgewährung ausgehen, mithin jede Einzelfallentscheidung beihilferecht zumindest bedenklich sein. Dies kann jedoch nicht überzeugen, da es zu einer Überdehnung des Beihilfebegriffs führen würde, das Instrument der verbindlichen Auskunft und damit auch den Erlass von Steuerbescheiden allein unter dem Gesichtspunkt der Einzelfallentscheidung als Vorteilsgewährung zu qualifizieren.
Anders als ein Steuerbescheid eröffnet die verbindliche Auskunft dem Empfänger aber die Möglichkeit, anhand der Kenntnis der steuerlichen Bewertung des dargelegten Sachverhalts auf diesen für die Zukunft einzuwirken und damit möglicherweise eine für ihn günstigere Besteuerung auszulösen. Dieser Informationsvorsprung begründet für den Empfänger der Auskunft einen wirtschaftlichen Vorteil dahingehend, dass er Dispositionen mit der nötigen Planungssicherheit in steuerlicher Hinsicht tätigen und so gegebenenfalls steuermindernd auf die zukünftige Sachverhaltsverwirklichung einwirken kann.
Zusammenfassend kann eine verbindliche Auskunft einen wirtschaftlichen Vorteil in Form einer Steuervergünstigung durch die getroffene inhaltliche Regelung, die fortbestehende Bindungswirkung zugunsten des Steuerpflichtigen trotz Rechtswidrigkeit und den Informationsvorsprung mit der damit einhergehenden Möglichkeit, auf den geplanten Sachverhalt steuervergünstigend einzuwirken, begründen.

14

II. Staatliche oder aus staatlichen Mitteln stammende Zuwendung

Weiterhin müsste der gewährte Vorteil staatlich sein oder aus staatlichen Mitteln stammen. Dabei kann, wie vorab aufgezeigt, der Einsatz von staatlichen Mitteln unmittelbarer oder mittelbarer Natur sein und erfasst auch Einnahmeverluste des Staates in Form von Steuerermäßigungen.

Zuständig für die Erteilung verbindlicher Auskünfte sind die Finanzämter oder das Bundeszentralamt für Steuern, § 89 Abs. 2 S. 2 AO. Da es sich hierbei um Hoheitsträger handelt, ist das Merkmal der staatlichen Zuwendung erfüllt, soweit man bereits in der Erteilung verbindlicher Auskünfte als solche einen wirtschaftlichen Vorteil sieht. Im Rahmen von verbindlichen Auskünften, die eine zu niedrige Steuerlast festsetzen und damit rechtswidrig sind, stammt der Vorteil auch aus staatlichen Mitteln, da der Staat, der einen Anspruch auf die korrekte Höhe der Steuerlast hat, hier auf Einnahmen verzichtet.

Bei Unternehmen, die infolge einer verbindlichen Auskunft steuerbegünstigend auf die geplanten Investitionen einwirken, indem diese beispielsweise ins Ausland verlagert oder nicht getätigt werden, liegt allerdings keine aus staatlichen Mitteln stammende Zuwendung vor, da der Staat hier gar keinen Steueranspruch hat.

III. Wettbewerbsverfälschung und Beeinträchtigung des zwischenstaatlichen Handels

Zwar handelt es sich hierbei, wie oben aufgezeigt, um zwei getrennte Voraussetzungen, die beide erfüllt sein müssen, damit eine staatliche Beihilfe vorliegt. Jedoch werden diese in der Praxis meist gemeinsam geprüft und generell als untrennbar miteinander verbunden betrachtet. Fraglich ist also, ob die Erteilung verbindlicher Auskünfte den Wettbewerb zu verfälschen und den zwischenstaatlichen Handel zu beeinträchtigen vermag. Die Hürden hierfür sind jedoch gering, da die Kommission in Übereinstimmung mit der Rechtsprechung des EuGH bereits dann von der Erfüllung der beiden Voraussetzungen ausgeht, wenn das begünstige Unternehmen, hier also der Empfänger der Auskunft, einer Wirtschaftstätigkeit nachgeht, welche Gegenstand eines Handels zwischen den Mitgliedstaaten ist und dessen Stellung gegenüber konkurrierenden Unternehmen verstärkt wird.⁵⁰ Dies kann zum einen durch die Planungssicherheit für zukünftige Dispositionen erfolgen. Zum anderen ist bereits dann von einer Wettbewerbsverfälschung auszugehen, wenn einem Unternehmen in einem liberalisierten Wirtschaftszweig mit zumindest potentiellen Wettbewerbern eine Steuerermäßigung gewährt wird.⁵¹

IV. Selektivität des Vorteils

Kern der Prüfung, ob eine nationale Steuernorm gegen das Beihilfeverbot nach Art. 107 Abs. AEUV verstößt, ist die Frage nach der Selektivität der Maßnahme. Doch gerade bei diesem Tatbestandsmerkmal lässt die Kommission in den Eröffnungsbeschlüssen zu den zu Tax Rulings eröffneten Verfahren eine saubere und ausführliche Begründung offen. Stattdessen setzt sie die Abweichung vom Fremdvergleichsgrundsatz (arm's-lengh-Standard) mit der Selektivität der Maßnahme gleich und verlässt damit das etablierte Prüfschema hinsichtlich der Selektivität steuerlicher Maßnahmen.⁵²

Bezüglich der Erteilung verbindlicher Auskünfte bestehen unter Zugrundelegung der zur Selektivität entwickelten Kriterien verschiedene Ansatzpunkte, die den selektiven Charakter einer Auskunft begründen können.

1. Selektivität der verbindlichen Auskunft als solcher

Fraglich ist zunächst, ob das Instrument der verbindlichen Auskunft als solches selektiv ist. Hierbei ist anhand des entwickelten dreistufigen Prüfverfahrens vorzugehen. Somit ist in einem ersten Schritt das Referenzsystem zu bestimmen. Dieser Prüfungspunkt bereitet meist Schwierigkeiten, zeitigt aber gleichzeitig enorme Auswirkungen auf die folgende Prüfung, je nachdem, ob man dieses besonders weit oder besonders eng fasst.⁵³ Das Referenzsystem könnten die Vorschriften

---

⁵⁰ Vgl. Fn. 39.
⁵¹ *Englisch*, in: Schaumburg/Englisch, Europäisches Steuerrecht, Rn. 9.42.; Amtsblatt der EU, 2016/C 262/01, Rn. 187.
⁵² *Linn*, IStR 2015, 114 (120).
⁵³ Da bei entsprechend weiter oder enger Auslegung des Referenzsystems eine Abweichung vom allgemeinen System bejaht oder bereits verneint werden kann, vgl. *Demleitner*, ISR 2016, 328 (330).

zur Steuerfestsetzung und der Grundsatz der nachträglichen Steuerveranlagung bilden, vgl. § 38 AO, wonach „die Ansprüche aus dem Steuerschuldverhältnis entstehen, sobald der Tatbestand verwirklicht ist, an den das Gesetz die Leistungspflicht knüpft".[54] Von diesem System stellt die verbindliche Auskunft nach § 89 Abs. 2 AO eine Abweichung zumindest dergestalt dar, als dass der Inhalt der Steuerfestsetzung vorweggenommen wird und der Empfänger bereits vor Verwirklichung des zur Prüfung gestellten Sachverhalts Auskunft über dessen steuerliche Bewertung erhält. Dies dokumentiert sich auch im eingeschränkten Rechtsschutz bezüglicher erteilter oder nicht erteilter verbindlicher Auskünfte, so dass zu hoffen ist, dass sich der Gesetzgeber entscheidet, die verbindliche Auskunft dem Steuerfestsetzungsverfahren zuzuordnen und somit dem gerichtlichen Rechtsschutz zugänglich zu machen.[55] Allerdings steht der steuerlich relevante Sachverhalt bei Erteilung einer verbindlichen Auskunft zumindest fiktiv fest, sodass man in der verbindlichen Auskunft schon gar keine Abweichung vom System der Steuerveranlagung, die immer einen konkreten Sachverhalt zum Inhalt hat, sehen könnte. Im Rahmen des dritten Prüfschritts stellt sich nun die Frage, ob, soweit man in der Erteilung verbindlicher Auskünfte eine Abweichung von der nachträglichen Steuerfestsetzung sieht, diese durch die Natur oder den inneren Aufbau des Bezugssystems gerechtfertigt[56] ist. Das heißt, es bedarf eines besonderen Grundes, dass sich die Finanzbehörde vorzeitig selbst bindet und damit vom Steuerfestsetzungsverfahren, welches nach § 157 Abs. 2 AO auf Verwaltungskonzentration ausgerichtet ist[57], abweicht. Dieser Grund könnte sich aus Art. 14 Abs. 1, 12 Abs. 1, 2

---

[54] Dies ergibt sich auch schon zwingend aus dem Rechtsstaatsprinzip gem. Art. 20 Abs. 3 GG und dem Grundsatz vom Vorbehalt des Gesetzes. Danach ist die Verwaltung an Gesetz und Recht gebunden und jedes Verwaltungshandeln, insbesondere im Rahmen der Eingriffsverwaltung bedarf grundsätzlich einer gesetzlichen Grundlage. Die Finanzverwaltung ist eine Eingriffsverwaltung.
[55] So auch *Werder/Dannecker*, BB 2015, 1687 (1687); ebenfalls für einen Anspruch auf inhaltliche Richtigkeit: *Seer*, StbJb 2012/2013, 557 (579); *Krumm*, DStR 2011, 2429 (2434 ff.); *Bergan/Martin*, DStR 2012, 2164 (2166).
[56] „Dies ist der Fall, wenn eine Maßnahme unmittelbar auf den Grund- oder Leitprinzipien des Bezugssystems beruht oder sich aus den inhärenten Mechanismen ergibt, die für das Funktionieren und die Wirksamkeit des Systems erforderlich sind", Amtsblatt der EU, 2016/C 262/01, Rn. 138.
[57] *Seer*, in: Tipke/Lang, Steuerrecht, § 21 Rn. 117.

Abs. 1 GG ergeben. Steuerrecht ist Eingriffsrecht.[58] Steuern beeinflussen unternehmerische Entscheidungsprozesse maßgeblich und sind Bestandteil der allgemeinen Steuerplanung.[59] Da der Staat mit Steuererhebung in die Handlungsfreiheit des Einzelnen eingreift, muss das Besteuerungsverfahren so ausgestaltet, dass die konkrete Besteuerung möglichst vorhersehbar ist. Die grundrechtlich gewährleistete Handlungsfreiheit auf vermögensrechtlichem Gebiet kann ihren Schutz nur dann entfalten, wenn Steuerpflichtigen eine gewisse Planungs- und Entscheidungssicherheit und Vertrauens- bzw. Dispositionsschutz gewährt wird.[60] Dies kann nur durch eine Vorabentscheidung der Finanzbehörde sichergestellt werden. Auch ein Blick in das allgemeine Verwaltungsrecht zeigt auf, dass die vergleichbaren Rechtsinstrumente der Zusage, Zusicherung, Auskunft und des Vorbescheids Voraussetzung für eine grundrechtskonforme Verwaltungspraxis sind.[61] Somit ist im Ergebnis festzuhalten, dass das Instrument der verbindlichen Auskunft, sofern man es nicht schon als dem System der Steuerveranlagung immanent betrachtet, zumindest als Abweichung gerechtfertigt und als solches anerkannt ist.[62]

Dies entspricht auch der Sichtweise der Kommission, die das Rechtsinstrument der Verwaltungsvorabentscheidung nicht generell in Frage stellt: „Steuerentscheide als solche sind nicht problematisch: Die Steuerbehörden erläutern darin einzelnen Unternehmen, wie die von ihnen zu entrichtende Körperschaftsteuer berechnet wird oder bestimmte Steuervorschriften angewendet werden."[63]

2. Selektivität aufgrund des Entschließungsermessens

Möglicherweise könnte sich der selektive Charakter verbindlicher Auskünfte jedoch aufgrund des der Finanzverwaltung eingeräumten Ermessens ergeben. Die Kommission hält allgemeine Maßnahmen,

---

[58] *Birk/Desens/Tappe*, Steuerrecht, Rn. 46; *Seer*, in: Tipke/Lang, Steuerrecht, § 1 Rn. 27.
[59] *Hey*, Steuerplanungssicherheit als Rechtsproblem, S. 9.
[60] Vgl. Fn. 4.
[61] Hierzu *Maurer*, Allgemeines Verwaltungsrecht, § 9 Rn. 59 ff.
[62] Vgl. *Wünsch*, in: Koenig, AO, § 89 Rn. 22.
[63] So die Europäische Kommission, PM v. 11.06.2014 – IP/14/663. Dem entspricht auch, dass die weitaus meisten Tax Rulings, die von der Kommission untersucht wurden, als unbedenklich befunden wurden.

die zwar prima facie für alle Unternehmen gelten, aber durch Ermessensentscheidungen der Verwaltung eingeschränkt werden, für selektiv.[64] Dies sei dann der Fall, wenn die Erfüllung der festgelegten Kriterien nicht automatisch ein Recht auf Inanspruchnahme der Maßnahme zur Folge hat.[65] Problematisch an dieser Sichtweise ist jedoch, dass es letztlich gar nicht darauf ankommen würde, wie die Finanzbehörde bei der Erteilung einer verbindlichen Auskunft ein Ermessen ausübt, sondern das Vorhandensein eines weiten Ermessensspielraums bereits ausreichend für das Kriterium der Selektivität wäre. Allerdings gelten steuerliche Regelungen, die effektiv von allen in einem Mitgliedstaat tätigen Unternehmen in Anspruch genommen werden können, nicht als selektiv.[66] Voraussetzung hierfür ist jedoch, dass die Regelung tatsächlich allen Unternehmen in gleicher Weise offensteht und deren praktische Wirkung nicht durch andere Elemente, wie z.B. uneinheitliche Ermessensausübung, eingeschränkt wird. Gemäß § 89 Abs. 2 S. 1 AO können die Finanzämter und das Bundeszentralamt für Steuern verbindliche Auskünfte erteilen. Hierin liegt ein sog. Entschließungsermessen[67] der Finanzbehörden. Zwar ist dieses Entschließungsermessen bei Vorliegen der Tatbestandsmerkmale regelmäßig auf null reduziert[68], doch enthält § 89 Abs. 2 S. 1 AO mehrere unbestimmte Rechtsbegriffe, sodass die Finanzbehörde ihre Ermessen bei unterschiedlichen Steuerpflichtigen trotz vergleichbarer Sachverhalte tatsächlich unterschiedlich ausüben kann. Dieses Entschließungsermessen kann demnach prinzipiell geeignet sein, einzelne Unternehmen durch die Erteilung einer verbindlichen Auskunft zu begünstigen, wenn der Auskunftsantrag anderer Unternehmen in vergleichbarer

---

[64] Amtsblatt der EU, 2016/C 262/01, Rn. 123; mit Verweis auf EuGH, 29.6.1999 – Rs. C-256/97, DMTransport, ECLI:EU:C:1999:332, Rn.27.
[65] Amtsblatt der EU, 2016/C 262/01, Rn. 123.
[66] *Grotherr*, EWS 2015, 67 (73).
[67] Als Entschließungsermessen wird das Recht einer Behörde bezeichnet, bei Vorliegen eines Tatbestands tätig werden zu können; d.h. das Ermessen bezieht sich darauf, ob die Verwaltung überhaupt eingreifen und tätig werden soll. Vgl. *Maurer*, Allgemeines Verwaltungsrecht, § 7 Rn. 7.
[68] Vgl. oben und Fn. 17.

Lage abgelehnt wird.[69] Ob dies konkret der Fall ist, ist anhand des dreistufigen Prüfschemas im Einzelfall zu prüfen.

3. Selektivität aufgrund Interpretations- oder Beurteilungsspielräume

Das Bedürfnis nach Rechts- und Planungssicherheit ist gerade dann besonders groß, wenn den Finanzbehörden bei der Anwendung oder Auslegung von steuerlichen Rechtsvorschriften ein Interpretations- oder Beurteilungsspielraum zusteht und die konkrete Ausübung dieses Spielraums von dem Steuerpflichtigen a priori nicht voraussehbar ist. In diesen Fällen gewinnt auch das Instrument der verbindlichen Auskunft an Relevanz, denn durch die Erteilung einer solchen bindet sich die Finanzbehörde rechtlich gegenüber dem anfragenden Steuerpflichtigen, ihr Interpretations- und Beurteilungsspielraum wird mithin in Bezug auf den später verwirklichten Sachverhalt im Rahmen der Steuerfestsetzung auf null reduziert. Möglicherweise liegt in der durch die verbindliche Auskunft von der Finanzbehörde ausgeübten Sachverhaltswürdigung eine selektive Begünstigung, wenn bei anderen anfragenden Unternehmen trotz vergleichbarer Sachverhalte der Interpretations- oder Beurteilungsspielraum nicht in gleicher Art und Weise ausgeübt wird. So kann sich nach der Rechtsprechung des EuGH eine steuerliche Begünstigung bestimmter Unternehmen in Verwaltungsvorabentscheidungen darin dokumentieren, dass „auf der Basis eines zur Vorabentscheidung vorgelegten geplanten Sachverhalts eine steuerpflichtigenspezifische Ausnahme von den einschlägigen steuerlichen Rechts- und Verwaltungsvorschriften mit Bindungswirkung für die spätere Steuerfestsetzung zugesagt wird oder durch die Nutzung von Interpretations- oder Beurteilungsspielräumen von Seiten der Steuerverwaltung für den anfragenden Steuerpflichtigen individuelle Steuervergünstigungen herbeigeführt werden, die nicht allen Unternehmen offenstehen".[70] Die Gewährleistung von Rechtsanwendungs-

---

[69] Nach EuGH v. 26.9.1996 – Rs. C-241/94, Kimberly Clark/Sopalin, ECLI:EU:C:1996:353, Rn. 3 kann die Wahl der Begünstigten bei der Ausübung des Ermessens eine selektive Maßnahme begründen.

[70] *Grotherr*, EWS 2015, 67 (74).

gleichheit bestimmt demnach maßgeblich die beihilferechtliche Relevanz einer Steuervorabentscheidung.[71]

Grundsätzlich besteht bei der Erteilung einer verbindlichen Auskunft keine derartige Rechtswahlmöglichkeit der Finanzbehörde, das heißt hinsichtlich des Inhalts einer verbindlichen Auskunft hat die Finanzverwaltung keinen Entscheidungsspielraum. Vielmehr muss die zuständige Finanzbehörde bei der Erteilung die ihrer Auffassung nach materiell-rechtlich richtige Beurteilung des im Antrag dargestellten Sachverhalts bezogen auf den anfragenden Steuerpflichtigen als Inhalt der Auskunft erteilen und hat nicht die freie Wahl zwischen mehreren vertretbaren Entscheidungen.[72]

Da verbindliche Auskünfte jedoch gerade bei rechtlich nicht eindeutig zu beantwortenden Rechtsfragen gestellt werden, bei denen durch Anwendung unterschiedlicher Auslegungsmethoden auf unbestimmte Rechtsbegriffe verschieden Rechtsfolgen herbeigeführt oder Normen zur Anwendung gebracht werden können, haben die Finanzbehörden ggf. mehrere materiell-rechtlich vertretbare Antwortmöglichkeiten. Es liegt also nicht bereits dann eine selektive Begünstigung vor, wenn gleichgelagerte Sachverhalte unterschiedlich beurteilt werden, soweit sich dies i.R. einer vertretbaren Auslegung der Gesetze bewegt. Um die Sachgerechtigkeit der Behördenentscheidung bezüglich des zu beurteilenden Einzelsachverhalt würdigen zu können, ist die Begründung der verbindlichen Auskunft von besonderer Bedeutung. Eine Begründung muss jedoch nach § 118 Abs. 1 AO nicht zwingend mitgeliefert werden. Nur durch diese kann aber überprüft werden, ob die die Behördenentscheidung tragenden Gründe aus der Natur oder dem inneren Aufbau des Bezugssystems gerechtfertigt und beihilferechtliche Bedenken demnach unbegründet sind. Die fehlende Begründung macht eine Auskunft jedoch nicht zu einer unzulässigen Beihilfe, sondern erschwert lediglich die Nachprüfbarkeit und Nachvollziehbarkeit des Inhalts einer erteilten verbindlichen Auskunft.

---

[71] *Grotherr*, EWS 2015, 67 (74).
[72] Mithin kein sog. Auswahlermessen, vgl. *Werder/Dannecker*, BB 2015, 1687 (1689); BFH v. 29.02.2012 – IX R 11/11, BStBl. II 2012, 651 (653).

4. Selektivität aufgrund der nur einseitigen Bindungswirkung und Nichtveröffentlichung

Weiterhin könnte die Bindungswirkung einer verbindlichen Auskunft, die seitens der Finanzverwaltung ausschließlich für den anfragenden Steuerpflichtigen besteht, beihilferechtliche Bedenken auslösen. Aktuell können erteilte verbindliche Auskünfte, da sie weder anonymisiert veröffentlicht noch begründet werden müssen, keine Präjudizwirkung für andere Steuerpflichtige entfalten. Dies hat zur Folge, dass erteilte verbindliche Auskünfte anderen Steuerpflichtigen verborgen bleiben, diese keine Kenntnis von der steuerlichen Verwaltungspraxis erlangen und sich folglich auch nicht auf die einem anderen Steuerpflichtigen erteilte Auskunft berufen können. Hierdurch kommt es auch zu keiner Selbstbindung der Finanzverwaltung infolge erteilter verbindlicher Auskünfte. Dies könnte zu einer De-facto-Selektivität führen, indem erteilte verbindliche Auskünfte tatsächlich nicht allen Unternehmen offenstehen und diese durch die Intransparenz keinen Anspruch auf eine gleichlautende rechtliche Würdigung ihres gleich gelagerten Sachverhalts haben. Zwar können inhaltlich gleichlautende verbindliche Auskünfte zu gleich gelagerten Sachverhalten von allen anderen Unternehmen in ähnlicher Sach- und Rechtslage formalrechtlich beantragt werden. Allerdings können diese mangels Veröffentlichung und aufgrund der nur einseitigen Bindungswirkung die Finanzbehörden hierzu nicht in Anspruch nehmen. Da es im Rahmen der Wettbewerbsregelungen immer auf die Wirkung einer Regelung ankommt, reicht ein solcher formalrechtlicher Anspruch nicht aus, sondern die anfragenden Unternehmen müssen auch tatsächlich in der Lage sein, bei gleich gelagerten Fällen eine gleichlautende Auskunft zu erhalten. Da dies mangels Veröffentlichung und damit fehlender faktischer Bindungswirkung auch für andere Steuerpflichtige nicht der Fall ist, mag es auch hierdurch zu einer selektiven Begünstigung kommen.[73]

---

[73] So auch *Grotherr*, EWS 2015, 67 (77f.).

5. Selektivität aufgrund der föderal aufgebauten Finanzverwaltung

Zuständig für die Erteilung verbindlicher Auskünfte ist das bei unterstellter Sachverhaltsverwirklichung sachlich und örtlich zuständige Finanzamt. Aufgrund der föderal aufgebauten Finanzverwaltung erscheint es zumindest als möglich, dass die Auskunftspraxis bundesweit nicht einheitlich erfolgt und es zu einer selektiven Behandlung von Auskunftsersuchen kommt, indem Finanzämter durch die Nutzung ihres Interpretations- oder Beurteilungsspielraums bei der Erteilung verbindlicher Auskünfte Standortvorteile schaffen können. Aufgrund der verfassungsrechtlich starken Stellung der Länder muss gegebenenfalls das Gebot der gleichmäßigen Besteuerung hinter dem föderativen Prinzip zurücktreten, sodass die Rechtsanwendungsgleichheit aktuell an der Grenze der zuständigen Gebietskörperschaften endet.[74]

So wird mitunter von einem „Nord-Süd-Gefälle" bei der Erteilung verbindlicher Auskünfte gesprochen[75] und auch die Finanzverwaltung selbst räumt ein[76], dass ein Ausspielen der Länder gegeneinander im Auskunftsverfahren möglich ist. Demnach besteht also gegenwärtig die reale Gefahr, dass gleichgelagerte Rechtsfragen von verschiedenen Finanzämtern unterschiedlich beurteilt werden und so widersprüchliche Auskünfte erteilt werden.[77] Grund hierfür ist nicht nur der föderale Aufbau der Finanzverwaltung, sondern auch die fehlende Offenlegung verbindlicher Auskünfte, wodurch kein transparentes Verwaltungshandeln sichergestellt werden kann. Gemäß § 1 Abs. 1 Nr. 6 StAuskV muss der Antragsteller in seinem Auskunftsantrag erklären, dass er über den zur Beurteilung gestellten Sachverhalt bei keiner anderen Finanzbehörde eine verbindliche Auskunft beantragt hat. Dies legt die Vermutung nahe, dass es hierbei nicht nur um die Vermeidung doppelten Verwaltungsaufwands geht, sondern auch, um mögliche Divergenzen in der Rechtsauffassung der Behörden nicht erkenn-

---

[74] Hey, in: Tipke/Lang, Steuerrecht, § 3 Rn. 151.
[75] Vgl. Gabert, Protokoll zum Bochumer Steuerseminar für Praktiker und Doktoranden vom 9.7.2010, S. 5.
[76] Vgl. OFD Frankfurt, Verfügung v. 12.12.2007 – S 0224 A - 3 - St 23, AO § 89 Tz. 3.2.
[77] So auch Grotherr, EWS 2015, 67 (76).

bar werden zu lassen[78]. Auch der föderative Aufbau der Finanzverwaltung mag zu einer selektiven Auskunftspraxis führen.

V. Ergebnis

Im Ergebnis ist damit festzuhalten, dass die Erteilung verbindlicher Auskünfte bei formaler Betrachtung unter Zugrundelegung der zu Art. 107 Abs. 1 AEUV entwickelten Kriterien beihilferechtliche Bedenken auslösen vermag.

Dies liegt zum einen an der rechtlichen Ausgestaltung des Rechtsinstituts der verbindlichen Auskunft, die selektive Gestaltungsmöglichkeiten nicht von vornherein ausschließt. Dabei dürfte jedoch die grundsätzliche Zulässigkeit verbindlicher Auskünfte zu bejahen sein; eine unzulässige Beihilfe kann sich somit lediglich aus Normen des materiellen Rechts bzw. deren Auslegung ergeben, die den ungerechtfertigten Steuervorteil gewähren. Den bestehenden Bedenken könnte entgegengewirkt werden, indem anfragenden Steuerpflichtigen ein Rechtsanspruch auf Erteilung einer verbindlichen Auskunft eingeräumt[79], eine Pflicht der Finanzbehörden zur Begründung der Auskunft eingeführt, das Auskunftsverfahren deutschlandweit organisatorisch und personell zentralisiert wird und erteilte Auskünfte anonymisiert veröffentlicht und mit einer faktischen Bindungswirkung versehen werden.[80]

Zum anderen ist dieses Ergebnis in der weiten Auslegung der einzelnen Tatbestandsmerkmale des Art. 107 Abs. 1 AEUV begründet, die im Laufe der Zeit von der Kommission immer weiter ausgedehnt und von der Rechtsprechung bestätigt wurden[81], allerdings auch nach wie vor im Steuerrecht noch nicht dieselbe Konturierung wie die Grundfreiheiten erlangt haben.[82] So ist insbesondere das Tatbestandsmerkmal der Selektivität einer Maßnahme dieser Entwicklung noch inbegriffen. In den Beihilfeverfahren bezüglich multinational tätigen Un-

---

[78] *Grotherr*, EWS 2015, 67 (76).
[79] So auch *Werder/Dannecker*, BB 2015, 1687 (1689).
[80] Dies ist nicht nur in Hinblick auf das unionsrechtliche Verbot staatlicher Beihilfen, sondern auch unter Gleichbehandlungsgesichtspunkten wünschenswert. I.E. so auch *Grotherr*, EWS 2015, 67 (79).
[81] *Beljin*, in: Schulze/Zuleeg/Kadelbach, Handbuch Europarecht, § 28 Rn. 49.
[82] *Linn*, IStR 2015, 114 (114).

ternehmen gewährten Tax Rulings begnügt sich die Kommission hierbei mit der Begründung, dass in den Rulings eine Abweichung vom Fremdvergleichsgrundsatz liegt, ohne dabei zunächst sauber das konkrete Referenzsystem zu ermitteln.[83] Dieses ist jedoch von besonderer Relevanz, da dessen Bestimmung entscheidenden Einfluss auf die weitere Selektivitätsprüfung hat. „Da sich aufgrund der Komplexität moderner Steuerrechtsordnungen fast beliebig Vergleichsmaßstäbe bilden und damit Ungleichbehandlungen feststellen lassen, würden dann die grundgesetzlich verankerten Prinzipien der Bestimmtheit und Vorhersehbarkeit im Bereich der Besteuerung faktisch nicht mehr gelten."[84]

E. Fazit

Das formal gefundene Ergebnis kann unter verschiedenen Gesichtspunkten nicht überzeugen. Die Bedeutung verbindlicher Auskünfte für multinational tätige Unternehmen ist enorm. Hierdurch wird die im Wirtschaftsleben bedeutsame Planungssicherheit auch in steuerlicher Hinsicht sichergestellt. Der Sinn und Zweck der Erteilung verbindlicher Auskünfte, also die Schaffung von Rechtssicherheit, wäre völlig verfehlt, wenn die EU das Schwert der Beihilfe hierauf anwendet und die Rechtssicherheit der Effektivität des Unionsrechts weichen muss, soweit die Union eine verbindliche Auskunft als beihilfewidrig qualifiziert. Außerdem bestehen Zweifel, ob der Kommission überhaupt die Kompetenz zusteht, auf diesem Wege nationale Steuerregelungen zu überprüfen.[85]

Es ist demzufolge wünschenswert, dass sowohl der deutsche Gesetzgeber tätig wird und die rechtliche Ausgestaltung der verbindlichen Auskunft überarbeitet, um grundsätzlichen Bedenken entgegenzuwirken, als auch die Kommission die Reichweite des Beihilfebegriffs zugunsten der Bestimmtheit und Vorhersehbarkeit der Besteuerung eingrenzt.[86]

---

[83] Kritisch auch *Linn*, IStR 2015, 114 (119 f.).
[84] *Werder/Dannecker*, BB 2015, 1687 (1693).
[85] So z.B. *Eilers/Nosthoff-Horstmann*, FR 2017, 170 (173); *Linn*, ISR 2015, 114 (119).
[86] So i.E. auch *Grotherr*, EWS 2015, 67 (79).

25

VII

Erklärung

Hiermit erkläre ich, dass ich die vorliegende Seminararbeit selbstständig und ohne fremde Hilfe verfasst und keine anderen als die angegebenen Hilfsmittel verwendet habe. Insbesondere versichere ich, dass ich alle wörtlichen und sinngemäßen Übernahmen aus anderen Werken als solche kenntlich gemacht habe.

Leipzig, den 28.03.2017

Anne Maria Weiske

UNIVERSITÄT LEIPZIG

Juristenfakultät
Lehrstuhl für Öffentliches Recht, insbesondere Steuerrecht und Öffentliches Wirtschaftsrecht
Prof. Dr. Marc Desens

Universität Leipzig - Juristenfakultät - Burgstraße 21 - 04109 Leipzig

Seminar zum Europäischen Steuerrecht

Gutachten zur wissenschaftlichen Studienarbeit zum Thema: „Verbindliche Auskünfte als Beihilfe?"

Anne Maria Weiske (Matrikelnummer: ▉▉▉▉▉▉)

I.

Die Verfasserin hatte ein durchaus komplexes und überdurchschnittlich schweres Thema zu bearbeiten, welches derzeit sehr aktuell und heftig umstritten ist. Der Verfasserin gelingt es dabei nicht nur, den Streitstand und die wesentlichen Streitpunkte klar und verständlich darzustellen, sondern es gelingt der Verfasserin auch, eigene und teilweise sehr überzeugende beziehungsweise neue Lösungsansätze zu entwickeln.

Inhaltlich teilt die Verfasserin die Arbeit im Wesentlichen in drei Teile. Zunächst wird die verbindliche Auskunft näher betrachtet, dann das Beihilferecht der Union und die vom EuGH entwickelten Beihilfetatbestände dargestellt und zum Abschluss anhand der zuvor dargestellten Tatbestandsmerkmale die verbindliche Auskunft darunter subsumiert. Dieser Aufbau ist gut gewählt, da er den Leser Schritt für Schritt an die eigentlichen Probleme heranführt.

Inhaltlich ist an den Ausführungen der Verfasserin auch nur wenig zu kritisieren. So hätte im ersten Teil (vgl. Seite 5) vielleicht etwas kritischer hinterfragt werden können, ob die Verschaffung von Rechtssicherheit mittels einer verbindlichen Auskunft durch die Finanzverwaltung tatsächlich in einem Rechtsstaat gegen Kostentragung erfolgen kann, wenn die Rechtsunsicherheit erst aufgrund des durch den Rechtsstaat selbst geschaffenen sehr komplexen Rechts entstanden ist.

Der eigentliche Schwerpunkt der Arbeit liegt dann in der Subsumtion des Instruments der verbindlichen Auskunft unter den Beihilfebegriff des EuGH. Auch hier sind die Ausführungen sehr überzeugend. Lediglich Kleinigkeiten verhindern eine noch bessere Bewertung. So ist die

Universität Leipzig	Fon +49 (0) 341 9735 270 (Sekr.)	steuerrecht@uni-leipzig.de
Juristenfakultät	+49 (0) 341 9735 271 (Prof.)	marc.desens@uni-leipzig.de
Burgstraße 21	+49 (0) 341 9735 273 (Ass.)	dhummel@uni-leipzig.de
04109 Leipzig	Fax +49 (0) 341 9735 279	www.uni-leipzig.de/steuerrecht/

Subsumtion auf Seite 13 etwas unklar. Auf Seite 14 wird die Problematik des Beihilfebegriffs in Bezug auf den Erlass eines Steuerbescheids zwar erkannt, aber die anschließende Argumentation ist dann etwas unpräzise. Vertretbar – wenngleich mich nicht ganz überzeugend – ist die Ansicht, dass in einem Rechtsstaat die Verschaffung von Rechtssicherheit schon einen beihilferechtlich relevanten Vermögensvorteil darstelle. Dies widerspricht dem Gedanken, dass Rechtssicherheit ein Gebot aus Art. 20 Abs. 3 GG ist. Daher bestand auch schon ohne die Neufassung des § 89 AO ein Anspruch auf eine verbindliche Auskunft unter gewissen Umständen.

Auch nicht ganz überzeugend ist die Annahme eines steuerrechtlichen Interpretationsspielraumes, der im Steuerrecht – gebundene Verwaltung – eigentlich nicht existiert. Auch die Bejahung des Merkmals der Selektivität aufgrund unterschiedlicher Landesfinanzverwaltungen überzeugt nur bedingt.

Unabhängig von diesen kleineren kritischen Anmerkungen liegt inhaltlich aber eine Arbeit vor, die insgesamt sehr gut strukturiert ist und alle wesentlichen Probleme enthält und die vor allen Dingen mit eigenständigen Lösungsansätzen zu überzeugen vermag.

II.

Formal fällt die Arbeit durch ein sehr umfangreiches Literaturverzeichnis positiv auf, welches sich auch in dem Fußnotenapparat wiederspiegelt. Die Gliederung ist aus sich heraus verständlich und enthält präzise Überschriften. Die Ausdrucksweise der Verfasserin ist klar und verständlich, so dass sich die Arbeit sehr gut lesen lässt.

III.

Insgesamt liegt daher eine weit überdurchschnittliche Arbeit vor, die erkennen lässt, dass die Verfasserin ohne Weiteres in der Lage ist, sich einem sehr komplexen und vielschichtigen steuerrechtlichen Problem auf eine wissenschaftliche Art und Weise zu nähern und mit eigenen Argumenten zu lösen. Insbesondere gelingt der Verfasserin eine eigene Schwerpunktsetzung mit den interessanten juristischen Problemen im Bereich des gewählten Themas. Unter Berücksichtigung einer sehr überzeugenden mündlichen Leistung ist die Arbeit daher insgesamt mit

gut (15 Punkte)

zu bewerten.

Luxemburg, den 9. April 2017 (Priv.-Doz. Dr. David Hummel)

Sachverzeichnis

Die Angaben verweisen auf die Randziffern.

Abfärbung *s. Einkünfte aus Gewerbebetrieb*
Abgekürzter
– ~ Vertragsweg 339
– ~ Zahlungsweg 338
Absetzung für Abnutzung (AfA) 237, 254, 389 ff, 412, 417, 429
Abzugsverbote 254
Aktivierungsverbot 395, 418
  s. a. Bilanzierung
Aktivtausch 372
Analogie 73
Änderungsbescheid 346
Anfechtungsbeschreibung 280
Anlagevermögen, Begriff 412
Anrechnungsmethode 610 f
Anscheinsbeweis 136
Argumentation 1
argumentum a majore ad minus *s. Erst-recht-Schluss*
argumentum e contrario *s. Umkehrschluss*
Aufbau *s. Gutachtentechnik; Seminararbeit im Steuerrecht*
Aufbauschema, Einkommensteuer 67 ff
Aufenthalt, gewöhnlicher 597
Aufhebung oder Änderung von Steuerbescheiden *s. Korrektur von Steuerverwaltungsakten*
Aufteilungs- und Abzugsverbot 250 f, 253
Aufteilungsverbot 238 f
– privates *s. Aufteilungs- und Abzugsverbot; Belastung, außergewöhnliche; Sonderausgaben*
Aufwendungen, gemischte 254
Ausbildungsgesetze und -verordnungen der Länder 16 *s. a. Schwerpunktbereich Steuerrecht – Studium nach neuem Recht*
Auslegung
– Gesetzesauslegung 70 ff

– Methode 70 ff
– Systematische ~ 70
– Teleologische ~ 70
– Unionrechtskonforme ~ 71
– Verfassungskonforme ~ 71
– Wortlaut der Norm, Auslegung nach dem Wortlaut 70
Aussetzung der Vollziehung 303

Beherrschungsidentität *s. Betriebsaufspaltung – personelle Verflechtung*
Bekanntgabe
– Verwaltungsakt 285
Bekanntwerden, nachträgliches 360
Belastung 162 ff, 608
– außergewöhnliche 162 ff, 166, 179, 608
– Zumutbarkeit 173 f
– Zwangsläufigkeit 165
Bemessungsgrundlage 380 ff, 557, 599 ff, 759 f, 768
– Ermittlung 380 ff, 557, 599 ff
– Ermittlung bei der Einkommensteuer 380 ff, 599 ff
– Ermittlung bei der Erbschaft- und Schenkungsteuer 741 f, 768
– Ermittlung bei der Körperschaftsteuer 557
Berechnungen, Einbindung in das Gutachten *s. Fallbearbeitung im Steuerrecht*
Bereicherung, objektive 737 ff, 741 f, 749 ff, 763 ff
Bescheid, Adressat von einem ~ 286
Besitzunternehmen 456 *s. a. Betriebsaufspaltung*
Betätigungswille, einheitlicher geschäftlicher *s. Betriebsaufspaltung – personelle Verflechtung*
Beteiligung am allgemeinen wirtschaftlichen Verkehr 244

Beteiligungsidentität s. *Betriebsaufspaltung - personelle Verflechtung*
Betriebsaufspaltung 456 ff, 494, 630 ff
- Betriebsgrundlage, wesentliche 459, 631
- über die Grenze 634 ff
- Verflechtung, personelle 460, 632 f
- Verflechtung, sachliche 459, 631
Betriebsausgaben 236 ff, 247 ff, 253, 330, 397, 410 ff, 426, 429, 513 ff, 524 f, 558, 567 ff
- Abzugsverbot nach § 3c EStG 516, 524
- anteilige Abziehbarkeit bei Anwendung des Teileinkünfteverfahrens 516
- Fiktion nicht abziehbarer Betriebsausgaben 525, 541
Betriebseinnahmen 405 ff, 425, 429, 506 ff, 521
- anteilige Abziehbarkeit bei Anwendung des Teileinkünfteverfahrens 509
- Begriff 405, 506
- Behandlung unentgeltlicher Sachwertzugänge 408 f
- Veranlassungszusammenhang 405
Betriebsgrundlagen, wesentliche s. *Betriebsaufspaltung*
Betriebsstätte, 12 AO 639 ff, 659
Betriebsunternehmen 456
Betriebsvermögen 390, 429, 507 ff
- Arten 429
- gewillkürtes 507 ff
- notwendiges 507 ff
Betriebsvermögensvergleich s. *Gewinnermittlung*
Bilanzgleichgewicht 372
Bilanzierung 389 f, 429 s. a. *Gewinnermittlung – durch Betriebsvermögensvergleich*
- Behandlung immaterieller Wirtschaftsgüter 394 f, 418
Bindungswirkung 215, 281

Deutsches Richtergesetz (DRiG) 14 s. a. *Schwerpunktbereich Steuerrecht – Studium nach neuem Recht*

Doppelansässigkeit 595
Doppelbesteuerung, Vermeidung von 605, 613 s. a. *Anrechnungsmethode; Freistellungsmethode*
Drittaufwand 332
Dritten, Zahlung eines ~ 668
Duldungsauflage 750

Eigentum, wirtschaftliches 323
Eigentümer
- formeller ~ 327
- materieller ~ 327
Einkommen, zu versteuerndes s. *Bemessungsgrundlage - Ermittlung*
Einkünfte aus Gewerbebetrieb 234, 243, 255, 271, 308 f, 381 ff, 417 ff, 437 ff, 452 f, 493, 581 ff, 600, 626 ff, 646 s. a. *Betriebsaufspaltung; Mitunternehmerschaft*
- Abfärbung bei teilweise gewerblicher Tätigkeit nach § 15 Abs. 3 Nr 1 EStG 439 ff
- Abgrenzung gegenüber privater Vermögensverwaltung 455 ff, 629
- Beteiligung am allgemeinen wirtschaftlichen Verkehr 453, 628
- ~ kraft Rechtsform 437 f
Einkünfte aus Kapitalvermögen 261, 508, 648
Einkünfte aus nichtselbstständiger Arbeit 197 f, 224
Einkünfte aus selbstständiger Arbeit 140, 231, 254 f, 403 f, 436 ff, 504 ff, 601
- ähnliche Berufe 311
- Beteiligung eines nicht-freiberuflichen Mitunternehmers 439 ff
- eigenverantwortliche Tätigkeit 314
- freiberufliche Tätigkeit 309
- Gewinnermittlung bei selbstständig Tätigen 403 ff, 425 f
- leitende Tätigkeit 314
- unterrichtende Tätigkeit 310
Einkünfte aus selbstständiger Tätigkeit 245

Einkünfte aus Vermietung und Verpachtung 401, 600, 625, 644
Einkünfte iSd 49 EStG, inländische 625 ff
Einkünfte, negative s. *Verluste*
Einlage 335
– verdeckte ~ 584
Einnahmen-Überschuss-Rechnung
  s. *Gewinnermittlung*
Einspruch 29, 40, 54, 186 ff, 274, 291
– Begründetheit 189 ff
– Einspruchsbefugnis 187
– Einspruchsentscheidung 303
– Einspruchsfrist 294
– Einspruchsverfahren 303
– Empfangsbevollmächtigter 288
– Wirkung des ~ 303
– Zulässigkeit 185 ff
Entgelt 668
Entschädigung 721
Erbschaftsteuer s. *Schenkungsteuer*
Ergänzungsbescheid 300
Ermäßigung der tariflichen Einkommensteuer (§ 35 EStG) 464 ff, 497
– Begrenzung auf tatsächlich gezahlte Gewerbesteuer 466 ff
– Ermäßigungshöchstbetrag 489 ff
– Fiktiver Hebesatz 474, 486
– Gewerbesteuer 467 ff
– Steuerermäßigungsbetrag 465 ff, 476 ff
Ermessen 208 ff
– Auswahlermessen 210 ff
– Entschließungsermessen 209
– Ermessensfehler 208 ff
Ersatzanspruch 341 f
– Verzicht auf einen geldwerten ~ 343
Erst-recht-Schluss 73

Fallbearbeitung im Steuerrecht 1 f, 24 ff
– Behandlung des Sachverhalts 31 ff
– Berechnungen, Einbindung in das Gutachten 55
– Besonderheiten 26 f
– Darstellungshinweise 56 ff
– Einzelschritte bei der Falllösung 30 ff
– Fallfrage 38 ff, 52 f

– Gutachtentechnik 47 ff, 57 f
– Niederschrift der Lösung s. *Lösung*
– prozessuale Einkleidung 29
Fallfrage 38 ff, 52 f
– Abwandlungen 41
– Reihenfolge der Bearbeitung 40
Festsetzung
– Festsetzungsverjährung 207
– widerstreitende Festsetzung 364 ff
Feststellungsbescheid 282
Folgebescheid 281
Freiberufliche Tätigkeit 245
Freistellungsmethode 610 ff
Fremdvergleich 563 ff, 570 f, 584
– doppelter ~ 574 ff
– externer ~ 564
– interner ~ 564

Gegenwerttheorie 168 ff
Geldmittel, Herkunft der 337
Geldspende, Abziehbarkeit als Sonderausgabe 157
Geldverkehrsrechnung 404
Geschäftsführervergütung 446, 572 ff
Gesellschafter, stiller 261
Gesetz zur Reform der Juristenausbildung (JurAusbReformG) 14 s. a. *Schwerpunktbereich – Studium nach neuem Recht*
Gesetzesauslegung s. *Auslegung*
Gestaltungsmissbrauch iSd § 42 AO 763
Gewerbebetrieb s. *Einkünfte aus Gewerbebetrieb*
Gewerbesteuer s. a. *Ermäßigung der tariflichen Einkommensteuer*
– Anteiliger Gewerbesteuermessbetrag bei Mitunternehmern 485
– Freibetrag 472, 483
– Gewerbeertrag 468 ff, 478 ff, 527, 529
– Gewerbesteuermessbetrag 467 ff, 477, 479, 496
– Gewerbeverlust 528, 549
– Hinzurechnung 481, 529 f, 547
– Kürzung 470 f, 482, 531 ff, 548
– Sinn und Zweck der ~ 312

– Steuermesszahl 473, 484
Gewinn 319, 372, 429
Gewinnausschüttung, offene 507 ff, 522 ff, 550, 645 *s. a. Teileinkünfteverfahren*
– Steuerfreiheit nach § 8b Abs. 1 KStG 523, 525
– steuerliche Behandlung bei ausschüttender Körperschaft 550
– steuerliche Behandlung beim Anteilseigner 550
Gewinnausschüttung, verdeckte 511 f, 522 ff, 559 ff, 567 ff, 584
– Auswirkungen auf Gesellschafterebene 511, 581 ff
– Auswirkungen auf Gesellschaftsebene 523, 559 ff, 566, 570, 584
– Tantiemenzahlungen 572 ff
– ~ an nahe stehende Personen 572 ff
Gewinnermittlung 385 ff, 429, 520 f
– Gewinnermittlungszeitraum 387
– ~ durch Betriebsvermögensvergleich 319, 372, 386 f, 429, 520 f
– ~ durch Einnahmen-Überschussrechnung 404 f, 429
Gewinnerzielungsabsicht 135 ff, 234
– Grenzgänger 597
– Totalgewinnprognose 137, 140
Grundlagenbescheid 281
– Änderung 298
Grundsätze ordnungsgemäßer Buchführung 320, 429
Gutachtentechnik 47 ff, 57 f
– Einzelschritte 48 ff
– Gesamtaufbau 52 ff
– Obersatz 48, 53 f
– Subsumtion 48, 69

Haftung 190 f, 194
– Pflichtverletzung 203 f
– Verschulden 205
– ~ des Vertreters, § 69 AO 194 ff, 202
Haftungsbescheid 215 ff
Hausarbeit im Steuerrecht 77 ff
– Zitierweise 81 f

Hilfsgutachten 40
Historische Auslegung 70

Idealkonkurrenz 76
„Infektion" *s. Einkünfte aus Gewerbebetrieb – „Abfärbung"*
Isolierende Betrachtungsweise 649 ff

Kapitalgesellschaften 519 ff, 550
– Möglichkeit einer außerbetrieblichen Sphäre 567 ff
– steuerliche Behandlung von Ausschüttungen und Veräußerungsgewinnen 550
Katalogberufe 255
Klausur
– Einzelschritte bei der Falllösung 30 ff
– Musterklausuren 129 ff
– ~ als Prüfungsleistung im Schwerpunktbereich Steuerrecht 22
Kommanditisten 269
Konkurrenz von Rechtsnormen 76
Kontrollrechte 266
Körperschaftsteuer
– Berechnung 551
Korrektur von Steuerverwaltungsakten 133 ff, 177 f, 373
– Aufhebung oder Änderung von Steuerbescheiden wegen neuer Tatsachen oder Beweismittel, § 173 AO 133 ff
Korrektur von Steuerverwaltungsakten
– Aufhebung oder Änderung von Steuerbescheiden wegen neuer Tatsachen oder Beweismittel, § 173 AO 355, 360
– Berichtigung offenbarer Unrichtigkeiten 351 f
– Berichtigung von materiellen Fehlern, § 177 AO 141 ff *s. a. Saldierung von Fehlern*
– Korrektur von allgemeinen Verwaltungsakten, §§ 130, 131 AO 217 ff
– widerstreitende Steuerfestsetzungen, § 174 AO 364 ff
Korrespondenzprinzip 561

Kosten der Lebensführung 238 f, 250 f, 253
Kostentragungsprinzip 337
künstlerische Tätigkeit 233

Lebensführung
– Bereich der persönlichen ~ s. Aufteilungs- und Abzugsverbot; Liebhaberei
Leistung 674, 694
– Definition 682
Leistungsauflage 749
Leistungsaustausch
– final 688
– kausal 688
Leistungsbegriff 674
Leistungsfähigkeit, Besteuerung nach der finanziellen 336
Leistungswille 675, 722
Liebhaberei 138
Lieferung 706
Literaturverzeichnis 87 ff s. a. Seminararbeit im Steuerrecht
Lösung 43 ff
– Gutachtentechnik 47 ff
– Lösungskonzept, Entwurf 43 ff
– Lösungsskizze 44
– Niederschrift der ~ 46 ff
– Schwerpunktsetzung 45

Markteinkommenstheorie 453
Maßgeblichkeitsgrundsatz 320, 429
Meinungsstreitigkeiten, Behandlung von 60 ff
– argumentorientierte Darstellung 62
– meinungsorientierte Darstellung 61 f
Mitunternehmer 263
Mitunternehmerinitiative 263, 382, 436
Mitunternehmerrisiko 263, 382, 436
Mitunternehmerschaft 381 ff, 436 ff, 495 s. a. Einkünfte aus Gewerbebetrieb
– Ermittlung der Einkünfte der Gesellschafter 381 ff, 401, 445, 495
– Gesamtgewinn 398
– Gewinnanteil 381 ff, 417 ff, 446 ff

– Gewinnermittlung im Sonderbereich 401 ff
– Sonderbetriebseinnahmen 447 ff
– Sonderbetriebsvermögen 398, 448 f
– Sonderbilanz des Gesellschafters 398
– Sondervergütungen 401, 422, 447
– Voraussetzungen 382, 436

Naturalrestitution 672
Nutzen, verbrauchbarer 682
Nutzungsauflage 750, 754
Nutzungsmöglichkeit 698
Nutzungsrecht 750, 754

Obersatz s. Gutachtentechnik

Passivtausch 372
Personengesellschaften
– Besteuerung von ~ 385 ff, 495 s. a. Mitunternehmerschaft
Pflichtverletzung s. Haftung
Pkw- und Garagenüberlassung 196 ff
Progressionsvorbehalt, negativer 612

Realisationsprinzip 396, 429 s. a. Bilanzierung
Rechtsschutz
– gerichtlicher ~ 303
– Rechtsschutzverfahren 303
Referate 104 ff
– Grundregeln 105 ff
– Thesenpapier 122
Reserven, stille 396, 429
Richtlinien 37
Rückgängigmachung 716
Rücklieferung 716

Sachspende
– Abziehbarkeit als Sonderausgabe 142 ff
– anzusetzender Wert 146 ff
– Ausgabe iSd § 10b Abs. 3 S. 1 EStG 143
– förderungswürdiger Zweck 145
– Nachweis der Spende 149 ff

Sachverzeichnis

Sachwertzugang, unentgeltlicher *s. Betriebseinahmen*
Saldierung von Fehlern, § 177 AO 141 ff, 156 ff, 161 ff
Schadensersatz 672
Schenkungsteuer
– Berechnung (Härteausgleich) 743, 756, 765 f, 768
– Erwerbstatbestände 768
– Geldschenkung 759 ff
– gemischte Schenkung 749
– Kettenschenkung 761
– mittelbare Schenkung 738, 744
– Schenkung unter Auflage 749
– Schenkung unter Lebendenden 736
– Steuerpflicht, persönliche 768
– Steuerschuldner 745
Schwerpunktbereich Steuerrecht 11 ff
– Kombinationsmodell 17
– Pflichtbereich 19 f
– Pflichtbereich Veranstaltungen 20
– Prüfungsleistungen 22
– Schwerpunktprüfung 22
– Seminararbeit 22
– Studium nach neuem Recht 14, 16
– Wahlpflichtbereich 19
– Wahlpflichtbereich Veranstaltungen 21
– Zulassungsvoraussetzungen 19
Seminararbeit im Steuerrecht 83 ff *s. a. Referate; Schwerpunktbereich Steuerrecht – Prüfungsleistungen*
– Aufbau und Form 84 ff
– Gliederung 86
– inhaltliche Darstellung 92 ff
– Literaturverzeichnis 87 ff
– Sachspenden als Sonderausgaben 142 ff
– Sonderausgaben 142 ff, 608
– Zitiertechnik 98 ff
Sonderbereich, Gewinnermittlung im *s. Mitunternehmerschaft*
Sonderbetriebseinnahmen *s. Mitunternehmerschaft*
Sonderbetriebsvermögen *s. Mitunternehmerschaft*
Sonderbilanz *s. Mitunternehmerschaft*

Sondervergütungen *s. Mitunternehmerschaft*
Sonstige Leistungen 720
Spenden, Abziehbarkeit von *s. Geldspende, Sachspende*
Steuereinsammler 681
Steuerpflicht, persönliche 592 ff, 613
– beschränkte Steuerpflicht 608, 613, 622
– fiktiv unbeschränkte Steuerpflicht 596, 613
– Steuerrecht, Studienmöglichkeiten *s. Schwerpunktbereich Steuerrecht*
– unbeschränkte Steuerpflicht 592 ff, 596, 608, 613
Steuerrecht, Studienmöglichkeiten 17
Steuertarif 612
Steuerverwaltungsakt
– Arten 176
– Korrektur *s. Korrektur von Steuerverwaltungsakten*
Substanz, Übertragung der 710
Systematische Auslegung *s. Auslegung*

Tantieme, „Nur-Tantieme" *s. Gewinnausschüttung, verdeckte*
Tatsache 33, 135
Teileinkünfteverfahren 509, 516, 550, 582
Teleologische Auslegung *s. Auslegung*
Teleologische Reduktion 75
Thesenpapier *s. Referate*
Totalgewinnprognose *s. Gewinnerzielungsabsicht*
Trennungsprinzip 511, 550, 584
Typusbegriff 263

Überwälzung 681
Umkehrschluss 74
Umsatzsteuer 700
– Belastungsgrund der ~ 678
– Berichtigung der Umsatzsteuerschuld 718
Uneinbringlichkeit 666
Unionrechtskonforme Auslegung *s. Auslegung*
Untergang, Gefahr des zufälligen 711

Urteilsstil 58

Veranlassungszusammenhang 236 ff, 247 ff, 253, 390, 405
Veräußerungsgewinn 538 ff
– Steuerfreiheit nach § 8b Abs. 2 KStG 538 ff
Verböserung 216 ff
Verbrauchsteuer 680, 683
– allgemeine ~ 681
– Umsatzsteuer 709
Verfassungskonforme Auslegung s. Auslegung
Verflechtung, sachliche und personelle s. Betriebsaufspaltung
Verfügungsmacht, Verschaffung der 706
vergebliche Betriebsausgaben 236 ff
Vergleichswert 742, 753
Verkehrsteuer 679
Verluste 140, 604, 606, 614
– Verlustverrechnung 604
– Verlustverrechnungsbeschränkung 604, 606, 614
Vermögensminderung, betrieblich veranlasste 330
Vermögensschäden- und Verluste 254
  s. a. Werbungskosten, unfreiwillige
Vermögensverwaltung, private 455
Verschulden s. Haftung
Verteilungsnorm 607
Vertragsauflösung, vorzeitige 693
Vertragsfreiheit 697
Vertrauensschutz 217 ff
Vertreter, ständiger 643
Verzicht
– ~ auf die weitere Vertragsdurchführung 692
– ~ des zur Sachleistung Berechtigten 696
– ~ des zur Sachleistung Verpflichteten 695

vGA s. Gewinnausschüttung, verdeckte
Vorsichtsprinzip 396, 429 s. a. Bilanzierung
vorweggenommene Betriebsausgaben 236 ff

Welteinkommensprinzip 592, 605 f
Werbungskosten 253 f
Wertsteigerungen, Berücksichtigung in der Bilanz 396, 419, 429
Wiedereinsetzung in den vorherigen Stand 296
Wirksamkeit
– Verwaltungsakt 284
Wirtschaftsgut 321, 390 ff, 429
– Ansatz in der Bilanz 391 ff
– Begriff 390
– geringwertiges ~ 412
– immaterielles ~ 394 f
– Zurechnung eines ~ 322
Wirtschaftsgüter
– geringwertige 251
Wohnsitz 592 ff
Wortlaut der Norm, Auslegung nach dem s. Auslegung

Zu- und Abflussprinzip 404, 413, 426, 429
– Ausnahmen 413, 426
Zumutbare Belastung s. Belastung, außergewöhnliche
Zusammenveranlagung von Ehegatten 602 ff
Zuwendung 734, 736 ff
– freigebige steuerbare ~ iSd § 7 Abs. 1 Nr 1 ErbStG 734, 736 ff, 754, 761
– Gegenstand der ~ 738, 749
Zwangsläufige Aufwendung s. Belastung, außergewöhnliche

Setzen Sie die richtigen Schwerpunkte!

Die Reihe „Schwerpunktbereich"

- systematische Stoffvermittlung mit Tiefgang
- Vorlesungsbegleitung und Vertiefung oder punktuelle Wiederholung vor der Prüfung
- Übungen zur Fallanwendung und zum Prüfungsaufbau anhand von einleitenden Fällen mit Lösungsskizzen

Prof. Dr. Dieter Birk/
Prof. Dr. Marc Desens/
Prof. Dr. Henning Tappe
Steuerrecht
21. Auflage 2018. € 30,99
Auch als ebook erhältlich

RA Prof. Dr. Florian Haase
**Internationales und
Europäisches Steuerrecht**
5. Auflage 2017. € 32,99
Auch als ebook erhältlich

Der passendende Klausurenkurs:

Prof. Dr. Florian Haase/
RA Matthias Hofacker
**Klausurenkurs im
Internationalen und
Europäischen Steuerrecht**
2. Auflage 2015. € 27,99
Auch als ebook erhältlich

Das passende Textbuch:

Prof. Dr. Henning Tappe (Hrsg.)
**Europäisches und
Internationales Steuerrecht**
Vorschriftensammlung
2017. € 29,99

Alle Bände der Reihe und weitere Infos unter: **www.cfmueller-campus.de/schwerpunktbereich**

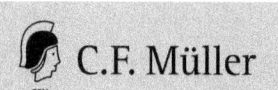

C.F. Müller   Jura auf den ● gebracht

Setzen Sie die richtigen Schwerpunkte!

Die Reihe „Schwerpunktbereich"

- systematische Stoffvermittlung mit Tiefgang
- Vorlesungsbegleitung und Vertiefung oder punktuelle Wiederholung vor der Prüfung
- Übungen zur Fallanwendung und zum Prüfungsaufbau anhand von einleitenden Fällen mit Lösungsskizzen

Prof. Dr. Wolfram Scheffler
Besteuerung von Unternehmen I
Ertrag-, Substanz- und Verkehrsteuern
13. Auflage 2016. € 30,99

Prof. Dr. Wolfram Scheffler
Besteuerung von Unternehmen II
Steuerbilanz
9. Auflage 2018. € 28,99

Prof. Dr. Wolfram Scheffler
Besteuerung von Unternehmen III
Steuerplanung
2. Auflage 2013. € 24,95

Prof. Dr. Wilfried Schulte/
Dr. Mathias Birnbaum
Erbschaftsteuerrecht
2. Auflage 2017. € 25,99

Dr. Robert Strauch
Umwandlungssteuerrecht
2. Auflage 2012. € 24,95

Prof. Dr. Christian Möller
Umsatzsteuerrecht
2017. € 24,99

Alle Bände der Reihe und weitere Infos unter: **www.cfmueller-campus.de/schwerpunktbereich**

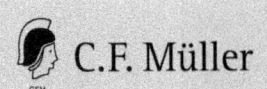

C.F. Müller

Jura auf den ● gebracht